中國歷代墨寶

[台湾商务印书馆学术经典]

中国历代思想家

现代

（一）

主编：
台湾中华文化总会
王寿南

九州出版社 JIUZHOUPRESS | 全国百佳图书出版单位

出版说明

《中国历代思想家》系由台湾中华文化总会（原名“中华文化复兴运动推行委员会”、“中华文化复兴运动总会”等）与王寿南教授共同担任主编，两岸学者联袂撰写，台湾商务印书馆出版。这套著作对于读者具有很好的参考意义。作为海峡两岸出版交流中心重点引进项目，此次以简体字出版，对文中的古今地名对照、注文体例和文字错误等作了必要的订正，并将原25分册按历史年代合并为先秦、汉、魏晋南北朝、隋唐、宋明、清和现代等凡7种14册。

原版本的卷头语和三篇序言，从不同角度介绍了该书系的出版缘起和有关情况，简体版将其主要内容附于书前。

该书关于中国历代思想家的选取立意及某些作者的观点，我们并不完全认同。但为便于参考研究，仍保留其原貌，在书中加编者注予以说明；个别之处，有所节略，但不改动原书之观点。

九州出版社

卷頭語

三年前曹同學王壽南博士來訪，出示其所擬中國思想家古人計劃；時壽南任教於政大歷史系，專授中國史學史有年，同時兼任文化復興推行委員會及該會出版研究委員會秘書，會務極為勤勞，我甚嘉之。余為文復會副會長，兼主持出版研究委員會，近年老病，許為提示組織精神，歸於壽南相助。略說既不擬計劃，調度於各項任務，聯係密切，而約請研究，選定傳目，並延攬聘請海內外學術文

紀至今日方法補助，孫果務同補助要少年努國
，是否已敷支應，未及詳估，因屬郭翁前詞文
收集种也長，然後以先生意見，時時以上力了續
同，並請中央今日補助之款，於今年數，當以謝意
繼前之意今年助，但底於未。此年完成即將完也
。時年方稍也，本計程從意見，因屬郭翁前一年
主持，凡事皆定年費可東了記來也。
二年以來，自於日，而繼承多實意見，而
編聯撰著，以至催稿校定，皆由郭翁一
身任之，不辭勞也，啟功與聞，獲見其稿

我们之意，系不求专精之高层知识传，专学者
僅，强求其去取不计。
哲学思想家，像自然科学与社会人文科学
甚为稀有，专业画家外，业余探究之人识者
社会与人文科学，尤于联系贯通，殊感需要
以四年之时间撰写中国哲学思想七册，每学
思想一册，各约二万言，每之编撰方法，以
哲学思想家为例，须先就该思想家之主要著作通
读一过，摘取其主要哲学思想之原文，次深究
其真意，再考订其在哲学上之影响，最后加

以一己之論斷，加是說部底性質，揣時代先後，自冊之中，未六冊是寸分斷代叙述，未六冊之前手批判的總合檢究，而後為證，以前如本六冊乃當之以人為證，人手之史觀也。至於最早思想史之論為手，次論最古，上揣時代之以人為證，最為每冊，未手六冊的結為證合檢究，之上以為為證，文語與政治思想家同。至於一人之時為所限，使說思想家之文學思想史均叙述，未有主張他傳而一書，後兩段末是否攸關之政治思想，亦涉及之書的所產生的背景

藝，自撕名纏，諸書表擬以傳。至於古今論六
體書藝，能書善化傳之，而今未有專書欲
論書者，以譯之列史列傳，書之傳者，評之甚
精者、顧從前之所未及，詳考不亦，十分詳盡
。教學書法之汲汲是。於是乃就中國歷代書畫
家之名以一而專撰一文，亦號曰切遺類
年，尚缺於歷來所未。
於斯年不擇，於書學專著凡九十三人，於
中興歷代書家都有四十九人，傳及世者。
至於書學專著凡六千七人，自興歷代書學

初唐共四十一人，占百分之六十八，已足见初唐之书画家书法之一斑，而历代书家所选其趣取法于晋，皆上承乎隋之主因也。

王学仲

《中国历代思想家》更新版序

王寿南

《中国历代思想家》一书于一九七八年六月初版问世，颇受社会各界的好评，并获得一九七九年“金鼎奖”，在各大学中的文、史、哲各系师生常以本书作为教学与研究的重要参考书。

《中国历代思想家》原本包含自古至今的重要思想家一百人，出版后，即有学界友人询问何以仍遗漏一些在中国思想史上占有一席之地的人物，其实，在最初选录的思想家名单不止一百人，但约稿之时，苦于难觅适当撰稿人，有些重要的思想家，只好从缺，当然我心中一直感到遗憾，总想加以增补。同时，自一九七八年以后的十几年间，若干当代大师级的思想家（如牟宗三、冯友兰、钱穆、陈大齐等）先后逝世，自应将他们纳入本书之内。基于上述两个因素，近十年来在我内心中一直盘算着如何对本书进行增订。

一九九五年七月，我向中华文化复兴运动总会秘书长黄石城先生表示希望该会能支持本书的增订工作，我也提出了一份增订《中国历代思想家》计划草案，黄秘书长回函同意，愿支付增补部分的稿费和审查费。本书的出版发行者是台湾商务印书馆，如果增补，则原来的版本必要废弃，重新排印，费用亦甚可观，幸蒙该馆总经理张连生先生慨然应允重排更新版书稿。在黄秘书长和张总经理的支持下，我开始进行增补工作，感谢海峡两岸学术文化交流的开放，让我能邀约到几位大陆的学者参与撰稿，使本书的增补工作进行顺利。

本书增订工作从一九九六年一月开始，九七年三月完成集稿，计增加思想家十九人：吕不韦、寇谦之、杜光庭、陈献章、李贽、刘宗周、惠栋、阮元、包世臣、胡礼垣、欧阳竟无、马一浮、陈大齐、梁漱溟、钱穆、冯友兰、方东美、唐君毅、牟宗三。

本书更新版能够问世，更感谢中华文化复兴运动总会和台湾商务印书馆的支持，也更感谢新增十九篇文章的作者们。

王寿南谨识

一九九八年七月二十日

于政治大学历史系

《中国历代思想家》序

谷凤翔

自周公、老子、孔子以还，二三千年间，中国之学术思想成为一股巨流，思想家辈出，无代无之，成为中华文化发展之指导，亦蔚为中国文化史中奇观景象之一。中华文化能长流不竭，久而弥新，历代思想家为文化而奉献之智慧与心力，乃为一重要之因素。近年来，出版界日趋繁荣，坊间虽有二三种中国思想史之专书，然似嫌偏于艰深，作为大学专门参考书则可，一般人却未必有阅读之兴趣，时下青年学生往往熟读尼采、罗索之言，对董仲舒、王船山之学说则懵然无知，往往高谈存在主义、社会主义，对老庄哲学、知行学说则毫未涉猎，此种现象极可忧虑，盖不能了解中国学术思想之演变，则容易对传统文化产生误解，由误解容易进而为盲目之反对，因此，为使人们对中国学术思想之演变有较深入之认识以坚固其对中国文化之信心，本会遂着手编撰本书，选择历代重要之思想家一百人，介绍其生平、思想、著作与影响。中国历史悠久，思想家之人数何止一百，本书由于篇幅所限，仅能选择一百人，然则何人应该入选，见仁见智，常有不同，本书一百位思想家之名单系本会与数位学者专家一再研究而后确定者，读者先生如对本书所选之思想家名单有异议，尚请赐教为幸。

本书编撰之目的，在向广大之社会人士提供一套可读性较高之中国思想史，同时，亦提供有志研究中国学术思想之中外学者一项入门导引，因此，本书文体采用语体文，以深入浅出之叙述使读者易于接受。

本书之编撰工作始于一九七四年九月，历时三年余而完成，本书系由本会主编，然实负其责者乃本会学术研究出版促进委员会兼任执行秘书王寿南教授，本书之作者多达七十九人，集稿工作，殊非易事，三年而成三百余万言之巨构，在文化复兴运动之历程中，当能留下一笔光彩之痕迹。

本书由于字数庞大，负担之稿费甚巨，本会经费拮据，实有不胜负荷之感，幸蒙中山文化基金会董事长兼本会副会长王云五先生慷慨应允由中山文化基金会拨款新台币六十万元，以为支持，遂使本书得以完成，本人谨代表本会向中山基金会暨王云五先生致深挚之谢意。

文化复兴工作千头万绪，决非本会所能独任，愿人人以复兴中华文化为已任，则我民族文化之前途必光明灿烂也。

谷凤翔谨识

一九七七年十二月二十三日

于中华文化复兴运动推行委员会

《中国历代思想家》序

王寿南

中国是一个文化源流久远的古国，中国文化的能久能远，其基本的原因是中国学术思想的发达，给予中国人在政治、社会及人生观各方面极大的启示和引导。中国文化能够历久而弥新，便是历代的思想家不断有创新与发明，给中国文化不断地注入活力的缘故。

梁启超先生在《中国学术思想变迁之大势》中把中国学术思想的发展划分为七个时期："一、胚胎时代，春秋以前是也；二、全盛时代，春秋末及战国是也；三、儒学统一时代，两汉是也；四、老学时代，魏晋是也；五、佛学时代，南北朝唐是也；六、儒佛混合时代，宋元明是也；七、衰落时代，近二百五十年是也；八、复兴时代，今日是也。"梁任公的分期大致能为一般人所接受，梁任公所说的衰落时代即指清代，而复兴时代便指清末以至今日。

纵观中国学术思想发展的大势，春秋战国、宋明、清末以后为三个兴盛的高峰，这三个高峰的造成有其共同的因素，便是中国人的生存环境（物质的与精神的）受到了严重的威胁而产生自救性的觉醒，这种自救性的觉醒使中国文化增加活力而得以继续生存下去，所表现出来的便是思想界结出了许多光辉灿烂的花朵。

本书编撰的目的是要介绍历代有重要贡献的思想家的生平、思想和影响，希望这份"整理"传统文化的工作，对目前正在推行的中华文化复兴运动有所帮助。

本书的编撰构想和策划从一九七四年夏开始，我首先向前辈学者王云五先生、钱穆先生、屈万里先生、萨孟武先生、沈刚伯先生等请教，诸位前辈先生对编撰方针、思想家人选、撰写体例，都提供了不少宝贵的意见，使本书得以顺利开始拟订体例。

本书要求以浅显的白话文撰写，都是希望本书成为一部人人能读、愿读的思想史。我从许多年前便提倡“学术通俗化”，呼吁学术走出古代士大夫的象牙之塔，应该对社会大众作更多的影响。中国是一个文明古国，学术思想一向受到世人的重视，可是，我们一般民众和学生却很少对我国的学术思想有较深入的了解，中学课程里虽然选读《论语》、《孟子》，但却很少学生能够畅述孔孟的思想，这是因为教科书所选的是文言文，学生背诵的目的在应付考试，其中思想的精义并没有溶入脑海，所以，背诵古人的名著虽多，却只当作文学作品去欣赏，不能影响观念，本书的力求通俗化，便是希望以通俗的方式，将中国的学术思想介绍给社会大众，使社会大众易于接受。

本书的约稿工作从一九七四年九月开始。每篇文稿交来以后，都要另请一位专家学者予以审阅，应邀担任本书审阅工作的有屈万里先生、萨孟武先生、陶希圣先生、林尹先生、严灵峰先生、陈立夫先生、高明先生、胡秋原先生、程文熙先生、沈云龙先生、何佑森先生、魏汝霖先生、龙宇纯先生、杨树藩先生、周何先生、贺凌虚先生、王尔敏先生、张朋园先生、陆宝千先生、张曼涛先生、陈鼓应先生、何启民先生、吕实强先生、陈新雄先生、李云汉先生、蒋永敬先生、黄锦鋐先生、张玉法先生、黄清连先生、李世杰先生、洪金富先生和印顺、慧岳、晓云三位法师，我在此特别向各位审阅先生致谢。

本书是由中华文化复兴运动推行委员会主编，文复会副会长王云五先生和秘书长谷凤翔先生对本书的编写给予全力的支持，才使本书得以出版。文复会副会长王岫庐（云五）先生是中国出版界的拓垦者，数十年来，一直都是中国文化园地中辛勤工作的园丁，岫庐先生是我最敬爱的老师，他兼任中山学术文化基金会的董事长和商务印书馆的董事长，为了支持本书的编写和出版，岫庐师特别指示中山学术文化基金会拨付六十万元作为本书的稿费，不足之数由文复会负担，本书的出版工作则由商务印书馆负责。本书的能够出版，可说是岫庐师和岐山先生的支助所赐，我愿意在此向岫庐师和谷先生致最高的敬意和谢意。

本书的作者都是饱学之士，他们在学术上的成就毋庸详介，他们肯为本书撰写通俗化的文章，我十分感激，本书如果能得到社会的重视，实在是他们的心血所换来的。

本书的出版是学术通俗化的一项尝试，也是为文化复兴工作尽知识分子的力量。本书的缺点在所难免，我诚恳地希望读者先生们给予指教。

王寿南谨识

一九七七年十一月二十日

于政治大学历史系

目　录

吴稚晖

吕芳上　著

目　录

吴稚晖是近代的大思想家，他生活平淡朴实，但思想高超。在政治上，他之于民国，居于师保地位。对于民国政治虽似不即不离，但定疑难、解纷争，谈微言中，影响却极为重大。在哲学文化上，他具有特出的见解，据于科学，发于科学又归之于科学，虽非科学家，却是科学主义的热心倡导人。一个孕育成长在科举旧社会中人，当他接触西方思潮与科技文明后，一跃而为无政府主义与科学的狂热者，他所见所悟，所感所发，正是一个从传统走向现代的中国社会，一批新知识分子的典型代表。

一、生长在急剧变动的时代

吴稚晖原名朓，幼名纪灵，亦称寄舲，稚晖是其字，后又改名稚晖，别字朏盦，旅居海外时署名讱庵，对日抗战时化名翰青，晚年自号朏盦老人。笔名燃、夷、燃料。家系出于吴泰伯后，世居江苏省南部阳湖县雪堰桥（今江苏武进县），一八六五年三月二十五日（清同治四年二月二十八日）生，一九五三年十月三十日逝世于台北，年八十九岁。

吴稚晖出生于曾祖玉裕公，祖治永公，父有成公以来四世单传之家，又是母吴太夫人的第一胎，因此降生后就受家人的宝爱。六岁时，母亲吴太夫人不幸病逝，吴稚晖就走无锡，靠着外祖母邹太夫人抚养长大，从这时起到老而乡音不改，自称是武进人，又是无锡人。一八七一年七岁，开始启蒙就学读方块字，九岁师事邹锡安、陶志伊；十四岁师龚春帆读书。到了十七岁起试作八股文，十八岁开始设馆教读，这时期他生活清苦，以束修的收入约略可以维持生活，他自述说“长贫贱，拥破书，作村学究”，就是这时期生活的写照。在课余，他常到无锡崇安寺“春源社”品茗，和裘可标、孙揆均、陈育等人，谈论八股文，交换新知识，共同集会论道、写篆字，研究《皇清经解》，学桐城派的古文笔法写写文章，还颇能安于旧学。

一八八七年，吴稚晖二十三岁，考入了阳湖县县学，稍后，仍回无锡担任杨家的教席，第二年奉外祖母命和袁蕴生结婚。再一年，二十五岁投考江阴南菁书院，以正取第一名录取，进入书院读书，这时候，他因为慕南朝诗人谢玄晖，于是取字为“稚晖”。入学后，和钮永建（惕生）同学，互得切磋之益，后来便成志同道合的革命同志。当他入南菁书院的第一天，看见了书院山长定海黄以周墙上所挂“实事求是，莫作调人”八个字，印象极为深刻，自认为这八字箴词影响一生立身行事。一八九一年，二十七岁，吴稚晖参加乡试，获中举人，可惜有养育之恩的外祖母已逝世在先，不及亲见，不无遗憾。从一八九二年起，他仍一直走着中国传统读书人的路子，希望从科举中获取功名，三次赴京参加会试而却不幸三困场屋，终使他放弃传统的老路子。一八九二年，他第一次入京会试，不中，仍回南菁书院肄业。但却引发了一次意外的风潮。因为江阴知县乘舆过孔庙未下轿，吴稚晖便和同学钮永建、田自芸、康浩镇、王英冕等，以“非圣无法”，拦舆质询，并投掷石块，知县怒拘田自芸等入县署，吴稚晖便率同学拥往交涉，结果知县承认拘捕举人不当，以舆轿配乐队送回，但书院山长黄以周却不满学生所为，吴稚晖只得罢学离开了南菁书院。次年，吴转入了苏州紫阳书院继续学业，一八九四年，入京再参加会试仍然不取。在此之前，吴稚晖虽处于中国遭逢剧烈变动的时代，但显然的，他的思想行为，仍一无脱出传统书生轨道的迹象。

一八九四年以前的中国，正值清末国势衰颓，外力入侵加剧之时。而同一时期，在国际局势的变化上，最显著的是西方工业革命的蓬勃发展，科学带来无数的新发明新贡献，从工业革命所引发政治、经济、社会、思想的转变，同时也带动了整个国际局势的变化，新航路的发现，殖民地的争夺，各国大革命的爆发等，正直接间接地袭击东西半球各个角落。久处于闭关自守的中国，到了十九世纪中叶，门户也被撞开了。一八三九—四二年鸦片战争的失败，终使清廷的腐败无能尽暴于内外。再过八年，洪秀全以拜上帝会的太平军起事于广西，进行急锐，不多时即定都南京，得地很广；同时一八六〇年更有英法联军之役，清廷在内外交逼下，签订了天津、北京条约，而中国遂以不平等条约的束缚，入于被列强劫持掠夺的命运。吴稚晖生于民前四十六年，时值洪杨之役后四年，英法联军迫使清廷订城下之盟才七年，上距鸦片战争，也仅二十数年。一八九四年三十岁以前的吴稚晖，或因宥于见闻，在思想举止上确仍不脱传统“陋儒”的范畴，但稍后，国内外局势的急速演变的刺激，加上识见的增长，很明显地使他一步一步地由保守、维新走向了革命。

二、从维新到革命

从一八九四年到一九〇三年，也就是从吴稚晖三十岁到三十九岁的十年间，是列强压迫日亟，国内政局益趋动荡不安的十年，也是吴稚晖从保守、维新走向激烈革命的十年，这十年间的变化，他自己曾明地的说过：

在甲午以前，一懵不知革命为何物，但慕咬文嚼字的陋儒。经甲午惨败，始觉中国不能不学西方工艺，学了西方工艺，才能造大炮机关枪，抵抗敌人，所谓“兴学之不容缓”，乃开始冒充为维新派小卒，以后受了许多刺激，才一步步地“浪漫”起来，直到癸卯正月，在上海张园演说，演高兴了，才开始称说革命。

一八九四年中日战争的失败，确曾引起了一部分士大夫阶级的警觉，开始有了维新变法的运动，一八九五年吴稚晖第三度入京会试，仍然不取，从此他便放弃了功名之途。不过，此行他在京城看见并亲自参与了康有为公车上书，请变国是的盛事，开始知道知识分子除了咬文嚼字外，还有其他救国之道。第二年，康有为、梁启超立学会、出报纸，大唱维新，吴对康有为的自大态度，虽觉不伦，但在思想上，却又难免受他影响。一八九八年吴与好友廉南湖（泉）在北京南海会馆见了康有为一面，谈话相当投机，吴还因此自许为维新派的一分子。同一年，康梁戊戌变法失败，吴也按捺不住，他在这一年入京拦都御史瞿鸿机的轿子，上书请革新政治，自然也不曾有何结果。不过，当时吴稚晖的思想还不很新，以一事为例：当时吴在北洋大学堂教汉文，某次出作文题为“率土王臣论”，学生讥评他的思想陈旧落伍；吴则在卷后一一批驳，大意不外“烈女不事二夫，忠臣不事二君”之类的道理，卷子经学堂总办王菀生过目后，王也不以吴为然，这事使得吴只好托词辞职他去。一八九八年吴转任上海南洋公学学长，教书近三年，认识了蔡（元培）孑民。这一时期中国国内又经过了拳匪之乱、八国联军、东南自主等巨变。一九〇一年一月，张元济（菊生）接办南洋公学，吴稚晖因主张师生共同治校问题，与张龃龉，吴请给旅费出洋，他因此有第一次赴日之行。

一九〇一年三月，吴稚晖携眷由上海乘轮赴东京，抵日后，即与钮永建同住一处。稍后吴即入东京高等师范学校就读，这是他初步接受西方知识的开始。这时国父正往来于欧美、日本，奔走革命。在东京时，程家柽、吴禄贞与钮永建尝往访这位革命领袖，钮永建也约吴同访，但吴则仍自命为维新派，还不能接受革命思想，终亦不曾与国父见面。是年冬，因得陆尔奎（炜士）的介绍，吴即与钮永建回国，同赴广东筹办大学堂。在广东二人同被呼为“洋先生”，吴稚晖在这里了解了官场一些腐败的情形，认识了胡汉民（展堂），但两人的言谈都还不及“革命”一词。第二年广东大学堂招考事宜完毕后，吴又带领了广东籍的学生胡汉民等二十六名少年赴日留学。

中国学生之赴日留学，始于一八九六年，这是因为甲午战败的惨痛教训，使中国朝野一致体认讲求变法图强，方能挽救中国的危亡，也一致以为必须由倡办教育培养人才入手，但国内新式学堂有限，缓不济急，派遣留学生便成为最好的办法。一八九六年清廷官方有十三名留日学生，一八九八年清廷除总署续派外，更鼓励缙绅子弟自费留学，八国联军后，游学日本风气更盛，据统计一九〇一年留日学生有二六六人，第二年有七二七人，一九〇五、一九〇六年间，达到八千至一万五千人以上。留学生多，分子复杂，纷纷组织团体，出版刊物，自然增加了谈论国是的机会。二十世纪初年，中国知识分子对国事的参与，表现最热烈的有两个地方，一是日本东京，一是上海。东京因留学生的集结，自然增长势力；上海处于中西交会所在，又有租界便利急进分子的活动，自然也成为论政的中心，吴稚晖这一时期在这两个地方都有滞留，也都有表现。

一九〇二年，吴稚晖在日本时，留学生为了谋求政治改革，已有“励志会”之设，发行《译书汇编》，介绍新知。张继、王宠惠还办《国民报》鼓吹革命，广东留学生组织“广东独立协会”，曾得国父的赞助。这时留学生大体还没有革命不革命之分，吴稚晖在这一环境下，受留学生活动的刺激与西方新知识的启发，对中国政治的态度，不能说没有受影响。一九〇二年二度抵日后，三十八岁的吴稚晖仍然进入东京高师进修。六月间，为了咨送学生入成城学校事，与清廷驻日公使蔡钧发生冲突，相持一周，连日大闹使馆。最后蔡钧恼羞成怒，招日警，以“妨害治安”的罪名，驱逐吴出境。

七月一日，日警听从蔡氏请求，拘捕吴，并即遣返上海。吴被捕后，认为系奇耻大辱，因此预怀绝命书，在赴神户途中，乘隙投入水中自杀，幸为日警救起，时蔡元培正游日本，闻讯特赶往护送回上海，吴稚晖的这次遭遇与举止，虽称不上激进，但与革命相去已不算太远了。

一九〇二年吴稚晖返回上海后，秋冬间即与蔡元培、章炳麟、叶翰、蒋智由、黄宗仰等在沪组织“中国教育会”，以蔡元培为会长。名义上在改编教科书，实际上则是一个革命集团。十一月间，上海南洋公学发生学生集体退学风潮，中国教育会立即决定筹款设校收容，并即成立了“爱国学社”的组织，蔡元培担任总理，吴稚晖担任国文教员。就在这一年，吴与李石曾（煜瀛）在上海初次晤面。冬间，陈范（梦坡）主持的上海《苏报》，增辟了“学界风潮”

吴稚晖先生与孙中山先生合影（1909年在伦敦）

一栏，随后即成了爱国学社教员著文论政的场所。《苏报》的言论由保守转向激烈，偶也登载了吴稚晖的文章，吴的态度也与过去大不相同。

一九〇三年一月，吴稚晖又与蔡元培、陈范、黄宗仰等发起“张园演说会”，每周定时集会议论时政，这时吴也就公然登上张家花园安垲第的演说台，先从鼓吹罢学谈起，进一步也就昌言革命，于是张园演说革命，《苏报》揭载革命言论，吴稚晖因此一步跨入了革命的阵营。三月间东京留学生有拒俄风潮，组织“拒俄义勇队”，旋改为“学生军”，后演为“军国民教育会”，具有革命排满的性质，四月间，吴稚晖在上海召集旅沪各省绅士集会公议对俄态度，与留学生作桴鼓之应。五月，中国教育会和爱国学社因为经费问题，会、社内部意见不一，蔡元培走青岛，吴稚晖也不愿再过问社务。六月底七月初，“苏报案”①发，章炳麟、邹容被捕入狱，吴则被列名而未遭逮捕，章炳麟因此误以吴告密，由于误会加深，使日后数年，由于私交的破裂，演为文字的攻讦，几乎影响了革命阵营的团结，不能不说是一件憾事。一九〇三年夏，吴因《苏报》案出亡英伦，稍后乃有机会与国父晤面，确定了往后从事革命工作的历程；也因此方有机会直接接触西欧的文明，孕育了一种崭新的思想和理念。由一个陋儒到激烈的革命党，从忠君保皇维新到倡导无

---

① “苏报案”是一九〇三年六月间，因《苏报》连续刊载章炳麟文章，辱及清帝，又刊载介绍邹容《革命军》昌言革命之文，为清廷嫉视而起的。两江总督魏光焘命候补道俞明震查办此案，旋上海租界捕房亦以清廷控诉而解散《苏报》，拘捕章炳麟，邹容自首，吴稚晖则虽被列名而未遭逮捕，章炳麟因此误以吴密告所致，遂嫉恨吴。一九〇七年章在日本《革命评论》上发表《邹容传》，对吴颇有微词，吴遂在巴黎《新世纪》杂志上公开答复，引起了文字之争。

一九三六年，中国教育会会员之一的蒋竹庄（维乔）写了一篇《中国教育会之回忆》，提交《东方杂志》发表，对吴颇不谅解，吴随即撰成《回忆蒋竹庄先生之回忆》详述“苏报案”经过。一九四四年三月，吴稚晖又在《中央日报》发表《苏报案之前后》，对早期革命史实及该案经过，交代颇详。

政府主义，辛亥前旅居英、法的七八年，对他思想的转变，又是一个关键性的时期。

吴稚晖之认识国父是经过一段曲折的故事的，在吴自述的文章上说，戊戌前，他已听说国父的大名，但意中国父应是属于红眉绿眼的厉害“公道大王”，惠州起义后，虽不当是绿林豪杰，但以国父为洪秀全第二。当时的吴已由温和的维新派变为剧烈的维新党，但还忘不了要扶持光绪皇帝，自然也就不会主动地去认识革命党；一九〇二年在东京，原也有机会与国父晤面，但还百般的不情愿，但当他听到钮永建形容国父的样子，于是“孙文的资格，便不知不觉在我心上，跃到了洪秀全之上”。两人正式的晤面，还得直待到一九〇五年春，时吴稚晖旅居英伦，已正式自命为革命党了，年纪较吴还小一岁的国父刚由美转英，进行旅欧留学生的革命宣传及组党活动，两人因此正式开始订交。由于吴稚晖之见慕国父是经过一段理智的过程，是而吴对国父也有了特别深刻的认识[②]，此后吴稚晖虽然在思想的倡导上，与革命党稍有层次缓急之分，但在革命的行动上，则绝对一致。同一年冬天，吴便在曹埃布尔的介绍下，正式加入了同盟会，从此，他便是一位名实相符的革命党员。同一年春天，吴在英伦与张静江（人杰）初次晤面，建立了日后在法国合作的基础。一九〇六年冬，吴稚晖应约赴巴黎，正式与李石曾、张静江组织“世界社”，发刊《新世纪》。这是三人合作鼓吹革命的开始，也是三人对二十世纪的中国政治发生影响的开始。

② 吴稚晖在《总理行谊》一文中，称孙中山先生“品格自然伟大；度量自然宽宏；精神自然专一；研究自然渊博”，这几句话，至今仍被视为国人对国父生平最妥切的评语。文见罗家伦主编：《吴稚晖先生全集》卷七，页三七一—三八〇。

三、无政府主义的革命家

吴稚晖于二十五岁入南菁书院，二十七岁中举人，对于传统中国经史词章一类的学问，基础丰厚，也充分理解中国历史文化的精华。三十七岁到日本，算是初次接受了欧风美雨的洗礼，从三十九岁亡命英国后，直接受到了西洋文明的冲击。一住十数年，读洋书、办杂志，往来于巴黎、伦敦，亲自感受了欧洲现代文明的发展，深切体认了自己国家的落后，于是大彻大悟中国现状的急待改造。至于如何改造呢？他虽一时没有设计出一套具体完整的计划，但他吸取了当时所谓欧西文明的新思潮——无政府主义（Anarchism）；把握了欧洲文明的精髓——科学；决定了对中国旧社会改革的办法——革命。据此而来的具体步骤是：出版《新世纪》周刊，企求摧毁阻碍中国进步的各项因素，并进而提倡科学工艺；加入革命同盟会，实际参加革命阵营，使革命的宗旨有一定的归趋，革命的行动有一定的结果。

一九〇五年前后，吴稚晖、李石曾、张静江三人，不期而然地聚集在英法，往返益密，复因结交了英法的知识分子，增加了许多新知识。一九〇六年冬，吴稚晖到达巴黎，三人便在巴黎，共同磋商之后，发起了“世界社”，筹刊《新世纪》杂志，谋求发扬公理，鼓次革命，同时并组设中华印字局，以便刊行书报。一九〇七年六月二十二日，《新世纪》周刊第一号便在法国巴黎侣濮街四号出版，他们采用“新世纪七年”的纪年办法，复以阳历纪月日，明白表示不承认朝清的态度。这一周刊前后共出版一二一号，至一九一〇年五月二十一日停刊。[①]这一实际是由张静江出资，由吴稚晖主编的刊物，以吴稚晖、李石曾、褚民谊为主要撰稿人，他们思想锐进，言论解放，隐然以中国无政府主义的宣讲师自任。尤其吴稚晖以燃、燃料、夷、真、稚晖、留欧学界一分子、中国之一人、凭良心者、无政府党一人等笔名，撰述文章最多，言论也最见激烈。世界社还发行《世界画报》，另印《近世界六十名人》画传，并出版革命丛书，如《革命》、《告少年》、《秩序》、《世界七个无政府主义者》、《无政府共产主义》等，目的均在宣传无政府主义。一九〇七年十月清廷外务部，曾准两江总督电，以《新世纪》煽惑人心，请予禁止，经外务部电令驻法公使刘武训查禁，只以此事，亦见《新世纪》的影响力。

十九、二十世纪之交，中国新知识分子开始和西方思潮发生广泛的接触，国内知识分子对西方知识的获得，很多是日本间接而来的，但二十世纪初叶，已有少数的知识分子，身莅欧美，亲自接触了西方的文明。就中感受最多，体验最深，对中国社会文化产生深切反省的，吴稚晖是具有代表性的一人。吴稚晖在一九〇三年到达英国，正值欧美社会达尔文主义盛行之际，科学、进化论等学说，必然对他有相当的影响。在同一时期，又正当是西方无政府主义流行之际，李石曾抵法之年（一九〇二年），正是克鲁泡特金（Peter Kropotkin, 1842-1921）《互助论》（Mutual Aid）出版之年，不到一年，吴稚晖也到达欧洲，两人改革国是的企求加上与英法知识分子的交往，在《新世纪》发刊的时代，他们都变成了无政府主义的宣

① 《新世纪》法文原名，第一号标为 *La Tempoj Novaj*，第二号改为 *La Novaj Tempoj*，第八十一号复改为 *La Siecle Noxveau*，出版地点为 4, rue Broca, Paris，笔者所见该刊系一九四七年上海世界社影印本。

传员，无政府主义也成为《新世纪》周刊最主要的思想特色。本来二十世纪初叶，中国知识分子对无政府主义的介绍，以日本东京及法国巴黎为要站。在日本的刘师培（光汉）、何震夫妇，乃至于张继，都曾间接吸收日本学者的译述，发刊《天义报》，倡导无政府主义。在巴黎则以吴稚晖、李石曾等的“世界社”为大本营，直接吸取欧洲无政府主义学者思想的精华，发表于《新世纪》，倡导于海外中国知识分子。依据数据显示，当时欧洲无政府主义学者中，以浦鲁东（Picrre-Joseph Proudhon, 1809-1865）、巴枯宁（Michail Bakunin, 1814-1876）与克鲁泡特金等人的学说，影响中国在巴黎的无政府主义者最大，这些人的学说著作在《新世纪》周刊中，都有相当篇幅的介绍。

在《新世纪》周刊发行前后，欧洲领导无政府主义的代表性刊物是 *Les Temps Nouveaux*（一八九五——九一四），《新世纪》周刊之取名正源之于此，亦足见其所受的影响。依照《新世纪》的发刊旨趣，该报是一种“皆凭公理与良心发挥，冀为一种刻刻进化，日日更新之革命报”，并主张“纯以世界为主义”。依照该刊的文字看来，这一派学者的具体主张，至少包括：反对强权，反对帝国主义，介绍万国革命风潮；主张社会革命与政治革命，故当然排满，也因此主张扩充武备，用以诛除人道之敌；反对社会上一切腐败、自私、不平等的制度或现状，主张建立一个基于真理、公正和新道德——自由、人道、普遍及纯正的新社会，为此他们提倡大同主义，发挥互助、崇尚人道、博爱与自由平等；他们提倡科学真理，提倡男女平等，改革家庭制度，同时反对宗教迷信。五四时期的许多主张，实际在巴黎“新世纪”时代，早已有所发挥了。

吴稚晖之成为无政府主义者，当然始于一九〇三年赴欧之后，他之成为真正的革命党员；自然也在他一九〇五年见过国父之后，此后他一生就自命为无政府主义者，同时又是革命党员。综观他的

吴稚晖先生主编的巴黎《新世纪》周刊

一生，他对无政府主义及欧洲文明的精髓——科学的提倡，以两个时期最见精彩，一是留欧的“新世纪”时代（一九〇七——九一〇年）；一是在国内民国初年的新文化运动时代（约一九一七年至一九二四年），这两个时期，他的思想上的表现，可说是一脉相承，多彩多姿的，分析这两阶段他言论的内容，也大体可以看出他的思想轮廓来。

如前所述，吴稚晖是《新世纪》周刊的主编，文字多，意见也最激烈。同时这一时期也是他阐述无政府主义的文字独多的时代。欧洲无政府主义的思想，最早可以远溯到公元前三四世纪时代的Zeno of Citium（前三四二—二七〇），十五世纪后，渐有发展，工业革命法国大革命后，更采取了天赋人权、重农学派、古典经济学派及社会主义学者的思想，演为一时流行的思潮。中国在巴黎的无政府主义者的思想，包括吴稚晖在内，受到巴枯宁与克鲁泡特金的影响最为显著，从吴稚晖在这一时期的浅近论述中，也约略可以看出来。

依照吴稚晖的说法，无政府三个字是世界上最吉祥的名词，他说俗语所谓“无皇帝好过日子”，正是确确凿望的无政府别名。不过，他的理念中正如一般无政府主义的学者一样，存着“进化”的观念，无皇帝并不是清静无为返于原人时代，相反的是进化过程中的一个较为美好的阶段，为此，他给无政府下了一个明确的定义说：

无政府若有道德，而无法律，惟各尽所能，而不可谓之义务；惟各取所需，而不可谓之权利，人人自范于真理公道，而无治人与被治者，此之谓无政府。

依他的看法，无政府主义是一种由种族革命而祖国主义，再进一步的进化过程中较为完善的社会主义。“新世纪”——就其名词的指称而言，可以说就是无政府主义者的乌托邦。这一理想“新世纪”境界的大旨是：

> 曰众生一切平等，自由而不放任，无法律以束缚钳制之，而所行所为，皆不悖乎至理。为善纯乎自然，而非出于强迫也。唯然，故无所谓武备，更无所谓政府，无所谓种界，更无所谓国家。其卒也，并无所谓人我界。含哺而嬉，鼓腹而游。无争无尤，无怨无竞。怡怡然四海皆春，熙熙然大同境象也。

在《新世纪》杂志《谈无政府之闲天》一文中，吴稚晖更具体地描绘出怡然熙然的新世界来。为了达到这一理想的大同世界，他认为应该采取两种实行方法，一是靠书报演说以化民心，亦即采取“教育”的方式，无政府主义者视教育为进化的主要手段，因此自始即十分看重教育的功用；一是采强硬的手段，以诛除人道之贼，明确地说也就是“革命”，无政府主义者视革命为教育的辅助手段，在很多场合，教育与革命是相通的。

吴稚晖指出无政府主义的理想社会当然不是一蹴可几的，因此进步、进化，或推动一个较不善、不幸乐的社会走向至善或幸乐的社会，便是人人责无旁贷的事，为此，阻碍进化的因素，便必需予以排除。属于强权的政治组织，当然被视为不必要的罪恶，于是反对帝国主义，排满革命，自然就成为必要的一步。鉴于中国政治的腐败，吴稚晖指出：“中国人在今日之世界，已辜负人类进化之天职……欲急起直追，能左右于优等之民族，同趋于公善，非破坏一切之障碍，则以毁灭皇统为根本之图，尤以毁灭满洲皇统为根本之根本。”是故，排满革命便不是种族上的问题，“乃革命条件上之事类也”。在吴心目中，排满即“排王”，实即为无政府主义排除强权的一环，因此，他又非君、反对立宪派，斥责保皇党不留余地。就排满革命而言，无政府主义者与革命党的初衷本非一致，但革命的对象却是相同。《民报》昌言排满是基于种族主义、民族主义，但吴稚晖等无政府主义者却以为：谈种族革命不如言社会主义的政治革命，如果满人自动放弃皇朝统治而行政治革命，就不必有政治革命，但如不能，则"满人执强权"、"满人为帝王"，"排满者排强权耳，排帝王耳，即排蟊贼者也"，"则政治革命亦即《民报》之种族革命，是二而一者也。"这是就革命现状而言，两派可以合作的契机，同时也是吴稚晖所谓《无政府主义可以坚决革命党之责任心》一文的意义所在。

不过，无政府主义者对政治所怀抱的看法，与革命党（同盟会）是有距离的。② 但吴稚晖、李石曾、张静江等无政府主义者，却先后都成为革命同盟会的党员，除了个人与国父的交谊外，又应如何解释呢？依照《新世纪》周刊第一号所揭示《新世纪之革命》一文，不难见其原因。该文指出，革命思想的进化可以分三期：第一期旧世纪的革命，是易朝改姓，以暴易暴，大封功臣，维新三杰，名利双收，升官发财的革命，这是无政府主义者与革命党共同鄙弃的革命；第二期是过渡时代的革命，倾覆旧政府，建立新政府，政治上胜过旧革命。设党魁，有院绅，是甘言运动，牺牲利禄，饥渴名誉，铜像峨峨的时代，清末的革命运动约略属之；第三期标为新世纪的革命，这个阶段要扫除一切政府，人民纯正自由，废官止禄，无有私利，是一弃名绝誉，专尚公理的大同社会。照吴稚晖的看法，第二期推翻皇朝，建立共和政治，是政治进化必然的过渡，如果革命

② 无政府主义者对同盟会所主张的排满主义、种族主义、民主观念都表示过不同的意见，具体地说同盟会依军政府宣言，排满成功后，国家主权独立，政治民主，有议会之设，而《新世纪》周刊中载"议院为何如之一物？""此之谓共和政府"等文，均持反对态度，因他们主张的是无政治、无政府的理想。

者“能悬无政府为己所必赴之鹄，而让不得已者以平民政治为一时之作用，庶几乎乃不背革命为促进人类进化之大义矣”。何况，无政府主义者的至善大同境界又与国父三民主义的大同世界相当。在吴稚晖看来，要达到无政府的至善大同世界还要三千年或二万年，是则革命党过渡的共和政治，虽属无政府主义者，也有参与的必要。更明确地说，吴稚晖固然服膺无政府主义，但就进化的现状而言，三民主义实为实现无政府大同世界理想的阶梯。也就是说，无政府主义是他政治理想的最后目标，而三民主义才是他努力以赴奉行实践的政治信仰。这也正可以说明为什么吴稚晖在民国以后，一再说“把我吴稚晖烧成了灰，也是一个国民党员，我同时又是一个相信无政府主义者”的原因所在。

四、科学主义的提倡者

十八九世纪西方科学发展的迅速，与同一时期中国科技发展的迟滞，是中西文化接触后，一个极为明显的对比。无疑的，科学是近代西方文明的特征之一，西力东渐后，西方物质文明的魔力，尤其给中国知识分子带来了无比的冲击，一个最显著的事实是科学主义（Scientism）成了近代中国思想的重要思潮，吴稚晖则更是笃信科学万能的典型代表。

据吴稚晖的自述，二十五岁进入江阴南菁书院所见“实事求是，莫作调人”八字的震撼，影响了他的一生。这八个字所代表一种彻底、认真、不肯骑墙中立的精神，应该是他接受近代科学思想的有利背景。他之接触近代科学思潮，当然始于东渡日本和旅游英国以后，尤其一九〇三年到达伦敦，直接受到西洋文明的熏陶，开始大力鼓吹科学终其一生。他之全力接受科学的洗礼，一方面固然是有感于中西文明的强烈对照，一方面又与他所笃信的无政府主义息息相关。西欧无政府主义学者如巴枯宁、克鲁泡特金等都崇尚科学，或本身即为自然科学家，对吴稚晖崇尚科学的态度，自相攸关。无政府主义的《新世纪》杂志主张个人主义，也揭橥功利主义，认革命的目的在增进人生的幸福与乐利，于是能用于生产以增幸福乐利的科学，自然也被重视。依照吴稚晖的看法，无政府的新社会，由新道德促其实现，并由科学的教育完成之，因此从一九〇七年起的《新世纪》周刊，吴即鼓吹科学不遗余力，之后一九一一年发表了《上下古今谈》，用通俗字句介绍科学新知识，一九二四年主编《民国日报》副刊《科学周报》时，更多所发挥。

根据吴稚晖体察西方二三百年来文明的发展，指出科学世界与古来数千年非科学的世界，截然不同，他认为科学是导向人类至于公善的手段，是人类进化的“公粹”。他从人类进化史推演出世界的进步，是随“品物”而进步，科学便是“备物”最有力的方法。科学是什么呢？当然是指西方牛顿以后的科技文明的发展，《新世纪》周刊在第四号中，曾解释科学的意义：

所贵乎科学者，阐明奇奥精确之理，以显妙能敏捷之用，以之研究，则增人知识，发达思想；以之实行，则省时省力，奏奇妙功。故科学未发明以前，世界所经营皆愚笨简单，科学既发明之后，万象更新，十九世纪与本世纪，实科学发展之时代也。

西方科学的发展，吴稚晖以为“是人类积时代为开明，适至此时人类心思与材力，适足取科学而发明之，于是世界有科学起点在西与在东，不过发脚之先后”。故中国采科学，即是善用人类之“公粹”，自不能视为“西化”了。西方文明如理化机工等的科学实业，也就成为无政府主义者所主张的教育的主要内容。科学昌明既已成为十九、二十世纪文明的特征，吴稚晖以一非纯科学家而倡导科学万能，他自己曾解释所以崇拜科学的原因：

我们崇拜科学：一是因为道理上要讲，常识是模糊影响的，科学是精细确当的。二是因为我们不肯四脚戴毛的，要用“人工”以抗“天行”，科学是人工的根本法。三要完成一切理想的道德，止有科学万能；若“靠天吃饭”，“任天而行”，“与天为游”，说得好像是天的孝子。其实都是依赖穷天爷爷的不肖子。拆穿了说，叫做懒得做“人”。人者能以人工补天行，使精神一切理想的道德，无不可由之而达到，又达到者也。

同时科学昌明之后，如水银泻地无孔不入，它的力量不只改变人类生存的环境，同时改变人的宇宙观、人生观，吴稚晖正深切地体会了这一事实，指出：

科学在世界文明各国皆有萌芽。文艺复兴以后，它的火焰在欧土忽炽。近百年来，更是火星迸裂，光明四射，一切学术十九都受它的洗礼。即如奥远的哲学，言感情的美学，甚至瞬息万变的心理，琐碎纠纷的社会，都一一立在科学的舞台上，手携手地向前走着。人们的思想，终容易疏忽，容易笼统。受着科学的训练，对于环境的一切，都有秩序地去观察整理；对于宇宙，也更有明确的了解，因此就能建设出适当的人生观来。

这是吴稚晖科学万能论的大旨，也不啻为近代中国科学主义的一篇宣言书。

提倡科学，当然宇宙间最真实的，只有落在一切受物理法则支配的物质上，这就正如郭颖颐教授所指的，成就了吴稚晖的物质的科学主义（Materialistic Scientism），在吴的观念中，干燥无味的物质才是这世界唯一的真实，但是物质与精神是不能二分的，早在

《新世纪》周刊里，他就指出科学这一名词，“不专属于物质，但其表则名数质力，其里则道德仁义，凡悬想者为哲理，而证实者乃科学”，他又以为道德仁义不合乎名数质力者是为悬想，当然也就不落实际了。因此自科学兴起后，以声光化电之质力，遂至名数益新，而心理计学之类成为专科者，其中深微的道理，都可以用尺表度类，“岂如古世希腊诸贤，及我春秋战国老孔庄墨之代，以及禅学之经典，仅有无理说之悬想所可同日语乎？”推研了物质文明至极，就会见到物理世界的极则，亦即“止有物质，并无物质以外之精神，精神不过从物质凑合而生”，甚至连“我”都可以用清水加胶质、蛋白质、纤维质、油质凑合而成了。

因为看重物质，吴稚晖也因此注意制物的机器的制造，尤其用双手制造机械，又以机器帮助双手制造物品，因而他所谓的物质文明：“人为品而已，人为品为何？手制品而已，手之为工具，能产生他工具”，也就是“用双手去做工，用脑力去帮助两只手制造机械，发明科学，制造文明，增进道德。”为什么物质文明能增进道德呢？他在《机器促进大同说》一文中指出：

机器是替代人类劳动，机器到力量充分，可代人工之时，乃为全般人类制造温厚、鲜洁、轩敞、飞速等享用的东西，绰绰有余，断没有人类尚须用着手足劳动，博些草具，苟延性命也。

同时他在《青年与工具》一文中也指出：

吾决非崇拜物质文明之一人，惟认物质文明，为精神文明所由寄之而发挥，则坚信无疑。幸福者，果何物乎？幕吾以天，席吾以地，缠藤叶于吾身，坐山石之上，歌声出金石，固何歉乎？精神完固之我，而不认为有一种高尚之幸福。但此种幸福，皆在物质备具，充养吾之精神，已使演进而有余。而后偶任吾个体之返本自适，遂有若天地甚宽，其乐反未央耳。

在他看法，物质具备，才能使个人返本自适，得邀游自在的机会，欣赏大自然的美好，享受精神上无限的快乐，这才是广义的道德——所谓的精神文明，他之所以主张发展物质文明，其用意即在于此。

当然，提倡科学或物质文明的同时，也会对旧习俗制度，采取了褒贬的态度，所以吴稚晖对宗教、传统文化也有不同的看法。"科学者，进化之利器，迷信者，思想之桎梏"，无政府主义者希望加速人类的进化，大力提倡科学，反对迷信，这就涉及宗教问题。吴稚晖先后曾有几篇讨论宗教问题的文字。由于他的基本哲学是"物理世界为一纯粹的进化公理"之故，他以为宗教乃是前科学时期的产物，就无政府主义而言，是绝对与宗教不相调和的。他说"社会主义与宗教相提并论，社会主义亦可云非宗教主义，宗教主义亦可云非社会主义，二者可谓绝对的不同物也。"依他的看法，宗教是反科学的，是利用道德，强固了人的迷信，是阻碍社会进步的因素，而社会主义（即无政府主义）是依据道德破人之迷信。质而言之，宗教主义是人与鬼物相互的主义，而社会主义是人与人相互的主义，人与人间既以良道德相维系，良道德是进化的公理，是随万物之有生而自赋的，吴稚晖进一步明白地指出，这一人与人之间相互的主义，"简言之，犹云人道云耳"，故无政府主义者也倡人道主义，"科学之理愈富，言天（神）之说亦逾遁"。人世只谈人与人关系，不提造物者，亦即由物理科学世界谈物质与精神，如果谈迷信宗教，自有背于科学精神了。一九二三年，科学与玄学论战时，吴稚晖更明白地指斥宗教，以为亚剌伯与印度民族最讲宗教，结果人民懒惰邋遢变成了通性，专说玄妙空话，故其总和是道德最劣；以为中国上古原也没什么大空想，没有宗教，晋唐以前，不过是一个乡老（老庄）、局董（周公孔子）配合成的社会，后来印度宗教侵入之后，配合了局董的教条，便造成了威权，造成了个干枯的社会，因此吴稚晖的反宗教，自然引入了反理学的一条路，而他反理学的结果，又直接引上了科学的路子，反而不自觉地把科学取代了宗教的地位了。

吴稚晖既以“宗教迷信阻塞思想之自由，其发挥良德者少；以科学真理发明道德为进化，真符合良德者多”，科学在某些人看法是高级的知识（如孔德 Comte），而知识即道德，因此吴稚晖也以为“知识以外实无道德，知识既高，道德自不得不高”，亦即精神随物质同时并进。倡导物质文明的吴，以科学为万能，自然对传统文化也有所评估了。吴稚晖原是中国旧文化中打过滚出来的人，经过了多次思想变迁的过程，也饱尝了相当的阅历，才深切觉悟中国社会思想有彻底改造的必要。在欧洲他拿定了科学的物质文明，高唱科学工艺教育，以改造中国，很自然的，他对“国故”采取批评的态度。因此从他在巴黎主编《新世纪》周刊开始，就曾撰文批评孔、老，到了一九二三年人生观论战时，更有把线装书抛入茅厕的主张，虽则晚年曾归于平正。[①]一九〇七年《新世纪》周刊第一号，吴稚晖撰《此之谓中国圣人》一文中，曾对孔老夫子“装面孔，凑架子”有所不满，对孔氏之书也不以为然，这种基于科学进化的观点所发的议论，与早年“忠君爱国”、“非圣无法”的言论相较，实有天壤之别。为了提倡科学，自然也得对一般人所醉心的“精神文明”作批判，故而他反对宋明以来空谈心性的理学，因此他被胡适推崇为近代反理学的四大思想家之一。

清末一般知识分子，对西洋文化的冲击，产生了“中体西用”

---

① 吴稚晖到了晚年说他所反对的只是些小节，他说：“我虽随同打过孔家店，现在正正经经研究大道理，还是请这位老黄忠（孔子）出来。我们打孔家店，也止是最微末的小节，就是与上大夫言，何以一副面孔，忽然与下大夫言，又换一副面孔，表情太分明。又既然饭蔬饮水，曲肱而枕，乐已在其中，何以又食不厌精，脍不厌细，狐貉之厚以居？……诸如此类的小节，都被小孩子戏弄过大圣人。然而止是如日月之食，无损于其明。”见《答毕修勺书论德先生、赛先生及进化之理》（一九四五年十二月），《吴稚晖先生全集》卷一，页二二六。

的适应论，所谓中学为体，西学为用，是吴稚晖最反对的说法，就是一般人所谓“从古所有”的旧观念，也是他绝对弃绝的。由于他依物理世界进化原理，深信古人断不及今人，因此他对妨碍科学，阻碍文明进步的“国故”一无好感，他把“国故”当做“古董”，以为古董就应束诸高阁，否则他警告说，国故同小老婆、吸鸦片相依为命；小老婆、吸鸦片又同新官僚、发财相依为命，国学大盛，政治便要受危害，因此主张把孔孟、老墨之学屏弃，而极力鼓吹一个“干燥无味的物质文明”。这当然是吴稚晖补偏救弊矫枉过正的偏激之论。不过他的初衷在希望落后的中国即速发展科学，赶上时代，“科学发达了，手执毒气飞弹，口说平等、博爱，才可进入世界大同”，就这一用心而言，他一时偏激之论，似又有其一定的时代意义了。

吴稚晖对国故不感兴趣，对“洋八股”也深恶痛绝，他在一九二四年时，曾指出：

中国数千年偏重了文学哲理，自无可讳言。最近数百年又被圣功王道的八股思想统一了一阵，至今余毒未清。因此改了洋文学，谈起洋哲理，插进洋圣功王道的法政学，加入洋经世文编的商科理财，结以洋、周、秦诸子的各种洋九流三教（什么主义，什么主义），遂弼成了洋八股的伟观。所以若再听凭他百千大学，开设了使他休明出来。结果是：有饭吃，便把官僚、政客、土豪、游民，做他们的尾闾去排泄罢了。那种博学鸿词科式的太戈尔，也必定盛极一时，过他们高尚亡国奴的生活，因此欲枉而过其正，非鼓吹一个干燥无味的物质文明出来，不足以淡此瘴气（谓洋八股）。

因为他反对洋八股，所以他对太戈尔的东方文明论大加排斥，对于胡适以科学方法整理国故的做法，也不表赞同。至于一个干燥无味的物质文明，该如何鼓吹得出呢？当然是提倡科学工艺了，他认为科学工艺的提倡有二：一是用双手造机器；一是留学教育。

吴稚晖长期旅居欧洲，对西欧科学的发展，体会自然最为深刻。他认为科学的主要基础是动力和机器，而这二者是一体的两面。自始人类生活环境的改良，就是靠动力，古老社会的动力只靠筋力（人力兽力）为主，间有风力水力，但运用不广。欧美近百年来的神速变化是靠另一方式产生动力，即蒸汽机、发电机和摩托。他预测将来的主要动力来源是太阳。动力机器是机器，而动力机器带动的也是机器，因此制造机器，是科学发展的基础。人造的机器，在吴稚晖看来有两种，一是发动机，一是造物机，发动机可省人的筋力，造物机可省人的心力与工夫，而机器的基本原料是铁，所以他进一步指出：中国不及外国，是不及在打铁鬼身上，外国的打铁鬼里，着实有些有学问的，中国的聪明人却一个都不屑打铁，“噫！快快防人家拿铁来打你罢！快快自己做打铁鬼罢！”物质文明是人为品，人为品就是手制品，因比双手勤造机器，自然可以造出有用的机器来，故他注意双手使用工具，他在《青年与工具》一文中，大声疾呼：吾人“绝非崇拜物质文明者也，如稍有一毫不能打破备物以为幸福之理论，请吾青年视其手，又视文明之工具，决非工科青年，方当注意于工具者也”。所以他主张在家里“与其挂字画，挂对子，不如挂锯子，挂斧头”，其用意亦即在此。

机器发明之后，当然也有社会问题发生，例如机器发明后初期，可能富人占据机器，劳役工人，因此而有多数人对少数人的正当革命，不过他承认占据机器的富人，固是劳动人的魔鬼的同时，也表示“若机器自身，毕竟仍是我们人类减少劳动的天使”，他乐观地指出：我们人类有发明机器的能力，自然有那一日，我们不用劳动，但请机器劳动的时候。那时候就是机器完全替代人类劳动，为全般人类制造温厚、鲜洁、轩敞、飞速等享用的东西，人类不需再动手足劳动的大同世界了。

一九二三、一九二四年，吴稚晖热心倡导工艺科学的同时，也注意到了科学与国防的重要关系。本来自始他即以为科学是世界的“公粹”，中国贫弱所以遭来外侮，主要是没即速学取西欧的特长，也就是说“不进化民族惹起物质文明进步人之野心”所致，他很了解处于列强竞争、适者生存下的现实国际情势下的弱国是十分危险的，因此他一再地强调人家用机关枪打来，除非你用机关枪对打，否则一个平等大同的世界，无由获得。所以他说，“公道是要从拿着机关枪人口里说出，才是真的，对机关枪跪着说，终是废话！”基于同一理由，他认为中国人不如西洋人，就因缺少机器，他在一九二三年即喊出了“摩托救国论”的主张，到了一九三一年九一八事变爆发，日本帝国主义者挟机器之力入侵，他更坚信摩托救国的必要，“我们现在缺乏的就是机器，所以不能同别人抵抗”。他所谓的“摩托”，具体地说即是天上的飞机，地上的铁甲车，海底的潜水艇；放大来说就是物质建设与国防工业，“逃不出总理建国方略的实业计划”，他很希望中国人都把摩托当做鸦片第二，“要是中国人个个都有摩托癖，一定可以救中国了”。他的摩托救国论，当时很受舆论的重视，一九三三年的《新中华》杂志即一再赞扬吴稚晖的主张，以为日本敢于对中国发动侵略，更证明吴稚晖科学机械救国的重要。

根据吴稚晖的盘算，这个世界还得经过若干若干次的大小战争，才能达到世界大同，为了免除被列强瓜分的危险，提倡科学教育，是必要的途径，他说：到了二千年或三万年后，世界人人都有进大学的义务，亦即实施大学强迫制教育时，“街上的洋车夫，灶下的老妈子，都有了今日所谓专家学者的知识，然后大家再没有兴趣从事战争，也不再当飞机汽车算得物质文明，这样物质文明进步到不可思议，设备强迫全世界的大学，轻而易举，世界才能至于无战争”，因此处于无战争之前的中国，迎头赶上西方的科学教育，乃成为十分必要的事。

科学工艺教育“迎头赶上”的另一快捷方式，照吴稚晖的看法，便是“移家留学”。一九一二年，他发动了勤工俭学的主张，一九一五年与李石曾、张静江创立“留法勤工俭学会”于巴黎，一九一七年在上海《中华新报》辟“朏盦客座谈话”专栏，高唱全家留学。一九一八年又有留英俭学会的发起，一九二〇年筹建中法大学于北京，吴稚晖担任董事，并且赴法视察里昂中法大学校舍。一九二二年即率学生百余人赴法进入里昂中法大学，自任校长，这些都是他以工艺教育培养手脑并用人才理想的实行。吴稚晖这些海外中国大学的理想，可说导源于清末巴黎世界社及《新世纪报》，为了提倡科学，灌输世界知识而起的。照他的意见，西洋工艺社会，整个环境是力役教育的环境，中国人如留学“能留得硕士、博士归，自然甚好”，否则“回国后，能改良茅厕，不乱拉屎尿，起带头作用，亦大好事”，因此他要男女公子在英国习电机化学，对蔡元培遣子赴比入习工业，也表示相当的赞赏。尽管吴稚晖、李石曾、张静江等人办理勤工俭学的成效，后人评论各不一致，但倡导科学工艺教育的苦心，则是极为明显的。

近代科学文明，大致是从十五世纪欧洲的文艺复兴开始，从理论的发展到技术的运用，科学大盛，成了近代文明的基础。十八九世纪欧洲科学的发展，实已成为代表全能力量的象征。中国知识分子自从十九世纪末叶，感觉到强大科学力量的冲击后，“赛先生”（Science）与相辅而来的“德先生”（Democracy），便成为近代中国知识分子的两翼，它们取代了传统的信念，改变了传统的价值观，震撼了传统的文化，几乎摧毁了传统的社会。清末民初，“科学万能”的科学主义观，更成为知识分子普遍的意识。胡适在一九二三年说：三十年来，科学在中国已具有“无上尊严的地位”，“无论懂与不懂的人，无论守旧和维新的人，都不敢公然对他表示轻视或戏侮的态度”。吴稚晖可说是从传统走向现代的知识分子，是从线装书中翻滚出来，又极力倡导科学的典型代表。他从民前留欧的“新世纪”时代开始到民国以后，都以大力来鼓吹科学万能。因为倡导物质文明，连带的造成物质世界观，从器物层深入文化层，而及于“宇宙一切皆可以科学解说”的科学主义观，他因此被学者称为是哲学的物质主义者（The Philosophical materialist）。[①] 因为他彻底接受科学的洗礼，自然对中国传统的旧文明，带着不能并存的激烈见解，抨击传统，反对宗教，且不幸地几乎陷入了迷信科学的程度。从科学本身原理与方法的限度而言，以科学描绘人类的一切，自然不无过当，但是处于十九、二十世纪的中国，在中西文明强烈对照的背景下，吴稚晖以一个爱国忧时的知识分子倡导科学万能，却不失为补偏救弊的积极主张。民国以后，中国科学界之有点滴的成就，吴稚晖之竭力提倡科学的苦心，功不可没。吴稚晖过世时，中国科学界誉他为“中国科学运动的巨人”，应非过甚之词。

五、人生观论战的押阵大将

吴稚晖学术思想的演进，依照吴传作者张文伯的说法，初由于传统的束缚，始于无不可信，亦即革命以前，旧学涵泳的时期；继

① 参见郭颖颐教授：《科学主义在中国，一九〇〇——九五〇》，页三三—五八。（D.W.Y. Kwok, *Scientism in China Thought*, 1900-1950, Yale U.P, 1965, pp. 33-58.）

受革命潮流及西学的激荡，一变而几至无不可疑，即巴黎“新世纪”时期，新知焕发的阶段；一九二三、二四年《一个新信仰的宇宙观及人生观》发表，而系统初定，其后更由大疑建大信而底于大成。大体上说，吴稚晖从旅欧参与革命开始，即以科学、进化为思想的基础，从物质文明的提倡而及于科学人生观的提出，新文化运动时期，参与了“科学与玄学人生观”的论战，提出了一篇七万字的长文，因此被胡适推崇为反理学大家、人生观论战的押阵大将，并即倒转为以科学为基础之“新玄学”的先锋。

一九二三年，中国思想界突起一场激烈的科、玄学论战，国内许多学者都卷入这一场笔战。这一论战在本质上是中国知识分子对西方科学文明冲击的反响，也是中国知识分子拥护理学与反对理学的论争。先是张君劢一篇侧重中国精神文明与内心生活，而指斥欧洲物质文明的“人生观”演说，引出了丁文江以自然科学家的姿态，为科学辩护的文字。双方因此引发了一场大论争，就在激烈进行的当儿，吴稚晖适时发表了一篇全国传诵的力作《一个新信仰的宇宙观及人生观》，以建立在一位“柴积上日黄中的老头儿”也懂得的科学常识为基础的宇宙观和人生观，赢得了押阵大将的美誉。这篇文字，不只代表了吴稚晖在接受科学洗礼后的人生态度，同时也代表了科学主义对近代中国知识分子的冲击力、震撼力和影响力。

先从吴稚晖的宇宙观说起，他的宇宙观是基于科学进化原理来的，他解释他的宇宙观说：

在无始之始，有一个混沌得着实可笑，不能拿言语来形容的怪物，住在无何有之乡，自己对自己说道，闷死我也！这样的听不到、看不见、闻不出、摸不着，长日如此，成年如此，永远如此，岂不闷人吗？……说时迟，那时快，自己不知不觉便破裂了。这个破裂也可叫做适如其意志，所谓求仁而得仁。顷刻变起了大千宇宙，换言之，便是说我兆兆兆兆的我。他那变的方法，也很简单。无非拿具有质力的若干“不可思议”量，合成某某子。合若干某某子，成为电子，合若干电子，成为原子。合若干原子，成为星辰日月，山川草木，鸟兽昆虫鱼鳖。你喜欢叫他是绵延创化也好，你滑稽些称他是心境所幻也得，终之他是至今没有变好，并且似乎还没有一样东西，值他惬意，留了永久不变，这是我的宇宙观。

他又曾用“活的一个”来指说宇宙，宇宙万有，无所不包，所以统名之曰“一个”：

举现象世界，精神世界，万有世界（有），没有世界（无），适用时间空间的，不适用时间空间的，顺理成章的，往来矛盾的，能直觉的，不能直觉的、合成一个东西，强加名言，或名曰本体，又曰一切根源。照我合成的成分而说，既应统括万有及没有，……则又有所谓“一个”，……放之则弥六合，变为万有，是这一个；卷之则退藏于密，变为没有，也是这一个。陈老古董所谓万物有生，原质是风水地火，或金木水火土，是这一个，新西洋景所谓绵延创化，是片断而非整个，只有真时，并无空间，也是这一个。……我不管什么叫做无极太极道妙真如，……我止晓得逼住了我，最后定说到“一个”。

他又说：“我所谓一个，是一个活物，从他‘一个’变成观象世界，精神世界，万有世界，没有世界，能直说的，不能直觉的，恒河沙数的形形色色，有有无无，自然也通是活物。”但这样的“一个”，又怎样能是活的呢？他解释说，凡是活物方能产生活物。换句话说，活物产自活物他用一块石头为喻：石头看似死物，其实在化学试验中，茅厕中的石头，一样可以活起来。石头似乎是没有感觉，不过，吴稚晖指出，所谓感觉，有种种不同的状况，石头至少有寂然不动的感觉，这就是所谓无私心而合天理，所以贞固永寿。何况一块石头一旦为化学家检入玻璃瓶，用火酒的食料供给着，他就排斥一部分故体，一部分去寻着新的她，发起大大的爱情。其冲动的爱情，又何尝少异于才子佳人？并且其冲动，还能受理性的节制，意志的坚强甚至于超过人呢。是而，他说，茅厕中的石头，是没有感觉的东西吗？当然不是，因为它有质地，有感觉的，“非活物而何？”茅厕中的石头都是活的，那别的东西就更不用说了，所以他说“万有皆活，有质有力，并‘无’亦活，有质有力。”这就是他的万有生生论了。由一物而推及于宇宙，宇宙便是一个大生命，它的“质”同时含有“力”，由此而有“权力”、“意志”，意在“永远的流动”，永远流动的大生命，又为的什么呢？吴稚晖解释说：

自从我们不安本分，不甘愿做那听不到、看不见、闻不出、摸不着的一个闷死怪物，变了这大千宇宙，我们的目的何在呢？我是不敢替我们吹一句牛皮的，却逼住我不得不说，他是要向——真善美！但是尽管你一样一样认着“真”，要做到好看叫做“美”，做到不错叫做“善”，毕竟叫做“终不合意”。所以秒秒分分时时刻刻，把旧的变去了，从新换着新的。正如下棋一般，下成了，又投子在盒中，揩着棋盘又下。……

吴稚晖就用科学的观念，这样着“开除了上帝的名额，放逐了精神元素的灵魂”，剩下了一个纯粹自然的演变，所谓“真、善、美”，亦正是他依着进化观念而来的“至善”境界罢了。

从宇宙观又引生出他的新人生观，照吴稚晖的看法，所谓“活的一个”，推原其始只是“黑漆一团”罢了。人类其实也就是“黑漆一团”的子孙，但既然称为“人”，自然也得表现特殊些，因此他首先解释“人”是什么？

人便是外面只剩两只脚，却得到了两只手，内面有三斤二两脑髓，五千零四十八根脑筋，比较占有多额神经系质的动物。

接着他解释“生”：

生者演之谓也，如是云尔。生的时节，就是锣鼓登场，轻歌妙舞，使枪弄棒的时节。未出娘胎，是在后台。已进棺木，是回老家。

当着他或她，或是未生，或是已经失了生，就叫做择吉开场，暂时停演。

因此，所谓“人生”，就是用手用脑的一种动物，轮到“宇宙大剧场”的第亿垓八京六兆五万七千幕，正在那里出台演唱，请作如是观，便叫做“人生观”。这一大剧场是人类自己建筑的，这一出两手动物的文明新剧，是人类自己编演的，如果不卖力，随便敷衍，踉踉跄跄闹笑话，叫人搜你脚跟，给人“叫倒好”，不只是丢人，并且也反对自己的初愿。因此人生一场戏，演得好不好，还得端看自己。

既然如此，人生这场戏该怎样地搬演呢？吴稚晖提出了三句话来解说，这三句话，说得文雅些，便是“有清风明月的嗜好，有神工鬼斧的创作，有覆天载地的仁爱”，说得粗俗些，就是“吃饭、生孩子、招呼朋友”。

先就清风明月的吃饭人生观来说，实际上就是生活问题，每个人要解决自己的生活问题，是有一定的标准的，那就是：

(1) 是吃饭要用自己的劳力换得才是。(到了大同世界，“各取所需”，也要将“各尽所能”做交换。不过人人道德高尚，去了算账式的交换形迹而已。)

(2) 是我的吃饭，若把阻碍别人的吃饭得来，就不对了。

(3) 是化了劳力吃不到饭，还是不愿意夺别人的饭来吃，也便算做难能可贵。

(4) 是能够想出许多饭来给人吃，自然最好。但反过来，夺了许多人的饭，给我亲爱的去不劳而吃，那就更不对了。

故而吃饭是一个通俗的说法，明白地点出，就是如何解决人的生活问题，吃饭问题的真解决，应归结到上述四个原则，能想出许多饭来吃，才能使人的生活充裕、富厚、快乐，这就非仰仗吴稚晖自己所一向提倡的物质文明的科学不可了。

再说神工鬼斧生小孩的人生观，吴稚晖以为生孩子只是宇宙变动的绵延，狭言之，又是宇宙万有各个自己的绵延。宇宙各有各的绵延，并不用绝对相同的一种方式，所谓阴性阳性，不过像是照相显影药水，临时配合，功用以显，而转瞬亦遂变性，以至于无用，生小孩也同一道理，并无奇妙可言。但大家都“以生小孩为神秘，摇身一变为爱情，摇身再变为美学两性化，摇身再变为神工鬼斧之创作”，其实，他以为“创造宇宙的原始，亦不过拿神工鬼斧，做一过程，意志生情感，情感起理智，理智定意志，循环为联合，不曾有什么中心”，因此他看重男女的大欲，并不重视夫妇的名义及结婚的形式，同时以为科学的发达，大同世界若而实现，“废婚姻，男女杂交，乃是人类必有之一境”，但这必然在子女公共养育，私产废止后的大同世界才有可能实现，同时为了使人类更趋于优秀，那就又不能不归结到“非科学更向上不能解决”了。

至于第三出戏，覆天载地地招呼朋友的人生观又是什么呢？他所谓的朋友，是指我以外的一切人，乃至于一切生物，亦即“非我”。生小孩，吃饭的人生观，都是对付自己的，招呼朋友是对付“非我”的，把自己招呼到了，而对朋友漠不关心。甚至采取对立的立场便是大错，天地万有，天理流行，对“非我”的朋友，自然不当漠视。这自然也是从理智与科学的观察中得来的念头。

基于此，吴稚晖正式揭橥了他对人生的新信条：

（1）我是坚信精神离不了物质。

（2）我是坚信宇宙都是暂局，然兆兆兆兆境，没有一境，不该随境努力。兆兆兆兆时，没有一时，不该随时改进。

（3）本此原则，批评书契后千年中的人类，数千年的短时间，本似一个旦暮。所以若说也有少数古人，胜过今人，我可以相对承认，……至于一般普通人，可坚决的，断定古人不及今人，今人不及后人。

（4）我所谓古人不及今人，今人不及后人，不是单就善的一方面说，是说善也古人不及今人。今人不及后人。恶也古人不及今人，今人不及后人。知识之能力，可使善亦进恶亦进。俗所谓道高一尺，魔高一丈，……人每忽于此理，所以生出许多厌倦，弄成许多倒走。

（5）我信物质文明愈进步，品物愈备，人类的合一，愈有倾向；复杂之疑难，亦愈易解决。

（6）我信道德乃文化的结晶，未有文化高而道德反低下者。

（7）我信“宇宙一切”皆可以科学解说，但欲解说一切之“可”，永远不“能”。

这是吴稚晖人生观的新信条，更明白说就是吴稚晖科学的人生观的新信条。根据这些信条，吴稚晖对人生观更提出了四层意义：（1）人生观不是人死观；（2）人生观不止我生观；（3）人生观共同他生观；（4）人生观才有宇宙观。

由第一义知道，人生乃是前进的一幕，我生就是人生幕里的一角。在宇宙大剧场中，万万不能缺一我，因此一当善其相当形体之我，二当善其相当时间之我，以便使我能演唱更精彩的戏。由第二义知道，人生观这一名词是加于全体生存的人，而不是只加于我一个的生人，所以应当尽量改进天然，使人生更多采多姿，即招呼兆兆人生，至于覆天载地。设而人生不但不能覆天载地，更且招呼不了，那么就应捐吾一生，始得光大全人生，拯救全人生者，甚至于尽可以杀身，因为这样做才能当于宇宙前进之理。“招呼朋友而至于捐我生者，又所以重人生观也。”从第三层意义知道，人生之一剧，将是以他生为灯彩与布景，这样演出才会更见精彩，如果对于痛苦相同的朋友，尚不设法招呼，“将使别疏远而宰杀终古，则更疏远的茫然之天，及块然之地，更何暇问其覆载”，“以亲疏为不得已时之方便，已觉抱歉；况自居万物之灵，竟以亲疏为终古天赋之权，其荒唐为何如”？四时之序，功成者退，万物过庶，可以节育，区区人的衣食问题，都当暂时取于暂认为无用之物，而以科学方法化腐朽为神奇，“所以招呼朋友，决不可遗他生物者，仍所以重人生观也”。至于第四层，吴稚晖解释说：

盖言生而至于有人，宇宙之戏幕，自更精彩。至此而挟极度之创造冲动，及最高之克己义务，始可自责曰，人者庶几为万物之灵。凡覆天载地之大责任，为宇宙万有之朋友所不能招呼者，壹由吾人招呼之。如此，岂是“就生活而生活”，“顺天理”而待尽，可以胜彼艰巨？是故人也者，吹个大法螺，即成表漆黑一团，而使处办宇宙，又以处办得极精彩的宇宙之一段，双手交出，更以处办宇宙之责任，付诸超人者也。招呼朋友，实际亦知未能及于宇宙之些须；恃有“科学万能”在，区区覆天载地，正可当仁不让。责难旁人如此，真所以重人生观也。

因此他特别提醒说：

悠悠宇宙，将无穷极，愿吾朋友，勿草草人生！

总之，吴稚晖这一基于“科学”、“进化”的人生观，目的在善尽人类的职责，造福民生为本务，体天地之大德，而协赞其进化，因此他既称颂国父“人生以服务为目的”的说法，也赞佩蒋公“生活的目的在增进人类全体之生活；生命的意义在创造宇宙继起之生命”的名联。

吴稚晖墨迹——篆字

六、国语统一运动的推行家

语文是人类表达思想，沟通感情的工具，亦即吴稚晖所说“供人与人相互者也”。统一国音，推展国语运动是吴稚晖毕生致力的基本工作。

本来吴稚晖对语音文字的研究，早在清末即已开始，一八九五年他在江阴南菁书院时，已手创了一套“豆芽字母”，用以拼音念字，还教他的家人用来拼方言，作为通信的工具。他一九〇三年留学英国后，身受西欧文明的刺激，吸取了西洋文化的长处，奠定了一生以大同主义为终极的理想，同时高举科学化的大旗。他在法国巴黎主编《新世纪》周刊时，基于无政府主义者长远的理想，也以改革文字作为开通常识的要著，为了谋国人迅速吸收欧美文明，提高一般人的知识水平，《新世纪》周刊曾先后揭载了《万国新语》、《记万国新语会》、《新语问题之杂答》等多篇专文，主张利导世界语，“以求世界和平之先导也，亦即大同主义实行之张本也”。吴稚晖在这一时期，也深切体会我国汉字的缺点，并谋所以补救的方法，苦心构思了一套完整的设计。他在《新世纪》杂志先后发表过《书驳中国用万国新语说后》、《书神州日报东学西渐篇后》等文，专门讨论中国汉字问题。从一开始，他就承认汉字有它基本的缺点，即“汉字不惟无音，而且不便于排印”，依他的研究，完美的文字，应该是“一见其别即显，始可载玄深之理，一见其意可诵”，然后便于学习。他认为识字容易十分重要，从识字才能懂得造机器，造洋货，造大炮，机关枪的法子，才能对付入侵的外力。他这一观点，基本上不能离开他倡导中国科学化的目标。

当然相信无政府主义的吴稚晖，在根本上他并不否认将来世界大同，势必要全世界牺牲它的国语，共同使用世界公共之语言，届时“汉语将无须取必于久传”，甚至于是“早晚必行废斥之一物”，但那是遥远的理想，因此在过渡时期，他承认汉字仍然是大多数人宣达意念的符号，既必须“苟且承用”，则一如不适用的废屋，在短期内，不能不赖以蔽风雨。在这种情形下，“惟有用最廉价之便法，稍事修缮，使风雨不侵而后止”。他想出的办法，就是附加读音，以“汉字大书，读音旁注”，汉语姑寄于汉字，加以注音，便用于一时。于是这一国语注音运动的推行，便成了他一生努力的工作。

中国地广人多，历数千年而能维持统一的局面，至少有一部分原因是“书同文”的关系。但我国各地方言多而繁杂，对民族的团结，及现代民主政治的倡导，科学化工作的推行，仍然不无妨碍。国语运动实际上就是“语同音”的运动，它甚至可以关系国家民族的盛衰。吴稚晖以这一自认为是最好的过渡办法，作为推行社会教育的基本工作，他的用意也不外在企求由“语同音”的努力中，同时带动全面知识水平的提高，最后能跻于世界文明之流。为了使一般老百姓知识总和不落人后，他想出的具体办法是以平民千字课为教本，并使注音字母与汉字合作。所谓注音字母，吴稚晖指出，它像孙悟空，有变不完的相，任意把它分多少类都可以，统一国语的注音字母，它的功用就像是“平民留声机的注音字母”。他指出：借反切或字母，来做留声机器，从古以来就有人试验。注音字母的目的，一是将它来注音，一是借它做着留声机器。留声机器之于声音，应是无所不能拼切的，而他生平最反对以拼音代汉字，自然也无意以注音字母或符号来代替汉字。吴稚晖曾深切研究中国汉字的造形声韵，他平实地指出：中国汉字，比之其他各国文字，有其极美处，但它的短处正是无音可读，因此他说：现在若能替它娶一注音的老婆，配合起来，汉文或者也可算天下之至美。如能更进一步，把所注国音予于统一推广，那就可变成一般平民救苦救难的"注音菩萨"了，这就是他所谓"二百兆平民大问题最轻便的解决法"，亦即他以推行注音符号为"穿草鞋"运动比喻的由来。

一九一二年，吴稚晖从欧洲返国，在南京临时大总统府，担任国父的重要幕僚，国父当时认为统一语言为集中国民意志的要图，因知悉吴稚晖对此素有研究，就把统一国语的工作全盘交给他筹划进行，那时的教育总长蔡元培也十分赞成他的工作，于是又在教育部设置"读音统一会筹备处"，聘请吴稚晖主持，作为开国时期教育上的一件重要工作。一九一三年的读音统一会议，便是在吴稚晖策划下召开的，吴稚晖更亲自担任议长，王照担任副议长。这次会议参加的文字语言学者专家四十多人，"论音则南北相争，古今异议；定符号则千奇百怪，人人欲为仓颉，家家思作沮诵。意气之争，拘虚之见，读其纪录，尤为惊诧"。吴稚晖多方因应，舌战群儒，结果是异己者信其平实，同调者敬其周密，因此产生了平情可行的决议，通过了一套平实可行的注音字母，审定常用的读音，奠定了国语统一的基础。会后手订《读音统一会进行程序》单册，其内容与他早期的主张几相一致。

后来袁世凯变更国体，吴稚晖也就离开教育部。这中间几年，国语运动既乏人主持，当然也就没什么成绩可言。但吴稚晖本人并不放弃这一工作，一九一七年七月，他编订了一部《国音字典》，收一万三千余字，一九二〇年十二月教育部据以颁行全国，这部字典一直沿用到一九三二年，才为他所参与修订的"国音常用字汇"所取代。一九一九年，教育部国语统一筹备会成立，集合文字语言学者，研究注音与字汇，吴稚晖担任副会长，领导主持一切。一九二四年，为了训练人才推行国语，他在上海创设了“国语师范学校”，自任校长，并讲授“国语概论”，各省青年入学者不少，就是在日本占领下的台湾同胞如李万居、陈祺升、蔡公铎等也都前来就读。同一年，吴稚晖发表《二百兆平民大问题最轻便的解决法》长文，呼吁以国语与注音字母为解决中国一切问题的根本，很引起重视。一九二六年九月，他又出任以研究国语学术，调查方言，力谋国语教育进行为宗旨的“全国国语教育促进会”副会长，该会分会遍及各地，会员达到一千二百人，对推行国语运动，不无贡献。从一九二五年到一九二六年，吴稚晖参与修订标准音，完成了一九三二年颁布的“国音常用字汇”。

一九二八年国民政府奠都南京之后，国语统一筹备委员会由吴稚晖担任主席，手订各种国语法令，先后由政府颁布实行，如“各省市推行注音符号办法”，如“促进注音国字推行办法”，如“姓名译音办法”，都经先后正式公布。如《国语常用字汇》，如《中华新韵》，都已经颁为官书。尤其具有意义的是一九三〇年四月，吴稚晖向中国国民党中央常会提出“改定注音字母名称，改称注音符号”案，议决通过。扫除了易生疑误的因素，同时由政府颁令推行，大大有助于国语统一运动的推广。五月教育部通令遵循，并即组设“注音符号推行委员会”，以吴稚晖等十一人为委员，同时开办注音符号传习所，七月教育部复颁定注音符号推行办法二十五条，国语统一运动成了教育当局的重要工作，其影响可想而知。一九三五年，教育部令改国语统一筹备委员会为“国语推行委员会”，吴稚晖仍然留任主任委员。抗战军兴，此工作一度停止，一九四〇年六月再度恢复，国语运动再趋蓬勃。一九四一年吴稚晖在中国国民党五届八中全会中，提议“大量印发注音汉字通俗书报刊物”、“积极推行注音符号运动”案，均获通过。一九四四年三月，在战火炮声隆隆中，吴稚晖亲自创作了一首分四阕六十六字的《注音符号歌》，便于记忆，大有功于注音符号的推广。一九四五年立法院正式通过教育部国语推行委员会的组织，并由教育部聘请吴稚晖担任主任委员，该会于一九四八年在台北设立了办事处，在台湾推行国语。一九四九年以后，吴稚晖仍时时关怀国语运动的推行，台湾光复后，国语运动所以能收速效，他手订的政策，领导的正确，都是最重要的因素。

综观近半世纪以来的国语运动史，真是与吴稚晖不能分离，他是这一运动的工作者、提倡者和领导者，尽管他有着一口浓重的无锡乡音。注音符号的推行，在语文教育上所起的作用，是人所共知的。他主持国语运动机构，编订国语字典，审定书籍，训练国语人才，倡导语文科学的研究，注意平民教育的教材，使中文汉语的运用现代化，初步开启了大同世界“语同音”的大业。他在语文科学的专门研究上，虽然不名一家，但他是一个开风气的人。他领导了学术的方向，指示了前进的途径，研究学理，讲求实用，既博大又精深，既专门又通俗，在一定的意义上说，这是他领导中国走向科学化、现代化的重大贡献。

除了国语运动外，吴稚晖在语文上的另一特色是文字运用的生动活泼。他早在巴黎《新世纪》周刊就写过极为通俗的白话文，但不能忘记：他的篆字书法早就是一代名家。他生动好懂，冷嘲热骂，雅俗共赏的文体，人人叫绝，但却人所不能。他曾用小说体裁写过介绍科学常识的《上下古今谈》，他的《朏盦客座谈话》、《茶客日记》都有小品文风味，他的科学、玄学、国语运动的文章都含有文学兴味，他的政论文字有“言人人所欲言，言天下所不敢言”的内容，特殊的修辞，冲破旧文体的牢笼，他的文章，无疑的，在近代文学史上固有其一定的地位，虽然他“不愿做什么乌烟瘴气的文学家”。

吴稚晖文章特殊风格的来源，他自己说是受了张南庄的《何典》一书的影响，他能从桐城派的古文圈，和深邃的学术修养中脱出，走入了学术平民化的路子，也就自然造成了一个新鲜的局面。他早在巴黎“新世纪”时代，就不避俗字俗语，根本用白话行文，甚至于用到了鄙俗不堪入耳的话。[①] 不过，他作文有一定的苦心，谈笑风生，无论是庄是谐，时时都出于机锋；处处都含妙谛，梁容若教授说他的文章，跟传统冷嘲幽默的文章不一样的是：以热骂代替讽刺，用善意代替恶意，以积极的建议代替消极的指摘。又说他的文章都是以生命写的，而且常常拼着生命发表，他创立了一种泼辣痛快，明朗负责的作风，他的每一篇文章，都发挥了时代的作用，伟大的影响。无疑的，吴稚晖这一光怪陆离、情趣横溢、一无拘束的文字，确确实实地影响了中国政治、哲学、文化和社会半个世纪以上。

七、结论*

吴稚晖是一个生长在中国新旧社会过渡阶段的知识分子，他具有传统知识分子的美德，也具有西方知识分子的热诚，因此他爱国

① 《新世纪》周刊的通俗文字，曾惹起部分知识分子的批评，为此，担任主编的吴稚晖，曾特别声明说“本报同人因文笔稺弱，庄言之易涉迂晦，不如谲言之稍醒眉目，故欲拉拉杂杂自成一种白话，马迁有言，文不雅驯，搢绅先生难言之，本报同人极恶旧世界，所谓搢绅先生，故矫枉不免过正”。

* 简体版编者注：原文“七”为“忘政治而不离于政治”，简体版略去，原“八”“结论”改为“七”。

忧时，他勇于接受新知。他是前清举人，具有深厚的国学基础，但思想上却绝对不为传统思想所囿，故他能驰骛于西方科学文明的领域中。他又是一位受西方文化熏陶很深的人，他敏锐的观察力使他随即把握了西欧文明的精髓——科学与进化。因此他成为中国近代德赛运动的前驱。但是他的生活极为平凡，欲望十分淡薄，是一个非常的常人，也是一位不平凡的凡人。

在思想上，吴稚晖是近代中国思想界的开路先锋。早年他从保守、维新走到革命，留欧后思想大变，走出了传统，一生便以倡导科学为职志，“科学”也成为他思想的精髓，他的无政府主义思想也和科学主义脉络相通。他崇拜科学，思想也就不能不走上远离传统常轨的路子。他一生服膺“实事求是，莫作调人”的信条，做人做事不模棱两可，也不面面俱到，他的行止如此，言论亦复如此，因此被常人斥为荒诞不经，被读书人看成离经叛道。其实他也自知某些立论是矫枉过正，但他的目的正是想在矫枉过正中“收平衡之效”，希望对暮气沉沉、思想涩滞的中国社会，下一猛剂以起沉疴，他的苦心孤诣是可以了解的，他的做法是有一定的时代意义的。

民国十三年在科学玄学论战的时候，吴稚晖发表了《一个新信仰的宇宙观和人生观》，提出漆黑一团进化无穷的宇宙观，这是他根据科学知识得来的结论。从这一宇宙观产生了他以宇宙为舞台，好好演出义务戏的人生观，从吃饭、生小孩到招呼朋友，他归结说：悠悠宇宙将无穷止，愿吾朋友勿草草此生。他这一宇宙人生观，对中外文化思想并不作一面倒。他把科学和哲学统一起来，根据科学建立了他的人生哲学，求一个长远的至善至美的境界。他的这一思想，见之于行动上的是一生致力于提倡勤工俭学及国语统一运动。他倡导留学，注意平民教育，目的在求得国民知识的总和能不低于外国，中国科学文明能不落人后；他提倡注音符号，推行国语统一运动，他的意思是一国的文化寄存于少数人仍无裨益，一定要全体老百姓都能受文化教育，然后社会才有进步，国家才能发展。

在政治上，他以大同主义的无政府主义者投身于革命阵营，遂即成为一位忠贞的革命党员。从他加入同盟会以后，他即成为国民党的主要干部，国父待之为友，国父逝世后，他拥护蒋中正先生，宣称服从蒋先生的领导，而蒋先生却事之如师。就吴而言，他虽服膺无政府主义，但以三民主义为实现无政府主义的阶梯，故无政府主义实际上是他政治理想上的最后目标，而三民主义才是他努力奉行实现的政治信仰。他在国民革命过程中的表现是积极的，因此就其政治活动看，实在正如他自己所说的：化骨扬灰都是国民党员。

综观吴稚晖的一生，他是一位智慧高超的哲人，他既是大同世界无政府主义的宣讲人，也是三民主义的实行家；他是科学主义的倡导者，也是平民主义的实践家；他是国语统一运动的热心奠基人，也是中国现代化运动的先驱者，是一位“开国元良，多士师表，淹中西之学，究天人之理，秉浩然之气，为振奇之人”。

参考书目

（一）原著及文集

《二百兆平民大问题》，吴稚晖，上海，商务印书馆，一九二四年，初版。

《吴稚晖学术论著》，梁冰弦编，上海，出版合作社，一九二五年，初版。

《吴稚晖近著》，李晓峰编，上海，北新书局，一九二六年。
《吴稚晖近著续集》，李仲丹编，上海，北新书局，一九二六年三月。
《吴稚晖先生全集》，上海，群众图书公司，一九二七年，初版。
《吴稚晖学术论著续编》，梁冰弦编，上海，出版合作社，民国十六年。
《吴稚晖学术论著第三编》，梁冰弦编，上海，出版三合社，一九二七年。
《吴稚晖尺牍》，上海，三民公司，一九二七年六月，再版。
《吴稚晖先生文粹》，陶乐勤编，上海，全民书局，初版。
《吴稚晖言行录》，时希圣编，上海，广益书局，一九二九年八月，初版。
《朏盦客座谈话》，吴稚晖，上海，泰东书局，一九二九年。
《上下古今谈》，吴稚晖，上海，文明书局。
《吴稚晖文集》，少侯编，上海仿古书店，一九三六年出版。
《吴稚晖先生最近言论集》，扫荡报社编，重庆，青年书店，一九三七年十二月，初版。
《注音符号之辨正》，吴稚晖，重庆，教育部国语推行委员会，一九四四年。
《稚晖先生一篇重要回忆》，吴则中辑，台北，世界书局，一九六四年三月初版。
《蒋总统年表》，吴稚晖，台北，中央党史会，线装影印本，一九六四年三月出版。
《吴稚晖先生选集》，中央党史会，台北，一九六四年三月二十五日。
《吴稚晖先生墨迹》，中央党史会编，线装，一九六四年三月出版。
《吴稚晖选集》，台北，文星书店编印，一九六七年出版。
《吴稚晖先生全集》，罗家伦、黄季陆主编，十八卷，台北，中央党史会，一九六九年三月二十五日初版。
《吴稚晖先生法书集》，台北，一九七一年六月初版，线装。

（二）传记及后人著述

（1）专书：

《吴稚晖先生的生平》，台湾省国语推行委员会，台北，一九五一年四月出版。
《稚老闲话》，张文伯，台北，“中央文物供应社”，一九五二年二月。
《吴稚晖先生年谱初稿节录》，杨恺龄，台北，一九五三年十一月。
《吴稚晖先生纪念集》，台北，一九五四年二月出版。
《吴稚晖先生纪念集续集》（逝世十周年纪念特辑），台北，一九六三年十月。
《吴稚晖先生百年诞辰纪念专集》，台北，一九六四四月出版。
《吴稚晖先生传记》，张文伯，台北，中央党史会，一九六四年三月出版。
《吴稚晖先生年谱》，陈凌海编，陈洪校订，台北，一九七一年四月初版。
《永远与自然同在》，金门文献会编，金门，一九七〇年三月出版。
《吴稚晖先生纪念集》（吴稚晖一百一十岁诞辰纪念特辑），台北，一九七四年三月出版。
《吴稚晖先生纪念集》，杨恺龄编，台北，文海出版社，一九七五年三月影印。
《国语运动史纲》，黎锦熙，上海，商务印书馆，一九三五年一月，再版。
《国民政府推行注音符号述略》，黎锦熙，北平，教育部国语统一筹备会，一九三一年八月出版。
《五十年来中国国语运动史》，方师铎，台北，国语日报社，一九六五年三月。

《国语与国文》，梁容若，台北，国语日报社，一九六一年四月出版。
（2）专文：
张文伯：《吴稚晖》，载《中国文化综合研究》，页二一二〇，一九七一年十月十日，台北，中国文化学院出版。
郭湛波：《吴稚晖》，载《近五十年中国思想史》，页一六三一一七四，一九六五年二月，香港，龙门书局影印。
吴相湘：《吴稚晖促进国家统一》，载《民国百人传》，第一册，页四〇三一四二二，一九七一年一月，台北传记文学出版社。
李书华：《吴稚晖先生从维新派成为革命党的经过》，《传记文学》四卷三、四期，台北，一九六四年三—四月。
李书华：《吴稚晖先生与廉南湖》，《传记文学》五卷三期，台北，一九六四年九月，页一二一一三。
沈觐鼎：《我所知道的稚老故事》，《中国一周》二三七期，台北，页一三一一四。
徐复观：《纪念吴稚晖先生的真实意义》，《民主评论》十五卷八期，香港，一九六四年四月。
杨恺龄：《国父与吴稚晖先生》，《三民主义半月刊》第一至第四期，一九五三年五、六月。
杨恺龄：《吴稚晖先生言行录》，《三民主义半月刊》第十四至十七期，一九五三年十一—十二月。
梁容若：《吴稚晖先生与文学》，《新时代》创刊号，页四七—四九，台北，一九六一年一月。
丁慰慈：《吴稚晖先生的思想》，《三民主义半月刊》三十五期，页七一一四，一九五四年十月。
张文伯：《吴稚晖先生的思想》，《大学生活》第二十四期，页三七—四三，香港，一九五七年四月。
《吴稚晖传》，载中央党史会编印《革命人物志》，第二册。

《吴稚晖先生百年冥诞纪念专号》,《中国语文》十四卷五期，一九六四年五月出版。

（三）期刊

《苏报》，上海，一九〇〇年一月二十四日至一九〇三年七月七日。中央党史会影印，自一九〇三年五月六日至七月七日止。

《中华新报》上海，一九一七六年二月至十二月。一九七〇年十月中央党史会影印

《新世纪周刊》，巴黎，一九〇七年六月二十二日至一九一〇年五月二十一日，一九四七年上海世界社影印。

（四）西文著作

Boormen, Howard C. and Richard C. Howard（ed）, *Biographical Dictionary of Republican China*, N. Y. 1967.

Chow Tse-tsung, "*The Anti-Confucian Movement in Early Republican China*," The Confucian Persuasion. ed. A. F. Wright, Stanford U. Press, 1960. pp. 288-312.

Chow Tse-tsung, *The May Fourth Movement: Intellectual Revolution in China, 1915-1924*, Cambridge, Mass., Harvard U. Press, 1960.

Gasster, Michael, *Chinese Intellectuals and the Revolution of 1911: The Birth of Modern Chinese Redicalism*, Taipei, 1973（reprint）.

Kwok, D. Wynn-ye, "*Wu Chih-hui and Scientism*" *Tsing Hua Journal of Chinese Studies*, New Series III, No.1. May, 1962, pp. 160-186.

Kwok, D. W. Y., *Scientism in Chinese Thought, 1900-1950*, New Haven, Yale University Press, 1965.

Scalapino, Robert A. and George T. Yu, *The Chinese Anarchist Movement,* Berkeley, U. of California, 1961.

Scalapino, Robert A. and Hearld Z. Schiffrin, "*Early Chinese Currents Thought in the Chinese Revolutionary Movement*." Journal of Asian

Studies, XVIII, 1959. pp.321-342.

Tan, Chester C., *Chinese Political Thought in the Twentieth Century*, Doubleday Company, Inc., N. Y. 1971.

Wang. Y. C., *Chinese Intellectuals and the West, 1872-1949*. U. of North Carolina Press, 1966.

孙中山

蒋永敬　著

目　录

一、前言

孙中山先生名文，字逸仙。中山，是他三十二岁旅居日本时，曾署名中山樵。后来又尝署名高野。除此之外，他仍有一些名号，幼年时名帝象，家谱的名字叫德明，稍长号日新，又尝自署载之，或公武。在辛亥革命前，世人常称他为逸仙先生；民国建立，大家都习惯称他为中山先生。本文将称他为孙先生。

孙先生于清同治五年（公元一八六六年）十一月十二日生于广东省香山县（今中山市）翠亨村，公元一九二五年三月十二日在北京逝世。这正当中国多灾多难的时代，内忧外患，相逼而来，使中国陷于"次殖民地"的地位。他为了救国救民，倡导革命，推翻清朝，建立民国，结束中国数千年来君主专制政体，建立亚洲第一个民主共和国。民国以后，由于军阀作乱，国家动荡不安，他仍为巩固民国和统一中国而继续革命。其在思想方面，创立三民主义，以为中华民国建国的根据。一九四〇年四月一日，国民政府通令全国尊称他为中华民国国父。

孙先生逝世时，美国报纸曾评孙先生是当代世界五大人杰中的先知先觉。这是以开始获得国际声望的年代为准。因为孙逸仙的大名，早在一八九六年伦敦蒙难时就举世闻知了。而其他四杰成名，都在孙先生之后。甘地成名在一九一九年，后于孙先生二十三年；凯末尔成名在一九二〇年，后二十四年；列宁成名在一九一七年，后二十一年；威尔逊成名在一九一二年，后十六年。因之，不需再加任何尊称，只要“孙逸仙”这一名字，就显出这一世界人杰的自然伟大了。

孙先生究竟是怎样的一位人物？近数十年来中外人士对他评述赞扬的文字，真是不胜枚举！例如吴稚晖说他有四点特质，就是品格自然伟大，度量自然宽宏，精神自然专一，研究自然精博。而所谓伟大、宽宏、专一、精博，固然别人难及；而尤其不可及的，乃是他的自然。日本侠士宫崎寅藏早在孙先生革命运动屡遭挫败之际，即一九〇二年出版的《三十三年落花梦》中，描述他对孙先生的观感说：彼其胸中，具数万甲兵；彼其度量，可容卿百辈；彼其手腕，可以挥斥八极而无怍；彼其容貌，可以备具四时而有余。他认为：孙君者，可谓东亚之珍宝也。美教育学家杜威博士（Dr. John Dewey）认为孙先生的一生，最能代表中国平民精神，故中国平民迟早必奉中山为理想的完人。他以为如果中国人民，都皆仿效中山的政治节操，人人认定方向，不常随风转舵，中国早当富强了。对孙先生认识最清楚的，也就是他的业师康德黎博士（Dr. James Contlie）认为孙先生革命的抱负，及由此抱负所产生的辛心苦行，百折不磨，大有耶稣救世的精神。他以为孙先生成功的秘诀，在于大公无我；只谋国家的福利，不谋个人的进展；没有作用，不争地盘，责任所在时愿登政台；倘于国有利，虽洁身引退，亦处之泰然。他为人光明磊落，爱国真忱，性格坦诚，为国效忠，鞠躬尽瘁，死而后已。撰写《孙逸仙传》的孙先生挚友美人林百克（Paul M. Linebarger）说：孙中山者，世界上的大师傅也，人间的活上帝也，奋斗成功的苦公仆也，未尝悲观的冒险家也，不自大、不报恶的道德家也，站在时代前面而缺乏随从的超人也，生受嫉恶而死受崇拜的大英雄也。

至孙先生本人，早在一八九六年应英国汉学家翟尔斯（Herbert

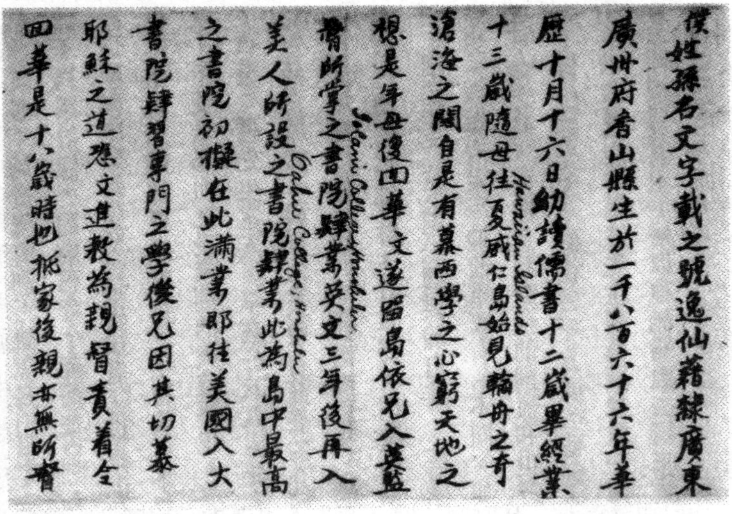
僕姓孫名文字載之號逸仙籍隸廣東
廣州府香山縣生於一千八百六十六年華
歷十月十六日幼讀儒書十二歲畢經業
十三歲隨母往夏威仁島始見輪舟之奇
滄海之闊自是有慕西學之心窮天地之
想是年母復回華文遂留島依兄入英監
督所掌之書院肄業英文三年後再入
美人所設之書院肄業此為島中最高
之書院初擬在此滿業即往美國入大
書院肄習專門之學後兄因其切慕
耶穌之道恐文進教為親督責着令
回華是十八歲時也抵家後親亦無所督

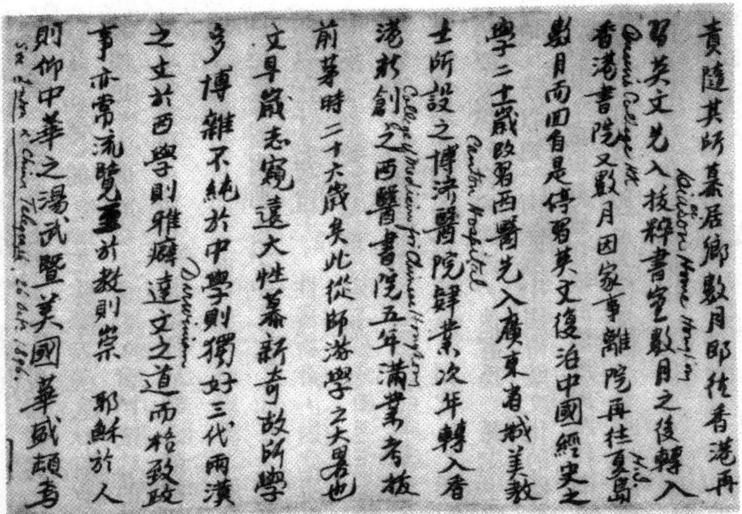
責隨其所慕居鄉數月即往香港再
習英文先入拔粹書室數月之後轉入
香港書院又數月因家事離院再往夏島
數月而回自是停習英文復治中國經史之
學二十一歲改習西醫先入廣東省城美教
士所設之博濟醫院肄業次年轉入香
港新創之西醫書院五年滿業考拔
前茅時二十六歲矣此從師游學之大略也
文早歲志窺遠大性慕新奇故所學
多博雜不純於中學則獨好三代兩漢
之文於西學則雅癖達文之道而格致政
事亦常流覽至於教則崇　耶穌於人
則仰中華之湯武暨美國華盛頓焉

最早的亲笔自述之一

A. Giles）之请撰写简短的自传时，对其本人曾有简要的介绍，谓其早年志窥远大，性慕新奇，因此所学多博杂。于中国之学，独好三代两汉之文；于西方之学，则爱好达尔文思想（Darwinism）；于宗教，则崇拜耶稣；于人物，则敬仰中国之商汤、周武，以及美国的华盛顿（George Washington）。这一简要的自述，正足表明当时他对中西文化的态度。因此，孙先生的思想，亦与清末一般改革家有所不同。如同政治学家邓公玄的评述，他认为孙先生开始创导革命之日，便注意到时代的潮流和世界的环境，所以他一面认识中国传统文化的优长，主张予以维护光大；但在另一方面，他绝不留恋以往，或以抱残守缺的态度与时代潮流相挣扎。不但此也，孙先生认为要挽救中国的危亡，只有迎头赶上去接受西洋文明，以期超越欧美而驾凌其上。所以他能够脱去清末士大夫的窠臼，不仅胸襟广大，而且眼光高远，从时间与空间两方面去考虑一切问题。也因为他能够特别着眼于时间和空间的意义，所以他的政治思想，自然就不同凡响，而其革命规模便非当时士大夫所能企及了；不但一般士大夫如此，就是许多革命同志也对他的主张不能完全遵循。所以三民主义在革命成功以后，仍未能切实施行。

不论如何，我们对于一个伟人的性格和思想，欲从任何角度作一精确的描述和了解，似乎是很困难的。因此，本文的叙述，只能从孙先生的生平和事业的历程，来追寻他对事物及环境的反应，以帮助我们对他的认识。而且这些叙述，大多是根据过去专家研究或访求的结果，作者最多不过加以综合或衔接的工夫。当然，见仁见智的地方，仍是难免的。

二、幼年家乡的环境和生活

一位伟人性格的形成，除了先天的遗传外，后天的环境往往成为极重要的因素；尤其是幼年的生活环境，对于一个人的影响更是重要。如果探求孙先生的幼年生活环境，将不难发现和他的性格以及后来的革命事业，都有着显明的关联。据孙先生的挚友林百克描述，生长出一个要做改造家的孩子的翠亨村，它的背景是一座犁头山，高翠的树木，碧绿的山水，真是一幅绝妙的图画。村里的孩子们都很自由，他们每天的生活，除了到村塾里去念书外，总有些劳力的工作。而且翠亨有很好的风景，可以赏玩。离城又近，交通便利，它距香山县城约二十八公里，离澳门约三十七公里，所以广州、澳门的许多富翁，都在翠亨建筑了别墅来居住。这样，使村中乡人常和城中市民接近，于是他们的意识和心智，都灵敏得多了。

离翠亨很近的金星港，是中外交通的枢纽。它是一个良好的避风港口，清朝政府允许外国轮船可以在此停泊。因此对于促进和提高香山县民航海经商的兴趣，有着莫大的关系。在这一个文化传播先锋队——商人中，有人曾根据与外国多次接触而获得的新知识新经验，提出对自己国家社会改革的意见和主张。其中著名的郑观应，就是后来与孙先生颇多交往的。

一七七八年，柯克（Captain Cook）发现夏威夷群岛。一八四八年，美国加利福尼亚州发现大量金矿区，都给香山县民带来新刺激和新兴趣。因为那里迫切需要大量的劳力，从事殖民垦荒和开矿工作。孙先生的两位叔父，便是和金星港最先一批到美国去的移民同行的。但是后来一个死在上海附近的洋面上，一个死在加州产金的地方。不过孙先生的长兄德彰却在一八七一年顺利地去了夏威夷。这对孙先生一八七九年去夏威夷求学，和一八九四年成立檀香山兴中会，有着密切的关系。

根据近人的研究，孙先生一家定居香山县境，是当清康熙中叶以后的事。孙氏远祖可从孙诩算起，他是唐代中书舍人孙拙之子，原居汴梁陈留，唐僖宗中和三年（八八三年）因黄巢之乱，诩充承宣使，引兵屯虔化（江西宁都县）。其后裔的一支发展到福建长汀。明永乐间（一四〇三——一四二四年）又展转到广东紫金县忠坝公馆村，是为广东孙氏的始祖。清军入关（一六四四年），华南一带抵抗清军的义师纷起，孙氏乡里居民包括孙先生的祖先也参加了义师。到了康熙中叶，孙先生的第十二世祖连昌由紫金迁往增城，再迁至香山县涌口门村。到乾隆中叶，孙先生的高祖（第十四世祖）殿朝再由涌口门村迁到翠亨村。由于孙先生的祖先既曾参加抗清义师，可以说挟民族思想以来香山县；而香山又是反清复明的天地会最活跃的地区。所以孙氏门庭，终清之世，从来没有一个人应科举入仕途的。这一传统的强烈民族意识，正是影响孙先生倡导革命以推翻清朝的重要因素。

孙先生的祖父敬贤（一七八八——八四九年），是振兴孙氏门庭的重要人物。他年甫十四岁即遭父丧，在寡母扶育下担当起大任，凭借他过人的才智和体力，终以耕读起家。他生了三个男儿，长子达成（一八一三——八八八年）就是孙先生的父亲。其余两子因向海外冒险，有去无归。达成是一位朴实而正直的人，勤奋工作，常济助贫苦的朋友。只因迷信风水，耗费钱财，以致家境转向贫困，只好到澳门去做工，在一家外国鞋店当学徒。后来技术熟练，每月才获得四枚银元的工资。在当时生活指数甚低的情况下，每月四元的收入并不算太微薄。然而澳门是一个浮华的社会，绝大多数的劳苦中国人，都会被这个社会所引诱，乐而忘返。终年劳苦的代价，一无所有。达成洁身自爱，律己极严。他却带回劳苦的积蓄和技术返回翠亨村，重振家园。一八四六年达成三十三岁，迎娶同县隔田村杨腾辉之女杨氏（一八二八——一九一〇年）为妻。九年后，生长子眉，又名德彰，字寿屏（一八五四——一九一五年），就是孙先生的长兄。后来对孙先生在檀香山求学及其早期的革命事业，都有很大的帮助。

达成夫妇育有六位儿女，孙先生排行第五，他有两位哥哥和两位姐姐。二哥德佑和长姐金星都在幼年去世。二姐妙西（一八六三——一九五五年）适同里杨紫辉，晚年大家都尊称她为妙西姑太太。她长孙先生三岁，自幼相处，曾留下深刻的印象。晚年时，对孙先生幼年生活及家庭景况，有详细的讲述。成为研究孙先生幼年传记最好的资料。妹妹绮秋，小于孙先生五岁，后适香山东镇榄边墟林喜智。林曾经商旧金山，是一位富商。孙先生后来旅居旧金山时，时相过从。

孙先生的祖母黄太夫人最宠爱孙先生。幼年时期的孙先生，经常坐在祖母的怀中听讲故事。不幸当孙先生四岁的那年（一八六九年），祖母去世。孙先生哀恸异常。当家人要背起他去送殡时，他无论如何坚持要跟着大家很悲痛地步行。孙先生的一位守寡婶母程氏，为了不使孙先生的幼小心灵受到刺激，便和以往黄太夫人一样每天给他讲故事。这不仅继续满足了他的好奇心，对于培养他的想象力也大有裨益。

孙先生出生在朴质的农村，他幼年的生活，是活泼而自然的，他除了爱听故事外，村里一般孩子们所喜爱的游戏如踢毽子、跳田鸡、放风筝、劈甘蔗等，都是他很着魔的。游泳更是他的擅长。妙西姑太太晚年描述孙先生幼年在清澈晶莹的小河里，像一只入水的青蛙活泼而精强地游来游去的景象。她并描述孙先生自幼即任侠仗义，见到同伴的孩子被人欺侮，就大抱不平，奋勇保护弱小，和强梁者格斗，虽力不能敌，亦不稍退。这种性格，正是他后来革命救世和百折不挠的表现。

大约在孙先生七八岁的时候，便须帮助家人农作，如操作打禾、肩水、捕鱼等类的杂事。农闲时，父亲达成要他入乡塾读《三字经》、《千字文》之类的书。塾师只教孩子们照字诵背。孙先生希望知道字句的意思，要求塾师能够讲解书中的意义，塾师认为这是违反他们的规矩。他只好默想：这些书里面一定是有道理的，总有一天会寻求出来的。到了十岁，便正式进入设在陆氏祖祠中的乡塾。读的是四书五经。塾师也只教学生诵背抄写，很少讲解。同学中有一位陆皓东（一八六八——一八九五年），比孙先生小两岁，是他最要好的朋友，后来成为孙先生革命的同志，是为争取中国民主共和而流血牺牲的第一人。

当孙先生十岁到十三岁之间在乡塾读书的时期，在他周围发生的几件事而给他刺激最大的，一是他亲眼看见一群水盗围攻抢劫一所自美国回国侨民住宅的事情，那家被劫的侨民无救失望而激昂的怨愤语句，给予孙先生一非常深刻的刺激，使他暗自思索：为什么中国没有洋人那样的政府和法律？为什么这个侨商冒了生命的危险挣得来的金钱，洋人允许他带回来的，在中国竟得不到政府和法律的保护呢？他于是想到要去外国看看洋人的方法。还有一次，当他在村里一家花园游玩的时候，忽来一些官兵和衙役，包围了这家花园，把这家勤俭致富的三兄弟捉了去。后来一个被斩决，两个被关在牢狱中。翠亨村的人没有人能知道他们究竟犯了什么罪。大家对这桩暴行都非常忿怒，都知道这暴行的目的是掠夺三人的财产，大家只是敢怒而不敢言。孙先生曾挺身而出，向那行凶的官兵质问，那官兵竟凶猛地拿出刀来要刺他，他机警地离开这家花园。从此，他就很注意到权力的意义。他想：谁把打人锁人的权力给这残暴的官兵的？是不是因为官兵是强有力而带武器？还是另外有别人比官兵拥有更大的权力？但是有一件事是他自早年的回忆中即牢记在心中的，就是中国的掌权者并不是中国人，而是外国人。

对孙先生幼年企求出洋影响最大的，当然就是他的长兄德彰。德彰承袭了孙家冒险犯难的传统，具有豪放不羁的性格，在他十八岁那年，即一八七一年，他的舅父杨文纳从檀香山归来，并将再度西行。达成为了使其长子跟随舅父去另创天下，出售了一批田产供作旅费。德彰到了檀香山以后，最初是为人雇佣耕田。经过三年的努力，就利用自己的储蓄向当地政府领地开垦。运用他在家乡耕田的经验，将一些原是芦苇丛生的湿地辟成良田，使当地土人又骛奇又羡慕。数年后，又租得茂宜岛（Maui）滨海之地，广事畜牧种植，渐至富厚。当孙先生十二岁的时候，即一八七七年，读到德彰由檀香山托人带回的家书，评述岛中政俗的优良，土地的肥沃，他在那里一切顺利。因此，火奴鲁鲁（Honolulu），也就是华侨口中的檀香山，便成为孙先生梦想的地方，那里没有水盗，贫民没有重税的负担，富人没有被劫的忧患，是一个安定富裕的地方。第二年（一八七八年）的冬天，德彰竟从檀香山回到翠亨村了，这时他已二十五岁了，和他十八岁那年出洋时，已判若两人，他不但赚了很多的金钱，而且有了学识和经验，对于西方科学文明的优点，说得头头是道。娓娓谈述海外风土人情，和社会的习俗。称赞那里的沙滩有如黄金，海水有如青靛，只要努力工作，人人都可发财。德彰这次回来，除了完婚以外，还应当地政府的委托，大事招徕华人，到檀香山去开垦。他在村中设立一个移民事务所，和人合伙接管一艘海轮，要把数百名中国人，免费送到檀香山去。孙先生很想随着大哥去檀香山，但是父亲达成不愿他去冒险，他以为一个儿子去冒险已经够了。因此，孙先生这次非常失望。不过没有多久，他的梦想终于实现了。

三、旅居檀香山就学西校

在大哥德彰回檀几个月以后，一个意外的机会来到了，就是德彰的同伙人雇了一艘二千吨的英国轮船格兰诺号（S. S. Grannock），运送他们招募的华工到檀香山去。孙先生又向父母提出要搭这艘船出洋的要求。他用了许多心计，说了许多话，终于打动双亲的心弦。母亲杨太夫人也想去看看长子在海外的事业。于是，孙先生多年来梦寐以求的出洋企望，终于成为事实。一八七九年六月，十四岁的孙先生，便随着母亲离开了翠亨村。他们先到澳门，非常兴奋地登上格兰诺，乘风破浪，驶向太平洋。

曾居留四年的檀香山故宅（茂宜岛姑哈禄）

孙先生登上格兰诺号轮船后，使他感触最深的，是贯通轮船两弦的一根粗大的钢梁。他思索：这样重的一根梁，要多少人才可以把它装配好？他想到发明这种梁的天才，又发明了应用它的一种机械方法。外国人所做的东西，为什么中国人不能做？他立刻觉得中国总有不对的地方了。孙先生和母亲很安适地到了火奴鲁鲁，那时的火奴鲁鲁，比现在的规模要简陋狭小得多了，但在当时的孙先生看来，已经是大得出奇。给他终生难忘的印象，是那儿的邮局，为什么投入一封信，便会被送到很远的各地去？最深的感触，是当地良好的秩序，随处可以见到尊重法律、信任保护的事实。面对这些新奇的事，他开始反省。这对他究竟发生怎样的影响？孙先生在十七年后（一八九六年）的自传中指出："随母往夏威夷岛，始见轮舟之奇，沧海之阔，自是有慕西学之心，穷天地之想。"由此可知，这一次旅行，确是孙先生一生历史转变的起点！从此以后，他为直接吸收新知识，增强革命理论和实际，对于旅行游历更有兴趣。据统计：自一八九六年起，约计每两年多，即绕行地球一周。到一九一一年辛亥革命时为止，已绕行地球六七遍了。

孙先生到檀香山以后，最初在大哥的商店里帮忙商务，他刻苦用功地学习中国式的记账方法、珠算的使用，以及土人楷奈楷人的方言。但他追求新知心切，尤其看到大哥会说英语，而自己没有学习的机会，更是闷闷不乐。因此对于商店生活感到乏趣，渴望能到英语学校求学。大哥也很注意他的心愿和要求。不久，当母亲倦游回乡以后，孙先生便留了下来，进入当地的意奥兰尼学校（Iolani School）。

意奥兰尼学校，是一八六二年十月由英国圣公会史泰利主教（Bishop Staley）创立的。一八七二年由韦礼士主教（Rt. Rev. Alfred Willis）继任校长。宗旨在培植夏威夷土人子弟及混血种的夏威夷青年，其后兼收东亚学生。相当于小学程度。教学认真，管教严格，教师都是英国人，只有一位教授基本英语的教师米海拉（Soolmon Meheula）是夏威夷人，是一位著名的作家。因之，整个学校的环境都表现着很强烈的英国气氛。

孙先生入学时，从未学习过英语。教师米海拉运用循循善诱的方法，要他静坐在教室里观看。最初几天，孙先生心潮起伏，觉得学习的方法真难。但观察了十天以后，他就觉得英文和中文的不同之处，英文的每一个字可以分成几个字母，字母又可以用来排成别的字，又觉得学习英文很是容易。从此他对英文的读和写都有很快的进步。至于算术，由于他习过珠算和心算，自始就感觉容易，所以进步也快。

这所学校的学生有寄读和走读，孙先生是寄宿生。按照校规：无论是寄宿或走读，除上课之外，还要参加劳动工作。当时已有华侨学童三人在学，即唐雄、李弼、钟工宇。孙先生是第四位，他用“帝象”作学名，和几位华侨同学被派照料校园中的蔬菜。为着急起直追功课，孙先生在课余或工余，很少和同学游戏，常独坐一隅自习，口诵或手写，忙个不停。

孙先生自幼即爱听故事，现在随着英文阅读能力的增加，更欢喜阅读欧美伟人小传；对于华盛顿（George Washington, 1732-1799）、林肯（Abraham Lincoln, 1809-1865）诸伟人勋业，更是景仰。因为喜读西方传记，所以英文进步更快。并且由于喜听《圣经》故事，对于查经听道也倍感兴趣；对于基督教义的认识也与日俱增。有时与人讨论教理，口若悬河，滔滔不绝了。

孙先生由一八七九年秋入校，到一八八二年夏，在校三年，身心俱起极大变化，常渴望中国的觉醒，一洗侨民的耻辱。一八八二年七月二十七日举行毕业典礼，来宾甚众，孙先生英文成绩荣列第二名，夏威夷国王架剌鸠（David Kalakaua）特选有关中国的书籍作为孙先生的奖品，亲自颁发，华侨社会引为空前的光荣。孙先生更自庆幸握有了这一钥匙，可以进而启开西学的门径了。从此，他和外人交谈，就常操非常流畅的英语。这是中国近代所有改革运动领袖人物中很少有具备的优越条件。

这时，德彰的事业发展也很迅速顺利，他又在茂宜岛姑哈禄埠（Kahului）开设一所商店。他要孙先生到茂宜岛商店协助一切；同时将一部分产业转入孙先生的名下，企望他有恒产而有恒心，向商业上求发展。但经过三年的西方新式教育，尤其是这三年中正是夏威夷政治经济社会各方面激荡转变的时候，孙先生耳闻目睹许多事情，如各种不同肤色种族的问题，夏威夷国王的专制及一部分夏威夷人民的反对运动，美国的宣传民治主义，韦礼士主教排斥夏威夷和美国合作的言行，在在都使孙先生深受刺激，他实在不愿僻处在茂宜岛上，因此要求大哥允许他继续求学。

在德彰的同意下，孙先生于一八八三年春进入美国教会设立的奥阿湖学院（Oahu College）。这是当时檀香山的最高学府，设备完善，学生约千人。教师芙兰谛文（Frank Damon）对孙先生特具好感。惟正当他学习兴趣浓厚时，一个严厉的消息来自翠亨村，就是父亲命令他立即回国。因为当孙先生在意奥兰尼学校时，就已热心研读基督教义，并且发生信仰，早晚在校参加祈祷，星期日即赴圣安得勒堂（St. Andrew's Cathedral）礼拜，心灵已发生极大的变化。德彰深恐他接受洗礼，会受到双亲的斥责，原计采用隔离方法要他到茂宜岛去经商。但当这一手段无效，而孙先生又进入教会学院时，德彰惟有密禀双亲召其回乡。孙先生虽然感到难过，仍决心遵守父兄的命令，在一八八三年的七月，回往中国的故乡。

在归途中，孙先生自然是依依不舍地想念奥阿湖学院的生活，叹惜失去了求学的机会。但在另一方面，也有可以自慰的地方，那就是四年以来，所见所学，确也获得不少的新知识和新思想。正如他后来的自述：回忆幼年，在私塾就学，所得有限。但在檀香山数年，就读西校，教学法的完善，远胜家乡私塾。所以每当课余，常和朋友及同学讨论问题。如何改良祖国，拯救同胞的志愿，因而发生。而当时最大的抱负，即在如何使全国同胞免除苦难，能够同享幸福。事实上，当他回抵国门之初，便已进行“改良祖国”的工作了。

四、由宣传改革到立志革命

孙先生和一些华侨自夏威夷乘海轮到达香港以后，就换乘一艘旧式沙船驶向香山的金星港。沙船在进入中国海域后，循例要停靠在一小岛听候中国税关厘卡等人的检查。船主习知这些检查人员的行为，所以事先要求乘客忍耐一切，以免招致麻烦。但这些检查人员，真是如狼似虎，对乘客三番四次地检查，蛮横而不讲理。名为检查，实即刁难勒索。孙先生最初尽量忍耐，终以不堪他们的威凌而提出抗议：“你们为什么把这无意义的要求来麻烦我呢？”检查人员一怒之下，就把这条沙船扣留不放行。第二天，船主只好使用贿赂，沙船才被放行。孙先生即把握这一机会问乘客们道：“中国在这些腐败万恶的官吏掌握中，你们还坐视不救么？”他在船上尽力地宣传，一直到驶进金星港为止。

孙先生回到翠亨村后，毫不犹豫地来进行他的改革宣传。他向村人说明要破除迷信，村人虽然认为他的言论是受了外国学校的

“毒害”，但仍旧喜欢听他慷慨激昂的说话。后来他竟攻击县衙门了。他说：“你们的县衙门除了向你们收税以外，替你们做了些什么事呢？办学校吗？没有；造桥梁吗？没有；修道路吗？没有。你们所出的钱哪里去了？到天子那里去了。天子替你们在这翠亨村里做了什么事呢？没有。”讲到钱，孙先生就拿一个铜钱对大家说：“你们瞧！这铜钱上天子的字，这些不是中国字，是满洲字！统治中国的不是中国人，是满洲人哩！”

孙先生对村民宣传改革，未能获得他们积极的反应，他决心要做下去。现在，为了让村民认知崇拜偶像是无用的，他邀集少年时期的伙伴有陆皓东等走进村庙，把北帝像的手臂拉了下来，然后对着受惊的伙伴们说：“我们断了他的手臂，他还照旧笑着，这样的神道怎能保护我们的乡村！”但这一行动，立刻引起全村的震动。达成和杨太夫人对这件事也非常伤心。为了平息全村的愤怒，立即出钱雇工把神像修复，并要孙先生立即离开翠亨村。

故乡既无法容身，惟有为自己的信仰而独立奋斗了。因此他来到香港，继续他的西学志趣，进入英国圣公会主办的拔萃书室（Diocesan Home），习读搁置已有几个月的英文和西学。课余又从伦敦传道会长老区凤墀温习国学。区又介绍他认识新到香港传教的美国纲纪慎会（American Congragational Mission）的牧师喜嘉理（Rev. Hagar）。一八八三年冬，孙先生和陆皓东便在香港纲纪慎会堂受洗，由喜嘉理牧师施洗。在登记册上，孙先生署名“日新”，是取义《大学》盘铭“苟日新，日日新，又日新”的意思。

一八八四年四月，孙先生转学香港中央书院（Central School），以“孙帝象”学名注册。此校创立于一八六二年二月，是香港政府公立的学校，以沟通中西文化为宗旨。因英国汉学家理雅格博士（Dr. James Legge）的建议，从英国聘请专才来港主持校务，拉特博士（Dr. Bateson Wright）担任校长。设备完善，教学严格。每日授课八小时，上午四时授中文，下午四时授英文。此校在一八八九年改称为维多利亚书院（Victoria College），一八九四年改称皇仁书院（Queen's College）。教师大多是英国上等人士，较之在夏威夷学校里的教师大多为英国妇女的情形，大有差别。正可以满足孙先生的求知欲。他一面努力学习外，同时也热心教会的事。周日常到邻近的道济会堂听牧师王煜初说教。王牧师后来曾对孙先生的革命活动多所掩护。

正当孙先生在香港中央书院专心向学的时候，大哥德彰忽然来信，要他前往夏威夷。这是因为听说他在故乡毁坏神像，又在香港教堂受洗，他要收回寄在孙先生名下的财产，因此必须他亲往夏威夷办理手续。孙先生不明原委，也就欣然就道。迨到茂宜岛和长兄见面时，在极沉闷的气氛中受到长兄一番严厉的责备，但他始终保持静默。当他听到长兄要收回在他名下的财产时，他立即表示同意，而且诚恳地说："金钱是中国的灾害之一。金钱可以用之正当，也可用之不正当。"意思是说金钱对于他来说，并不重要。他随长兄到律师办事处完成了归还财产的手续后，心中反而感到轻松。因为今后没有什么牵连，更可自由地去做自己要做的事了。他悄然离开茂宜岛，来到火奴鲁鲁，找到过去的同学钟工宇。钟也因为信教的关系，被他的父亲迫令停学，转业裁缝。这时正经营一间裁缝店。孙先生便住在钟的店中，每日往访教会牧师杜南山，以求心灵的安慰。一天，孙先生偶见杜牧师的书架上置有医科书籍，因问杜氏为什么看这些书。杜告诉他仰慕范仲淹不为良相便为良医的抱负。孙先生好像得了某种启示，回到钟的店中，经过几天的沉思，他觉得范仲淹的话不可尽信，因为中国人读书，并不能马上从政；从政也未必即能为相。如果再来为医，恐未必能为良医。纵然努力为之，但为时已晚。孙先生因将他的想法告诉杜牧师。并表示将一面致力政治，同时致力医术，即借医术为入世的媒介。因此，他决定回国学医。

孙先生这次夏威夷之行，来去不过百日，也有一项重要的收获，即更坚定了独立奋斗的决心和回国学医的志向。可是东归的旅费如何筹措呢？牧师芙兰谛文原为奥阿湖学院的教师，这时在火奴鲁鲁创办寻真书室（Mill's School），对孙先生筹措旅费的事，非常热心，发起一项募捐运动，竟筹得三百元的数目。足够买船票和必要的用费了。这完全出乎大哥德彰的意料之外。德彰原先要孙先生来檀，就是要他远离香港教会，故不惜用种种方法来困窘他，使他不得不羁留檀岛。现在孙先生既要成行，德彰唯有急忙赶来亲自慰留。终于无法挽回孙先生的决心。

孙先生自檀香山第二次返回故乡，大约是在一八八五年的四月。这时正值中法战争完了，中国已经战败，与法国订立《天津条约》，使安南沦为法之保护国。这件事，给予孙先生以极大的刺激。孙先生在其著作中，曾一再提到他之决志革命，推翻满清，创建民国，实受这次中法战争清廷战败的影响。

中国在中法战争中的失败，是怎样促成孙先生革命决心的呢？是哪些事实刺激他的心情的呢？林百克在其所著《孙逸仙传》中曾详记孙先生对当时一些事情的回忆，是说中法战争在一八八四年开始时，他正在香港就学，所以有机会知道战争的经过和讨论战争的情形。当时很多中国人都谈论着法军的大败，大唱中国古时“天下是中国的天下”的谬说，孙先生却不以为然。他说：“法国人有铁甲舰，而我们只有木制的沙船；法国人有新式的炮和精练的炮手，我们的枪是很难放一响的。”又说：“你们还没有自己的政府，而你们还要自称强大。满清是外国人，统治你们。……你们还不知道地球是圆的。”不久，法国兵船进了闽江口，仅以七分钟就摧毁了马尾造船厂。孙先生问道：“现在你们要不要相信我们应当造钢铁的轮船？木头船是没有用的。”孙先生这种说话，他们虽也不以为然，但孙先生仍继续宣传改革，说要战胜法国并非难事，只要大家拿出爱国力量。此时忽在战争昏暗中有一桩案件发生，可以证明中国人虽在异族统治之下，并不是没有爱国心。就是一艘法国兵轮从台湾开来，因受损伤到香港修理，中国工人认为这是敌船，于是拒绝工作。这件事给予孙先生希望改革的勇气。因为这种抵制修船的行动，证明中国人已有相当觉悟。同时，当孙先生宣传改革的时候，他已开始考察清廷的兵备，对其人数和武器，他得到完满的报告。他秘密进行推翻清廷的心愈加厉害了。

一八八六年春，孙先生为开始他的计划，进入了广州博济医院（Canton Hospital）附设医科学校。这所医院是基督教美国传道会柏嘉医师（Dr. Peter Parker）于道光十五年（一八三五年）在广州创立的，是中国及亚洲设立最早的一所西医医院。一八五四年美国纲纪慎会嘉约翰博士（Dr. John Kerr）继任院长，进一步地加以扩充，并附设医校。起初仅收男生，一八七九年后兼收女生。孙先生入学时，有同学男生十二人，女生四人。孙先生这时已二十一岁，几年来学习西学的语文工具，既已具备，而记忆力尤强，因此进步很快，甚得嘉约翰博士的器重。

学医既不是孙先生的最高目标，所以每当课余，即致力研读中国历史。他购置二十四史一部以便随时阅读。此外还从陈仲尧研习国学。因此，他的课业负担是相当繁重的。或有些不明真相的同学，嘲笑他购置一些线装书只供陈设，绝不可能仔细攻读。一日，同学何允文特在这些中文书籍中抽拣一册考问孙先生，结果竟使同学们大为惊异的是，他应对如流，一字不爽；历试数册，都是如此。大家在惊奇钦佩之余，始知他于习医之外，还别有大志。在这些同学中有位郑士良（一八六三—一九〇一年），是孙先生的莫逆之交。郑是广东归善人，曾在广州德国礼贤会学校毕业，也是一位虔诚的基督教徒。为人豪侠尚义，和“反清复明”的三合会颇有渊源，于两广秘密会党，交游很广。孙先生一见其人，即觉得他不平凡，和他稍有交往，便和他谈起革命来。郑一听到革命，便大感兴趣。于是两人竟成莫逆之交。他告知孙先生，他曾投入会党，将来一旦有事，他可动员会党，听从孙先生的指挥。后来郑在兴中会的两次起义中，都担任了重要的角色。

五、转学香港西医书院鼓吹革命

孙先生在广州博济医院的医校求学一年以后，即于一八八七年一月转入香港新创的西医书院（College of Medicine for Chinese, Hong Kong），继续研习医学。书院为香港伦敦传道会及何启博士等所创办。同时创办的还有雅丽氏医院（Alice Memorial Hospital）。孙先生自一八八七年一月入学，到一八九二年七月毕业，前后为时五年半，对于孙先生学术思想的发展与中西文化的交流，有极重要的影响。这和书院创办的宗旨及性质，以及倡办人的思想背景，都有密切的关系。

西医书院重要创办人之一何启博士，是广东南海人，为伦敦传道会何福堂牧师之子，一八五九年生于香港，在中央书院毕业后即负笈伦敦，获鸭巴丁大学（Aberdeen University）医学士与外科学士后，又入英国林肯法律学院（Lincoln's Institute），获高级法律学士学位，于一八八一年返回香港。初以医术问世，旋改律师业务，继被推为香港议政局议员。不幸其英籍夫人雅丽氏（Alice）去世。

何为追念其爱妻，更不欲袭妻遗产，乃捐产兴办医院，即以雅丽氏为医院名称。同时，为了造就医术与科学人才，以增进中国人的健康及促进中国之现代化，何氏又与香港伦敦传道会人士发起创办西医书院。此一书院即在一八八七年一月和雅丽氏医院同时成立。两者的关系是书院的学生以医院为实习的场所，但非附设于医院的学校。

香港西医书院创办之初，即以与不列颠各医科学校并驾齐驱为标准。加以雅丽氏医院宏伟的规模，新式的设备，供给这一书院从事病理的实际教学，较之不列颠医科学校的教学设备实有过之。尤以香港优美的植物园，可供植物学方面的实习。西医书院注重基本自然科学的训练，如物理、化学、植物学，都有著名的专家担任教授。

孙先生在西医书院注册是用“孙逸仙”的名字。同时入院的同学计十三名，都是香港及福州等地教会学堂的毕业生；其中并有两名来自美国的华侨子弟。他们都具有深厚的英文基础和虔诚的宗教信仰。各科教师除何启博士原籍广东南海外，其余皆属英国人；且多居留东方甚久，对中国有长远感情，例如首任教务长兼临床诊察讲师孟生博士（Dr. Patrick Manson）即曾旅居中国二十二年，通晓中国风土人情，能操流利的厦门方言。师生感情融洽，教学认真，考试尤为严格。院内学术研究的风气，极为浓厚。一八八八年八月六日举行第一次专门考试，连续考试四天以上。这一学年的课程计有七科，即植物学、化学、解剖学、生理学、药物学、物理学、临床诊察。考试结果，孙先生各科总分在十三人中居第三，而化学、生理学居全班之冠，物理学第二。这三科都是基本科学与医学的根本，孙先生有这样的优异成绩，其勤奋苦学精神可以概见。第二学年解剖学、生理学继续讲授，新增的有医学、产科及妇科、病理学、外科等；其中医学复分原理与实习及临床二类。一八八九年七月举行第二学年考试，因淘汰结果，只有九人参加，其中五人包括孙先生参加第二试。考试结果，孙先生跃居全班之冠。第三学年学科渐减，而实习增加。第四学年的新设课程有何启博士的法医学，康德黎博士的实用初级外科及公共卫生。一八九一年七月举行以上三科的专门考试，得应考试的只有五人，孙先生成绩仍居第一。第五学年也是学生在院肄业最后的一年，注重医学与外科、产科的深造。一八九二年七月举行这三科的考试，得应考试的只有四人，四人中只有孙先生和江英华二人及格，孙先生仍居第一。两人旋即参加毕业总考。过去五年所习各科十二门课程均须考试。评分结果，孙先生有十门课程得荣誉成绩，江英华有六门得荣誉成绩。这一优异成绩纪录，在香港西医书院全部历史中（一八八七——一九一五年）尚无第二人可以比拟的。

孙先生进入西医书院的原因，一方面是爱其学科较优，可以求得真实的学问；同时由于香港地方比较自由，便于鼓吹革命。所以他在书院中，专心致意于学业，日间则研习科学与医学，夜间则攻读中文或其他的书籍。法国革命史与达尔文（Charles Darwin, 1809—1882）进化论等名著，尤所爱读。在孙先生进入西医书院时，适逢达尔文逝世的第五周年，其学说风靡全欧。而法国人研究其本国革命史的风气也正当盛时。孙先生在香港书肆购得这些专著，课余阅读，感觉兴趣非常。达尔文的进化论，对孙先生学术思想的影响，尤为重大。在他后来的若干著述中，曾有不断的引述。例如他在一八九六年的手撰自传中指出：于西学则雅癖达尔文之道。后来在演讲中也曾称颂“达尔文的功劳，比世界上许多皇帝的功劳，还要大些”。最重要的，他所创立的三民主义学说，正是根据进化的原则而来，他在一九〇五年十一月《民报》发刊词中首次的发表其三民主义时即说：“余维欧美之进化，凡三大主义，曰民族，曰民权，曰民生。”后来的《孙文学说》、《实业计划》等重要著作，都可以说是根据进化的原则加以发挥，并进而修正其观点。

孙先生既怀抱鼓吹革命的壮志来到香港，因此他对中国政治改革问题，必甚关切。尤其自中法战争以后，中国知识分子，渐多觉醒，如何救亡图存，常为大家所关心的问题。而香港正为发表这方面言论的中心。何启和郑观应等，实为这一时期倡导新政的代表人物。孙先生与何、郑两人都有交往，彼此思想观念，颇有相互影响之处。

何启为香港西医书院重要负责人之一，不但是一位学识宏通，对于中西政教都有湛深研究的学者，而且是位爱国忧时以中国兴亡之责自任的志士。他时常发表关于革新救国诸问题主张，其著论多以英文发表，而由其旧日中央书院同学胡礼垣译为中文。其最著名的《中国先睡后醒论书后》发表于一八八七年五月，文长一万七千余言。文中的论调，与后来孙先生的兴中会宣言，颇多异曲同工之处。例如何文曾云："数十年来，中国之所以见欺于强敌，受侮于邻邦，而低首下心，甘作孱王，而屈为软国者，实坐内政之不修也。"而兴中会宣言则云："中国积弱非一日矣！上则因循苟且，粉饰虚张；下则蒙昧无知，鲜能远虑。"何文中有云："庶民如子，而君上薄之，不啻如奴贱也；官吏如虎，而君上纵之，不啻如鹰犬也。"兴中会宣言则云："朝廷则鬻官卖爵，公行贿赂；官府则剥民刮地，暴过虎狼。"后者较之何文尤直捷而明快。何文发表时，正是孙先生进入西医书院的第一年。何且授过孙先生的法医学一年，孙先生的成绩和鼓吹革命的情况，自为何氏所熟知。后来香港兴中会的成立，何氏是最重要的赞助人之一。

郑观应字陶斋，广东香山人，是广东自容闳以来，主张兴办洋务和推行新政的一位相当重要的人物。他编撰的《盛世危言》，是中国近代倡导革新变法的早期重要作品。此书之完稿，约在一八九二年春。而其倡导革新变法的主要因素，实受中法战争的刺激。此书所持革新论调，虽与孙先生革命言论有别，但其中也有颇多观点，与孙先生的主张相同。甚至《盛世危言》中的《农功》篇，如今已为若干学者认定是出自孙先生的手笔；或至少是采取孙先生的思想和观点。例如《农功》篇中提到“今吾邑孙翠溪西医”，当指孙先生无疑。又说孙西医“颇留心植物之理，曾于香山试种罂粟，与印度所产之味无殊；犹恐植物新法未精，尚欲游学欧洲，讲求新法，返国试办”。这与孙先生一八九四年夏《上李鸿章书》中亦曾述及此事的情况完全相同。又《农功》篇中述及“朝廷之设官，以为民也。今之悍然民上者，其视民之去来生死，如秦人视越人之肥瘠然，何怪天下流亡满目，盗贼载途也”！这正是对清政府而发，隐寓革命之意。

郑与孙先生同籍香山，而又同谙西文，其所作时论，又常在香港发表。惟郑的年龄，远长于孙先生。两人何时相识以及交往的时日，据推断至迟应在一八九一年以前。就郑氏《盛世危言·自序》所提出的人尽其才、地尽其用、物畅其流三事，来和孙先生《上李鸿章书》的四纲：人尽其才，地尽其利，物尽其用，货畅其流相比较；以及《农功》篇中所举述的情况，孙先生当时思想与郑氏言论关系的密切，是可以想见的。所以孙先生于一八九四年六月北上天津上书李鸿章之前，特经过上海与郑氏商量一切。及至一八九五年决定在广州起义时，又令陈少白去上海邀请郑氏南下工作。可知他和郑在思想上及见解上的关系了。

据孙先生西医书院时期一位同学关景良医师的回忆，至一八八九年，孙先生的言论，已充满革命思想，即要推翻清廷，废除帝制。关的母亲听了孙先生的革命言论，曾以“孙悟空”视之。那时和孙先生经常在一起畅谈革命的有杨鹤龄、尢列、陈少白等。杨是广东香山翠亨村人，生于澳门，家世豪富，性不羁，喜谐谑，和孙先生结识最早。杨有一商店叫“杨耀记”，在香港歌赋街。曾

鼓吹革命初期的“四大寇”：杨鹤龄、孙先生、陈少白、尢列

在店内独辟一楼，作为友朋聚会谈话之所，孙先生至港，常住其间。尢列字少纨，广东顺德人，自幼喜与洪门会党游，有兴汉逐满之志。一八八六年孙先生在广州博济医校求学时，就和他结识。一八八九年尢到香港任华民政务司署书记，一天在杨鹤龄处适与孙先生相遇，并有多人在座，孙先生正在高谈时务，意气激昂。尢即向众人指孙先生云：“此人之头脑，即与洪秀全一样。”次日，孙先生和尢相遇，曾对尢说：“昨日之言，幸暂守秘密。我前在檀香山教人造反，因民智尚未开通，无从着手。今幸相遇，便是同志，彼此次第斟酌进行可也。”陈少白原名夔石，后改名白，字少白，广东新会人。广州格致书院（后改称岭南大学）开创时第一期学生。一八八九年冬因区凤墀的介绍，到香港访孙先生，两人一见如故。因孙先生的劝勉，陈在一八九〇年一月就读西医书院，与孙先生同窗两年，后以兴趣不近辍学。自一八八九年到一八九二年之间，孙先生和杨、尢、

陈四人，每日在杨耀记高谈造反排满，兴高采烈，时人多以“四大寇”称之。后来兴中会成立，尢和陈都参与革命活动，陈在香港主持《中国日报》，宣扬革命；尢在南洋创立中和堂，组织会党。杨独蜷伏澳门，没有表现。

香港的言论自由，对于孙先生的革命思想固然多所启发；但其政治设施的良好，亦为刺激孙先生革命思想的重要因素。据孙先生晚年一段自述，说到他的革命思想是从香港得来。他说：回忆早年在香港读书，见得香港的政治好，街道好，卫生好，和故乡香山比较，大不相同。有一次返乡，提倡清扫街道，并得村内的少年赞助，很有进步。后见香山县知县说明此事，知县很愿帮忙。迨第二次返乡去求县官帮忙，知县已经离职，遗缺已被新任用五万元购去。此等腐败情形，激发了他的革命思想。后来见到省城政治，更是腐败。因此想到北京各处的腐败，一定更甚。他曾与英国人闲谈，得知良好的政府，须由人事来造成。没有良好的政府，一切事都办不成功。因之他的革命思想更加坚定起来了。

六、藉医术为入世之媒

孙先生自香港西医书院毕业后，最初打算在香港开设一所药房，他曾请陈少白替他草拟招股章程。目的当然不是为赚钱，仍旧是以香港地方比较自由，便于进行革命活动。但英国的习惯，医师的地位是很高的，与做生意的人是不能相提并论的。所以他的业师康德黎博士立刻劝阻他："你不应该做这种事情，不能用你的名字去开药房。因为你是本校第一届第一名毕业生，应该善自珍重。"因此，孙先生只好放弃开药房的计划，到澳门去行医。

一八九二年秋，孙先生在澳门新设的中西药局悬壶济世。澳门也是孙先生常游之地，过去由香港假期返乡常经澳门，当地巨商曹子基、何穗田等的家人患病，经孙先生诊视药到病除。于是大家都惊为神奇，对他十分敬重。现在知道他学成毕业，澳门绅商都要求他到那里去行医。由于他过去在这里的声誉，再加以熟练的外科手术，因之前来求诊的户限为穿。康德黎博士有时也从香港来协助他施行特别手术。他对孙先生诊断的明确，手术的敏捷和熟练，赞不绝口。

孙先生行医的目的在救人，也是他从事救国工作的起点。因此他在澳门行医，就希望这一救人行动，能够普及于大多数的平民。所以就在这年十二月间，经由吴节薇的保证，向澳门华人公立的镜湖医院药局借到大洋二千元，委由孙先生代购西药，施赠贫困的病人；而医疗方面，则由孙先生免费服务。从此孙先生在澳门的声誉益盛。一向视澳门为禁脔的葡萄牙人，渐由嫉妒而运用政治压力，初则借口未领有葡国的医师执照不得为葡人治病；继则禁止药房不得为葡籍以外医师的处方配药。因此孙先生的医务，顿受阻碍。虽极力设法运动，终归无效。只有迁至广州行医。

一八九三年春，孙先生将澳门中西药局结束，迁至广州沙基，改名东西药局。每日上午十时至十二时施诊。出外诊金，随意致送。如为难产、服毒等急症，不论贫富，一邀即到。他不但医术精练，且对病人和蔼可亲，使一些病人对他益增敬仰。为免求诊人的拥挤，又假广州双门底基督教礼拜堂书楼设立分诊所。后来又在石岐设立药局，聘尹文楷医师驻诊。孙先生本人并定期回乡诊视，以服务乡梓。

尽管孙先生的医务兴盛，但他不过借此以为入世之媒；尤其是他与各界人士广泛的接触之后，更体认政治社会上的种种黑暗与罪恶。因而改造国家的心志益为坚决。因此便以大部分的时间和精力，都用在联络同志和讨论时务方面。经常聚谈的地方，有时是双门底基督教礼拜堂内医务分所的大堂后进。这一礼拜堂的前进是一圣教书楼，专门经售上海广学会及大同学会出版的各种新学书报，是广州传播新学的据点之一。经常参加聚谈的同志有郑士良、陆皓东、尢列、陈少白、区凤墀、周昭岳、魏友琴、程耀宸、程奎光等，都是后来参加广州首次起义的同志。

一八九四年春，孙先生将东西药局的事务交给店伙管理，自己回到香山故乡专心撰写救国大计的文章去了。这就是众所熟知的《上李鸿章书》。李自一八七〇年即继曾国藩出任直隶总督兼北洋通商大臣，旋奉授大学士仍留任总督。一八七九年奉赏加太子太傅衔。于是“李傅相”就成为一般人对他的尊称。李氏这时以淮军领袖位居畿辅重地，对于清廷有一言九鼎的分量。所谓“同光新政”几乎多由他的推动和主持。而且当时每遇中外交涉案件，外国使臣更坚持非李出面不可。“东方之俾斯麦”，即出之外国人对他的恭维。李氏亦为香港西医书院的名誉赞助人，康德黎博士在书院第一届毕业典礼致词中亦曾对李颇多赞誉，他说：“李鸿章者，中国之俾斯麦也。伊对本院极爱护。”李氏又是清廷推行洋务的中心人物，自然给予孙先生以深刻的印象。孙先生为了向李氏陈其救国大计，特先经过上海，拜访素来热心提倡新政的郑观应，和他商订这一重要文件。又在郑氏寓所遇到另一新政专家王韬。他们郑重阅读孙先生这一文件，并且替他作过一些修改。王氏又曾函介他的一位朋友，即在李鸿章幕府担任文案的罗丰禄，俾能安排孙先生与李晤谈。因此，孙先生满怀希望，便和陆皓东由上海北上天津。

孙先生大约在一八九四年六月间到达天津。他向李鸿章提出的文件约九千余言。首先是自我介绍，随即举出他的救国四大纲领，按照中国的士、农、工、商四类立论：人尽其才，地尽其利，物尽其用，货畅其流。至于如何推行这四大纲领？曾分列条目，加以说明：(1) 所谓人尽其才者，在教养有道，鼓励以方，任使得法。(2) 所谓地尽其利者，在农政有官，务农有学，耕耨有器。(3) 所谓物尽其用者，在穷理日精，机器日巧，不作无益以害有益。(4) 所谓货畅其流者，在关卡之无阻难，保商之有善法，多轮船铁道之载运。在以上四大端之中，农政之兴，尤为今天的急务！因为今天的中国，已大有人满之患，上则仕途壅塞，下则游手好闲，失业再加灾荒，实已形成严重的社会问题了。但振兴农政，亦非难事。其法是先行设立训练农业教师的学堂一所，选拔对博物有兴趣的人，给予三年的专门训练，然后分派到各省，分设各省农业学堂，培养优秀的青年，使从事农业改良。每省还要设立农艺博览会一所，搜集各方的物产，作为农业学堂实验之所。如此采用新法来发展农业，一旦有了良好的效果，大家必定自动的乐于仿效。这样也就很容易使全国普遍推行。由农业的革新而使全国都知道新法的好处，再来推行其他的新政，必定没有阻碍的困难。如何使得大家知道新法的好处，而消除推行新法的障碍，这实在是推行中国近代化最重要的关键。所以他以为“方今中国之不振，固患于能行之人少，而尤患于不知之人多”。这一观点，正是他晚年发表《孙文学说》——知难行易的先声。

七、创立兴中会与首次起义

由于当时中日朝鲜问题日趋紧张，李鸿章忙于外交肆应及部署战守，对于孙先生救国大计的万言书，似乎未能予以注视。孙先生自然感到非常失望，但也使他进一步地观察到清廷腐败官僚的实况，因而更加触发他铲除这种恶劣政治的心情。他在两年以后曾有一段回忆说：“当我在中日甲午战争爆发前夕，正停留天津，那时曾亲眼看到许多文武官吏自全国各地赶来向当时权倾一时的傅相李鸿章晋见。在蒙允晋见之前，无不需要馈赠巨额的红包给他的僚属。”

孙先生既准备另有行动，因此又和陆皓东前往北京，以窥清廷的虚实；然后转往武汉，溯长江而回上海，借以观察山川形势，预为他日革命发难的计划。当他们回到上海时，中日战争的消息已充满报纸篇幅。这年九月十七日的黄海之战，中国海军主力大受损失，李鸿章模仿西人坚船利炮的政策败露无遗。正如孙先生在事前给他的书中所指陈的：“徒为坚船利炮之是务，是舍本而图末也。”同时他所指陈日本维新所以成功的原因也应验了。此时在上海的同志如郑观应、陈廷威、宋跃如、陆皓东等也多觉得清廷海陆军的腐败贪黩，平时骄奢淫逸，一遇外患，便一败涂地。因此也认为和平的手段，难以达成改革的目的。因而多有慷慨自矢，主张推翻清廷以求根本解决的。为了获取海外华侨的支持，孙先生决定前往檀香山及美国一行。经由郑观应的协助，在上海海关取得出国的考察护照。

孙先生到达檀香山后，首先赶往茂宜岛去会晤大哥德彰，希望获得他的支持。原来他们两人在一八八七年冬因为父亲达成病笃赶回家乡侍病时，兄弟相见，已经完全消除过去的不愉快了。其后孙先生的求学费用，仍由德彰供给，手足情谊，与时俱增。这时夏威夷已由君主政体改为共和，民主气氛弥漫各岛，德彰的观念已大有转变。而他经营的牧场，广达数百顷，牛羊成群，业务日有进展；加以他疏财仗义，交游广众，为檀岛中外人士所敬重，有“茂宜王”的恭称。当孙先生向他说明革命计划时，他竟大为赞成，且愿拨出一部分财产作为革命经费。他还致函檀岛各亲友，请大家共襄盛举。

檀香山华侨约达四万人左右，对于祖国也非常关心。但由于风气未开，人心锢塞，对于孙先生的计划，大多不敢参加。只有少数基督教友，以及和德彰交谊深厚的人士，才热心赞助。孙先生就以这些人作基础，组织一个团体，来共策进行。一八九四年十一月二十四日，孙先生就假卑涉银行（Bishop Bank）的经理何宽寓所，邀集赞助他的计划的友人举行会议，到会的有何宽、李昌、刘祥、钟工宇、程蔚南、邓荫南、黄恢华、许直臣、郑金、黄亮、李禄、李多马、林鉴泉、宋居仁、侯艾泉、李杞等二十多人。会议由孙先生主持，即由他提议团体的名称定为“兴中会”。并即通过会的章程九条。章程条文之前有一段前言，便是号召革命的宣言，大意是说中国多年来的积弱，实由于清廷当局的因循苟且，以及一般人们的缺乏远虑。尤其最近的对日战争，丧师辱国，剪藩压境，实为极大的耻辱。以中国四万万人之众，数万里富饶的土地，本可以发愤起来，无敌于天下，不幸由于庸奴误国，荼毒人民，以致堂堂的中华民族，竟然一蹶不振！现在为了挽救危亡，特会集大家，共谋复兴中华，协同时贤豪杰来共济时艰。章程的要点是：（1）宗旨：振兴中华。（2）会费：基本会费，每人五元，义捐另举。（3）组织：设正副主席各一，正副文案各一，管库一，值理八，差委二。（4）

会议：逢周四例会一次。（5）入会：须会员一人介绍。会议的结果，公举刘祥、何宽为正副主席，程蔚南、许直臣为正副文案，黄恢华为管库，李昌、郑金等为值理。选举毕，各人宣誓入会，誓词中有云：“驱除鞑虏，恢复中华，创立合众政府”。这个近代中国第一个倡导国民革命的团体，就此出现在历史上，担负起拨乱反正的时代任务。

孙先生为进一步扩大兴中会的基础和组织，原计划到华侨众多的美国大陆一行。但辽东前线清军失利的消息不断传来，清廷威信日落，人心愤激，而革命发难时机，日趋成熟；上海同志宋跃如更函促孙先生回国。于是即偕檀岛同志邓荫南等到达香港，立即约集陈少白、陆皓东诸人会商，决定扩大兴中会的组织，联合国内外志士共策进行，辅仁文社便是首先争取的目标。该社为杨衢云、谢缵泰等于一八九二年三月十三日在香港设立，以开通民智、研究新学为宗旨。杨名飞鸿，原籍福建海澄，当时任香港招商局书记；谢为澳洲雪梨华侨，曾肄业香港中央书院，交游广众。他们接触西洋文化较早，思想较新，尝以改造中国为职志。当孙先生在香港西医书院时，曾因尢列的介绍，与杨相识。杨亦尝到西医书院与孙先生讨论时局，谈次必申述扬州十日惨史和满清的罪行。因此这次杨对孙先生合作共图国事的要求，也就很快地同意。决定将其辅仁文社并入香港兴中会，遂于一八九五年二月二十一日正式成立，托名“乾亨行”，租用香港中环士丹顿街十三号作为会所。会员的入会誓词和檀香山兴中会同。通过章程十条，较檀香山兴中会章程的内容为详细；对清廷的攻击更为具体而显明。例如其中有云：“朝廷则鬻爵卖官，公行贿赂；官府则剥民刮地，暴过虎狼。”章程条文显然也经过大家慎重的研究，例如第一条即开宗明义指出：“本会名曰兴中会，总会设在中国，分会散设各地。”第二条著明：“本会之设，专为联络中外有志华人”，第七条又指出：“无论中外各国人士，倘有心益世，肯为中国尽力，皆得加入本会。”是则扩大群众基础的意向非常明显；而且这一个国民革命运动之具有国际意义，更为显著。

香港兴中会成立后，孙先生与各同志连日商讨起义计划，决定袭取广州作为革命根据地。至于起义的方略，孙先生就其对广州情势的分析，起初计划“外起内应”的方略，即可光复广州。但大家认为冒险太甚，最后决定“分道攻城”计划。选定旧历重阳节（公历十月二十六日）举义。因为这天民间例有扫墓风俗，四乡大族子孙常有千数百人，远道结队到省城拜扫祖茔。利用这一节日聚集党人入城，就不致招致官府的疑诘了。基于这一军事计划，孙先生自愿与郑士良、陆皓东等往广州主持一切，杨衢云、陈少白、黄咏商、邓荫南等则在香港筹款购械。何启博士担任发言人。香港《德臣西报》（*China Mail*）主笔黎德（Thomas M. Reid）则尽力向英国朝野争取同情和助力。此外并厘定事成之后，组织临时政府的步骤和政策。

一切大计既定，孙先生即回返广州积极进行。为便于掩护活动，便假广州双门底王家祠云岗别墅成立农学会，并刊布《创立农学会征求同志书》，广征同志。自表面看来，这一农学会是纯学术性的团体，且有粤中著名官绅如潘宝璜、潘宝琳、刘学询等数十人赞助。《征求同志书》措词温和平实，且富有积极的建设性。目的虽在掩护革命活动，但在观念上却予人以新的启示，与他一向提倡振兴农业的主张，仍是一贯的。其重要之点，乃是根据泰西诸国的经验和优点，来对中国向以“士”居四民之首的观念，予以彻底的改变。而要达到这一目标，惟有振兴学校，实施新的和实用的教育，使农、工、商都能讲求专门之学，打破士的特殊阶级，使农、工、商都成为士。这样“无民非士，无士非民，而后可与泰西诸国并驾齐驱，驰骋于地球之上”。这是孙先生倡导“迎头赶上”西方科学知识，以争取中华民族在国际平等地位的最早纪录。

孙先生的广州起义计划虽甚周密，不幸由于消息的泄露，加以杨衢云在香港的调度未当，以致功败垂成。同志陆皓东等多人在十月二十七日及二十八日，分别被清吏逮捕。孙先生与郑士良、陈少白等幸自广州脱险。陆皓东在殉难前的供词有云：“务求惊醒黄魂，光复汉族。”又云：“但我可杀，而继我而起者不可尽杀。”这一慷慨激昂的讨满誓言，充满了革命党人再接再厉必底于成的信心和决心。

八、初次环游世界与伦敦蒙难

孙先生自广州脱险来到香港，即往访业师康德黎博士，商量可否在港居留。康即介绍往见英国律师达尼斯（Mr. Dennis）。律师认为应立刻离港为宜，免被下令驱逐。孙先生遂于十月三十一日（一八九五年）和陈少白、郑士良三人搭乘日本货轮广岛丸离港。十一月十二日舟抵神户，次日即见当地报纸刊出“支那革命党孙文抵日”新闻，这给予孙先生以意外的启示，因即告诉陈少白说：“革命”二字，出自《易经》的“汤武革命，顺乎天而应乎人”，这正和我们的排满宗旨相符，即以“革命党”作为我们党的称呼好了。

十一月十七日，孙先生一行抵达横滨，但居住何处呢？孙先生忽然想起年前由檀香山回国经过横滨时，曾在船上遇见在此地开设洋服店的谭发，因即决定登岸一访。遂因谭的介绍租了一间楼房暂

合家欢（1896 年摄于檀香山）

时住了下来。不久又会晤了横滨的侨商冯镜如、冯紫珊等，谈论国事，志趣相投。大家商量的结果，便成立了横滨兴中会，推冯镜如为会长，赵明乐为管库，赵峄琴为书记。从此中国革命的种子，又在旅日华侨社会中生根发芽了。而横滨也成了孙先生在推翻清廷的革命运动中最常居住的地方。

为了卷土重来之计，孙先生决定远游美洲；为表示决心并便于旅行，于是剪去辫发，改着西服。陈少白则暂留横滨，郑士良回香港收拾余众。十二月中，孙先生到了檀香山，立刻去见大哥德彰，告以广州起义失败的经过。德彰毫不迟疑的给予安慰，并鼓励他继续奋斗。这时杨太夫人和卢夫人及长子孙科等已由翠亨村人陆灿护送来茂宜。卢夫人是一八八四年五月和孙先生在翠亨村结婚的，一八九一年十月二十日生长子科。这次孙先生在亡命中和慈母及妻儿团聚，更是一大慰藉。为了重整旗鼓，孙先生又与檀香山兴中会的同志联络，可是有些同志却因失败而心灰意懒。所幸檀香山华侨曾在一八九三年有个中西扩论会的组织，借以研究新学，很有朝气，会员中大多是兴中会的同志，他们对于孙先生深表欢迎，曾邀请他演讲，并举他为名誉会长。许多热心的会员为了准备今后起义的需要，自动规定每周集合两次，在芙兰谛文牧师主持的寻真书院操场，接受军事训练，由一曾任中国南洋练兵教习的丹麦籍柏威托（Victor Bache）义务任教。孙先生又发动募集革命经费，数月之间，得美金六千元。这个数目，在当时已颇可观。因为当时当地华侨一般经济状况，并非特别富厚；而且在革命挫败之后，能聚集如此巨款，实在不易了。

当孙先生准备赴美之前，一项关系他死生的奇遇发生了。一天，他散步市外，忽见其师康德黎夫妇正乘坐一辆马车迎面而来，孙先生一跃登上马车的踏脚板，这使康氏夫妇大吃一惊。因为孙先生已剪辫改装，他们一时无法辨认。待孙先生自报姓名并向他们问好时，他们才转惊为喜。原来康氏夫妇是乘休假回英途中，经檀小游，对于孙先生的行止，亦很关切，今竟不期而遇；并知他即将赴美再往英国的计划，康氏夫妇非常高兴，并告知他们伦敦的地址，热诚欢迎孙先生到他们的家中。这一偶然的奇遇，在几个月以后，当孙先生在伦敦被清使馆幽禁时，却发生了决定性的援救作用。如果不是这一次的奇遇，“中华民国”也许无从产生。

自广州起义失败，孙先生即被清吏悬赏缉拿。当他一八九六年六月十八日自檀香山到达旧金山时，他的动态已被清总领事严密注意了。从此他的行踪，已在清方掌握之中，只是等待时机下手罢了。根据清方侦探的报告，九月三十日，孙先生自纽约抵达英国利物浦（Liverpool），当晚即转伦敦。十月二日早晨，即往波兰区覃文省街四十六号（46, Devonshire St., Portland Place）晤见了康德黎夫妇，获得热烈的接待。康氏并为他迁到附近的葛雷旅舍街（Gray's Inn Place）八号公寓。从此，可以随时到康寓，获得康氏夫妇就近的照顾。

孙先生差不多每日必到康寓，有时也去访晤孟生博士（Dr. Patrick Manson）。孟生是香港西医书院的首任教务长，一八八九年退休回英后，即由康德黎博士接任。孟生对于孙先生也是关切备至。谁知到了十月十一日上午十时左右，孙先生正由葛雷旅舍街前往康寓途中，忽遇一姓邓的中国人，两人互通姓名后，边走边谈，竟被邓某诱入清使馆幽禁起来了。清使馆从此连日忙于雇船准备送孙先生回国受刑。一直到十月十七日，康氏忽然接到一封未具名的短简，惊悉孙先生已被清使馆幽禁，并将被解送回国。这一出乎意料之外的消息，遂使康氏立即去找孟生设法营救。同时，康又得到清使馆英籍仆人柯耳（George Cole）当面送来孙先生求救的手简。康和孟生两人遂即分头奔走营救，终使英国政府采取干涉的行动，使孙先生在十月二十三日恢复了自由。这一事件的详细经过，孙先生事后不久，著有英文本《伦敦被难记》（*Kidnapped in London*）一书。世界人士因此而认识了孙先生早期倡导中国革命运动的经过及其理想。尤其是日本志士，因读此书而愿结交和援助孙先生，对于后来许多演变具有重要的意义。

在孙先生发表《伦敦被难记》的同时，并发表一篇题为《中国的现状与未来》（*China's Present and Future*）的英文著作，载于一八九七年三月一日的伦敦《两周评论》（*Fornightly Review*）。此为孙先生首次对世界人士公开发表其政治主张。其主要的意义是在向世界说明清政府的腐败情形，其本身的改革已属无望。应让真正的中国人来统治中国，则对世界和平始有贡献。最后提到中国自然资源的开发，将可增进世界的繁荣。这一观点，实其二十二年以后（一九一九年）所发表的《国际共同开发中国实业计划》的最早一项腹案。

孙先生游欧的最初计划，是要往法国研究考察农业。但由于伦敦的遇难，不得不改变其计划，因此继续留在伦敦。自这年十二月初，便开始进入大英博物院图书馆研究，一直到次年七月二日离开伦敦以前，几乎每天都到那里。每次通常阅读六七小时，有时达八小时左右。为着参考的需要，也曾到伦敦的其他一些图书馆或展览会。由此可知他用功之勤和研究兴趣的广阔。正如其师康德黎所说："孙逸仙在伦敦和我们住在一起的时候，他从来没有耗费过光阴，他时时都在工作。他所读的书，各方面都有，如政治、外交、法律、矿物、农业、畜牧、机械、经济等等，莫不引起他的兴趣，而且攻之甚勤。"孙先生这次在伦敦研究最大的成就，就是民生主义的采取，以与原所主张的民族和民权问题，同时并进，完成其三民主义的理论。

孙先生此时民生主义的主要内容，即为"平均地权"。这一思想的发生，是受当时一位美国社会主义者亨利乔治（Henry George）学说的影响。他的名著《进步与贫穷》（*Progress and Poverty*）在一八七九年出版后，三年之间，即曾在英国销行十万册。孙先生以为："亨利乔治之学说，深合社会主义之主张；而欲求生产、分配之平均，亦必先将土地收回公有，而后始可谋社会永远之幸福。"其时孙先生也曾就英国社会情形，加以观察，指出："统计上的英国财富，多于前代不止数千倍；人民的贫穷，甚于前代也不止数千倍。并且富者极少，贫者极多。"同时他也看到英国大地主威斯敏士打公爵，有封地在伦敦西偏，后来扩张伦敦市，把他的土地圈进去，因此他一家的租地，便占伦敦的四分之一，其财富几和国家相等。因此他觉得："世界最大之赌赛，莫如买卖土地之投机业。"不过他认为中国现在资本家还没有出世；但他日全国开发，地价一定跟着文明日日高涨，社会贫富不均的现象，也就严重起来了。因此他提出民生主义——平均地权，是在防患未然，为中国一劳永逸着想。这是他采择西方学说思想施行于中国时，对于中国的历史背景和实际情况，都要经过深思熟虑的结果。

九、结交日本志士与援助菲律宾独立

孙先生自一八九七年七月二日离开英国，经过加拿大作短期的停留，在八月十六日抵达日本横滨。一直到一九〇〇年六月，将近三年的时间，都居留在日本。其主要的活动，则与日本志士交往，使其支持中国革命运动，终有一九〇〇年的大规模的惠州起义。其间复因日本志士的协助，而与菲律宾独立党人连系，进而援助其独立运动。这是孙先生基于其解放亚洲民族理想的一项实际行动。

孙先生倡导革命的时候，对于法美诸国革命独立建国历史是曾经用心研究的。因此他重视国际的支持对于革命的成败具有非常密切的关系。尤其是当时的中国问题，很少不受国际影响的。所以一八九六年香港兴中会宣言有云："无论中外各国人士，倘有心益世，肯为中国尽力，皆得收入会中。"伦敦蒙难重获自由后，更使他体认国际支持的重要。当他居留伦敦时，即曾结交英国人士如军事家摩根（Rowland J. Mulkern）、国会议员高黎（Sir Edward Gowrley）、爱尔兰志士戴维特（Michael Davitt），以及汉学家翟尔斯教授（Prof. Herbert Allen Giles）等。并曾与俄国革命党人瓦克赫夫斯基（Felix Volkhovsky）、日本生物学家南方熊楠建立友谊。因此，孙先生这次居留日本，广交其朝野贤豪，正是基于革命的需要。

孙先生最早结交的日本友人为牧师菅原传，是一八九四年冬在檀香山认识的。次年秋，孙先生自香港到日本时，曾会晤菅原，介绍与留在日本的同志陈少白相识。少白因菅原的介绍而结交日本海军大尉曾根俊虎。曾根又介绍宫崎寅藏（一八七〇——一九二二年）与少白相识。使宫崎在陈的寓所中获见孙先生。是为援助中国革命最重要的日本志士之一。

宫崎为人豪迈诚挚。早年与平山周在东洋英和学校同学时，即有志于中国。后因可儿长一的介绍而结识日本民党领袖犬养毅，甚得犬养毅的器重。一八九六年九月，日本宪政党内阁成立，大隈重信出任松方内阁的外相，犬养向大隈建议遣派宫崎、平山、可儿等前往中国调查秘密会党情形。次年五月，这一建议由大隈批准付诸施行。其时适宫崎患病，平山、可儿两人先行。平山行前，得平素留心中国事务的参谋本部宇都宫太郎中佐相告应注意访求孙先生的事迹。当平山到达上海后，在一西文书店中发现孙先生的《伦敦被难记》一书，因对孙先生有进一步的了解。遂与可儿前往香港、澳门追寻孙先生的踪迹及华南秘密会党情形。可儿因不耐暑热，先返日本。平山展转得人介绍，在香港访晤孙先生的旧友区凤墀、王煜初牧师，获知孙先生一些真相。这时因病滞留东京的宫崎在一偶然机会中遇到曾根俊虎，介绍他往横滨访晤陈少白，陈即赠送他一册《伦敦被难记》，并为他函介国内要访的友人。宫崎赶到香港后，又与平山一同前往澳门、广州等地调查访问，虽未能多所了解，但他们已自区凤墀那儿得知孙先生即将到日本的消息。因此两人即在这年九月回到横滨，首先即赴少白的寓所打听孙先生的下落。在一个清晨急促的敲门，出来应门的，却是一位从未相识的人，并且告知两位访客："陈先生往台湾去了。"宫崎失望之余，就自言自语地说："我们是来寻访孙逸仙先生的啊！"出乎意外地，这位应门的说：“我就是孙逸仙！”宫崎惊喜过望，顺口套用《三国演义》上的两句成语：“真是踏破铁鞋无觅处，得来全不费工夫！”

孙先生肃客入室，迅即整装梳洗完毕，再出来陪客谈话。宫崎等眼帘前显现一位伟人特有的庄重风格，不禁肃然！而孙先生流畅的英语，又使这两位曾在东洋英和学校肄业的访客相形见绌，呐呐不敢自由发言，于是就改用笔谈。平山首先说明在香港会晤区凤墀，以及区氏谈到希望孙先生暂居日本比较安全的意思。孙先生允予慎重的考虑。第二天，孙先生即往东京回访平山，说明他的决定。平山当即邀孙先生同车往访犬养毅，决定留住东京。当他们离开犬养寓所后，到敷寄桥外对鹤馆投宿，平山持笔填写旅客名簿时，忽然想到用孙先生真实姓名恐多不便；而方才车行途中经过日比谷中山侯爵官邸的印象犹新，因即写上“中山”姓氏，下面的名字如何填写，正感踌躇，孙先生夺笔疾书一“樵”字于“中山”之下，并解释这是“中国之山樵”的意思，而非日本化的姓名。从此“中山”二字渐为中外人士称呼孙先生的别号了。

孙先生与宫崎的会晤，大有彼此相见恨晚之感。在两人的谈话中，孙先生说明他的革命责任，在实行中国共和政体。同时指出推翻清朝以求汉人的自主独立，实为当前文明世界的潮流。他并就中国的传统历史，来说明中国适于共和政治的道理；而中国实行联邦共和，可收革命的便利，免蹈过去乱世群雄割据，并吞独霸的覆辙。最后表示他为中国苍生，为亚洲黄种，为世界人道，而兴起革命，相信必能得到各方面的帮助。现今宫崎等之来相助，就是最好的证明。这一席谈话，使宫崎大为折服，后来在其所著的《三十三年落花梦》一书中自述：“余首肯，余心折，余私自忏悔。彼其胸中，具数万甲兵；彼其度量，可容卿百辈；彼其手腕，可以挥斥八极而无怍；彼其容貌，可以备具四时而有余。余无以尽之矣！”而孙先生对于宫崎也同样地钦佩之至！在他为宫崎的《三十三年落花梦》所作的序言中说道："宫崎寅藏君者，今之侠客也，识见高远，抱负不凡，具怀仁慕义之德，发拯危扶倾之志；日忧黄种凌夷，悯支那削弱，数游汉土，以访英贤，欲共建不世之奇勋，襄成兴亚之大业。"因此，两人之能一见如故，实完全基于共同的理想。

经由犬养和宫崎等的介绍，孙先生生真是结交了不少的日本朝野贤豪。其重要的有大限重信（当时的外相，旋任总理大臣）、大石正己（农商次官，旋任农商大臣）、尾崎行雄（国会议员）、副岛种臣（曾任内务大臣），在野的有头山满、平冈浩太郎、秋山定辅、中野德次郎、铃木久五郎、安川敬一郎、犬冢信大郎、久原房之助、山田良政、萱野长知、菊池良一、寺尾亨、宗方小太郎等，均系日本的名人。他们对于中国革命，都有不同方式的援助。

由于日本志士的援助，孙先生的革命活动便利多了。他们主要的工作，有如调协康有为、梁启超一派人士与孙先生的合作；促进孙先生与菲律宾独立党人的连系，进而援助其独立运动；深入中国内地联络秘密会党，使之参加革命运动；代表孙先生与两广总督李鸿章的代表谈判两广独立问题；参与惠州起义，以及后来促成中国同盟会的成立。这些活动，对于中国革命运动，都发生了极深远的影响。以下先述援助菲律宾独立的情形。

孙先生援助菲律宾独立运动，正是他基于为"亚洲黄种，为世界人道，而兴起革命"的实际行动。原来菲律宾群岛久在西班牙人的统治下，当地人民逐渐觉醒，初由一位外科医生黎刹（Dr. Jose Protacio Rizal, 1861—1896）倡导独立。黎刹于一八九六年十二月被西班牙统治当局处死，由菲律宾独立军领袖阿圭那度（Emilio Aguinaldo）继续领导独立运动。一八九八年四月，美西发生战争，阿氏获得美方助其独立的保证，参加美军对西作战。但西人被逐后，美竟背弃诺言，因此菲律宾独立军遂转向美方争取独立。其在香港设有一个对外联络机构，负责人之一彭西（Mariano Ponce），也是

与菲独立党代表彭西合影（1899 年在横滨）

与彭西等友人在横滨合影

菲律宾独立军的外交代表。当宫崎于一八九八年六月奉孙先生之命到香港与兴中会人员接洽任务时，结识了彭西。彭对美国之背弃诺言痛加指责，并表示阿圭那度有意求助于日本。宫崎对于菲人谋求独立，非常同情，因此在其鼓励下，彭西即于这年六月二十九日到达东京。由于日本当局对于美国多所顾虑，彭西要求的援助，并不能顺利进行；甚至备款向日购买军火，亦被日本当局禁止。正当彭西为其任务的困难而感到焦急时，他在一个冬天的晚间，应犬养之邀参加其晚宴时，认识了孙先生。由于两人当时都住在横滨，那晚便一道由东京回家，得以长谈衷曲，从此两人成为同志。孙先生对于彭西的困难，愿尽一切力量协助之。并且建议：愿率同志至菲岛投效独立军助其成功；事成之后，菲律宾当协助中国革命。其时宫崎和平山周适先后接引康有为及梁启超因政变转来东京，在孙先生与康、梁进行“合作”会谈之余，即将援助菲岛独立的建议，与宫崎及平山商讨。宫崎等自然非常赞成，即向犬养报告。犬养更是热心来促成这一愿望，其第一步的工作，就是以孙先生的名义接受彭西的委托，向日本方面购办军火，以接济菲律宾独立军。在方式上，经由犬养推荐中村弥六以中间人的身分来和孙先生谈判购械。这样可使不明内情的人看来，以为是中国革命党的活动，可避免美国的指责。经过数个月的筹划，终于在一八九九年七月十九日，一千五百吨的布引丸载上一万支来复枪、六百万发子弹、一门大炮、十挺机关枪、七架野战瞭望镜、一架装弹机，以及其他配备零件等，假着托运铁道枕木开往中国的名义，自长崎启行经台湾海峡驶向菲岛。同时，平山周邀约六名非现役的日本军官，乘上另一艘船直航马尼拉，准备在战术上协助菲独立军。宫崎亦应孙先生的要求，再往香港担任联络工作，俾与菲岛活动相呼应。

不幸布引丸航至中途，忽遇暴风，无法操纵，随波漂流，在七月二十一日被冲到宁波海外鞍山岛触礁沉没。船上十三名人员悉葬身海底。支持菲岛独立军的初步计划遂告破灭。这时留在香港的菲方联络负责人得此噩耗，以无面目对其领袖和国民，痛不欲生。经陈少白等的再三劝慰，乃决定不以噩耗告知在菲岛作战的阿圭那度，以免影响其军心士气。

布引丸运械虽告失败，平山周等七人却成功地躲避了美军的搜寻，和阿圭那度会面。九月底潜离菲岛抵达香港，报告会晤阿圭那度的经过。阿矢言作战到底，并谓未来东方大局，决定于中日菲诸国的同心协力，白种人的光荣不再存在。但阿氏并不知道布引丸沉没事件，亟盼军火援助的到来。而孙先生在日本为彭西洽购的第二批军火，又被日本当局所禁阻。以致菲岛独立军在军火不济的情况下，面对美军压力的加强，终告不支失败。事后才知道布引丸运械的失误，原来是中村弥六从中舞弊的结果。

十、庚子动乱与惠州之役

孙先生与宫崎寅藏、平山周等协力援助菲独立军的行动虽不幸失败，但联络国内秘密会党的工作则很顺利。一八九八年冬，湖南志士毕永年、唐才常等到东京，因鉴清廷改革无望，甚盼康梁一派能和孙先生合作，共图大业。其时康梁适因戊戌政变亡命日本，犬养毅和宫崎正为康梁与孙先生合作事进行斡旋，终因康之自大而未能成功。康旋往加拿大组织保皇会；梁虽有意合作，亦被康逼往檀香山为其保皇会活动。惟唐比较倾向康梁，而毕则倾向革命。毕曾向孙先生力言两湖秘密会党实力雄厚，可以一举克武汉而下南京。孙先生因派平山周偕毕同往两湖一带视察，逾月以后，两人回东复命。平山向孙先生报告说："所见哥老会各龙头多沉毅可用；永年所报告佥符事实。"孙先生遂决定湘鄂粤同时大举之策，因使永年二次内渡，偕各龙头赴香港与兴中会人员商量合作方法。决定兴中、三合、哥老三会联合一致，别立兴汉会，公推孙先生为总会长，特制总会长印章，由宫崎赍往日本，呈给孙先生。这是一八九九年冬和一九〇〇年春间的事。这是孙先生旅居日本两年多来在日本志士协力下最具体的成就之一。孙先生因又计划利用菲独立军未曾运出的第二批军火，来作再举义旗的武器。

兴汉会成立后，孙先生既忙于计划联络，宫崎更积极邀集日本

与日本友人合影

末永节、内田良平、宫崎寅藏、小山雄太郎、清藤幸七郎、孙先生

志士末永节、福本诚、内田良平、清藤幸七郎、平山周、原桢、岛田经一、尾岐行昌等商讨进行步骤。末永节且向一煤矿富商捐募一笔款项以作活动费用。当一九〇〇年春，山东义和团活动日盛，大乱即在目前。到了五月以后，此一盲目的排外情势，已在中国北方各省蔓延起来，亦即所谓庚子拳乱。孙先生因与日本志士及香港同志保持密切的联系，注视国内情势的发展。郑士良特自香港来到横滨与孙先生面商一切。六月十一日，孙先生与郑士良、杨衢云自横滨启行，经过神户时，宫崎寅藏、末永节、清藤幸七郎、内田良平等登船共渡，目标前往香港、西贡、新加坡一带。这是孙先生自一八九七年八月十六日自加拿大抵达横滨以来，第一次离开日本。此行目的，并非寻常，要在华南建立一个新的共和国。

原来当北方义和团扰乱日益扩大之际，香港议政局议员何启博士素与兴中会关系密切，鉴于时势紧急，瓜分之祸，迫在眉睫，粤省如不亟谋自保，恐难图存，因向陈少白建议，主张兴中会与两广总督李鸿章合作救国。其法是由李向清廷及各国宣告两广自主，而孙先生率其兴中会会员辅佐之。其进行步骤，先由中国新派人士联名致书香港总督卜力（Sir Henry A. Blake），请他协助中国从事改造。此一拟议复由何启与港督事先面谈后，由陈少白电告孙先生。孙先生复电赞成。遂由少白召集各会员积极进行，草拟致港督函稿，附录《平治章程》，由何启译为英文。此一章程，实即建立一个新共和国的张本。要点如下：（1）迁都于适中之地，如南京或武汉。（2）都内设一中央政府，各省立一自治政府。中央政府举一民望所归之人为首，其主权在宪法权限之内，设立议会。各省自治政府，由中央选派驻省总督一人为一省之首。省设省议会。（3）公权利于天下。（4）增文武官俸。（5）平其政刑。（6）变科举为专门之

与杨衢云及日本友人合影（1900 年）

学。这一文件曾经送交港督卜力。彼甚表同情，因派人向李鸿章接洽。李之幕僚刘学询亦颇赞成两广独立自主，遂自告奋勇致书孙先生，请其来粤协同进行。孙先生虽不信李有此魄力，但如此举有成，亦为大局之幸，固亦不妨一试。遂与宫崎等由日赴港，以便接洽。在航行途中，孙先生召集诸人会商，研究刘学询邀请参加两广独立计划的真正意向，是否其中有诱诈陷阱？最后结论：孙先生不宜亲去广州，由宫崎、内田、清藤三人代表前往广州会晤李鸿章，探其意向。但在华南的起义计划仍照常进行。六月十七日，孙先生等所乘之日本丸驶达香港海面，一艘自广州前来迎接孙先生的安澜号炮艇逐渐靠近。孙先生按预定计划没有出面。宫崎、内田、清藤三人即搭上安澜号驶向广州。孙先生以香港之五年放逐令尚未期满，故直航西贡。宫崎等抵达广州后，即被接待至刘学询的寓所，并即展开谈判。宫崎等表示：如李有诚意邀约孙先生参加广东独立工作，应先做到以下二事：(1) 保障孙先生的安全；(2) 借款六万元。因第一项不能以身试验，故不能不辅之第二项；即使对方以金钱为饵，我方不但无损失，且可因粮于敌。刘即向李请示，允即照办。先在港交款半数，其余一半即汇新加坡；惟冀孙先生早日来粤共策进行。宫崎等即乘安澜号往香港，从刘学询之子处取得现金三万元，即转新加坡。

宫崎等赴新加坡的主要任务，是为会晤康有为，劝其与孙先生合作。这时康已由美洲来新居住。但康误认宫崎有谋害他的嫌疑，避不约见；且向当地政府检举宫崎。七月六日，警察到旅舍检查，借口宫崎等有日本刀二把，及一元纸币二万七千元，遂将宫崎、清藤两人拘捕扣留（内田已先回日）。三日后，孙先生自西贡抵达新加坡，惊悉宫崎等被捕，遂即上岸营救，承认纸币为其革命经费。宫崎等遂于七月十二日被释；刀及现金也都发还。惟被判五年之内不准再来新加坡，并限立即离境。从此日本志士不再对孙康合作感到兴趣。

七月十七日，孙先生与宫崎等一行抵达香港海面；但由于禁令，仍不能上岸。李鸿章也正好在这天经过香港。他是奉清廷命令调任直隶总督，以收拾北方的局面的。李曾在港停留一夜，与港督卜力有所会谈。卜力曾劝其脱离清廷，使两广独立自保。李不能从，即于次日离港北上，暂留上海待变。两广独立既成泡影，孙先生遂于船上召集军事会议，决定举义时的人事部署如下：郑士良任总司令，原桢为参谋长，毕永年为内政部长，杨衢云为财政部长，平山周为外交部长，福本诚留驻香港主持准备工作。二十日，孙先生与宫崎离开香港海面，二十五日回到东京。这时中国北方已陷于混乱之中，八国联军于八月十四日攻入北京，清帝后出走，中国已呈无政府状态。唐才常和国内一些维新人士如容闳等已在上海召开会议，决定以自立军的名义，在长江中游一带起事。原来由毕永年在两湖所联络的会党，却为唐拉拢过去。但八月二十一日，唐的起事计划，完全失败。这时孙先生正在东京积极招募人员。八月二十八日，他和内田、平山等来到上海；并且登岸往访英驻上海领事，可能仍与李鸿章、刘学询独立计划有关。这时正当唐才常失败不久，上海缉拿新党的风声颇紧，英领事劝孙先生应速离上海，以免不测。孙先生回到了东京。十九日，又秘赴神户，据日方密报，是为接洽军火事项。二十八日，和内田良平、平冈浩太郎、山田良政、尾崎行昌等到达台北。从这些忙碌的行程中，可知工作的紧张了。

孙先生来到台北，是准备内渡亲自指挥惠州起义。原来在他七月间行经香港海面时，即派郑士良在惠州和新安（今宝安）交界的三洲田山寨中集合了六百名壮士，配洋枪三百支，待命发动。在孙先生离日来台之前，并嘱宫崎将菲独立军储存的武器准备妥当，一俟前方情况有利，即行运送，以利军需。同时台湾总督儿玉源太郎和民政长后藤新平也经过日本同志的联络，允在起事后，援助革命军的武器和军官。到了十月八日，由于郑士良率领的革命军久驻三洲田山寨，已为清兵发觉，遂派军队来攻，于是便在这天发难了。革命军旗开得胜，旬日之间，连破清军。十月十六日，郑接到孙先生自台北的来电，要他率部指向厦门，以便接收军械的补给。所以郑即从十月十七日到二十一日之间，率军向龙冈、淡水沿海一带前进。沿途前来投效革命军的人数日益增多，竟已到达二万余人。但不幸的消息连续地来到了。不料菲独立军的一批武器，由于中间人中村弥六所设的骗局，完全是一批废铁。同时，日本内务大臣已在十月十五日电令台湾总督，要孙先生离开台湾。因此，儿玉和后藤对革命援助的诺言，又成泡影。这一连串的不幸消息，惟有使孙先生改变方针。因此即派山田良政驰赴郑的军中，告以军火接济无望，请其自决行止。当山田于十月二十二日到达郑的军中时，大家只有相顾惋惜。遂即解散附从的同志，仅留执有洋枪的千余人，准备开回三洲田山寨固守。由于弹粮不济，中途又为清军所扼，不得不化整为零，以保存人力。惠州之役，也就此结束。不幸山田良政竟因迷失路途而殉难，这是为中国革命而牺牲的第一个日本志士。这次起义失败的关键，是在中村弥六经手的军械全属废铁所致。所以宫崎在其《三十三年落花梦》中说道："菲岛之事，既如彼而破；惠州之事，复如此而破。念至此，虽啖中六（中村弥六）之肉而啜其血，犹且不慊！"

此外，惠州之役结束后的一星期，即十月二十八日，史坚如原来为谋响应起义，在广州谋炸清广东巡抚兼署两广总督德寿，不成被捕殉难。史的殉难，对于锢塞的人心，大有振奋的作用，即如吴稚晖所说：史坚如殉难，我才知道孙先生不是寻常的"强盗"；还有史坚如是翰林的儿子，也同他一起，必有来历。此役的影响，孙先生曾有自述："经此次失败而后，回顾国中之人心，已觉与前有别矣！”即从此“有志之士，多起救国之思；而革命风潮，自此萌芽矣”！

十一、革命思潮的兴起与再度环游世界

惠州之役以后的革命风潮萌芽，实自东京留学生革命思潮的兴起。最显著的表现，是留学生的思想言论，渐集中于革命问题。最初趋向革命思想言论的留学生，多数原与康梁的保皇派有关，而直接或间接来自孙先生的影响。最显著的事例，可以郑贯公等所办的《开智录》，和秦力山等的《国民报》为代表。

郑贯公为广东香山人，幼年东渡日本，先后就读于保皇派徐勤等主持的横滨大同学校，及梁启超主持的东京高等大同学校。后一学校的学生且有冯自由、秦力山、唐才质、蔡锷、冯斯栾等，其中亦多倾向革命。郑于一九〇〇年任保皇派的横滨《清议报》助理编辑，对于保皇思想渐生反感，乃倡办《开智录》半月刊，发挥自由平等天赋人权之说。特邀兴中会员冯自由等担任撰述，即假《清议报》为印刷及发行机关，为保皇派所不满，免除其《清议报》的职务。这时孙先生亦住横滨，与郑及冯自由等早有往还。郑离《清议报》后，即由孙先生介绍郑去香港任《中国日报》的记者。《中国日报》系一八九九年十二月为孙先生命陈少白在香港创办，为兴中会的言论机构，亦为革命报的鼻祖。郑到香港后，乃尽量阐发其新思想及新名词，《中国日报》，甚至香港言论界，都为之一新耳目。

香港青年慕郑之名，多愿和他交往。

秦力山为湖南长沙人，原为梁启超在长沙时务学堂的学生。一八九九年且随梁就读东京高等大同学校。与孙先生结识后，渐倾向革命。当时秦任《清议报》撰述，文名渐著。一九〇〇年唐才常自立军之役，秦负大通方面的责任，失败后赴新加坡，发现康不足有为，遂与绝交，再渡东京，与留学生沈翔云、戢翼翚、唐才质、卫律煌、杨廷栋、杨荫杭、雷奋、王宠惠、张继等创办《国民报》，于一九〇一年六月二十五日发刊，大倡革命排满学说，发挥民族、民权思想，开留学界革命言论之先河。其后影响革命思潮最甚的邹容《革命军》一书，颇多言论来自《国民报》。

东京留学界革命思潮的扩张，与留学生人数的迅速增加有极密切的关系。按满清当局之派遣学生赴日留学，始于一八九六年。最初不过十数人。两年以后，除清廷官方派遣留学生外，还鼓励官绅子弟自费出洋。一八九九至一九〇〇年之间，留日学生约达百余人。由于庚子动乱的刺激，公私费赴日留学的人数逐年急骤的增加，一九〇一年约二八〇人，一九〇二年约七二〇人，一九〇三及一九〇四年约一三〇〇人，一九〇五年即达八千人以上，一九〇六年更达一万五千人左右。因此，自一九〇一年以后，留学生的革命风潮，渐由言论而进于组织行动。最显著的如一九〇一年春广东留日学生郑贯公、王宠惠、冯自由等所组织的广东独立协会，主张广东向清廷宣告独立。当时这一组织，颇受孙先生的赞助和鼓励。孙先生和粤籍留学生发生关系，即是从这个协会为起点。主张广东脱离清廷独立，正是一年前兴中会运动粤督李鸿章未果的事。如今又在孙先生的赞助下而由粤籍留学生公开地提出，此与《国民报》在这年的发刊，具有同样的重要意义。从此东京留学界的革命言论和组织，成为孙先生倡导革命运动的生力军了。

东京留学界革命风潮中最重要而影响最深远的，是一九〇三年

四、五月间的拒俄事件。此事的发生，是在这年四月二十八日东京《朝日新闻》刊载俄国为了要撤退它自一九〇〇年以来占据中国东三省的军队问题，同清廷提出密约七条，等于要把东三省变成俄国的势力范围。留学生看到这一新闻后，迅即发生强烈的反应，便在当天举行了留学生大会，到会各省留学生五百余人，决定组织拒俄义勇队，请赴前敌拒俄，致电直隶总督兼北洋大臣袁世凯请求出兵，并电上海各团体请求响应。五月初，义勇队改称为学生军。由于日本当局的干涉，又改称军国民教育会。上海也成立了分会。如此，东京的留学生和上海学界的革命风潮，益趋激荡。进而影响国内各省及海外华侨社会。

自拒俄事件发生后，各省在东京的留学生，纷纷创办刊物，多以发扬民族及民权思想为号召。其影响力较大的，如《江苏》、《浙江潮》、《湖北学生界》等。上海“苏报案”的发生，使革命风潮，更为扩大。有关革命的书刊，也以上海为最多。估计一九〇三年在上海出版的革命专著约达二十种之多！其影响最大的，则为邹容的《革命军》一书。此外如章行严的《孙逸仙》、《沈荩》、《黄帝魂》，以及章炳麟的《驳康有为政见书》，都是当时流传极广而对革命运动影响最深远的言论。随后的两年，东京和上海，以及国内外其他地区的革命书报，即不断地出现。据一项调查和分析：从一八九七年到一九〇五年之间，计有革命专著四十九种，以出版年代区分，分配如下：

一八九七年一种一八九九年一种

一九〇一年一种一九〇二年六种

一九〇三年二十一种一九〇四年八种

一九〇五年十一种

革命报刊方面，从一八九九年到一九〇五年，以创刊年代区分，分配如下：

一八九九年一种一九〇一年二种

一九〇二年四种一九〇三年十四种

一九〇四年八种一九〇五年三种

从上项年代的数字来看，可知一九〇三年实在是一个重要的年代，也是革命思潮趋于高潮的年代。再从专著和报刊出版的地区来分，分配如下：

专著：华中三十一种（其中上海二十九种）
华南二种
海外十五种（其中日本十三种）
不详一种

报刊：华中十四种（其中上海十一种）
华南五种
海外十七种（其中日本十三种）

从地区的分配数字来看，可知上海和日本（东京）实在是革命思潮发生的中心。这一革命思潮，便是一九〇五年八月成立中国同盟会的背景和基础。

当革命思潮趋于激荡之际，孙先生一面和留学生作广泛的接触，讨论革命问题；一面再度环游世界，向华侨宣传革命主张。按较早与孙先生接触的留学生，当为沈翔云、戢翼翚、吴禄贞等，稍后则有秦力山、林锡圭、李炳寰、田邦璇、程家柽等。而后者大多由沈一一引见孙先生，这大约是在一八九九到一九〇〇年之间的事。沈为浙江乌程人，原就读武昌自强学堂，一八九八年由鄂督张之洞遴派赴日留学。这时孙先生、陈少白与梁启超住在横滨，沈与同学戢翼翚、吴禄贞往访之，一见如故，他们对孙先生的主张尤为赞同。沈与同学多人曾发起励志会，以砥励志节为宗旨。旋以会中有的分子趋向拜官主义，沉思有以救正之，乃约秦力山、戢翼翚等创刊《国民报》，其经费实由孙先生所支持。其后孙先生与留学生及国内来日的知识分子接触渐众，多由秦力山、吴禄贞、程家柽等循环不断地介见，相与讨论国事，也就是在推动革命的潮流。例如章炳麟和孙先生的结识，即由秦的介绍。章于一九〇二年亡命日本，四月间在东京发起"中夏亡国二百四十二年纪念会"，报名参加的留学生多达百余人，引起清廷驻日公使蔡钧要求日本当局起而干涉。章留东京凡三个月，常与孙先生讨论问题。章返国后，著有《訄书》一书，为提倡民族光复主义的重要著作之一。其中的《定版籍》和《相宅》两章，为记载孙先生和章的谈话，前者为讨论土地问题；后者为讨论中国首都地点问题。其后章在《苏报》撰文，鼓吹革命，因有"苏报案"的发生。至于吴禄贞，实为湖北方面革命思想的播种者。他于一九〇二年回到武昌后，对湖北军学两界的革命思想，具有重要的影响作用。

程家柽自与孙先生结识，闻其革命的理论，即决定献身革命事业。早期介绍钮永建等与孙先生相识，后来更倡联合革命之说，对于联络留学生参加同盟会有极大的贡献。据宋教仁撰《程家柽革命大事略》记载：黄兴、宋教仁等于一九〇四年谋长沙起义失败，亡命日本，与留学生田桐、白逾桓等打算在东京设立会党，以为革命的中坚，程力持不可，他说他已接得孙先生自美洲来信，不久将到日本。因为孙先生的革命声誉已大振中外，应待他来到东京后，再行成立革命团体，推他作号召，留学生则可秘密回国起义。当孙先生于一九〇五年七月抵达东京时，程即邀约黄兴、陈天华、宋教仁、白逾桓、田桐、张继、但焘、吴暘谷等多人，与孙先生会谈，讨论成立革命团体。所以张继曾说："中山提倡革命者也，克强（黄兴）实行革命者也，韵荪（程家柽）组织革命者也。"可见程在留学生中地位的重要。

由于留学界及国内学界革命思潮的兴起，孙先生为把握革命情势，团结国内外革命势力，于是再度环游世界。一九〇二年十二月，他借着参观博览会，由日本到达河内，曾受到留越华侨黄隆生等多人的欢迎，于是成立了兴中会河内分会。这是孙先生的同志陈少白自一八九七年底在台北成立兴中分会以来所成立的唯一分会。据近年的研究，有认为孙先生的“驱除鞑虏，恢复中华，建立民国，平均地权”主张的提出，是开始于河内兴中分会会员的誓词。孙先生停留越南约有半年，曾往西贡，遇华侨李卓峰等。又曾前往暹罗旅行，识华侨萧佛成等。这对后来同盟会在东南亚地区的发展，大有关系；尤其一九〇七至一九〇八年间孙先生在西南边境连续发动的六次起义，其经济的主要支持，是来自越南和暹罗的华侨同志。

一九〇三年七月，孙先生由越南回到了横滨。这时横滨兴中分会虽甚零落，但留学界的革命思潮，大有一日千里之势！各省留学生前来访晤孙先生的，络绎不绝；孙先生的横滨寓所，座客常满。其经常来谈革命的，有廖仲恺夫妇、马君武、胡毅生、黎仲实、程家柽、刘成禺等多人。孙先生也要他们注意物识有志青年，结为团体，此实后来成立同盟会的张本。这时孙先生也在东京组织了一个革命军事学校，参加研习军事的有十几位同志。孙先生的《支那保全分割合论》一文，也是这时在留学生的一个杂志上《江苏》所发表的。这是孙先生倡导革命以来首次在留学生的刊物上发表其政治主张：“再造一新中国。”

这年十月五日，孙先生抵达檀香山，这是他第五次来到檀岛。上次来檀岛是在一八九六年初，在广州首次起义失败以后。这次重游檀岛，与八年前的情况，已大不相同。其最显著的现象，一方面受到当地华侨热烈的欢迎；一方面也受到保皇派的破坏。檀岛原为革命发源地，自保皇派梁启超于一八九九年底来到此处后，曾持孙先生的介绍函遍访孙先生的同志及故旧，大倡名为保皇实则革命之说，使许多同志为梁所惑。梁又在檀岛创办《新中国日报》，为保皇宣传机关，攻击革命，敌视共和。因此孙先生这次到檀，即向各埠华侨演说，说明革命的道理，勿为保皇所骗。华侨始知革命与保皇名殊途异，于是曾经误入保皇会的纷纷退出，保皇之势，因此尽杀。保皇派大恨，乃在《新中国日报》诋毁革命，并攻讦孙先生个人。兴中会会员程蔚南与孙先生原有戚谊，在檀办有《隆记报》，纯属报导商情，孙先生乃将此报改为革命宣传机构，并亲撰《敬告同乡书》一文，在《隆记报》上发表，说明革命与保皇的分别，侨界耳目为之一新。《新中国日报》主笔陈仪侃复于十二月二十九日假托别名在该报刊出《敬告保皇会同志书》，反驳孙先生前文。孙先生因再撰《驳保皇书》长文以驳之。因此，檀岛华侨革命风气，自孙先生来后，为之大振。这时他在檀岛所成立的革命组织，已改用“中华革命军”的名义。这是根据邹容所著《革命军》一书而命名。因为此书自“苏报案”发生，作者邹容在上海被捕入狱，已引起海外华侨对革命热烈的同情。

孙先生在檀有一重要理论的提出，就是将“平均地权”的意义，加以阐明。这年十二月十七日，他有一封致同志的信，说明“平均地权，此为吾国今日可以切实施行之事”。他说：“盖天下万事万物，无不为平均而设，如教育所以平均智识，宫室衣服所以平均身体之热度。推之万事，莫不皆然。则欧美今日之不平均，他时必有大冲突，以趋剂于平均，可断言也。然则今日吾国言改革，何故不为贫富不均计，而留此一重罪业，以待他日更衍惨境乎？”这是孙先生的平均地权理论最早的文献。

一九〇四年三月底，孙先生由檀来到旧金山。此处保皇会的势力尤称雄厚。梁启超在不久之前，曾到此活动。这里致公堂的《大同日报》，即由保皇会人欧榘甲所主持；而且这里保皇会的《文兴报》，也在左右美洲华侨社会的舆论。孙先生到达旧金山时，首遭保皇会人员的暗算，被阻入境，被禁码头上的木屋中。因得此处《中西日报》经理、基督教友伍盘照约同致公堂负责人黄三德的援助，始得入境。由于孙先生已加入了檀香山的致公堂，因而受到旧金山致公堂的接待。孙先生并为旧金山致公堂的章程加以重订，使之合于革命的宗旨。致公堂的《大同日报》的主笔，也由孙先生推荐刘成禺接替，也就成为革命的言论机构。此对全美华侨思想的启发，影响极大。

孙先生这次旅行美国，在其政治理论上的重要成就，一为确定民族、民权、民生三大主义的名词；一为考察研究美国的政治，提出五权宪法的主张。关于确定三大主义的名词，据刘成禺记述：孙先生一九〇四年夏在旧金山时，曾与刘论及设会，必先有主义，意欲提出三大主义，一曰民族，此中国排满革命主义；二曰民权，此世界建设民主政治主义；至于现代国家社会主义，社会经济政策，欧美风靡，他日必为世界人民福利最大问题，无适当名词，不能沿用民享。刘云：中国俗语，事不过三，所谓智、仁、勇；所谓土地、人民、政事；君子三畏、三变；正德、利用、厚生。至若日本以三矢告庙；林肯以三民宣言。今先生开党，首定三民，亦约法三章也。孙先生云：得之矣！第三主义，定为民生，即厚生之意。意义包括宏大，俄国的虚无共产，德国的国家社会政策，英美法的社会主义，皆在民生主义涵盖之下。推而广之，可成世界主义。这三大主义的名词，在次年十一月出版的《民报》创刊号的发刊词中，始正式见诸文字。关于五权宪法主张的提出，虽在一九〇六年十二月二日《民报》周年纪念会演讲时提出，但据孙先生自述，当一九〇四年秋他在纽约时，曾与留美学生王宠惠谈到五权宪法，并且和他讨论了两个星期。王当时对五权宪法的主张，颇表赞同。据孙先生说：他当时以最高上眼光和最崇拜的心理去研究美国宪法。但经详细研究的结果，认为美国宪法不完备的地方，还是很多，而且流弊也很不少。因此他加入中国历代固有的考试和纠察两权，而与美国宪法的行政、立法、司法三权，成为五权分立。这是孙先生在其政

1905年在巴黎与留学生合影

治理论上最重要的创见。

孙先生留在纽约时期，曾与王宠惠商同起草一英文的告欧美人士书，题曰《中国问题的真解决》(The True Solution of the Chinese Question)。说明中国革新事业将对世界和平有所贡献，以除却外人对中国人排外的误解。他很希望能有很多的“拉飞冶德”(Lefayette)来自美国，以帮助中国革命。这是孙先生倡导革命盼望国际支持的重要声明。事实上,孙先生与美国的一位天才军事家荷马李（Homer Lea）的结识，就是这次旅美的收获。次年春间，由美抵达欧洲时，亦曾在巴黎会晤同情中国革命的韬美（Paul Doumer)。韬美曾任法驻越南总督，此时任法国下议院议长。他介绍孙先生与法国各政党首要相见。这一效果，以辛亥武昌起义后，法驻汉口领事罗氏（Ulysse-Raphael Reau）主张各国保持中立，而转移了革命党在国际上的局势为最显著。罗氏之对孙先生革命运动有所了解与同情，正是由于韬美的介绍。

为了号召留欧学生参加革命，孙先生于一九〇五年一月十九日由纽约来到伦敦。当即往访吴稚晖，这是两人初次晤面。吴是一九〇三年因“苏报案”发生由上海来到英国。这时吴已“自命为革命党”，但并未正式加盟入党。而加盟入党的，以留学比利时、德国和法国的鄂省籍学生为多。因他们早年在武昌就学时，受早期留学生吴禄贞的影响，颇多倾向革命。鄂省当道乃将他们遣送出洋留学，以分其势。这样，反使革命党在国外增加了生力军。经由刘成禺的介绍，留欧的鄂省籍学生亟望能与孙先生会晤，讨论国事。因此当孙先生抵达伦敦后，即应留比学生的邀请，于二月间到达比京布鲁塞尔，和留学生贺之才、史青、朱和中等会谈。孙先生首次揭出三民主义和五权宪法的主张来和他们讨论，辩论多次，意见接近，乃开第一次大会于比京，加盟入党的有三十余人。三月底，孙先生回到伦敦，这时在英加盟的仅孙鸿哲一人。四月十日左右往柏林，停留十二天，加盟的有刘家佺等二十余人。五月初，再由伦敦去巴黎，有刘光谦等十余人加盟。惟此时在巴黎发生一极不愉快的事件，即有部分留学生汤芗铭等后悔入党，来孙先生的旅邸盗去德、法两国留学生的入党誓约。后来虽重新补写誓约，但在欧入党而有名籍可考的，只有比利时留学生贺之才等十六人，留德学生朱和中等二人，计为十八人。

十二、同盟会的成立及其革命言论

孙先生结束欧洲旅行后，即于一九〇五年七月十九日由巴黎抵达日本横滨。东京留学生便立即活跃起来了。孙先生也连日忙于约会留学生，商讨组织革命团体问题。尤其重要的，是七月三十日的会议。因为这天开会是为筹备中国同盟会的成立，参加会议的人，是留学界的中坚分子，对于以后的几年革命运动具有决定性的作用。会议是假东京赤坂区桧町三番黑龙会（即内田良平宅）举行，到会的约七十人，另有日本志士宫崎寅藏、内田良平及末永节等三人。关于参与这次会议的人员，过去颇有不同的记述。今据“中国同盟会成立初期（一九〇五—一九〇六年）之会员名册”的考订，大致可以求得一个完整的出席人名单。出席的主要人员除孙先生外，安徽有程家柽、吴春旸等，浙江有蒋尊簋，陕西有康宝忠，江西有陈荣恪等，广西有马君武等，湖北有田桐、曹埃布尔等，湖南有黄兴、陈天华、宋教仁等，福建有王孝缜，直隶有张继，广东有冯自由、汪兆铭等，四川有吴鼎昌。以籍贯分，计含十一省；以人数分，湖南到有二十人，湖北到十八人，广东到十五人，广西到七人，安徽、江西各二人，浙江、陕西、福建、直隶各一人。其他各省如贵州、河南、江苏、云南、山东、山西等六省，到八月二十日同盟会正式成立前后始有留学生加入；而甘肃一省因无留学生，所以始终无人加入。这天到会的留学生，都自写誓约，宣誓入盟；并推举黄兴等八人起草会章。在八月二十日的正式成立会中通过。

同盟会正式成立会假东京赤坂区灵南阪本金弥宅举行。此时已加盟而到会的会员约百人。通过会章，举孙先生为同盟会总理。其他各部分重要负责人有黄兴、马君武、陈天华、章炳麟、程家柽、廖仲恺、邓家彦、张继、田桐等。以后即不断增加会员。到一九〇六年为止，会员人数有名籍可考的，计为九五六人。就其籍贯来看，除甘肃一省外，包括内地十七省的留学生。内地的会员数以湖南为第一，四川第二，广东第三，湖北第四，都在一百人以上；次多者为安徽、山西、山东及广西，各在五十人左右；二十人至三十人之间的有江苏、直隶、云南、浙江四省；人数较少的为陕西、江西、贵州、河南及福建五省，均在十人以内。海外各埠会员除欧洲为湖北省的留学生外，其他各埠以华侨为主，而以广东、福建籍者为多。河内因接近云南，所以滇籍会员亦较多。如就大的地区来看，两湖、两粤及四川的会员数，有突出的现象，这五省会员几占全部的三分之二。其原因，可能与各省留学的多寡或过去的革命思潮有关。而最显著的现象，即同盟会成立后的革命风潮，以两湖、两粤及四川较为热烈，这与会员人数的多寡显有密切的关系。就会员的年龄看，二十岁到二十五岁的占绝大多数，三十岁以上的为数极少，孙先生当时亦不过四十岁，这真是年轻一代的结合。其中杰出的人才，亦不胜枚举。因此孙先生认为这是集合全国的英俊，而成立的革命团体，使他相信革命大业，可以及身而成。于是定立中华民国的名称，公布于同志，使之各回本省，鼓吹革命主义，以传布中华民国的思想。

孙先生所说的中华民国的思想，显然是指他在同盟会成立时及以后所发表的几篇文字。一为一九〇五年八月十三日在东京留学生欢迎会的演讲："中国应建设为共和国"。其次为十一月二十六日在《民报》发刊词中所提出的民族、民权、民生三大主义。再为次年十二月二日在《民报》周年纪念会中演讲的《三民主义与中国民族之前途》，对民生主义和五权宪法作清晰的说明。同时着手编订《革命方略》，其中的《军政府宣言》将同盟会会员入会誓词“驱除鞑虏，恢复中华，建立民国，平均地权”四事，作为宣言的四纲，做一明确的解释。并订出措施的程序，分为军法、约法、宪法之治的三个时期。孙先生所提出的五权宪法和措施程序，是在防止当时欧美所有民权自由的流弊。这一思想，显然是他一九〇五年上半年旅欧研究所得。据孙先生自述：在他游历欧洲，因有很多的时间，于是决意彻底来研究民权问题。记得一次买了一本英国人李基所著的《民权与自由》（W. E. H. Lecky, *Democracy and Liberty*, New ed. London, 1903）。就那本书的名字说，应该是详释和颂扬民权自由的。其实完全是痛斥民权自由，把英美法历代所有民权自由的流弊，源源本本和盘托出。他当时看了那本书，心想：如对民权认识稍微薄弱，必将根本推翻了他的民权思想。他当时就想起来：如果中国的保皇党能够看英文本，他们看了这本书之后，一定要把它译成中文，传到中国来，做反对民权的材料。所以暗说这本书决计不可让他们知道。

同盟会成立后的革命运动，其表现最为活跃的，一为文字的宣传，一为武装的起义。经过七年（一九〇五——九一一年）的奋斗，终于推翻清廷的统治，建立了中华民国。这是中国数千年来君主专制政体的结束，也是亚洲第一个民主共和国的出生。以下先述文字的宣传，即同盟会成立后的革命言论。

同盟会时期的宣传，是随着革命运动重点的转移，而转移其宣传的中心。依其中心的转移，大约可以分为三个时期：初期是从一九〇五年到一九〇七年，以东京留学界为革命运动的重点，而其宣传中心，则以东京的《民报》为主。中期是从一九〇七年到一九〇九年，革命运动重心转向南洋，而此时期的宣传中心，则以新加坡的《中兴日报》为主。晚期是从一九一〇年到一九一一年的上海《民立报》，则为此时的宣传中心。以上分期，是近人张玉法研究的意见，颇值参考。

《民报》创刊号封面

發刊詞

孫文

近時雜誌之作者亦夥矣。姱詞以爲美嚚聽而無所終摘埴索塗不獲則反覆其詞而自惑求其斟時弊以立言如古人所謂對症發藥者已不可見而況夫孤懷宏識遠矚將來者乎夫繕羣之道與羣俱進而擇別取舍惟其最宜此羣之歷史既與彼羣殊則所以掖而進之之階級不無後先進止之別由之不貳此所以爲輿論之母也余維歐美之進化凡以三大主義曰民族曰民權曰民生羅馬之亡民族主義興而歐洲各國以獨立。洎自帝其國威行專制在下者不堪其苦則民權主義起十八世之末十九世紀之初專制仆而立憲政體殖焉世界開化人智益蒸物質發舒百年銳於千載經濟問題繼政治問題之後則民生主義躍々然動二十世紀不得不爲民生主義之擅場時代也是三大主義皆基本於民遞嬗變

一

《民报》发刊词全文之一

二

易而歐美之人種胥冶化焉其他旋維於小己大羣之間而成爲故說者皆此三者之充滿發揮而旁及者耳今者中國以千年專制之毒而不解異種殘之外邦逼之民族主義民權主義殆不可以須臾緩而民生主義歐美所慮積重難返者中國獨受病未深而去之易是故或於人爲既往之陳跡或於我爲方來之大患要爲繕吾羣所有事則不可不并時而弛張之嗟夫所陟卑者其所視不遠遊五都之市見美服而求之忘其身之未稱也又但以當前者爲至美近時志士舌敝唇枯惟企强中國以比歐美然而歐美强矣其民實困觀大同盟罷工與無政府黨社會黨之日熾社會革命其將不遠吾國縱能媲跡於歐美猶不能免於第二次之革命而況追逐於人已然之末軌者之終無成耶夫歐美社會之禍伏之數十年及今而後發見之又不能使之遽去吾國治民生主義者發達最先睹其禍害於未萌誠可舉政治革命社會革命畢其功於一役還視歐美彼

《民报》发刊词全文之二

且瞠乎後也翳我祖國以最大之民族聰明强力超絕等倫而沉夢不起萬事墮壞幸爲風潮所激醒其渴睡旦夕之間奮發振强勵精不已則半事倍功良非誇嫚惟夫一羣之中有少數最良之心理能策其羣而進之使最宜之治法適應於吾羣吾羣之進步適應於世界此先知先覺之天職而吾民報所爲作也抑非常革新之學說其理想輸灌於人心而化爲常識則其去實行也近吾於民報之出世覘之

《民报》发刊词全文之三

同盟会初期在东京发行的《民报》，实以发挥孙先生的三民主义理论为主流。初期的撰述人如胡汉民、汪兆铭、朱大符、汪中、刘光汉、陈天华等，为文立论，都以阐发民族、民权、民生三大主义为任务。并与梁启超在横滨发行的《新民丛报》展开热烈的论战。而孙先生实为论战的指导人。孙先生所撰《民报》发刊词，不仅足以代表此报的精神，也是他多年来考察研究的结论。后来虽然在其言论中多所发挥，但在轮廓上并无何等改变；与他晚年的思想既不相违，更与他后来所倡导的“知难行易”若合符节。发刊词中最重要的一段如下：

余维欧美之进化，凡以三大主义：曰民族，曰民权，曰民生。罗马之亡，民族主义兴，而欧洲各国以独立。洎自帝其国，威行专制，在下者不堪其苦，则民权主义起。十八世纪之末，十九世纪之初，专制仆而立宪政体殖焉。世界开化，人智益蒸，物质发舒，百年锐于千载，经济问题，继政治问题之后，则民生主义跃跃然动。二十世纪不得不为民生主义之擅扬时代也。

《民报》第一号出刊时，即有汪兆铭（精卫）的《民族的国家》，陈天华（思黄）的《论中国宜改创民主政体》及《中国革命史论》等文，即对《新民丛报》开始论战，指斥《新民丛报》言论的谬误。梁亦不甘示弱，即于一九〇六年一月出版的《新民丛报》第七十三号刊出《开明专制论》一文，以为反驳。从此双方展开笔战。《民报》直到第十八号（共二十六号），每期均有驳论；《新民丛报》亦应战到第九十二号（共九十六号）为止。双方论战的文字，不下百万言之多，前后持续两年余时，所引发的问题，也随着辩论的发展而更多，如革命的手段，革命后的建设问题等，双方都有不同的意见。归纳双方的立论原则，在《民报》方面认为：(1) 政治革命与种族革命必须齐头并进；(2) 社会革命必须与政治革命同时完成；(3) 革命决不至招致列强的瓜分，(4) 革命决不至使中国发生内乱。《新民丛报》方面认为：(1) 中国只宜行政治革命，不能行种族革命；(2) 可以行政治革命，不能行社会革命；(3) 革命即将召致瓜分亡国的惨祸；(4) 虽不亡国，也将产生内乱，且乱无已时。至双方驳论的中心问题，亦可归纳以下三点：(1) 民族问题：革命党排满，故强调民族主义；梁主保皇，绝不承认有狭义的民族问题存在。(2) 民权问题：双方皆同意政治革命的必要，但革命党主张民主政体，梁主张君主立宪制度。(3) 民生问题：革命党认为土地国有，则民生问题即可解决；梁认为国家富强之道，须发展国家与民间资本。

双方辩论的结果，《民报》的声势，显然占了上风。其原因：就文字上说，梁固然善文，而能吸引读者；《民报》方面，才智之士尤多。就青年心理言，大多趋向突破现状，反对保守，《民报》议论，恰与此相合；《新民丛报》则与此相反。就议论思想上说，《民报》固守三民主义，主张一贯；而《新民丛报》以前曾一度鼓吹破坏，现在又反对破坏，使读者认为它前后矛盾，反复无常。就指陈的事象说，梁所描写的革命共和恶果，在当时是未表现出来的事实，一般人看不见的；而《民报》所描写满清政府的坏现象，都是当时确凿的事实，人人看得见的。总之，当时《民报》集合所有才智之士，顺应时代的潮流，适应国人求变的心理，发挥其一贯的主张，故能取得多数的同情。

根据近人研究的意见，认为《新民丛报》与《民报》的论战，对于孙先生三民主义的发挥，不无贡献，所谓真理愈辩愈明。而论战停止，孙先生的主义即无进一步的发挥。同时，随着梁启超的笔锋，《民报》的立论亦渐转移到实际政治上。因为这一场辩论适发生在孙先生的革命思想由理论进入实际的时期。梁氏的反面意见，

同盟会南洋诸同志在新加坡合影（1908 年 3 月）

不无借镜的价值。

同盟会中期的新加坡《中兴日报》创刊于一九〇七年八月二十日，发行至一九〇九年冬。前二年正是孙先生以南洋为基地，连续在西南边境发动六次起义。《中兴日报》的宣传，在基本理论上未超出东京《民报》的范围；且与君宪派在新加坡的《南洋总汇报》发生论战。执《南洋总汇报》笔政的有欧榘甲、伍宪子、徐勤等，均为保皇派的中坚分子。《中兴日报》方面有孙先生及田桐、居正、胡汉民、汪兆铭等。其论战之激烈，虽不下于当年《民报》与《新民丛报》的情况；但《中兴日报》在学术理论上已非《民报》可比，主要原因，是南洋读者多为商工界的华侨，与东京读者的留学生程度并不相同；而《总汇报》的格调也远比《新民丛报》为低。双方论战结果，也是《中兴日报》取得优势。

革命党在国内的宣传，向以上海为中心。在同盟会以前即有《苏报》、《俄事警闻》及《警钟日报》等。以后由于右任主持的革命报纸，从一九〇七年到一九〇九年之间，先后有《神州日报》、《民呼日报》、《民吁日报》，都先后遭封。一九一〇年十月十一日，又创刊《民立报》，一直到一九一三年九月始停刊。此报在表面上是以唤起国民责任为宗旨，实则鼓吹民族独立。其发刊词中提倡“国民自立精神”及“国民独立思想”。谓“有独立之民族，始有独立之国家；有独立之国家，始能发生独立之言论”；又谓“有独立之言论，始产生独立之民族；有独立之民族，始能卫其独立之国家”。此报在辛亥（一九一一年）武昌起义前后，曾担任极重要的角色。它不仅尽量披露革命起义的消息，鼓动革命的风潮；且为长江流域革命党人的联络中心。而中部同盟总会，实际即以此报为机关。

同盟会时期除前述几个报刊外，当然还有其他的革命报刊，无不直接或间接地阐述革命的主张或孙先生的主义；同时也与君宪派的报刊论战，如香港的《中国日报》，檀香山的《自由新报》及《民生日报》，温哥华的《华英报》及《大汉报》，仰光的《光华日报》，曼谷的《华暹日报》，巴黎的《新世纪》，旧金山的《少年中国晨报》等，对于华侨或学界，都曾发生重要的影响作用，使同情革命者日多，附和保皇者日少。如《中兴日报》评其论战的效果说：《民报》与《新民丛报》笔战，《新民丛报》失败，而东京革命党日多；《中国日报》与《商报》笔战，《商报》失败，而香港及内地的革命党愈盛；《中兴日报》与《南洋总汇报》笔战，《总汇报》失败，而南洋各埠侨民之表同情革命的日众。可知同盟会时期的革命言论，在革命运动中地位的重要。

十三、同盟会时期的武装起义

同盟会时期的武装起义，是孙先生将其《革命方略》付诸实际行动必要的手段。其间虽是屡起屡败，但其所发生的影响，往往是深远而难以估计的。其目的，一方面是为了振奋人心以寒敌胆；同时也是扫除革命的障碍，以行军法之治。因此在同盟会成立之后，孙先生即于一九〇六年冬在东京制定一套《革命方略》，以为各地起义的需要。这一《方略》的重要意义，就是把革命的理论，化为具体可行的方案。《方略》计分十三项，第一项军政府宣言为最重要，首先说明国民革命的意义；次就同盟会誓词中的四事分为四纲，作为革命的目标，说明其内容及办法；最后订出实施的程序。以次各项分为：军政府与各处国民军之关系，军队之编制，战士赏恤，军律，招军章程，招降清朝兵勇条件，略地规则，因粮规则，安民布告，对外宣言，招降满洲将士布告，扫除满洲租税厘捐布告。其后辛亥武昌起义，各省多有使用这一方略的，故能迅速地推翻清朝。所以胡汉民评论此一具体的方案，惟有孙先生能创之；倾覆满洲，实只为孙先生半部《方略》的作用；亦正恨革命党人不能全依孙先生的《方略》，以致未能收其革命功效。

同盟会成立以后，由于会员分布极广，故对国内军队会党的运动，也日起有功。首先是一九〇六年十二月初的萍乡、醴陵的起义，清廷调动了湘、苏、鄂、赣四省的军队，才把它平服下来。可是由于这次的起义，东京回国的同盟会员分赴各省活动，以谋长江流域各处新军的响应，多数革命党人虽因此被捕被害，但长江流域的新军从此植下革命思想，例如后来的安庆熊成基起义（一九〇八年十一月），广州的新军起义（一九一〇年二月），都是来自长江流域新军中的革命同志。而辛亥武昌起义的成功，更是发自长江流域的新军同志。

萍醴之役发生后，促使清廷对日交涉，迫使孙先生离开日本前往南洋一带。从一九〇七年五月到次年的五月，连续在西南边境发动了六次武装起义，即革命史上有名的潮州黄冈之役（一九〇七年五月）、惠州七女湖之役（一九〇七年六月）、钦廉防城之役（一九〇七年九月）、广西镇南关之役（一九〇七年十二月）、钦廉上思之役（一九〇八年三—四月）、云南河口之役（一九〇八年四—五月）。此外，这两年之内在长江流域革命党人发动的起义，有徐锡麟的安庆起义（一九〇七年七月）、秋瑾绍兴的被难（一九〇七年七月）、四川江安、泸州及成都的起义（一九〇七年十一月）、安庆熊成基的起义（一九〇八年十一月）。总计在这两年之内，起义的次数计达十次之多。

河口之役以后，孙先生和同志胡汉民等聚集在新加坡，检讨一年来起义的得失。胡就过去的经验，认为会党首领难以运用；且其众乌合，亦不甚可靠，建议今后应以全力运动军队。孙先生以为会党和军队互有长短，他说：会党的战斗力固然不及军队，但军队比较持重而多所顾虑，所以不能不以会党来发难。过去多次的起义虽未成功，但已发生重大的影响。今后军队必能继之而起。所谓革命之一切失败，皆一切成功之种子。胡以为军队团长以上的军官，多所持重顾虑，今后对军队的运动，应注意于连排长以下的基层人员。孙先生深以为然。于是密下命令给负责运动军队的同志，依此计划进行。这便是一九一〇年二月广州新军起义的由来。事虽失败，而国内的革命风潮从此日盛；海外华侨支助革命的行动，更趋积极。

在河口之役以后，孙先生即打算有欧洲之行，运动法国一位资本家，据说可以贷款千万元。如果此事有成，则今后革命的经费，可以彻底地解决。为了筹措活动经费和赴欧旅费，孙先生和胡汉民、汪兆铭等奔走南洋各地。到了一九〇九年五月十九日，始离新加坡前往欧洲。而将国内一切计划，委交黄兴和胡汉民二人负责。这是孙先生第四次的环球之行。第三次是在一九〇五年冬到一九〇六年春的欧洲之行。六月二十日抵达法国，在巴黎停留一月，转往比利时。八月七日抵达伦敦。一直到了十月三十日才离开英国转往美国。这次在欧所以停留较久的原因，就是等待运动法国一位资本家贷款的消息。最后还是没有成功。这时孙先生遭遇最大的一项困扰，就是东京同盟会本部发生暗潮，章炳麟和陶成章竟不顾革命大局，向海外各地刊布传单，攻讦孙先生，诬其藉革命以“骗财”。迫得孙先生以长函致吴稚晖，公布他历年起义经费的收支概况。

孙先生于一九〇九年十一月八日自伦敦抵达纽约，旋经芝加哥来到旧金山。曾于一九一〇年三月十四日在洛山矶（Los Angeles）与荷马李将军及布司（Charles B. Boothe）商定一项大规模的武装起义计划，并委托布司为国外财务代理人，进行向外贷款的活动。即往檀香山。这次旅美所过之处，大受华侨欢迎，因此各处都有同盟分会的设立。六月十日抵达日本，在东京稍作停留，即于七月十一日到新加坡。数日后，迁往庇能暂时定居下来。这时国内革命进行的计划，并不顺利。因为在二月间有经营多时的广州新军之败；四月间又有汪兆铭、黄复生等在北京谋刺清廷摄政王载沣不成被捕监禁。这一连串的打击，不免使各同志情绪低落。同时，孙先生委托洛山矶布司对外贷款的计划，亦无任何结果。因此孙先生于十一月十三日在庇能召集各负责同志举行会议，参加会议的有黄兴、赵声、胡汉民、邓泽如等，以及由檀香山回来的孙先生长兄德彰，当大家聚首之初，举目前途，多有忧色；谈到将来计划，莫不唏嘘叹息，相视无言。孙先生鼓励他们不必因为失败而气馁，他以自身经验为例，说他早年失败，几为全世界所唾弃，和现在情况相比，真是困难百倍；而现在虽然穷困，但革命风潮已盛，华侨的思想已开；今后所忧虑的，只是缺乏计划和失去勇气。因此他要求大家重新振作起来，再来进行起义的计划。至于经费问题，他自当全力设法。结果在这次会议中，决定在广州大举的计划。这就是五个月以后轰动世界的广州“三二九”之役。

为了筹募起义经费，孙先生在庇能向华侨演说。惟当地殖民政府认为有碍治安，乃令孙先生出境。这时孙先生在南洋以及东亚各地，到处都有禁令，已无容身之地了。不得不远赴欧美。因此，又在十二月六日离开庇能前往欧洲，这是他第五次环球之行。经过法、比、英等国，都稍作停留，而于一九一一年一月十九日抵纽约。再往旧金山、加拿大等地，向华侨演说募款。因为这时美洲各处，大多有同盟分会或革命的报纸，华侨对革命的态度，已大有转变，所以筹款亦较顺利。这次捐款，以加拿大成绩最佳，计得六万四千元（港币），为各地捐款最多的地区。从历次捐款的多寡和分布的地区，亦可了解华侨对革命的态度。根据一项研究估计，兴中会时期第一次起义（一八九五年）经费约为三万元，其中有一万三千元来自檀香山华侨的捐助，其余则为革命党人自筹。第二次起义（一九〇〇年）经费约为十四万元，并无一文来自华侨的捐款。同盟会时期第三次到第八次起义（一九〇七—一九〇八年）的六次起义经费约计二十万元，约有半数来自越南、暹罗及南洋各地华侨的捐助，其余多由革命党人自筹（如张人杰独助五六万元），尚有极少数来自美国华侨的捐助。第九次起义（一九一〇年）的广州新军之役的经费约三万元，约三分之一来自美国华侨的捐助，余由革命党人自筹。第十次（一九一一年）的广州“三二九”之役经费约计二十一万元，全数由华侨捐助，包括加拿大、美国、英荷各属南洋，以及越南、暹罗各地的华侨。上述现象，足以说明革命受到华侨的支持，愈后愈为普遍。而革命经费对华侨捐款的依赖，也愈来愈为重要。华侨与革命的关系，也愈来愈为密切。如追求其原因，显然是由于革命宣传和起义的影响。

当孙先生离开加拿大经纽约抵达芝加哥时，即接到来自香港报告广州起义失败的电报。唯一使他告慰的，则是几位负责的同志如黄兴、赵声和胡汉民等都已安全脱险。这次起义虽然仍如过去的失败，而其所发生的直接影响，则是不到半年以后即有武昌起义的成功。孙先生曾说："黄花岗七十二烈士（按广州三二九之役牺牲者实为八十六人）轰轰烈烈之概，已震动全球，而国内革命之时势，实以之造成。"因为"全国久蛰之人心，乃大兴奋，怨愤所积，如怒涛排壑，不可遏止。不半载而武昌之大革命以成"。

广州"三二九"之役以后，国内各地确已弥漫革命的空气，大有风声鹤唳、草木皆兵的情势。长江流域的新军，因革命党原来运动以备响应广州起义的，并未因广州的失败而消失其革命的情绪。相反的，且有枕戈待旦之势。例如早在武昌起义之前，在英国的吴稚晖即从张人杰处得到报告，特专函向孙先生密陈，说南京的新军，近日秘密结聚，愈众愈周。因为他们原有约定，俟广州发难，即在南京响应。但因广州失利，南京实时密阻动作，所以未露丝毫风声，清方也无所觉。吴说："惟广州一役，机则小挫，名则大振，舆论之见向，人心之思旧，风起潮涌。故南京秘密之构结，完密直臻顶点，大有一发必利之势。"又说："近两日间，伦敦英报正闻四川已蠢蠢而动，汉口亦因灾因路有间可乘。虏之注意，必重川楚。以素来单薄之金陵，又因川楚危急，有所分顾。则一举即成之机会，似已有券可操。"因此，文字宣传和武装起义的效果，至此已经很清楚地呈现出来了。

十四、树立开国规模与提倡民生主义

辛亥（一九一一年）十月十日武昌起义，孙先生正在美国旅行筹款。十一日抵达科罗拉多州之丹佛城（Denver Colorado）。十二日因车行劳顿，上午十一时才起身，阅及当日报纸，得知武昌已为革命军占领。本拟即行返国亲临革命圣战；复思此时所应尽力革命事业的，外交尤为重要。就当时国际情势与各国态度的分析，而外交的关键在于英国。乃决计赴英进行活动。遂经由芝加哥（十月十五日）、纽约（十月二十日），而于十一月十一日抵达伦敦。有荷马李将军的协助，向英方交涉三事：(1) 停付对清廷一切借款；(2) 协力制止日本援助清廷；(3) 取消英属各地对其本人的放逐令。三事均曾获得英方满意的答复。事实上，其时英国亦在符合它本身利益的原则下，对中国革命采取中立的政策；并拒绝日本干涉行动的要求。十一月二十一日，孙先生抵达巴黎，晤其朝野人士，法政府首相克里孟梭（George Clemenceau）亦对中国革命表示同情。而且早在这年十月十六日汉口各国领事团会议决定对武昌起义严守中立，即是由于法驻汉口领事罗氏的建议，而得英、美、俄三国领事的赞同，使德国和日本无法单独采取干涉的行动。

孙先生深知国际舆论对中国革命的影响之重要，所以他在伦敦及巴黎时，常与新闻记者保持密切的接触，说明今后中国建设的计划，以促国际人士对中国革命有正确的认识。例如他在伦敦时，曾与英国一位名作家加尔根（Archibald R. Colquhoun）讨论中国改建共和政体问题，加氏曾遍游中国，深悉中国风俗人情，著有《中国变化》（*China in Transformation*, 1898）一书，尤为驰名。加氏初对孙先生倡导改中国为共和之说，以为万不可能之事，曾与孙先生辩论数日。经过孙先生示以《革命方略》的三个程序后，加氏欣然折服；并赞佩他能有这样的计划，在此民权青黄不接的时际，当然可以免除武人的专制和政客的捣乱。所以加氏诚恳表示，要为孙先生的计划竭力鼓吹，当时东方的各西文报纸，都曾盛传孙先生对民国建设的计划，已有妥善的筹备，不久便可见诸事实；凡同情中国革命的友人，都应乐观其成云云。这种舆论，多由加氏在伦敦各报阐扬孙先生言论的影响。

自英返国经香港与欢迎人员合影（1911 年 12 月 21 日）

上海各界送孙先生赴南京

1911 年 12 月 29 日在南京

孙先生离开法国经由新加坡、香港抵达上海时，是在一九一一年十二月二十五日。这自武昌起义以来，正是两个半月。全国为革命军所光复的，已有十五省之多，都已建立军政府；未光复的少数各省如直隶、山东、河南，以及东三省，也多有革命党人在积极进行光复运动。这时清廷方面，已起用一度被贬退的北洋军首领袁世凯来对抗革命军。不过袁氏虽任清廷的内阁总理大臣，但他并不忠于清廷，而是企图操纵于清廷和革命军之间，利用谋和的方式，来为自己取得政权的手段。他所遣派的议和代表唐绍仪已和革命军代表伍廷芳自十二月十八日起在上海举行和平会议。双方不但已经达成停战协议，而且就如何结束清廷与推举袁氏出掌民国政权问题，也差不多达成协议。袁氏这一巧妙的安排，很轻易地躲避了革命军和全国舆论的攻击目标。而事实上革命真正的障碍，还是袁氏其人。因为清廷本身已无能为力。孙先生面对这一情势，如何来做决定？在他十二月二十一日行经香港时，广东都督胡汉民即要求孙先生留粤，以便整顿军备，扫除袁氏的残余势力，作彻底的革命。孙先生以为就形势而论，沪宁是在前方，如不身当其冲，而退就粤中以修战备，此为避难趋易；而且前方同志正盼望他出主全局，如此岂非使同志失望，他认为现在革命所恃者是人心，敌方所恃者是兵力，何不善用所长，而用所短，而且南京和武昌之间，内部已有了歧见，如果因此而委之敌方，正蹈朱明末局，坐视东南不守，而粤桂遂不能支的覆辙。就外交形势而论，目前革命军骤起，列强仓卒之间，尚守局外之中立；如果革命形势顿挫，列强的态度正未可逆料。戈登、白齐文之于太平天国，正是历史的教训。袁氏纵不可信，但能因而利用之，使之推翻二百六十余年专制的清朝，胜于用兵十万；袁氏纵然继其为恶，基础已远不如前，覆之自易。因此，孙先生以为如果他不去沪宁，则此一切对内对外大计的主持，决非他人所能胜任。结果胡氏赞同孙先生的意见，即将广东都督交由陈炯明代理，随同孙先生同往上海。

这时黄兴和上海都督陈其美等都一致希望孙先生出来主持大计。因为在此之前，为了推举革命军大元帅问题，武昌和南京之间，正在相持不下。而且这时对北方无论为战为和，都迫切需要统一事权，才不致为袁氏所各个击破。因此决定推选孙先生为临时大总统，组织临时政府。这时南京已有十七省都督代表会议的组织，代表全国最高民意行使职权，他们早在十二月初集会汉口时，已议定了中华民国临时政府组织大纲。各省代表多数是同盟会员，所以选举的结果，十七省代表十七票，孙先生以十六票当选。一九一二年一月一日，孙先生由上海到南京就任中华民国临时政府首任大总统。从此结束了中国数千年来的专制政体。

孙先生入南京即日发表就职宣言，这是中华民国开国第一个文告。宣示对内之方针，为求民族、领土、军政、内治、财政的统一；对外之方针，当尽文明国应尽之义务，以期享受文明国应享之权利；洗刷清廷时代辱国之举措与排外之心理，持和平主义，使世界渐趋于大同。同时下令改用阳历。随之布告全国，废除清朝一切苛令，禁止买卖人口，通令剪辫、放足。凡中华民国人民，人人平等、自由，以主权在民的原则，着之约法。而其最重要的一项观念，是以膺选国家元首的地位而自称“公仆”。这是打破视国民为臣民的专制风气，而转移到民权主义时代一大变革。

南京临时政府最大的问题，莫过于议和，其目的固在促使清帝退位，但清廷内阁总理袁世凯则以取得政权为条件。在孙先生当选总统时，袁即借口他的议和全权代表唐绍仪越权签字而准其辞职，并对南京之组织临时政府表示抗议。此时南京临时政府方面原可就此对袁采取强硬态度，使之勒索不逞。而孙先生尤不愿对袁妥协，并即准备挥军北伐。且极力主张实行革命方略，以达建设之目的。但当时内外负责同志，都认为孙先生的理想太高，难以实行，故多

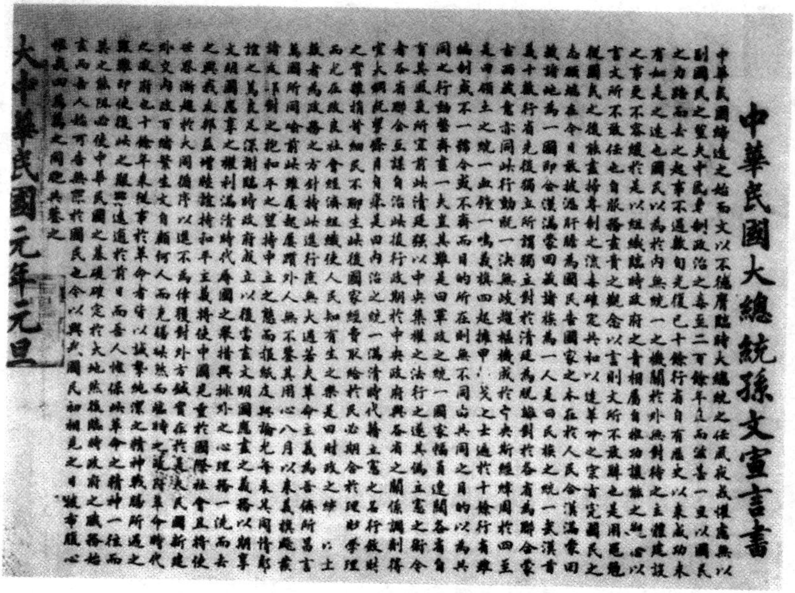

中華民國大總統孫文宣言書

中華民國締造之始，而文以不德，膺臨時大總統之任，夙夜戒懼，慮無以副國民之望。夫中國專制政治之毒，至二百餘年來而滋甚，一旦以國民之力，踣而去之，起事不過數旬，光復已十餘行省，自有歷史以來，成功未有如是之速也。國民以為於內無統一之機關，於外無對待之主體，建設之事，更不容緩，於是以組織臨時政府之責相屬。自推功讓能之觀念以言，則文所不敢任也；自服務盡責之觀念以言，則文所不敢辭也。是用黽勉從國民之後，能盡掃專制之流毒，確定共和，以達革命之宗旨，完國民之志願，端在今日。敢披瀝肝膽為國民告：國家之本，在於人民。合漢、滿、蒙、回、藏諸地為一國，即合漢、滿、蒙、回、藏諸族為一人，是曰民族之統一。武漢首義，十數行省先後獨立。所謂獨立，對於清廷為脫離，對於各省為聯合，蒙古、西藏意亦同此。行動既一，決無歧趨，樞機成於中央，斯經緯周於四至，是曰領土之統一。血鐘一鳴，義旗四起，擁甲帶戈之士，遍於十餘行省，雖編制或不一，號令或不齊，而目的所在，則無不同。由共同之目的，以為共同之行動，整齊畫一，夫豈其難，是曰軍政之統一。國家幅員遼闊，各省自有其風氣所宜。前此清廷以中央集權之法行之，遂其偽立憲之術；今者各省聯合，互謀自治，此後行政，期於中央政府與各省之關係調劑得宜，大綱既挈，條目自舉，是曰內治之統一。滿清時代，藉立憲之名，行斂財之實，雜捐苛細，民不聊生。此後國家經費，取給於民，必期合於理財學理，而尤在改良社會經濟組織，使人民知有生之樂，是曰財政之統一。以上數者，為政務之方針，持此進行，庶無大過。若夫革命主義，為吾儕所昌言，萬國所同喻，前此雖屢起屢躓，外人無不鑒其用心。八月以來，義旗載舉，友邦對之，抱和平之望，持中立之態，而報紙及輿論，尤每表其同情，鄰誼之篤，良足深謝。臨時政府成立以後，當盡文明國應盡之義務，以期享文明國應享之權利。滿清時代辱國之舉措，與排外之心理，務一洗而去之，與我友邦益增睦誼，持和平主義，將使中國見重於國際社會，且將使世界漸趨於大同。循序以進，不為倖獲。對外方針，實在於是。夫民國新建，外交內政，百緒繁生，文自顧何人，而克勝此。然而臨時之政府，革命時代之政府也。十餘年來，從事於革命者，皆以誠摯純潔之精神，戰勝所遇之艱難。即使後此之艱難，遠逾於前日，而吾人惟保此革命之精神，一往而莫之能阻，必使中華民國之基礎確定於大地，然後臨時政府之職務始盡，而吾人始可告無罪於國民也。今以與我國民初相見之日，披布腹心，惟我四萬萬之同胞共鑒之。

大中華民國元年元旦

1912 年元旦发表宣言

倾向对袁议和。而孙先生与各同志再三地辩论，均无效果，于是乃萌退志。故仍继续停战，重开议和。据胡汉民的分析，当时党内倾向议和的思想，大抵可分为三派：一派所谓中国固有的宗法伦理思想，则说：名不必自我成，功不必自我立；其次亦功成而不居。此派当以黄兴为代表。一派为西欧的无政府主义者，则说：权力为天下的罪恶，为政权而延长战争，更无可以自恕。此派当以吴稚晖为代表。一派仅知日本倒幕维新，则说：武装革命时期已过，当注全力以争国会和宪法，即为巩固共和，实现民治之正轨。此派当以宋教仁为代表。至于一般所谓南京临时政府的力量不敌袁世凯，故不得不对袁退让，孙先生实否认此说。他说：至谓民国建元后，予之势力不及袁世凯，则更拟于不伦。当时民国已有十五省；而山东、河南的民军亦蜂起，直隶军队且有内应，只要稍迟数月，当可全国光复；更以过去革命十次失败经验来论，绝非畏袁的势力而与之议和。惟孙先生能以国家和平统一为前提，以多数同志意见为依归，让政权于袁氏，实启民国和平转让政权之先例，这正是民主政治的正轨。如果不是袁氏的破坏，未尝不是民国之幸福。所以孙先生在民国五年解释“中华民国之意义”时说：“第一任总统，不知者且视为尊如皇帝；而仆则否。故决意让之袁世凯，使天下知做总统当如是。做公仆之不当争，不必争，以树民国之大本。”

一九一二年四月一日，孙先生交卸总统职务后，遂即致力阐发他所倡导的主义；不过这时则专注于民生主义的提倡。这天，他在南京同盟会会员饯别会中演讲《民生主义与社会革命》中指出：今日满清退位，中华民国成立，民族、民权两主义俱已达到；唯有民生主义尚未着手。今后所应努力的，即为民生主义。至实行民生主义的办法，除了平均地权外，还须防止资本家垄断的流弊。同时提出建造铁路二十万里的构想。四月三日，又在同盟会机关对民生主义作进一步的解释，他说：民族主义，为对于外人维持我国民之独立；民权主义，为排斥少数人垄断政治之弊害；民生主义，则排斥少数资本家，使人民共享生产上之自由。故民生主义者，即国家社会主义也。《三民主义新论》著者崔书琴以为孙先生开始主张“国家社会主义”，大概是他在辛亥革命前两年考察欧美经济社会状况的结果。那时他于研究欧美的经济社会问题以后，显然觉得只是平均地权，仍不能使中国避免于贫富阶级的悬殊，故又主张节制资本。从此，节制资本和平均地权，便成了实行民生主义的两个具体方法。这是孙先生此时提倡民生主义所增加的新内容。

孙先生离开南京后，旋应副总统黎元洪的邀请，于四月九日前往辛亥首义的武昌巡视，然后回到上海。二十五日又回到阔别十七年的广州。六月二十二日回到上海，连日发表谈话，说明他的铁路计划。继应袁世凯的邀请，于八月二十四日到达北京，留京将近

出席临时参议院致词后摄影（民元年 1 月 28 日在南京）

与唐绍仪洽商临时政府改组时摄影（民元年 3 月 29 日在南京）

解任临时大总统时摄影（民元年4月1日在南京）

一月，与袁会谈十三次，谈话范围包括铁路、外交、实业、军事各种问题。九月十一日，受任筹划全国铁路全权。计划以十年的时间，建造铁路二十万里。资本定为六十万万元，利用外资，开放门户。十八日离开北京，继往张家口、太原、山海关巡视，再折往济南、青岛而回上海。这一游历行程，当与他的铁路计划有关。十月十日，他在上海发表《中国之铁路计划与民生主义》一文，此为英文原著，发表于上海《大陆报》，显为促起外国资本家投资的兴趣。十一日至十三日又连日在上海中国社会党演讲《社会主义之派别及方法》，提出土地、资本与铁路等问题。从这些著述中，可以了解孙先生的铁路计划，既为实现民生主义的重要工作，而且与其节制资本的提出，实有连带的关系。他认为就今日世界现状观之，其资本生资最大的，莫如铁路。美国铁路全为公司所有，即为少数资本家所有，故利皆为私人垄断。中国铁路应提倡归为公有，则每年铁

参观日本大阪新闻社（1913 年 3 月）

路的收入，再用来兴办生产事业，利仍归公。这样大公司大资本尽为公有的社会事业，可以避免为少数资本家所垄断专制了。所谓公有即国有，国家以所生之利，举便民之事，国民即共享其利。这就是他所称道的民生主义者，即国家社会主义也。

一九一三年二月十一日，孙先生以筹办全国铁路全权的名义，由上海赴日本访问。目的一面为实行铁路计划，觅取日本实业家的合作。当时一些日本企业家也有筹组中日兴业公司的拟议。另一秘密任务，系应日本友人秋山定辅的游说，来和当时的日本首相兼外务大臣桂太郎面谈亚洲问题。桂氏甫于去年十二月组阁，思以日德合作代替日英同盟。因秋山的献计，发起组织中日同盟会，来和孙先生携手以谋解放亚洲。当孙先生由上海启程后，适东京发生政潮，反政府的示威民众与警察发生冲突。这一危机，且有蔓延到日本各地的趋势。因此孙先生在航行的船中就很担心东京政潮的扩大。

十三日到长崎上岸时，即一再查问政潮情况。当孙先生于十四日晚抵达东京后，桂内阁即提出总辞职。二十日下午，继任的山本权兵卫内阁成立，政潮告一段落。这天晚间，桂太郎始得空闲和孙先生晤谈。据当时担任孙先生日语翻译的戴季陶在其所著《日本论》中曾记两人谈话的内容。桂向孙先生表示：此后日本及东方民族唯一的生路，只有极力遮断英俄两国的联结。日本且须尽力联德，以日德同盟继英日同盟之后，打倒英国的霸权，东方乃得安枕，日本乃有生命。桂表示：他对于孙先生的劝告日本应与中国携手合作，不期正合其志。他相信中国有一孙先生，今后可以无忧。甚愿今后两人互相信赖，造成中德日土奥的同盟，以解决印度问题，则世界有色人种皆得苏生，日本亦决不愁今后没有移民贸易之地，更不须作侵略中国的笨策。桂氏认为袁世凯终非民国的忠实政治家，且终将成为民国之敌；亦为孙先生之敌。他极赞成孙先生的计划，以全力造成中国铁路干线。他日干线成功，孙先生便可再起执政。他愿以全力来帮助孙先生。不幸桂在这年十月病故，孙先生深为惋惜。不过这次两人的谈话，与孙先生在五年以后所著《中国存亡问题》一书反对中国对德宣战的理由，正是一贯的看法。而与他一九二三年十月当犬养毅入山本权兵卫内阁时曾给其长函，劝告日本不能一误再误，应为“亚洲受屈民族”断然起来解救亚洲；同时暗示将与俄、德联合，正是他期望于桂而未成功的，而欲期待于犬养。

当孙先生正旅行日本各地而于三月二十日抵达熊本的这天，代理国民党理事长宋教仁突在上海被刺，这就是“二次革命”的导火线所谓“宋案”。宋于二十二日不治死去。这天孙先生便在长崎结束在日的旅行，即于次日启行回国。孙先生的铁路计划，亦暂时化为泡影。

十五、讨袁与成立中华革命党

因宋案而导致“二次革命”的结果，使中国因辛亥革命而产生的一点民主基础为之破坏无遗。同时军阀的势力亦因之膨胀起来。这显示中国新旧势力糅合的困难，而革命与军阀无法调和的结果。这种情形，一直到一九二五年孙先生逝世以前，中国都可以说是在新旧势力的冲突下，而致不断的动乱。在孙先生与军阀势力搏斗的过程中，在军阀势力之后，固有官僚政客为之推波助浪，以及帝国主义者为之撑腰；但在革命势力中，也往往发生分歧的现象，致使孙先生的革命事业及建设计划，不断地遭遇障碍。孙先生为突破这些障碍，亦曾对其革命方略有所改进或调整。这从孙先生对其革命党的改组，可以充分地显示出来。

革命势力的分歧，常与革命的思想或理论有关。这种情形早在同盟会时期即已存在。其时最明显的，在革命主义之中，除以孙先生的三民主义为主流外，较此保守的尚有章炳麟的光复主义；以及较此急进的有吴稚晖的无政府主义。然其共通之处，都是主张排除满人的政权，因此在排满期间，尚能一致奋斗。但到辛亥光复以后，这种分歧的现象便立即显示出来，如章的光复主义派首先分化出去，成为对抗同盟会的急先锋；而无政府主义派之反对为政权而战争，对于革命党人的心理，也产生了决定性的影响。宋教仁之倾向于立宪主义，极力主张政党内阁，是同盟会改组为国民党的主要原因。

同盟会之改组为国民党，是在一九一二年八月间。目的是要变同盟会的革命宗旨而为普通政党，以实现政党内阁。而孙先生的态度，既已让政权于袁世凯，即愿以在野的地位，从事教育及实业建设。对宋教仁的政党内阁主张，只能本诸放任的态度。所以孙先生虽被选为国民党理事长，仍交由宋氏代理。一九一三年三月初，国会选举揭晓，国民党籍在各地当选的议员在两院中占得多数。宋即以多数党魁姿态，发表政见，主张内阁非以国会的多数党组织不可。这本来是民主政治的常轨，但在北洋军阀官僚看来，这是无法容忍的。因此当宋于三月二十日自上海准备去北京时，便在上海车站为凶手狙击，当即重伤倒地。送入医院后两日，不治死去。

宋被刺后，各负责同志即电促孙先生由日回国。三月二十五日抵达上海后，即与黄兴、陈其美、戴季陶、居正等会商应付办法。孙先生以为袁氏将拨专制之死灰，必致背叛民国，应即起讨伐。所定计划为联日与速战。关于联日方面，孙先生以为“日助我则我胜，日助袁则袁胜”。且联日乃为重要问题，他决意亲往接洽。各同志不以为然，力阻其行。关于速战方面，孙先生以为袁氏手握大权，发号施令，遣兵调将，行动极其自由；而我方惟有出其不意，攻其无备，以迅雷不及掩耳手段，先发制人。且宋案证据既已确凿，人心激愤，正可及时利用；否则时机一纵即逝，后悔无及。各同志以为法律并非无效，应待法律之解决，而黄兴对此持之尤坚。戴季陶曾与之辩论，黄则以为南方武力不足恃，苟或发难，必致失败。而孙先生不以黄的意见为然。

迨四月二十五日宋案证据公布，证明刺宋实为袁所主使。二十七日，袁又不经国会同意，与五国银行团签订两千五百万镑善后借款合同。这时反袁之声，举国若狂。各同志以为有国会在，有法律在，有各省都督之力争在，认为袁氏终将屈服。孙先生则以为国会乃口舌之争；法律无抵抗之力；各省都督又多仰袁鼻息，均不足以制止袁之野心。欲求解决，惟有诉诸武力。其方式：一面速兴问罪之师；一面表示全国人民不承认对五国银行团借款之公意。经由孙先生的交涉，银行团允于两星期内停止付款。各同志仍不以孙先生主张为然。迨袁取得借款，遂不用为善后经费，却用之于购军械，充兵饷，买议员，赏奸细，以蹂躏南方，屠杀民党，逼成“二次革命”的发生，但为时已迟了。

“二次革命”是从一九一三年七月十二日在江西湖口发生，到九月十二日重庆讨袁失败而完全结束，许多同志又亡命到日本。对于这次失败的原因，曾经有所检讨。孙先生以为自辛亥革命以后，同盟会一变而为国民党，自形式上言之，范围固见扩张，势力固征膨胀，但自精神上言之，面目全非，分子复杂；官僚政客，朝秦暮楚；意见分歧，步骤凌乱。既无团结自治的精神，又缺奉令承教的美德，党魁有如傀儡，党员有类散沙。因此遭召惨败，并非偶然。

孙先生以为“二次革命”虽告失败，但今后倒袁革命，必不远待五年以后即可成功。他以为：民困不苏，匪乱不靖，军队骄横，执政荒淫，凡此四事，有一于此，即足以乱国。而袁氏兼而有之，故其必不能久。只要大家振起革命精神，积极进行，拨乱反正，易如运掌。但有的同志仍是不以为然。当大家谈及将来事业，仍是意见分歧；或缄口不谈革命；或期革命以十年。种种灰心，互相诟谇。大家灰心的原因，以为“二次革命”之前，国民党据有十余省地盘；千万之款，可以筹集；三四十万的军队，可以调用；尚且不能抵抗袁氏。今已一败涂地，有何势力，可以革命？革命进行，究竟有何办法？孙先生以为自革命成功以至失败，其间不过两年。他提醒大家不要专向从前的地位去想，要向时间上去想。这样才可以想得通。如果追想两年以前的事，可知那时革命党人都是一班亡命之徒，何尝有地盘？何尝有钱？何尝有兵？而革命成功时间不过两年，大家可将这两年的事情当做一场大梦，复回两年以前的革命精神，失败不灰心，而且继续奋斗。而且这次失败，比之两年以前较有信心和经验，更无灰心的理由。据孙先生自述：经过他这样的苦劝各同志之后，大家始共同起而组织中华革命党。其唯一的宗旨，就是以革命的精神，来求主义的实现。

孙先生筹组中华革命党，是在他亡命日本以后不久，即已着手进行。其最早立约宣誓的党员，是在一九一三年九月二十七日有王统、黄元秀、朱卓文、陆惠生、马素五人在东京入党。其后即续有多人在东京及上海相继入党。到一九一四年七月八日中华革命党正式成立时止，已有党员六四一人。绝大多数为过去同盟会的中坚分子。不过尚有部分同志认为誓约规定过严而拒绝入党的，如黄兴、谭人凤、李烈钧、陈炯明等，都因不同意中华革命党的规定而离开东京。其中主要的争执之点，是誓约中有“附从孙先生，服从命令”等语。据陈其美致函黄兴的说明，认为这是孙先生深有鉴于前此失

成立中华革命党摄影（1914 年 7 月 8 日在东京）

败的原因，乃是一些同志误会平等自由的真意。因为自辛亥光复以后，国民并未享有平等自由的幸福，而个人先有违规越矩的行为。彼此不相统摄，上下自为从违，正是所谓“既不能令，又不受命”。为了矫正以往的弊病，所以采取严格的规定。陈氏根据过去失败的教训，以为今后欲达革命目的，应当重视孙先生的主张。否则，党员如果仍然和往昔那样的反对孙先生者，以反对于将来，则使孙先生的政见，又将误于毫厘，差之千里了。所以他以为遵守誓约、服从命令，乃是党员当然的天职。但陈的劝告和解释，似乎未能达到预期的效果。

中华革命党的任务，固为讨袁，其宗旨与目的，则为中华革命党总章所规定的：以实行民权、民生两主义为宗旨；以扫除专制政治、建设完全民国为目的。因为袁世凯所代表的军阀势力，正是上项宗旨和目的的障碍。如何建设完全民国，这是中华革命党总章所定的革命程序三时期：(1) 军政时期，以积极武力，扫除一切障碍，而奠定民国基础；(2) 训政时期，以文明治理，督率国民，建设地方自治；(3) 宪政时期，俟地方自治完备之后，由国民选举代表，创制宪法。宪法颁布，即为革命成功。以上三时期和同盟会革命方略中的三个程序有何不同？崔书琴在其《三民主义新论》一书中比较如下：第一，同盟会革命方略说军法、约法与宪法之治，而此处说军政、训政、宪政时期。“训政”二字的使用，以此为开始。第二，同盟会革命方略的前两个时期的政务由军政府主持，现在则为“悉归本党负完全责任”，这是主张完全以党建国之始。第三，以前曾规定军法之治期限三年，约法之治期限六年，现在军政、训政两时期都未规定年限。

孙先生视“训政”为革命建国过程中最重要的阶段。在他后来的《孙文学说》、《中国革命史》及《建国大纲》等著述中，都曾作说明或补充。他在一九一九年所撰《三民主义》一文中说：“予之定名中华民国者，盖欲于革命之际，在破坏时，则行军政；在建设时，则行训政。所谓训政时，即训练清朝之遗民，而成为民国之主人翁，以行直接民权也。有训政为过渡时期，则人民无程度不足之忧也。”他认为以往革命党人多注重民族主义，而对民权主义很少留心，所以辛亥革命成功以后，官僚常说人民程度不足；而革命党人又从而附和之，亦以为人民程度不足，不可以行直接民权。他认为这种情形正如同对小孩们说：“孩子不识字，不可入校读书也。”因此他认为革命志士，自负为先知先觉者，应有训导国民以行使民权的责任。如果今之所谓志士党人官僚政客，既不甘为诸葛亮、文天祥之鞠躬尽瘁以事其主；又不肯为伊尹、周公之训政以辅其君，则其势必至大为王莽、曹操、袁世凯之僭权；小者则为图私害民之贼。如此，必为时代所淘汰。

过去反对加入中华革命党的旧国民党人，转而赞同孙先生的讨袁主张，是从袁氏于一九一五年五月九日承认日本二十一条件以后的事。在此之前，尽管孙先生说明袁将帝制自为，一般同志总是难以相信。当日本于一九一五年一月向袁提出二十一条后，有些旧国民党人如李根源、钮永建等恐怕袁受内外交攻的压力，不能专心御侮，因此宣言停止革命活动，主张一致对外；且认为孙先生留在日本进行讨袁活动，反而造成日本对袁要挟的条件，对于孙先生颇有微词。但孙先生认为袁氏为取得日本对其帝制的保障，不会反对日本对他施加压力，终必承认二十一条的。因于三月十日发出通告，揭发日本提出二十一条的真相，及其与袁氏帝制阴谋的关系。迨袁终于承认二十一条后，在美洲及南洋一带的旧国民党人，才开始同孙先生表示愿一致积极进行讨袁。到了八月间“筹安会”发生后，各方面反袁势力的结合，更趋积极。所以在一九一五、一六年间反对袁氏的帝制战争，不仅有中华革命党在山东、广东及长江流域的军事行动，且有进步党与旧国民党系在西南所结合的护国军。终于促成袁氏的败亡。

袁世凯虽被打倒，但中华革命党在这次反袁帝制的战争中，并未能取得一隅的地盘。其原因，一方面是由于山东、广东及长江流域各地军事计划未能成功，以及陈其美在上海被刺死，失去一位健将；而其主要原因，也是大家的目标仅限于倒袁，以为袁氏一去，一切问题均已解决。庶不知袁氏所遗留的制度及其军阀势力，并不因袁之败亡以俱去。因此孙先生的革命方略和三民主义，仍难实现。

讨袁军事结束后，孙先生定居上海，国内一度呈现安定的局面，乃致力于“训政”，因此对直接民权的理论与方法多所阐发。孙先生提出直接民权，始于一九一六年七月十五日对驻沪粤籍议员演讲“中华民国之意义”，解释“中华民国”的“民”字的意义，指出共和政体并非民国政体。因为共和政体只是代议政体，国民所享有的只是一种代议权。他认为民国政体，应行直接民权，它除了选举权外，还有罢免、创制、复决各权。这种制度，西方瑞士已行之有年；美国近年亦正在倡行。至于中国能否行此制度？他以为以中国旧的自治基础，再加上今日人人尊重民权的心理，如果行之十年，不难达到目的。即如他在七月十七日《自治制度为建设之础石》的演讲中，指出今假定民权以县为单位，中国今不止两千县，如果蒙藏亦能渐进，全国至少有三千县。三千县的民权，犹如三千块基石，竭五年到十年之力，为民国筑此三千块基石，必可有成。完成后，此三千县各举一代表，即完全为国民代表，用以开国民大会，得选举大总统；对中央之立法，亦得行使修正权，即为全国直接民权。但在实行县自治之前，先立地方自治学校，由各县派人参加就学，一二年学成后，回到地方任事。此时再定自治制度：(1) 调查人口；(2) 清理地亩；(3) 平治道路；(4) 广兴学校。其他诸政，依次举办。自治有了成绩，乃可实行直接民权。其内容，即在本县推行四权。

为了训练国民行使民权的能力，孙先生特著《会议通则》（后改称《民权初步》）一书。于一九一七年二月完稿。序言中说："何为民国？美国总统林肯氏有言曰：民之所有，民之所治，民之所享，此之谓民国也。何谓民权？即近来瑞士国所行之制，民有选举官吏之权，民有罢免官吏之权，民有创制法案之权，民有复决法案之权，此之谓四大民权也。必具有此四大民权，方得谓为纯粹民国也。"又说："民权何由而发达？则从固结人心，纠合群力始；而欲固结人心，纠合群力，又非从集会不为功。是集会者，实为民权发达之第一步。"这是孙先生以《民权初步》来推行其"训政"的入手方法。所以孙先生把它列为《建国方略》之一的"社会建设"。

十六、护法与致力心理和物质的建设计划

一九一六年六月，袁世凯在四面的讨伐声中病卒以后，虽由副总统黎元洪继任总统，但军政大权则操诸北洋军阀段祺瑞之手。段虽任责任内阁总理，但对责任内阁的根据——《中华民国临时约法》，持以反对的态度。这个《约法》为一九一二年三月南京临时参议院所通过，通称《民元约法》。在宪法未颁布前，其效力等于宪法。后来袁氏为达成其专制目的，在其解散国会后，于一九一四年二月指派一个"约法会议"，来增修《民元约法》，把总统的权限扩张极大，废除了责任内阁制，一般通称为《新约法》。不久，袁又推行帝制，这个《新约法》也就等于作废。袁死后，段即依据

《新约法》拥黎代行大总统职权。目的是利用黎作过渡，暂时借作傀儡，集大权于一己。因为如果依照《民元约法》，则诸事皆受国会的裁制，对其独揽大权的计划，自有妨碍。但由于当时各方面的反对，段不得不又遵依《民元约法》。因此，被袁解散的国会，也就在一九一六年八月一日恢复于北京。以段所组成的责任内阁也由国会所通过。不过北洋军阀对于《民元约法》以及国会，始终采取敌对的立场，无时不在企图使用武力加以破坏。

在孙先生看来，《民元约法》虽和他的革命方略相背驰；但为保障民国的根本，在没有制定出较完美的宪法以前，他对《民元约法》的维护，仍是坚持的。所以当一九一七年六月北洋军阀迫使黎元洪再度解散国会，毁弃《约法》时，孙先生便立即号召护法。一直到一九二三年十月曹锟贿选成功为止，前后为时六年，称为护法时期。在这期间，孙先生的护法事业，遭遇两次的顿挫，一次是一九一八年五月广州护法军政府的改组；一次是一九二二年六月陈炯明的叛变。在第一次顿挫后，孙先生即离开护法基地广州而去上海，从事思想理论的著述，这段期间约有三年，成就特多；在其一九二〇、二一年间重返广州时，打算来实行他所研究的建设计划，不期又有陈炯明的叛变，以致再度遭受顿挫。

自一九一六年八月国会恢复以后，国内一时颇呈活跃现象。国会议员中曾出现了许多小团体，其中有属中华革命党籍的，也有属旧国民党籍的。他们多数希望能够组合一个大党，来牵制北方的军阀。同时也望孙先生能够北上领导。但孙先生对于北方的政局，并未抱有太多的希望，他认为帝制余孽，仍多潜伏在北方；其他如张勋、倪嗣冲等辈军阀依然跋扈不法。今后能否遵循共和正轨，事未可知。所以他只派胡汉民和廖仲恺到北京去做一般的联系工作，及交涉归还华侨的革命债款。

果然，从一九一七年二月开始，北方政局又呈现混乱之势。起因是为了对德参战案。段祺瑞欲借参战获得日本的贷款，来巩固和扩张其北洋军的势力；国会中以梁启超为首的研究系附和之，而与民党方面的议员相对抗。孙先生基于东方民族独立的理想，主张中国应严守中立，特著《中国存亡问题》一书，就协约、同盟两方形势，以及协约方面英国今后的外交政策，作一客观的分析。以为今后无论是协约国方面为胜为败，中国的加入，必为英国的牺牲者。而日本亦将蒙受不利的影响。他认为如果协约国胜，英与俄亲善，日本国运将为之衰亡，亦即黄种人势力的全灭，亚洲将永久隶属欧洲人的。反之英国不胜而联德，则德亦将继俄之地位，抑制日本以自张。因此，中国的加入协约国以对德参战，不特中国存亡所系，亦为日本兴衰的关键。

段祺瑞为达到对德参战的目的，不顾各方的反对，乃召集附己的各省督军到北京开会，以压迫国会。段与国会之间遂生决裂，黎即依照《约法》免去段的国务总理。段即唆使各省督军叛变。终致造成国会第二次被非法地解散，并闹出张勋复辟的一幕。孙先生遂于七月十七日由上海抵达广州，倡导护法运动。即以恢复《约法》与国会完全行使职权为号召。其时在南方的实力军人有两广巡阅使陆荣廷，和云南督军唐继尧，对段借参战案以巩固北洋军势力的做法，因有利害上的冲突，所以愿借护法以对抗段的武力政策。段在张勋实行复辟后，即自行复任国务总理，并讨伐张勋。在七月十四日击平张勋后，即入北京视事。以自认“再造民国”之功，在研究系要人梁启超、汤化龙等的策划下，提出改造国的主张，使后来产生了安福系的国会，而为南方护法政府所反对，演成南北长期的分裂局面。

随孙先生到广州参与护法的，有海军总司令程璧光自上海率领南下的海军第一舰队，以及国会议员一百五十余人。由于议员未达多数，故在广州举行非常会议，通过军政府组织大纲。九月三日，选举孙先生为大元帅，陆荣廷、唐继尧为元帅。孙先生于九月十日就任。而陆、唐因对护法没有诚意，始终未就元帅职。尤其陆荣廷视两广为其私人的财产，决不愿有一军政府在广州。因此孙先生当时处境的困难，是可以想象得到的。其时有位日本作家河东碧梧曾在广州与孙先生晤谈过，他体察到当时孙先生的恶劣处境，不仅值得同情，而且悲惨和令人气愤。他认为孙先生的一派在南方所以不得势，以及跟北方合不来，不只是约法的蹂躏与拥护的冲突问题，而且根本就是思想上的对立问题。他认为南方的思想与北方的思想，固然处于对立的地位；即同样属于南方，以陆荣廷为首的军阀思想，跟孙先生的文治思想，实有天壤之别！因此他认为不是孙先生离开广东，而应是孙先生不入广东。实际上，这一不协调的局面，到了次年五月即已无法维持下去了。即在广州军政府改组的情况下，孙先生辞去了大元帅。在他发表辞职的宣言中，指出："顾吾国之大患，莫大于武人之争雄，南与北如一丘之貉；虽号称护法之省，亦莫肯俯首法律及民意之下。"这段期间，虽可说是一场没有结果的护法，但亦显示民国不可以轻侮。

孙先生于辞去军政府大元帅后，即于一九一八年五月二十一日离开广州，经汕头巡视援闽的陈炯明所率的粤军，即取道台湾、日本，而于六月二十五日回到上海。一直到一九二〇年十一月底，计两年五个月的时间，都是留在上海。除了经常以函电指导在闽的粤军行动方针外，便潜心从事著述，以学说来启发国人。在此期间完成的主要著作，有《孙文学说》和《实业计划》两书。前者又称《心理建设》，于一九一九年五月出版；后者又名《物质建设》，自一九一九年八月一日起，在上海发行的《建设》杂志中分期发表。两书合一九一七年所著的《民权初步》又称《社会建设》，成为《建国方略》。

孙先生著述《孙文学说》的目的，在自序中已说得极为明白。

他认为过去之所以能推翻专制，创建共和，实赖于全国人心的倾向，和仁人志士的赞襄。但推翻清朝专制以后，反而发生无数强盗的专制，此实与革命救国的初衷大相违背。究其原因，实由革命党人对于革命宗旨和革命方略信仰不笃与奉行不力之故。而其症结所在，并非由于“功成利达”而移其心，实因“思想错误”而懈其志。此种错误的思想，即中国的古说：“知之非艰，行之惟艰。”由于这一思想深入中国人的心理，以致所有民国建设计划，皆为此说所打消。他认为倘能证明“知非易，而行非难”，使中国人无所畏而乐于行，则中国的事业才大有可为。因此，他以十件事来证明“行之非艰”，而“知之惟艰”，以供学者的研究，而破世人的迷惑。

孙先生之决定撰写《孙文学说》和《实业计划》两书，早在一九一七年七月二十一日在广州对全省学界欢迎会中即曾表示：“近日欲著一书，言中国建设新方略。其大意：一、精神上之建设；二、实际上之建设。精神上之建设，不外政治修明；实际上之建设，不外实业发达。”因此，在孙先生撰写《孙文学说》时，也就开始撰写《实业计划》了。例如在《孙文学说》第七章中讲到本其进化与知行的原理，认为欲使中国的实业在十年之间，发达到美国的程度，其问题已经不在能知不能知和能行不能行方面，而简直是在想不想的问题。他认为以中国的地位和富源，处在今天的时机，倘举国人民，能够一致欢迎外资和外国人才，来发展中国的生产事业，相信十年之内，中国实业的发达，必能和欧美并驾齐驱。所以他在一九一八年十一月欧战刚结束时，即着手于国际共同发展中国实业计划的研究，而且把这一计划要点致送各国政府，欢迎各国利用战后剩余的机器和人工，来开发中国实业，此不仅可以开发中国的富源，也可挽救各国战后的穷困和工人就业问题。孙先生以为这一计划如能实现，则大而世界，小而中国，无不受其利益。其后果至少可以打破现在的所谓列强势力范围；可以消灭现在的国际商业战争

（一）

《孙文学说》序

和资本竞争；最后更可以消除今后最大问题的劳资阶级斗争。可惜这一远大计划，并未能得到国际上应有的重视。

孙先生完成其《实业计划》英文稿（*The International Development of China*），是在一九二一年四月。这时孙先生已在去年十一月末因粤军驱走陆荣廷桂系的势力而重回广州。并在五月间成立“中华民国”政府于广州，正要运用这一计划欢迎外资和人才来开发中国。但不幸的，是在一九二二年六月发生陈炯明叛变的事，以致功败垂成。

盘踞广东的陆荣廷桂系军人，自一九一八年五月改组广州军政府后，即以清末遗老岑春煊为傀儡，来与北方军阀进行和平的谈判。

由于双方都缺乏为国家谋利益的中心思想，终于引发南北双方各别的内部分裂和战争。在北方，直系军阀曹锟、吴佩孚和皖系军阀段祺瑞在一九二〇年七月发生了“直皖战争”，结果皖系失败。在南方，桂系陆荣廷与直系勾结，借口驱除皖系的闽督李厚基，派兵入闽，实际则欲消灭驻在闽南的陈炯明粤军。因此迫使粤军回粤对桂军作战。同时，李厚基亦愿助陈回粤，既可利用粤军迎拒敌人，又可收回闽南的地盘。一九二〇年八月十六日，粤军自闽南漳州出动，到十月二十九日即克广州，将桂军驱出广东。

粤军恢复广东后，孙先生即于一九二〇年十一月二十九日自上海到达广州，并即恢复军政府。这次回粤，固在继续护法；但孙先生认为仅仅护法，并不能解决中国的根本问题，决定要在广州成立中华民国正式政府，以实行三民主义和五权宪法来造成真正的中华民国。因此他在一九二一年三月就有两篇重要的演讲，一篇是《三民主义之具体办法》；一篇是《五权宪法》。值得注意的是孙先生此时演讲三民主义，再度强调民族主义。这是由于欧战后民族自决潮流的影响。所以他说：吾党自排满革命后，民族主义虽告一部分成功，而民权、民生未收丝毫效果。现在不但是要实行民权、民生两个主义，并且要迎合现代的潮流。自从欧洲大战停止后，美国威尔逊总统见于世界潮流，大倡民族自决。这民族自决，就是本党的民族主义。至于民族主义的内容，也有了新的意见，第一，要抵抗帝国主义的压迫，这早在一九二〇年十一月四日的演讲中，即已指出现在清室虽不能压制我们，但各国还是要压制的，所以我们还要积极地抵制。其次，认为过去所谓“五族共和”之五族的名词，很不恰当。他认为应把中国所有各民族融合成一个中华民族。讲到民权主义，可以《五权宪法》这篇演讲为代表，在中央要实行五权分立；在地方以县为自治单位，实行直接民权。在程序上，早在一九二〇十一月九日曾对“训政”的意义，特加解释，就是不单是用革命手段去扫除那恶劣政治；还要用革命的手段去建设，所以叫做“训政”。民生主义方面，仍以平均地权和节制资本为实行的办法。讲到民生主义建设的资本问题，便提出《实业计划》一书，主张以外资从事建设生利事业，开辟市场，兴建工厂，建筑铁路，修治运河，开发矿产。举凡一切天然物产皆归公有，各种新事业之利润悉归公家。因此，当此书英文稿出版后，即分寄英、美各国友人，希望能在英、美各国发行，借以引起国际人士的重视，来支持这一伟大计划。例如他在一九二一年八月十二日致其业师康德黎博士的信中说：“我深信，如果希望中国及全世界的人们，能够早日运用中国丰富的资源而不再延误，则我所著的书中所拟之发展方针，实在是正确的途径。我希望国际政策的制定者，或对此巨大政策具有影响力的人士，能够同意此书的观点，借以产生必要的推动力量，传播我的构想，以利计划的实行和完成。”

就任非常大总统（1921 年 5 月 5 日在广州）

一九二一年五月五日，孙先生以非常国会的选举，在广州就任中华民国非常大总统，成立正式政府。在其就职的对外宣言中宣称：“全国最大之利源，或为天然，或为工艺，必悉与开发。则全世界经此数年大战损耗之后，亦可因此获有裨益。诸所措施，抱开放门户主义，欢迎外国之资本及技术。南方各省既处良好政府之下，享受真正的建设的政治而益发达。深信其他各省，不久即脱离军阀之羁勒，腐败之政治，而奉承本政府之主权。于是渴望之统一，即可成为事实矣。”这年九月，广西全省也归于广州中华民国政府统治之下。这时两湖川陕豫皖浙闽赣各省军人或地方人士，以及北方的奉系，因受直系曹锟、吴佩孚的压迫，正在形成一股反直的联合阵线，孙先生正要利用这一形势，准备北伐，统一中国。所以他在十二月四日抵达桂林设立大本营，即向湖南出兵，打算会师武汉。这时孙先生派往欧洲的同志朱和中，正奉孙先生之命，和德国前驻华公使辛慈（Von Hintze）接洽，筹设一个机构，来向中国投资，开发实业，来和孙先生的计划相配合。例如孙先生一九二二年二月二十四日自桂林大本营致信朱和中说：“今日已接到一月一日函。现在大军已开始由桂出发，会师武汉。此信到时，想战事已开。如武汉可得手，则立开办。兄十一月十五日（一九二一年）密函所陈之十二项事业，万一武汉不能得手，亦急欲就西南已有之六省地盘而开办其一部分。广东、四川固有已成之工厂，而云贵则煤铁偏地，若能先成炼钢厂，以为制造事业之基本，其他则易举矣。若必待统一之后，则恐旷日持久。非计之得也。”朱和中根据孙先生指示接洽的结果，辛慈有意东来，孙先生并令曹埃布尔赴香港等待。及这年六月陈炯明叛变后，陈公布了孙先生与俄德交涉的三封密函，辛慈遂不复东来，德政府亦有声明否认其事。

十七、护法再挫与改组国民党

一九二一年左右，当孙先生重返广州进行护法事业时，国内先后发生两个政治运动，一为各省的联省自治运动，一为北方军阀的“恢复法统”。这两个运动，形成孙先生护法事业的两股逆流，前者则使陈炯明发生叛变；后者则使曹锟贿选得逞，使护法事业再度受挫。孙先生乃有改组中国国民党的措施。使革命的目标明确具体；使革命的方略精密灵活。这是近代中国政治一大改革。

联省自治运动，简称联治运动。发生于一九二〇年夏秋间，适当皖直战争及粤军回粤以后。其时一般人士鉴于南北双方，均难有统一全国的力量，认为不如采用联邦制——联省自治，或者可以脱去混战的状态，以达统一的希望。此一联省自治实含有“自治”与“联治”的两方面意义。所谓自治，即是容许各省自治，由各省自定一种省宪，自组省政府，以统治本省；所谓联治，是由各省选派代表，组织联省会议，制定一种联省宪法，以完成国家的统一。不过当时鼓吹和赞成联治运动的人，除民间人士希望借此达到和平统一外，其他西南各省握有实权的要人，大抵只以自治来便于割据的掩护，或为拒绝强大直系军阀的兼并。进行联治运动最积极的，实以发自湖南及其省宪运动为代表，其他各省也都受到湖南的影响，而成为当时一股潮流。由于联治运动成为割据的借口，且和孙先生的地方自治理论不合，所以当一九二〇年十一月因实行联治而被省议会选出的湖南省长林支宇致书孙先生时，希望孙先生能够“亟宜建设联省政府，促成各省制宪，以新耳目，而彰民治”，孙先生答复他说：“以分县自治为立国基础。联治只能成官治，不能达自治。”不过，这对孙先生的护法运动，却产生一种不利的影响。陈炯明的叛变，正是受到联治思想的影响。

原来当孙先生于一九二一年初在广州着手成立中华民国政府时，陈炯明因倾向联治，即与孙先生的意见不一致了。陈的部下叶举、洪兆麟等，及议员补辅成辈，也在附和陈的意见，不以选举总统，组织正式政府为然。他们以为西南各省，现多树立自治的旗帜，护法已不足以号召，不如赞成联治的主张，首先巩固广东省的自治，将广东建设起来，进而再图联治。如此，至少可得西南各省的同情，或者可将西南各省团结起来，与直系军阀对抗；若直系也赞成联治，则大局便可解决了。孙先生以为这纯属机会主义。他认为这次粤军回粤，实由于海内外同志全力支持的结果，目的是要以广东为根据地，群策群力，以成戡乱之功，完成护法之愿。而目前国既不保，广东一隅何能独保？而且保境必须养兵，养兵则民疲负担，则一切建设，自无从开始。一省如此，已为一省之害；各省如此，更为各省之害。所谓联省自治，徒托空言。而且各省军阀利害不一，何能相安？北京政府，又操纵挑拨其间，祸在俄顷，何能不顾？纵欲保境息民，亦不可能。陈对孙先生的意见，虽无理由反驳，但终未肯信。孙先生并不因为陈派的反对而放弃其主张，卒于五月五日就任非常大总统，在其发表的对内宣言中说：“今欲解决中央与地方永久纠纷，惟有使各省人民完成自治，自定省宪法，自选省长，中央分权于各省，各省分权于各县，庶几既分离之民国，复以自治主义相结合，以归于统一。”观此宣言，可见孙先生对于当时的联治运动，也难完全拒斥。不过要在“中央分权于各省”之下，又加上“各省分权于各县”的一句，故仍不肯放弃平素分县自治的理论。

孙先生平定广西后，便决计由桂林取道湖南，进兵北伐。遂于一九二一年十二月到桂林成立大本营，准备在一九二二年春间入湘。这时陈炯明以陆军总长兼粤军总司令及广东省长名义，广东的财政支配权，全归其掌握；省议会也站在陈的一面，进行起草省宪。对于孙先生的北伐都很冷淡。孙先生的北伐经费，则令粤军参谋长邓铿筹措，因遭陈派的忌恨。一九二二年三月二十一日邓忽在广州被刺死，遂使孙先生的北伐失去后方的支持。同时入湘的北伐军，也在湘省联治运动的不容下，受到湖南当局赵恒惕的阻止。所以孙先生说："一为阻我前进，一为绝我归路。"因于三月二十六日自桂林班师回粤，决定改道江西北伐。四月十六日，孙先生抵达梧州，约陈来见，陈拒之，乃免其粤军总司令及广东省长职务，仍留保其陆军总长。陈亦离开广州，前往惠州。四月底，所有北伐军集中韶关、南雄一带。但这时北方的奉直战争即将结束，和孙先生原有同盟之约的奉军在五月五日败退军粮城，孙先生于五月六日才到韶关誓师，北伐致胜的机会，已经失去了。更何况有人在后方牵制呢？所以当北伐军在江西作战时，陈的部下叶举等所部军队五十余营忽从肇庆开入广州。孙先生在韶闻耗，急令叶等加入北伐。叶不但不理，反而向孙先生提出无理的要求。孙先生惟恐影响前方军事，对叶等的要求，不得不予以敷衍，乃命陈炯明以陆军总长办理两广军务，所有两广军队悉归节制调遣。陈虽担保叶等必无不轨行动，但叶等仍在广州闹事如故。孙先生因于六月一日令胡汉民留守韶关大本营，自率卫士回驻广州，一面镇慑，一面示前敌将士以后方安全无虞。正当北伐军节节胜利前进之际，而叶举、洪兆麟等竟奉陈的命令在六月十五日的午夜，实行叛变，竟以猛烈的炮火围攻孙先生的住所——观音山总统府。幸孙先生事前获得报告，从间道步出住所，登上军舰，督率海军讨伐叛逆，共历五十多天，以待北伐军的回师。一直到八月初，得知北伐军被阻不能回粤，才于八月九日离开广州海面的永丰舰，经香港而去上海。这是联治影响下陈炯明叛变的经过。

关于北方恢复法统的提议，最早始于一九二一年十二月二十三日旅居北京的旧国会议员，忽然发表一道宣言，主张仍由旧国会完成宪法，促进自治。这一宣言发表的内幕情形如何，虽不能详，其为法统恢复运动的开端，并以应付联治运动的潮流，则很显然。到了一九二二年四月初，北京旧国会议员便连日集会，发表宣言，声称继续行使职权。热河都统张绍曾通电附和之。迨至五月初直胜奉败以后，直系吴佩孚即于五月十四日通电各省征求恢复国会的意见。次日，直系一名师长孙传芳（长江上游总司令）即率部下联名通电附和，要求恢复法统，请黎元洪复总统职，召集一九一七年被解散的旧国会，速制宪法，共选副座。并谓广州非常政府原由护法而兴，自可取消。接着曹锟、吴佩孚又来了几次通电。到了六月一日，旧国会议员一百五十余人便在天津开会，宣言取消南北两政府，另组合法政府。原由安福系国会选出的总统徐世昌即在次日退位，而由曹吴领衔联合十省区督军省长，请黎复职。这一幕剧，不过是直系军阀的自演自唱。原来曹要做总统，以黎为过渡；吴要推倒孙先生的护法旗帜；吴景濂、王家襄等一批议员窥得曹吴的意向，曾与张绍曾密商，以恢复法统向曹吴建议，作其政治上的苟合，这便是恢复法统的由来。黎经不起曹吴的引诱，便于六月十一日通电复职。孙先生当然清楚直系的阴谋，便于六月六日发表《工兵计划宣言》，指出直军诸将如果真有护法的诚意，应该先将所部军队的半数，改作工兵，从事生产；其余的半数，留待和全国的军队同时改编。否则，如果假借名义，涂饰耳目，他决为国民扫除凶残，贯彻护法戡乱的主张。直系当然不能履行孙先生的条件，可是陈炯明已入直系的彀中，却代曹吴推倒了孙先生的护法旗帜。叶举等围攻孙先生的住所时，便借口护法任务已了，通电请孙先生与徐世昌同时下野。国内其他方面也都纷纷通电，赞成“统一”的。就是学者名流如蔡元培等，也都表示同样的意见。以为这样，国内就可以达到和平统一了。

黎的复职，多年所争的法统，好像是完全恢复了。国内民间团体或个人，也多纷纷提出制宪的主张。黎和国会的议员们，也自一九二三年春在北京忙起制宪工作。但曹锟要急于登上总统的位子，即在六月中将黎逼走，因此演出“劫车索印”的丑剧。十月五日，曹锟以贿选方式完成了窃位的计划。受贿的国会议员也在这数天之内通过了一部联邦分权的宪法，正好把恢复法统和联治运动的意思都包含进去了。不过真正的法统也就从此中断；联治也到了日落西山的景象了。此时留下唯一的新希望，就是孙先生改组后的中国国民党。

孙先生在其从事革命的过程中，每当革命形势转变或遭遇顿挫，必改组其革命党，以调整其方略，作再接再厉的奋斗。而一九二四年初中国国民党的改组，正是在其护法运动再度遭遇顿挫之后的重要措施。在此之前，孙先生早在一九一九年十月十日已将中华革命党的名称，改为中国国民党，并制订规约，以巩固共和，实行三民主义为宗旨。一九二〇冬，孙先生回粤之前，曾将规约加以修正，除以实行三民主义为宗旨外，又加上以创立五权宪法为目的。这正代表他护法时期的政策。一九二二年八月，因陈炯明之叛自广州来到上海后，即确定改进国民党的计划，约集同志交换意见，指定同志起草宣言、党纲、总章等，在一九二三年一月初分别发表。这次改进的内容，仍是依据三民主义及五权宪法的原则，提出对国家建设计划及其政策。在民族主义方面，指出中国现在“陷于列强殖民地之地位”，故其消极的为除去民族间的不平等，积极的为团结国内各民族，完成一大中华民族。在民权主义方面，除强调直接民权外，并确定人民有集会、结社、言论、出版、居住、信仰之绝对自由权。在民生主义方面，除有平均地权及国营事业等规定外，对劳资、佃农等问题，均有所规定。在党务方面，列有纪律专章，并有调查研究国内政治、经济、军事、农工及妇女等问题的组织。这都是与过去不同之处。其在工作的方法，主要是政治进行、军事进行和党务进行三种；而党务进行尤重宣传工作。孙先生特别指出俄国革命成功，就是由于宣传得力。所以这次党的改进，要对宣传切实下番工夫，也是他一向所主张的“攻心”工作。

一九二三年初的改进计划，并没有切实执行。因在这年一月十六日，盘踞广州的陈炯明叛军，被来自广西的滇桂军所驱逐，他们要求孙先生回粤主持。所以孙先生在二月二十一日又回到广州。其主要的工作在扫除广东境内的叛逆军。一直到十月中，才开始着手改组国民党的工作。其第一个改组的文件，是十月十一日致上海国民党本部的电文，即令该部即行改组，并裁撤上海“总理全权代表及总理办公处”。这正是象征护法工作的正式结束。因为十月五

在广州大元帅府（1923年）

中国国民党党务讨论会纪念（1923 年 10 月）

中国国民党第一次全国代表大会（1924 年 1 月在广州）

日曹锟贿选成功，十日在北京就任。孙先生在九、十两日连续通电讨伐曹锟，通缉贿选议员，否认曹的当选地位。二十五日即指派胡汉民等九人组织临时中央执行委员会。并聘鲍罗廷（Michael M. Borodin）为顾问。承本年初改进的初旨，进而筹备进行彻底的改组。鲍氏富有组织和宣传的经验，为孙先生联俄后俄方所派的代表，来协助孙先生筹划国民党的改组工作。筹备的主要工作，即为准备召开全国代表大会，如起草宣言、总章，办理分部及党员登记，调查农工及中层阶级状况，统一宣传机关等。到一九二四年一月二十日起即在广州举行第一次全国代表大会，出席国内外代表计一九八人，会期十一天，中间休会三天，到三十日闭会。大会除听取国内外各地的实务报告外，并通过决议案多件，其重要的有宣言、总章、组织国民政府之必要、纪律问题、海关问题，以及关于出版及宣传等案。又选出第一届中央执行委员二十四名，候补十七名；中央监察委员五名，候补五名。这就是改组的大致经过。

这次国民党改组的精神，主要是表现在主义的鲜明，政策的切实，组织的灵活，纪律的严明。而且从主义到政策，从组织到方法，都有严密的配合。的确使国民党成为一个有活力的新机体。就主义和政纲而言，有大会宣言做了明确而具体的说明。宣言分为三段，第一段是说明中国的现状，亦即国民党的必要和背景。第二段是解释三民主义，其在民族主义方面，一则中国民族自求解放，一则中国境内各民族一律平等；民权主义方面，于间接民权之外，复行直接民权；民生主义方面，一为平均地权，一为节制资本。这三大主义的原则，孙先生曾说：在同盟会成立以前，已经是确定了。不过在宣言中，特别强调三者实为一体而不可分，并将它们和反帝国主义的关系结合起来。即如孙先生在一九二四年三月二日的通告中说："吾党主义，析言之固为民族、民权、民生，至其致用，实是一个整的，而非三个分的。"例如辛亥革命以后，民权虽见其端，然为袁氏所篡夺；而袁氏所以敢如此，就是有帝国主义来做他的后援，遂致中国十年大乱，这正是民权主义不行的原因；至于民族、民生也就无从谈起了。宣言的第三段是政纲，分为对外政策和对内政策两大部分，对外政策主张取消不平等条约，如外人租借地、领事裁判权、外人管理关税权等，皆当取消；重订互尊主权的条约。对内政策，主张中央及地方的权限，采均权主义，确定县为自治单位，实行普通选举，厘定考试制度，确定人民各项自由权，实行征兵制度，改良农村组织，制定劳工法，提高女权，普及教育，规定土地法，以及划分私人和国家的企业范围等。这些政策，都是实行上述三民主义的具体办法；也是依照中国的现状和国民的愿望，来规定这个政纲。正是一个现代国家所必备的条件。

为使主义和政纲能够贯彻实现，就必须讲求工作的组织和方法。这在大会所通过的国民党总章内，已作了精密的规划。根据总章，全国代表大会为全党的最高权力机关。省、县、区各级都有代表大会，为各该级的权力机关。大会闭会期间，由其选出的执行委员会行使职权，监察委员会监督之。区分部为基本组织，也有党员大会及执监委员会。按照这一组织系统，从上至下，可以贯彻命令；从下到上，可以沟通意志。无论是国内或海外，都市或乡村，凡是有国民党员的地方，便有国民党的组织，也必有国民党的工作和活动。这样改组的效果，即如孙先生在一九二四年三月二日的通告中说：本党前此注名党籍的党员有二十多万，同志不为不多。但按之实际，除册籍有姓名外，实不知党员究在何处。所以党员虽多，并无活动；更谈不到党的力量了。这次新章所订的组织方法，人人得以分担责任而奋斗；在纵的方面，各级机关完全建在全体党员之上，而不似以往的空洞无物；全体党员亦得依各级机关的指挥，而集中势力，不似以往的一盘散沙。这种办法，在自由办党的地区，固可获效；即在不能自由办党的地区，亦有活动的可能。这就是这次决心改组的所在。此外，各级组织都规定有具体的工作，特别注重党员训练和宣传工作。因为党员的训练，在使每一党员遵守了解主义和政策，熟练工作的方法，负起宣传的责任。孙先生依据过去的经验，特别强调宣传的重要，他认为革命事业要“顺乎天，应乎人”；尤其在民权思想发达的时代，更不可专靠武力，要使人心悦服，才能成功。

在孙先生改组国民党的一项重要设施，便是中国国民党陆军军官学校的创办。这是孙先生倡导革命以来的创举。在过去的革命武力，只是由革命党人去运动原有的军队，或是革命党人加入原有的军队里，使为革命所用。从未创造一种有革命主义的军队。所以每当革命形势不利或受其他外力的影响，赞成革命的军队，也往往变成反对革命的军队。陈炯明及其所部粤军的叛变，便是最明显的例子。因此在这次改组时，即派蒋中正先生来筹办军校，廖仲恺为党代表，就是要把党的改组精神，在军校实施，训练一支为主义而奋斗的军队。一九二四年五月开办，学生起初不满五百人。到了十月，平定广州商团事变。一九二五年两次东征，消灭盘踞东江数年的陈炯明的叛军，使国民党改组的功效，已充分的发挥出来。两年后的北伐与统一中国，当然也是这次改组的直接效果。

十八、联俄容共问题与晚年的政治思想

孙先生这次改组国民党，同时也实行联俄容共的策略。后来对

孙先生的联俄容共的策略，发生许多争论的问题，甚至有的认为孙先生因联俄容共而影响到他的革命理论。我们对于这种争论的问题，应从孙先生的联俄容共的原意及其背景，以及从孙先生的晚年政治思想作一研讨，才能有所了解。

孙先生之联俄容共，并不意味他赞同共产主义。这在孙先生和苏俄代表越飞（Adolf A. Joffe）于一九二三年一月二十六日的联合声明中，已有明确的表示。而孙先生之允许中共人员以个人身分加入国民党，来实行国民党的主义和政策，这在中共方面亦有声明而无须争辩。至孙先生之联俄容共，无论就当时的国际情势和国内的环境来看，都有其必要。就国际情势而言，在孙先生的革命过程中，一向重视国际的支持。这从他过去对日本以及英、美等国的期望，以及近年所著《国际共同发展中国实业计划》以企国际的合作，即可说明他对国际合作和支持的重视。但各国对中国的态度，是支持军阀来破坏他的计划。尤其一九二三年十二月为交涉广东的关余问题，各国不仅拒绝孙先生的要求，且有英、美、日、法等国近二十艘的军舰驶至广州向孙先生的革命政府示威，更足说明各国对中国革命的恶劣态度。何况苏俄一再声明放弃他过去帝俄时代的侵略政策而愿帮助孙先生的国民革命以谋中国的统一。尽管苏俄这些声明后来并无兑现的诚意，而孙先生之借联俄以突破各帝国主义对其的联合包围，正是他基于外交政策的需要和运用。孙先生以为中国革命向为各国所厌恶，故常帮助敌人以扑灭革命党；而且西方国家绝无同情中国革命党的。所望于同情于中国革命的，只有俄国以及受屈的国家和人民。何况这次联俄，亦出于俄国的自动。

就国内的环境而言，其时中国主要的两大军阀，一为日本支持的奉系张作霖；一为英美支持的直系吴佩孚。更有苏俄扶植的中共。孙先生一方面要联奉以制吴，同时对中俄共在中国的活动，更不能不有所觉惕。同时，中国自一九一九年“五四”运动以来，国内的思想发生极大的动荡，一种是欧美式的民主主义；一种是苏俄式的马克思共产主义。而孙先生的三民主义，一方面是拒斥欧美的资本主义，同时也为预防共产主义革命。孙先生的容共，他自信三民主义绝对优于共产主义，可使一般崇拜新思想的新青年，来“诚心悦服三民主义，改共产党员为国民党员”。孙先生深知中共人员过去曾竭力排挤并疵毁国民党，乃是这班中国少年学生自以为是，及一时崇拜俄国革命过当的态度，初欲包揽对俄的交往，以阻俄国和国民党的往来，以便他们独得俄助而在中国自树一帜，来和国民党争衡。但孙先生以为：苏俄方面不以中共为然，要他们必须参加国民党，在孙先生的领导下和国民党一致动作；否则俄当绝之。并且晓喻中共人员，说孙先生的民族主义正是适时的良药；而非过时的遗物。因此中共人员亦多表示觉悟而服从孙先生的革命主义。这从中共负责人李大钊一九二四年一月二十八日在国民党一全大会的声明，可以获得证实。李的声明中曾说：“我等加入本党（按指国民党，下同），是为有所贡献于本党，以贡献于国民革命的事业而来的，断不是为取巧讨便宜，借国民党的名义，作共产党的运动而来的。”又说：“我们加入本党是来接受本党的政纲，不是强本党接受共产党的党纲。试看本党新定的政纲，丝毫没有共产主义在内，便知本党并没有因为我们一部分人加入，便变成共产党了。”

至孙先生是否因联俄容共而影响到他的革命理论问题，《孙中山与共产主义》一书作者崔书琴认为：“联俄容共对于中山先生的革命理论——主义与政纲，并没有发生什么影响。”他提出三个要点，是为大家所争论的问题来加以论证。第一，关于孙先生晚年的民族主义中反帝国主义是否受马列主义的影响问题，崔氏认为孙先生本来就反帝的；而且他对帝国主义的了解，与列宁（V. I. Lenin）所下的定义不同。孙先生认为帝国主义是一种政治的压迫；列宁则以之为资本主义发展的最后阶段。在比较孙先生的民族主义与俄共关于民族和殖民地问题提纲以后，即可发现二者有基本的区别。孙先生根本不承认落后国家必定发生阶级矛盾与不经资本主义发展阶段即可实现共产主义的说法。他的主张是：在中国应该实行阶级协调，而可不经资本主义发展去实现一个民生主义的社会。第二，关于民权主义中的唤起民众是否受共产主义的影响问题，崔氏以为孙先生远在联俄容共以前，就主张实行全民政治，早就注意到群众运动。而且孙先生的全民政治与共产主义者的“国家消逝”的说法，正是南辕北辙。其次孙先生所主张的训政，虽曾被美国学者误认受了共产党无产阶级专政理论的影响，但事实绝非如此。就两者性质和目的而论，根本不可混为一谈。第三，“民生主义就是共产主义”，诚然是孙先生在联俄容共后开始说的。但应须了解孙先生讲这句话的情况和真正的用意，决不可拘泥字句的去加以解释。因为民生主义与马克思共产主义，全然有别，二者史观不同，一是民生史观，一是唯物史观。又中共人员认为孙先生主张的耕者有其田是共产党提出的口号一节，已完全为近年最新研究的结果所否定。这一研究的结果，是根据章炳麟早年所著《訄书》中《定版籍》一章记述孙先生一九〇二年在东京的谈话，主张凡不自行耕种的，不得有土地。此外民国元年他在北京和袁世凯谈话时，即曾提出耕者有其田的主张。而且孙先生所主张的耕者有其田与俄共的土地国有，并不相同。此外，双方各有其自己的农工政策。因此，在这一方面，也不能说孙先生是受了联俄容共的影响。

关于孙先生晚年的政治思想，在其着手改组国民党之后，对其革命理论的阐述更为积极。从一九二三年十月十一日下令改组上海国民党本部起，到一九二五年三月十二日在北京逝世前止，总计发表演讲四十二篇，谈话十三篇，宣言及文告二十八篇。尤其重要的是一九二四年一至八月一系列的《三民主义》讲演（计为十六讲）及其手订的《建国大纲》。这些晚年的言论，与他以往的见解，虽有区别，那也只是侧重的不同，而非基本原则的抵触。就民族主义而言，最后的说明见于第一次代表大会宣言和民族主义演讲。与其早年的民族主义在侧重方面虽有不同，但大体说来，还是一贯的。在辛亥革命以前，其民族主义侧重在推翻满清的统治；民国成立到欧战终了以前，他以为以推翻满清为中心的民族主义已经成功。到了欧战以后，鉴于民族自决运动的潮流，再度强调民族主义，指出中国是陷于“殖民地”的地位，最后更退到“次殖民地”的地位。同时他觉得中国革命之未能成功，是由于帝国主义与军阀勾结的结果，因此提出了反帝国主义与民族自决的主张。这可说是民族主义的最后成熟时期。

关于民权主义，孙先生自称有两种主张是他在政治学理上的发明，一是五权宪法，一是权能区分。前者是他早期已有的主张；后者显然是他晚年的发明。但后者内容则是根据他早年所倡的五权分立和直接民权，而将两者的关系加以调协，以解决人民与政府之间的关系。他认为政府替人民做事要有五个权，才是万能的政府；人民管理政府要有四个权，便不怕政府到了万能的程度。其次所谓“均权主义”或“均权制度”，是解决中央与地方权限的问题，此一思想的发生虽可追溯到早年的主张，但其名称和内容的确定，则是在第一次代表大会宣言和《建国大纲》中所提出的。

关于民生主义，他在晚年的提倡，更是不遗余力。他对中国经济社会状况的观察，并未改变，仍是认为中国尚无大地主及大资本家，因此民生主义的实行办法仍是平均地权和节制资本。社会革命在中国依然可以防止其发生。他虽然曾说“民生主义就是共产主义”，但这民生主义的理想，是他所描述《礼记·礼运》的大同境界，而不是马克思的共产主义社会。尤其重要的，他批评马克思的理论是“倒果为因”；他指出马克思只是一个社会病理学家，而不是社会生理学家。马克思的办法，决不能解决中国社会问题。

关于革命的建国的程序，早在同盟会时期即有一个很周密的划分，但最后的说明则是《建国大纲》中规定的军政、训政、宪政三个时期，较过去历次的说明都要详尽。仍未再规定每期的年限，这是由于每个时期都有特定的工作，工作完了，始算终止。这三个时期仍以训政时期为重要，其价值在使革命与进化能够调和，使新中国的建立能够循序渐进。

当孙先生正在演讲其三民主义，而民生主义尚有第五、第六两讲待讲之际，国内政局发生了变化。一九二四年九、十月间，与孙先生有军事盟约的奉、皖两系和直系在江浙及北方发生了战争。孙先生即在九月初决定出师北伐，遂即前往韶关督师。北方的战事由于直系的迅告失败，孙先生即应邀北上，十一月十三日离粤，并发表北上宣言，主张召开国民会议和废除不平等条约，正是对付军阀和帝国主义，受到全国民众和青年学生的响应。他经由上海、日本而至京津，不幸一九二五年三月十二日在北京逝世。

孙先生这次北上而在北京逝世，固为全国各界所哀悼；而北京民众及青年学生，尤其表现出深切的悲恸，例如三月十九日当孙先生的灵榇由北京协和医院移往中央公园社稷坛时，沿途护灵的民众及青年，即有十二万人；二十四日致祭时，先后自动前往祭奠的亦达数十万众；四月二日，安柩于北京西山碧云寺时，由中央公园送殡到西直门的约达三十万人；继由西直门步行送到西山的，仍有两万多人，尤以青年学生为多。从这些事实的表现，可知孙先生的思想和精神，已深入国人的心中。所以一年以后，国民革命军自广州北伐，而能在两年之间，使革命的势力到达北京，统一了全国，实与孙先生这次北上和在北京逝世，具有密切的关系。

参考书目

《梁任公年谱长编》，丁文江编，一九六二年，世界书局出版。
《国父九十诞辰纪念论文集》，于右任等撰，一九五五年，中华文化事业出版委员会出版。
《我怎样认识国父孙先生》，王云五等著，一九六五年，传记文学出版社出版。
《三十三年落花梦》，白浪滔天（宫崎寅藏）著，一九〇二年初版，金一译中文本，一九〇三年初版。
《孙大元帅东征日记》，古应芬著，一九二六年，上海民智书局出版。
《护法计程》，吴宗慈著，一九四七年铅印本，见党史会编《革命文献》第四十九、五十一辑。
《孙逸仙先生》（第一册），吴相湘著，一九六五年，文星书店初版。
《总理护法实录》，邵元冲著，见《革命文献》第七辑。
《中国近百年政治史》，李剑农著，一九五七年，商务印书馆出版。
《辛亥武昌首义纪》，李廉方著，一九六一年，党史会影印。
《陈炯明叛国史》，李睡仙著，一九二二年出版，见《中国现代史丛刊》（正中书局）第二、三册重印。
《黄克强先生年谱》，李云汉编，一九七三年，党史会出版。
《从容共到清党》，李云汉著，一九六六年，“中国学术奖助会”出版。

《居觉生先生全集》，居正著，一九五四年出版。
《三水梁燕孙先生年谱》，岑学吕编，一九六二年，文星书店影印。
《书曾袭侯“中国先睡后醒”后》，何启等撰，见《“中华民国”开国五十年文献》第一编第十九章。
《自传》，胡汉民著，见《革命文献》第三辑。
《武昌开国实录》，胡祖舜著，见《革命文献》第四辑。
《国父学说与西方思想》，林子勋著，一九五六年，中华文化事业出版委员会出版。
《孙逸仙传记》（Paul Linebarger, *Sun Yat-sen and the Chinese Republic*, 1925），林百克著，许植仁译，一九二六年，上海三民公司初版。
《兴中会革命史要》，陈少白述，“中央文物供应社”重印本。
《孙中山先生与日本友人》，陈鹏仁译著，民国一九七三年，大林书店出版。
《国父与日本友人》，陈固亭著，一九六五年，幼狮书店出版。
《三民主义新论》，崔书琴著，一九六〇年，商务印书馆出版。
《孙中山与共产主义》，崔书琴著，一九五六年，香港亚洲出版社出版。
《南洋与创立民国》，张永福编，一九三三年，中华书局出版。
《张溥泉先生全集》，张继著，一九五一年，党史会出版。
《梁启超与清季革命》，张朋园著，一九六四年，中研院近代史研究所出版。
《兴中会时期的革命宣传》，张玉法著，一九七四年，《台北女师专学报》抽印本。
《同盟会时期的革命宣传》，张玉法著，一九七四年，《师大历史学报》抽印本。
《中华民国开国前革命史》，冯自由著，一九四四年，中国文化服务社出版。
《革命逸史》，冯自由著，初至五集，一九六五年，商务印书馆重印本。
《华侨革命开国史》，冯自由著，一九五三年，商务印书馆出版。
《国父孙中山先生传》，傅启学著，一九六五年，国父百年诞辰纪念会出版。
《中国国民党史稿》，邹鲁著，一九四四年，商务印书馆出版。
《盛世危言》（增订新编），郑观应编撰，一九六五年，学生书店重印。
《中国国民党二十年史迹》，邓泽如编著，一九四八年，正中书局出版。
《国父的政治理论体系》，邓公玄撰，见《国父百年诞辰纪念论文集》第五册，一九六五年出版。
《苏俄在中国》，蒋中正著，一九五七年，“中央文物供应社”出版。
《胡汉民先生年谱》，蒋永敬编，见《中国现代史丛刊》第三册，一九六一年，正中书局出版。
《日本论》，戴传贤著，一九四五年，“中央文物供应社”重印。
《中山先生伦敦蒙难史料考订》，罗家伦著，一九三五年南京增订本。
《国父年谱》（增订本），罗家伦编，一九六九年，党史会出版。
《吴稚晖先生全集》，罗家伦、黄季陆主编，一九六九年，党史会出版。
《中华民国开国时期史料》，党史会编，《革命文献》第一辑。
《中国同盟会史料》，党史会编，《革命文献》第二辑。
《辛亥革命史料》，党史会编，《革命文献》第四、五辑。
《中华革命党史料》，党史会编，《革命文献》第五、四十五、四十八辑。
《讨袁史料》，党史会编，《革命文献》第六、四十六、四十七辑。

《护法史料》，党史会编，《革命文献》第七、四十九、五十、五十一、五十二辑。
《中国国民党十三年改组史料》，党史会编，《革命文献》第八辑。
《民国初年之国民党史料》，党史会编，《革命文献》第四十一辑。
《宋教仁被刺及袁世凯违法大借款史料》，党史会编，《革命文献》第四十二、三合辑。
《二次革命史料》，党史会编，《革命文献》第四十四辑。
《国父全集》，党史会编，一九七三年，党史会出版。
《国父家世源流考》，罗香林著，一九四二年，商务印书馆出版。
《国父之大学时代》，罗香林著，一九四五年，独立出版社出版。
《国父与欧美之友好》，罗香林著，一九五一年，“中央文物供应社”出版。
苏德用撰：《国父革命运动在檀岛》，见《国父九十诞辰纪念论文集》第一册。
刘成禺撰：《先总理旧德录》，见《国史馆馆刊》创刊号，一九四七年出版。
蒋永敬撰：《兴中会时期革命言论之演进》，一九七四年，《中华学报》第一卷第二期。
Cantlie, James and C. Sheridan Jones, *Sun Yat-sen and the Awakening of China*, London, 1912.
Cantlie, Neil and George Seaver, *Sir James Cantlie*, London, 1939.
Jansen, Marius B. *The Japanese and Sun Yat-Sen*, Cambridge, Mass., 1954.
Linebarger, Paul, *Sun Yat-sen and the China Republic*, New York, 1925.
Martin, Bernard, *Strauge Vigour, A Biography of Sun Yat-sen*, London, 1944.
Ponce, Mariano, *Sun Yat-sen, the Founder of Republic of China*, Manila,

1965.

Restarick, Henry B. *Sun Yat-sen, Liberator of China*, New Haven, 1931.

Schiffrin, Harold Z. *Sun Yat-sen, and the Origins of the Chinese Revolution*, University of California Press, 1970.

Sharman, Lyon *Sun Yat-sen, His Life and Its Meaning*, New York, 1934.

Wilbur, C. Martin, *Sun Yat-sen, Frustrated Patriot*, Columbia University Press, 1976.

蔡元培

陶英惠　著

目　录

一、前言

蔡元培诞生于太平天国失败的后三年，病逝于抗战胜利的前五年。这期间，正是中国政治社会变动空前剧烈的时代。西方的潮流，挟着不可抗拒的力量，向着这古老的帝国冲来；中国为适应日新月异的世界，也在不断地进行种种改革。在这迅速而剧烈的变迁中，蔡元培从旧式科举的仕途，迈到西洋自由的学府；从古老的农村，走向近代的都市；而中国也从清朝专制的王朝，过渡到民主共和的政体。他置身于中西文化思想交流的漩涡，同时也历尽了沧海桑田变化多端的世局。由于他具有超人的智慧和敏锐的观察，所以他的感受和体验，也要比一般人来得特别深刻。

他是中国传统文化所孕育出来的学者，但是充满了西方学人的精神，尤其是古希腊文化的自由研究精神。他是中国近代史上极有贡献的教育家，也是一位具有卓见的政治家。在满清末年，他放弃了清贵的翰林，而献身革命运动；民国成立后，两度主持全国教育行政，以新的观念和新的作风，建立我国教育的新制度，并奠下现代化的基础；五四运动前后，持“兼容并包”及“思想自由”的宗旨，为北京大学创下自由研究的学风；又秉“有所不为”的精神，与北洋军阀政客奋斗，为国民革命作前驱。到了晚年，更为中央研究院树立了永垂不朽的宏规，集中专门人才，分设各种研究所，使我国科学的研究，从此进入一新的时代。他的一生，可以说无不与学术及教育文化事业有关。他的道德文章尤足以垂范士林，楷模后世。

以下就按照其生平、时代、著作和重要思想等项，分别来介绍这位不平凡的人物。但所着重的，不是他一生各种显赫的官职；而是他各种不朽的贡献，真知灼见，以及对近代中国所产生的影响。

二、生平与时代

1. 家世

蔡元培，浙江省绍兴府山阴县（后改绍兴县）人，清同治六年十二月十七日（公元一八六八年一月十一日）生于绍兴城内，一九四〇年三月五日病逝香港，享年七十四岁。乳名阿培，字鹤卿，又字仲申，号民友、孑民。也曾为了政治的关系，用过蔡振、周子余等化名。

他的先世，在明朝末年由诸暨迁到山阴。最初以“艺山售薪”为业，到高祖以下，才开始经商。祖父名嘉谟，为一当铺经理，生有七子，长子光普，作钱庄经理，是元培的父亲。次子为绸缎庄经理，三子外出，不知所终。四子、五子及七子也是在钱庄做事，可以说是商业世家，只有六子铭恩（茗珊）读书，以廪膳生乡试中式。在这以前，祖传没有读书登科的人。

元培的父亲光普，字耀山，以长厚著称，家里的人笑他“爱无差等”。母亲周氏，贤惠而能干。兄元坚，字鉴清，弟元康，两个姐姐在二十岁左右病故。四弟及幼妹也早殇。共有兄弟姊妹七人。

2. 幼年时代

元培六岁（一八七二年）入家塾，读《百家姓》、《千字文》、《神童诗》等三部小书，然后读四书、五经。在读小书、四书的时候，老师不开讲，但一定要背诵；到读五经时，才讲一点。读书以外，还有识字、习字、对句，这是他了解文义的开始。对句合格后，就学作八股文。从十七岁（一八八三年）起，才脱离这种私塾的教育，开始自由的读考据、词章等类书籍。

十一岁（一八七七年）丧父，赖母周太夫人抚养成人。并由叔父铭恩指导读《史记》、《汉书》、《困学纪闻》、《文史通义》、《说文通训定声》诸书。十四岁（一八八〇年）起，随同县八股文名家王懋修（子庄）读书约四年。

3. 旧学时代

十七岁（一八八三年），元培考取了秀才，便开始广泛的自由读书。十八岁（一八八四年），在家设馆教书两年，为从事教育工作之始。十九岁（一八八五年）到杭州参加乡试，未考取。二十岁（一八八六年）起，在同乡徐树兰家读书五年。徐家建有古越藏书楼，藏书甚多，元培一面为他校书，一面博览群书，学问大进。二十三岁（一八八九年），参加浙江乡试（亲政恩科），中了举人。二十四岁（一八九〇年）入京会试，中式，为贡士，因故未能参加本科殿试。同年秋，上虞县志局开局，元培被聘为总纂，因所定条例为分纂反对，不久即辞职。二十六岁（一八九二年），再入京补行殿试，中二甲第二十四名进士，获授翰林院庶吉士。二十八岁（一八九四年），进京应散馆考试，由二甲庶吉士升补翰林院编修。开始涉猎译本西书。

中国到了十九世纪，遇着空前未有的变局。那时的中国人，仍想闭关自守，以维持历代在东方世界的光荣地位，否认那个日益强盛并与中国文化根本相异的西方世界。但在鸦片战争后，我们的门户被打破了，西方的势力，节节相逼而入。中国自受此挫辱，不得不与外来势力接触，而渐受西方潮流的影响；同时也使清朝的统治发生了动摇。到了道光三十年（一八五〇年），就有洪杨太平军的崛起，在中国掀起了绝大的狂澜，历时十五载，直至同治三年（一八六四年）才渐告平定。与太平军先后起而反抗清朝统治的变乱，尚有捻、回及苗。自一八五〇到一八七三年（同治十二年），二十四年中间，全国本部十八省中，无处不遭受战争的灾难。经过这一场天翻地覆的大动乱、大屠杀、大破坏，无论在政治上、经济上、社会上、思想上、外交上，都有了改变；许多陈旧的事物，逐渐被淘汰；许多新的事物，也慢慢地开始出现。

蔡元培是在洪杨完全失败后三年诞生的，在这全国大动乱的环境中，他以一个商家子弟的身份，在二十八岁以前，仍然走着那时读书人所走的老路子，由秀才，而举人，而进士，而翰林院编修。在考场上一帆风顺，在旧学方面，也奠下了深厚的根基。但就在他二十八岁这年，爆发了中日甲午战争。没想到一向在东方世界居于最高地位的大国，竟被小小的日本打败了。国人才自梦中惊醒，一时维新图强的呼声高唱入云。从这时起，蔡元培的思想，也随着有了显著的转变。他开始涉猎译本西书，学习日文，以间接吸取世界新知，走出了传统思想的象牙之塔，投身于新思想的洪流中。

4. 从事教育与运动革命

三十二岁（一八九八年），清廷诏开经济特科，元培被宗人府丞葛宝华荐举，但未应考。八月，戊戌政变发生。康党之所以失败，元培以为是由于不先培养革新的人才，而欲以少数人弋取政权，排斥顽旧，不能不情见势绌。他感到此后北京政府已没有什么希望，乃于九月间弃职返里，献身于教育工作。这时徐树兰正在经营绍兴中西学堂，自任堂董，遂荐元培为监督（即校长）。校中的课程有我国旧学，也有粗浅的西洋学科。这是元培服务于新式学堂的开始，也是他追求新生命的发端。蒋梦麟、王烈、马稷光、沈光烈等，都是当时的学生。教职员中则有新旧的派别，元培与马用锡、杜亚泉等提倡新思想，时与旧派辩论，旧派运动堂董出面干涉，元培乃于翌年愤而辞职。这时，其元配王夫人因产后失调去世，又于三十四岁（一九〇〇年）续娶黄夫人世振（仲玉）。在三十四岁那年，元培与童亦韩到临安县，为绍兴侨农设一小学校，又在浙江省城议改某书院为师范学校，以植教育根本，但未能成功。

三十五岁（一九〇一年），应上海澄衷学堂总理刘树屏之请，代理总理一月。不久转任南洋公学特班总教习，当时在班上就读的有谢无量、李叔同、黄炎培、邵力子、胡仁源等。元培在批改课业的评语中，多提倡民权之说。是年冬，与蒋智由（观云）、黄宗仰、陈范（梦坡）、林白水（少泉）、吴彦复等发起爱国女学校，由蒋智由管理；后来蒋去日本，由元培管理。

三十六岁（一九〇二年），仍在南洋公学教书，并从马良（相伯）学拉丁文。后来震旦学院的成立，就是由他这次学拉丁文所引起的。同年三月，元培与在上海的教育家叶瀚（浩吾）、蒋智由、钟观光（宪鬯）等发起组织中国教育会，名为重新编订教科书，以改良教育，成立后，实隐然成为东南各省革命之集团，元培被推为首任会长。暑假赴日本游历，适吴稚晖（稚晖）为陆军学生事，与驻日公使蔡钧冲突，由日警强迫离境，乃伴送吴氏回沪。十月，南洋公学发生风潮，元培辞职，并助退学生组织爱国学社，聘吴稚晖、章炳麟（太炎）等为教员。南洋公学所以发生退学风潮，是由于学校当局压迫言论自由，爱国学社便完全转变了一种风气，全校师生都议论时政，毫无忌讳，元培也从此公言革命无忌。又与《苏报》订约，每日由学社教员撰《论说》一篇，报馆每月助学社银一百圆，于是《苏报》遂成为学社的机关报。是年，元培并由张元济（菊生）介绍任商务印书馆编译所所长，筹编教科书。

光绪二十九年（一九〇三年，三十七岁）正月，元培与吴稚晖等发起张园演说会，发表排满革命言论。三月，南京陆师学堂发生退学风潮，元培力助退学生入爱国学社。时学社正从事军国民教育，乃请陆师学堂退学生与社中原有的体育教员，分任教练，教授兵式体操。元培也剪掉头发，穿上操衣，和诸生同练步伐。不久，留日学生为俄国在东三省不撤兵事，发起军国民教育会，学社也组织义勇队响应，分为八小队，早晚训练。由于他们的言论日趋激烈，革命的旗帜越来越鲜明，到了五月初，清政府乃有查拿新党的风说，元培也在黑名单之列。而教育会与爱国学社内部，又在这时为了主属问题发生争执。元培对会与社的内哄，甚为气愤，于是赴青岛学习德语，作留学德国的准备，不再与闻爱国学社的事。闰五月初五日，乃发生了“苏报案”。上海的革命运动，受一严重打击。七月，元培自青岛回上海。十月，与陈竞全、王小徐、汪允宗等创办《俄事警闻》报，以唤起国民对俄国占领东北的注意；不直接谈革命，惟常绎述俄国虚无党历史作间接鼓吹。同时又有对俄同志会之组织，该会是义勇队的变相，名为拒俄，实则革命。

光绪三十年（一九〇四年，三十八岁）正月，元培将《俄事警闻》改为《警钟日报》，以“抵御外侮、恢复国权”为目的。不仅研究对付俄人之策，同时也注意对付日人之策。四月，担任青年学社总教习，除对学生灌输革命思想，鼓吹民族民权主义外，也注重精神教育，培养学生平等自治的能力。六月，辞《警钟日报》编务，接任爱国女学校校长。

元培自三十六岁以后，已决定参加革命工作，觉得革命只有两途，一是暴动，一是暗杀。在爱国学社竭力助成军事训练，算是下暴动的种子；又以暗杀于女子比较合宜，故预备在爱国女学下暗杀的种子。所以他的办学方针，并不取贤妻良母主义，乃欲造成虚无党一派的女子。一方面秘密赁屋试造炸弹，一方面为年长的学生讲法国革命史、俄国虚无党主义等。是年秋，与龚宝铨（未生）、陶成章（焕卿）等在上海成立光复会，元培被推为会长，秘密结纳各地会党，预备进行暗杀与暴动。

光绪三十一年（一九〇五年，三十九岁）二月，《警钟日报》被封。五月，再度当选中国教育会会长。暑假，辞去爱国女学职务。七月，国父孙中山先生在东京成立同盟会。九月，元培由何海樵介绍加入同盟会，并被推为上海分会会长。

光绪三十二年（一九〇六年，四十岁）春，回绍兴任学务公所总理，因筹设师范班受人反对，即辞职。同年秋，进京销假，任译学馆教习一学期，讲授国文及西洋史。

当时，中国经过了一连串的刺激，正在酝酿巨变，而于甲午之战以后，产生了维新变法运动。戊戌政变发生后，慈禧太后再度临朝，由于对外国的仇恨，利用义和团来对抗西洋，终于引发八国联军的滔天大祸。一九〇四年的日俄战争，实行宪政的日本，战胜了专制的俄国，使清廷对立宪制度的优点，有了新的认识，才有五大臣的出洋考察宪政，惟此举仍然缺乏诚意，只是借以缓和民心而已。这时，自强、变法及义和团的救国救民方案，都先后归于失败，而

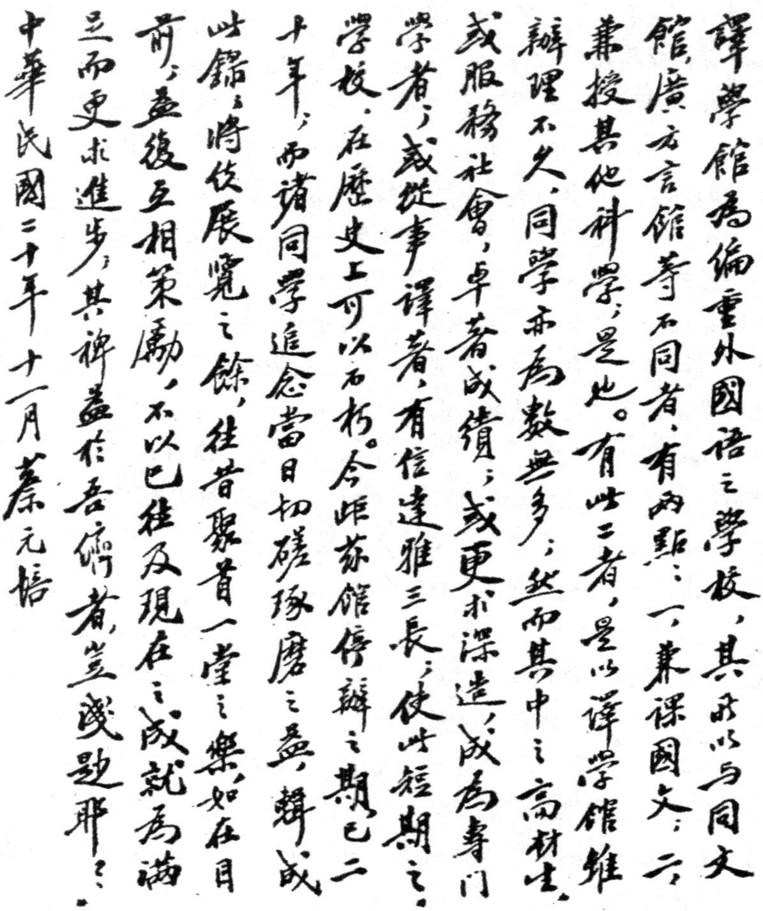

譯學館為偏重外國語之學校，其所以與同文館、廣方言館等不同者，有兩點：一、兼課國文；二、兼授其他科學，是也。有此二者，是以譯學館雖辦理不久，同學亦為數無多；然而其中之高材生，或服務社會，卓著成績；或更求深造，成為專門學者；或從事譯著，有信達雅三長，使此短期之學校，在歷史上可以不朽。今距該館停辦之期已二十年，而諸同學追念當日切磋琢磨之益，輯成此錄，將於展覽之餘，往昔聚首一堂之樂，如在目前；益復互相策勵，不以已往及現在之成就為滿足，而更求進步；其裨益於吾儕者，豈淺鮮耶。

中華民國二十年十一月蔡元培

蔡元培京师译学馆校友录题词墨迹

国势阽危，日甚一日，许多志士仁人经过反省自觉，始逐渐认识革命的重要，相率接受国父的领导，从事救国工作。一九〇五年在东京成立的同盟会，就是各派革命势力的大结合。

在这段时间，蔡元培毅然决然地放弃了那时读书人十年寒窗，梦寐以求的翰林头衔，以及很好的出路，回到绍兴从事教育工作，然后到了上海，借着教育工作来宣传革命。凡是与革命有关系的组织，他无不参加活动，或为主要发起人，或担负重要责任，然后与革命汇合。这些国内革命的伏流，不仅直接间接促成了同盟会的组织，也为辛亥革命建立了一个不拔的根基。

5. 初次游学

光绪三十三年（一九〇七年，四十一岁）五月初，随出使德国大臣孙宝琦赴德留学，取道西伯利亚，于六月二日抵柏林。在柏林一年，除习德语外，并编译书籍。第二年，迁居莱比锡，进大学听讲，凡三年。所听的课程有哲学、文学、文明史及人类学等，尤注重实验心理学及美学。宣统三年（一九一一年，四十五岁）三月二十九日，黄花岗起义，不幸失败。八月十九日（十月十日）武昌起义，元培获得消息后，即到柏林与留德学界协助宣传与募款。不久接陈其美（英士）电报，催他回国，乃取道西伯利亚东归，于十月十一日到达上海，结束了初次游学生活。

在这次留学期间，蔡元培心无旁骛，专心研究，以充实自己。而国内的革命的运动，正日趋蓬勃。在他赴德途中，徐锡麟、秋瑾失败殉难；一九一〇年汪兆铭谋炸摄政王不成，被囚；一九一一年黄花岗之役亦告失败；至武昌起义，终于大功告成。

6. 民国首任教育总长

一九一二年（四十六岁）元旦，国父在南京就任临时大总统，元培被任命为教育总长。各省所办学校，在新旧交替之际，无所适从，教育部乃于一月十九日首先颁行普通教育暂行办法及课程标准。时同盟会与光复会会员常常发生冲突，元培与两会皆有关系，不愿见其自相残杀，曾尽力奔走调停。二月八日，发表《对于新教育之意见》，主张以军国民主义、实利主义、公民道德、世界观及美感五种教育为今后教育方针。十八日，奉派为欢迎袁世凯南下就职专使。在北上轮船中，与唐绍仪、李石曾等讨论进德会事，另立六不会及社会改良会。专使团于二十七日抵北京。二十九日，北京发生兵变，袁世凯以此为借口，拒不南下，参议院只好允许袁世凯在北京就职。三月十一日，元培发表《告别京津同胞书》，详述北上目的与经过。十三日，离京南下复命。四月一日，南京临时政府北迁，由唐绍仪组阁，元培仍蝉联教育总长，于十五日北上，重组教育部。为征集全国教育家意见，以谋教育事业之发展，特发起临时教育会，于七月十日正式开幕，至八月十日闭幕，于教育宗旨、学校系统、各级学校令及采用注音字母等重大议案，均获有圆满结果。六月十五日，唐绍仪为王芝祥督直问题，袁世凯漠视国务员副署权力，愤而辞职。元培坚请连带辞职，虽备受挽留，决不反顾，终于七月十四日获准。二十五日出京南下，于九月间偕眷再度赴德，仍到莱比锡，在大学听讲，并在世界文明史研究所研究。

这时，中国政体，已由专制改为民主，除旧布新，一切草创。蔡元培在这种情形下出来主持教育事业，擘画经营，煞费周章。其任期既短，又被推为代表，往来南北，接洽一切；但其为民国教育奠基础，开风气之功，实不可没。而于确立教育方针、改良学制、修订课程、推行义务教育、注重社会教育、推广及整顿大学教育等方面，均曾作了划时代的革新。

7. 再度游学

一九一三年（四十七岁）三月，宋教仁遇刺，国内立呈不安。元培在德国得上海电促归，乃偕汪兆铭（精卫）返国，于六月二日抵沪。眼见南北恶感日深，为免地方被残害起见，特与汪等奔走调停。终因袁世凯缺乏诚意，而于七月爆发二次革命。元培与吴稚晖、张继（溥泉）、汪兆铭等在上海创办《公论》报，列举袁世凯破坏和平罪状，劝其退位，另选总统。九月，二次革命不幸失败，元培于五日再度赴欧，住巴黎近郊一年，实行居家俭学（携眷前往，过俭朴的求学生活）。一九一四年七月，欧战发生，元培迁居法国西南部，于习法语外，从事编书。一九一五年六月，与李石曾等办理留法勤工俭学会，以勤于作工，俭以求学为目的。十二月，袁世凯称帝，改元洪宪。一九一六年三月，元培发起筹组华法教育会，从事中法文化交流工作，至六月正式成立，被推为中国会长。四月，任华工学校教师。六月，袁世凯病卒，黎元洪继任大总统。七月，范源廉二度出任教育总长。不久，北京大学校长出缺，范拍电报请元培返国出任北大校长。元培接电后，于十月一日启程返国，十一月八日抵上海。十二月二十六日，政府明令发表。

自一九一二年四月临时政府北迁，由同盟会改组而成立的国民党，便与北洋军阀的首领袁世凯展开了斗争；到一九一三年的二次革命，国民党失败后，袁世凯即图谋称帝，而反帝制的各派联合奋起，与袁氏决斗，卒将袁氏打倒。在这段期间，蔡元培大部分时间仍旅居欧洲，但已不能再像初次游学时那么专一了。

蔡元培两度游学欧洲，前后长达八年之久，多半是在德、法两国。他亲炙欧洲文艺复兴后的科学精神以及法国大革命后的思想潮流，又置身于欧洲空前的大战之中，留有透彻的观察，使他对德法两国的思想、文化、宗教、道德、教育精神及教育制度等，都有很深刻的认识。这对他主持民元全国教育行政及一九一七年掌理北大校政，有很大的影响和帮助。

8. 接长北京大学

一九一七年（五十一岁）一月四日，元培到北大就职，立即推行了一连串重大而新颖的改革。首先纠正学生错误的观念，不要以大学为升官发财的阶梯，应当以研究学术为天责。同时延聘积学而热心的教员，以提高教员的素质。三月，与梁启超、张謇、黄炎培等发起组织中华职业教育社。四月，决定暑假后废止独立的三年制的旧预料，另于文理法三科分别附设预科，两年毕业，本科四年毕业。六月，改商科为商业门，隶于法科。国史馆停办后，附入北大中国史学门，名国史编纂处，元培以校长兼任处长。十月，在教育部召集的京中各高级学校代表会议中，提议大学废去年级制，采用选科制，当经通过（由北大于一九一九年试办，一九二二年通令全国实行）。本年，北大决定将工科归并于北洋大学，而北洋大学将法科并入北大。又组织学术讲演会，创办《北京大学月刊》。

一九一八年（五十二岁），北大筹备设立九个研究所。五月，北京各大学学生两千余人到总统府请愿废止中日军事协议，并要求宣布条文。当北大学生出发时，元培曾加劝阻，学生一定要参与，因此引咎辞职，经慰留而罢。十一月，《北京大学月刊》创刊。欧战结束，北京学界学行提灯会祝捷，元培借用天安门市民庆祝协商国胜利大会会场，举办讲演会数日。

一九一九年（五十三岁）三月，林纾（琴南）在《公言报》发表致元培公开信，以覆孔孟、铲伦常、与尽废古书、行用土语为文字攻击北大。元培即覆长函，说明办理北大之方针及对新文化运动之主张。五四运动发生，元培与各校长营救被捕学生，五月七日全部保释。但学生尚抱有再接再厉的决心，政府也持不做不休的态度，并且传言要免他校长的职务，元培恐若因此增加学生对于政府的纠纷，他个人且将有运动学生保持地位的嫌疑。所以于五月九日，辞职出京。风潮更形扩大，政府方决定不签和约。元培经各方挽留，回京复职。

一九二〇年（五十四岁）一月，北大招收女旁听生。至暑假，正式招收女生，为我国公立大学有女生之始。三月，北大本教授治校的宗旨，组织评议会、行政会议、教务会议、总务处四大部。八月，北大赠与法国前总理班乐卫及里昂大学校长儒班名誉博士学位，是为我国以学位授予外人之始。十一月，元培为筹划里昂大学事赴欧，并考察大战后各国高等教育改革的状况，离校期间，由蒋梦麟代理校长职务。

一九二一年（五十五岁）一月二日，元培抵巴黎，八日赴瑞士，接黄夫人病逝电，至为悲痛。于二十一日回巴黎，筹划创办里昂中法大学事。三月初赴比利时，十五日返巴黎，再赴德、奥考察。四月初赴罗马考察，后又赴荷兰、瑞典，出席“美洲原始民族学会”会议。五月，获法国总统赠与三等荣光宝星勋章。同年夏，又至英国考察，并交涉退还庚子赔款事。于六月由英赴美，并接受纽约大学所赠名誉法学博士学位。八月十一至十九日，代表我国出席太平洋教育学会议。会后返国。

一九二二年（五十六岁）三月，元培于北大设立学生事业委员会。四月，在非宗教大同盟会中发表演说。六月，请蒋方震（百里）、黄郛（膺白）为北大学生讲授军事学，规定军事教育为正式课程。八月，北京国立八校校长因索薪与交通总长高恩洪冲突。十月，元培等举行国民裁兵运动大会。本年终，财政总长罗文干忽以金佛郎案被逮，释放后，因教育总长彭允彝提议，又再收禁。元培以彭氏蹂躏人权，献媚军阀，大抱不平。

一九二三年（五十七岁）一月，因罗文干遭非法逮捕案辞职，并发表宣言，主张对北洋政府不合作。二月，北京各界，进行驱彭留蔡运动。北大暂由评议会代行校长职务。四月，北京国立八校向教育部索薪。七月，元培与周夫人峻（养浩）在苏州结婚。是年秋，携眷赴比利时，然后到法国协助李煜瀛（石曾）、吴稚晖等办理里昂中法大学。

一九二四年（五十八岁）一月，中国国民党在广州召开第一次全国代表大会，元培当选候补监察委员。是年秋，赴英再作退还庚子赔款运动，不久又返法。十一月，被推为俄国庚子赔款委员会委员长。

一九二五年（五十九岁）三月，国父逝世。七月，国民政府在广州成立，世界教育会联合会在英国爱丁堡开第一届大会，元培代表中华教育改进社参加。秋天，到德国汉堡大学研究民族学。法国里昂大学赠予名誉博士学位。

一九二六年（六十岁）一月，国民党第二次全国代表大会仍在广州举行，元培被推选为中央党部监察委员。三月一日，国民政府在广州成立教育行政委员会，为过渡时期中央的教育行政机关。是年春归国。

国民革命军北伐，元培在浙江预备响应，被五省联军总司令孙传芳下令通缉。是年冬，被推任浙江省政府委员。七月八日，辞北大校长职务，北大教职员特开全体大会，讨论挽留办法。元培计自一九一七年秋就任北大校长，到一九二七年试行大学区制，将北大划入北平大学区，取消北大校长名义，综计共十年有半；而实际在校办事；不过五年有半。

前排右起第七人为蔡元培先生

（原刊中华民国大学院编《全国教育会议报告》，1928 年 8 月初版，

上海商务印书馆发行。）

自一九一七年到一九二六年，也就是蔡元培担任北大校长时期，袁世凯虽死，但北洋军阀的势力依然不可侮。他们复成割据之势，分为直、皖、奉三系，互相争战不休；另一方面，则为了新旧约法的争议，演为长期的护法战争，造成南北对立之局；又有所谓联省自治运动，曹锟贿选。直到一九二四年春，中国国民党改组，南方的新势力，才逐渐抬头，而有北伐之举。

蔡元培入长北大时，正是第一次世界大战将了，好多旧东西于此行将结束，而人类一种新机运初步展开。在此新旧势力相搏之际，他以革命党员兼教育家的身份，置身于北洋军阀统治势力下，企图以教育文化的革新，来达成国民革命所不易达成的任务。在北大经营的结果，不仅使北大面目一新，也使整个社会、文化及政治方面，起了显著的变化，一切传统的思想，分别予以重行估价。在此以前，一般人对军阀的恶势力，仍然心存畏惧；但经过了他这番奋斗，军阀的假面具被戳穿了，反抗恶势力的勇气相对地增长了，从而奠下以后国民革命成功的基础。

9. 创设大学院

一九二七年（六十一岁）三月一日，元培就任浙江临时政治会议委员，浙江省主席为张人杰（静江），张未到任前，由元培代理。四月八日，元培任上海政治委员会委员。翌日，与张静江、吴稚晖等联名发表护党救国通电。十二日，国民党全面清党。十八日，国民政府在南京成立，由元培授印，胡汉民受印。二十七日，元培与李煜瀛、汪兆铭被任命为教育行政委员会委员。五月，中央政治会议决议设立中央研究院，推元培、李煜瀛、张人杰等为筹备委员。六月六日，提议变更教育行政制度，以大学区为教育行政之单元，经中央政治会议通过交国民政府核议施行。十三日，又提议组织中华民国大学院，为全国最高学术教育行政机关，也在中央政治会议通过，十七日，国民政府特任元培为大学院院长，十月一日，正式就职。七月四日，国民政府公布大学院组织法，规定以中央研究院属于大学院。九日，江苏大学区开始办公。八月一日，浙江大学区成立。六日，北京政府教育总长刘哲将国立九校合并为国立京师大学。九月十六日，国民党中央特别委员会，由宁、汉、沪三方中央委员综合组成，元培为委员之一，并被推为国民政府常务委员。十一月二十日，中央研究院筹备会议，通过组织条例，推元培以大学院院长兼任中央研究院院长。

一九二八年（六十二岁）三月，元培就任代司法部部长职。四月十日，国民政府公布修正中央研究院组织条例，改大学院中央研究院为国立中央研究院，脱离大学院而独立，六月九日，召开首次院务会议，宣告正式成立。十月三十一日，以中研院直隶于国民政府，仍由元培任院长。五月，大学院召开之全国教育会议在南京开幕，计大会十二次，收到议案四〇二件，议决成立案十二类一百余件。六月，议决京师大学，不再恢复北京大学之名，改名中华大学，由元培暂代校长，以李煜瀛代理。八月十六日，大学院通过北平大学区组织大纲，元培不赞成此案，乃于次日呈辞政治会议委员、国民政府委员、大学院院长及代理司法部部长本兼各职，携眷出京，数经慰留，于十月三日获准。大学院长由蒋梦麟继任。二十三日，即改大学院为教育部。在十月八日时，元培被选任为监察院院长，未就。此后即专任中研院院长，以迄逝世。

一九二七、二八年，正值国家由分裂趋于统一之秋，政府一方面致力于军阀的扫除工作，一方面也要弥缝党内的歧见，蔡元培置身在这个环境中，尽智尽力，奔走调停，辛勤备至。可是他所创行的大学院及大学区制，以新的观念与新的面貌与国人相见，却不能为一般人所接受，终归失败。

10. 主持中央研究院

一九二九年（六十三岁）一月，元培被选为中华教育文化基金董事会董事长，教育部聘为国语统一筹备委员会委员。八月，被聘为国立北平图书馆馆长。先是，北平实行大学区制，合并前国立大学为北平大学，将北京大学原有的一、二、三院，改为北平大学之文学院、理学院及社会科学院。北京大学学生欲保留北大历史上的特性，反对分为三个学院，发生学潮。元培与吴稚晖以个人名义从中疏解，改北京大学为北平大学北大学院，直至本年八月，各校始恢复原来名称。九月十六日，元培复受命为北京大学校长，因在南京主持中研院，不能兼顾，由陈大齐代理，直至一九三〇年九月，始辞去北大校长名义。

民国十九年（一九三〇年，六十四岁）四月，元培在南京参加教育部召集的第二次全国教育会议，主持中研院所召集的全国气象会议。

一九三一年（六十五岁）二月，胡汉民因政见不同辞国民政府委员及立法院长本兼各职，深为外界所误会，留在广州的中央监察委员及军事将领等，除致电中央有所质难外，并另组政府，复使国家陷于不安。九一八事变后，元培与张继、陈铭枢赴粤，代表中央与粤方洽商共赴国难办法。十二月十五日，北平学生示威团到中央党部，元培与陈铭枢延见，均被殴伤。

一九三二年（六十六岁）一月，日军侵沪，元培将在沪之中研院地质研究所迁至南京。七月，被聘为中央大学整理委员会委员长。十月，陈独秀在上海被捕，元培与胡适等致电中央，主张宽容。十二月，与宋庆龄等组织中国民权保障同盟。

一九三三年（六十七岁）一月，行政院议决设立中央古物保管委员会，元培被聘为委员之一。三月，中山文化教育馆成立，被聘为常务董事。六月，中研院第一任总干事杨铨（杏佛）遇刺死。九月，主持中研院理工实验馆落成典礼。

一九三四年（六十八岁）四月，元培聘丁文江（在君）为中研院第二任总干事。一九三五九月，中研院召开第一届评议会。

一九三六年（七十岁）一月，丁文江病逝长沙，聘朱家骅（骝先）继任总干事。是年冬，元培害了一次严重的伤寒症，多次濒危，此后身体即渐弱。

一九三七年（七十一岁），七七事变爆发后，时局急转直下，八一三沪战起，激起了全面抗日的圣战。中研院撤迁后方，元培留沪兼任国际宣传委员会会长。同年冬，匆匆走香港，不久迁居九龙。

原想在港稍事休养，即转赴后方，嗣因健康不佳，医药方面，香港当较内地方便，所以未能即行。

一九三八年（七十二岁）二月，在香港召开中研院院务会议。八月，因脑贫血症，晕倒一次，调养数月始愈。是年底，朱家骅因公务繁忙，不克兼顾院务，改聘任鸿隽（叔永）为总干事，并实际主持院务。

一九三九年（七十三岁）三月，中研院评议会在昆明开会，元培原定力疾到会，以医生劝阻作罢。虽未能身到内地，然对院务仍极关切，每有重要事务皆遥为指示。自六月起，患足疾，数月不愈，又因忧伤国事，精神益感不支。七月，与张一麐等在港发起新文字运动，任名誉理事长。

一九四〇年（七十四岁）三月三日，元培失足跌倒，病势加剧，延至五日上午，遂与世长辞，卜葬于香港仔华人公墓。

八年抗战期间，蔡元培由北方的北京大学转移到南方的中央研究院来服务。中研院的设立，是他在革新北大后，进一步领导学术界人士向专门研究路途迈进的开始。北伐后至抗战前的十年间，所以能成为民国以来学术研究的黄金时代，与中研院有莫大的关系。因为此一新设立的国家最高研究机构，不仅设置了许多专门的研究所，从事高深的学术研究，而且更指导、联络和奖励全国的学术研究。及抗战发生，中研院撤至后方，而蔡元培则因病滞留香港，过着近似退隐的生活，遵医生劝告，在家很少见客，更不常赴公共场所，不幸未及亲睹抗战胜利，即溘然长逝！

三、著述与思想

1. 著述

蔡元培以清末名翰林，复留学欧西，民国以后致力于教育文化事业，成为一代学术界的领袖。但是，与一般学者相较，他的著作并不算多，而且也没有大部头的学术专著留世，所有的多半是些译述或散篇文字。由于主持教育行政及领导学术研究的人，其精力和时间，大部分要花费在行政上，在著作方面，自然无法和不负行政责任的学者们相比。所以，我们不能因此而否定了他的贡献和影响力。蔡元培的主要贡献是在事功，在身教。

蔡元培在一九一七年出长北京大学校长后，便没有时间再编撰或翻译过专书，所有单本的著述，都是在这以前成书的。他在清末参加革命时，生活非常困难，译书是主要收入之一。在留学德国时，驻德公使孙宝琦每月津贴学费三十两，但又与商务印书馆定约，每月致送编译费百元，所以译书又成了一种义务。说起来都是为了糊口，不尽是为了传播学问。不过，他并没有翻译比较容易销售的“欧美名家小说”一类的书，因为他早已认定最高的学问在哲学，知识的强敌是迷信，感情与意志所寄托的在美，所以他多半在从事于哲学教科书的编译。但这类著述所发生的影响，则远不如他的言论及散篇文字。兹先将他所编译有关哲学方面的专书列举于下：

《哲学要领》（光绪二十九年［一九〇三年］九月商务初版），原讲者为德国科培尔，笔述者为日本下田次郎，蔡元培根据日文本译为中文，是他从事编译哲学教科书的第一部。该书约举哲学的总念、类别、方法及系统以告学者，是习哲学的入门书。

《妖怪学讲义录总论》（光绪三十二年［一九〇六年］八月上海亚泉学馆初版，后归商务印行），为日本哲学家井上圆了所作，是一部破除迷信的巨著。原书依照学科部门分为：总论、理学部门、医学部门、纯正哲学部门、心理学部门、宗教学部门、教育学部门及杂部门等八大类，元培译其十之六七，惟印行者仅总论十二讲一百二十节。

《伦理学原理》（宣统元年［一九〇九年］九月商务初版），原作者为德国哲学家泡尔生（F. Paulsen, 1846-1909），一八九九年蟹江义丸译为日文，元培参考原著，与日文译本证其异同而译成。当时伦理学分为动机论及功利论两大派，该书旨在调和两派之学说，而矫正其偏，议论平实，不滋流弊。

《哲学大纲》（一九一五年一月商务初版），取材于德国哲学家厉希脱尔的《哲学导言》（Richter, Richter, *Einführung in die Philosophie*）及泡尔生·冯德（Wunde）二人的《哲学入门》（*Einleitung in die Philosophie*）和其他参考书而编成。全书分：通论、认识论、本体论、价值论四编，历举各派学说，不多下十成断语，使读者有自由思考的余地。

又编有《简易哲学纲要》一书，谓取材于德国文得而班的《哲学入门》，列为现代师范教科书之一。原书未见，疑即《哲学大纲》一书的改名。

元培所编著的其他专书，尚有：《学堂教科论》（光绪二十七年［一九〇一年］上海普通学书室出版）及《教授法原理》，原书皆未见，后者可能就是《学堂教科论》的改名。

《文变》（三卷，线装二册，光绪二十八年［一九〇二年］四月商务出版），系选辑当世名士著译之文及先哲所作策论而与新义不抵触者而成，被公认为是当时文学选本中最富有新思潮及革命倾向者。

《中国伦理学史》（宣统二年［一九一〇年］七月商务出版），为中文方面有关伦理学史的开山作，也是用西洋形式和思想来编述我国固有思想史最早的一人。他认为我国伦理学说，以先秦为极盛，自汉以后，虽思想家辈出，而其大旨不能出儒家之范围。在清儒中，如黄宗羲（梨洲）、戴震（东原）、俞正燮（理初）诸家，已渐脱自宋以来理学之羁绊，所以特揭三人学说，以为合于民权、女权的新说，是自由思想的先声。黄、戴二人的学说，前人已经有所注意，但俞理初的学说，则是元培首先提出来的。一九四一年，日本中岛太郎将该书译为日文，由东京大东出版社印行。

中学《修身教科书》五册，至一九一二年五月重行修正合订为一册，均由商务出版。

《赖斐尔》，原载一九一六年八及九月《东方杂志》第十三卷第八、九号，一九二三年收入商务《东方文库》第六八号，书名为《艺术谈概》。赖斐尔（Raffaello di Santi, 1483–1520）为意大利文艺复兴时代三大画人之一，元培此文，是他计划撰写的《欧洲美术小史》中的第一篇，以后未能续写。又欲编《欧洲美学丛述》，已成《康德美术学》一卷，未印行。

《华工学校讲义》（一九一六年八月起在《旅欧杂志》连载，至一九一九年八月印成专书），共有四十篇，其中德育三十篇，智育十篇，元培并亲在华工学校师资班讲授，作为转授华工之准备。

《石头记索隐》（原在《小说月报》七卷一至六期连载，一九一七九月商务初版），元培经多方考证，断定《石头记》是清朝康熙年间的政治小说。胡适用历史考证方法得到的结论，认为该书是作者自叙。所以把《石头记索隐》列入附会的红学中，元培曾提出答辩，终不肯完全抛弃他那索隐式的红学的看法。

至于元培的言论著作，由他人代为辑印者甚多，最先印行问世的是一九二〇年十月北大新潮社所编辑的《蔡孑民先生言行录》上下两册，收有传略一篇，言论八十四篇，附录三篇，作为《新潮丛书》第四种。一九三一年，陇西约翰编了一本《蔡元培言行录》，由上海广益书局出版，共收其言论一、二、三篇，部分与新潮社本重复，并附《敬致读者诸君》、《蔡孑民先生年记》及《言行杂记》三篇于卷首。一九三五年夏，高平叔（乃同）建议元培自己选订一部文存，元培即请平叔代为搜集。是年秋，平叔将搜集的一部分文字，经元培评阅一过，并与王云五约定由商务印书馆出版，书名定为《蔡孑民先生生平及其思想》，后因沪战爆发，原计划乃告流产。一九四〇年元培病逝后，中央研究院决定由傅斯年所主持的历史语言研究所负责搜集整理及印行元培的著作及有关生平的资料。因抗战期间，搜集不易，所以一直未能印行。一九五九年，北京中华书局编了一本《蔡元培选集》，共收有六十七篇文章，三三六页。一九六一年，孙德中所编的《蔡元培先生遗文类钞》，收录元培遗作中之精华一百五十篇，附有年表、传略、著作目录及纪念文，由台北复兴书局出版。一九六七年，台北文星书店又编印《蔡元培选集》六册，较《遗文类钞》又有增补。一九六八年，台南王家出版社印行《蔡元培全集》一册，实即文星所编选集之重印。同年，孙常炜根据其叔父德中生前所搜集元培之遗文，编为《蔡元培先生全集》，由商务印书馆出版，是搜集有关元培著作最多的一次，但因付印过于匆忙，所以也是出现错误最多的一次。如果使用该书，必须细心查证，方不致以讹传讹。

此外，关于辑印元培的言论著作之专书，尚有：高平叔编《蔡孑民先生传略》（一九四三年三月重庆商务出版），中国民族学会编《蔡元培民族学论著》（一九六二年元月中华印行）及传记文学杂志社编《蔡元培自述》（一九六七年九月该社初版）等。

元培的著作，经过以上多次的搜集和重复刊行，但仍不免有遗珠之憾。笔者近年来曾多方搜求，颇有所获，如蔡元培所译德国哲学家泡尔生的《伦理学原理》一书，约十二万言，系偶在旧书肆中购得，而为全集所未收；又在各书报期刊中觅得元培遗文百余篇，亦有十数万言，而不见于全集。但仍然还有不少只知道篇目及出处而无法找到原文的。于此，深感治史的不易，而治近代史尤为不易。

2. 世界观与人生观

蔡元培的哲学思想，深受德国古典哲学的影响，这在他的世界观中表现得最为明显。他采取了康德在本质上把物体的现象从其本质上分离开来的观念，认为世界有两方面：一是现象的，一是实体的；就好比一张纸的表里，并不是互相冲突的两个世界。

"现象世界"和"实体世界"（或称"本体世界"）的区别在哪里呢？他说，前者是相对的，后者是绝对的；前者受因果律的限制，后者超出因果律以外；前者与时间空间有不可离的关系，而后者没有空间时间可言；前者靠感觉可以经验，而后者赖悟性，全凭直观。所以说"实体世界"是不可言状的，只是一种观念。既是一种观念，不能不有一种称谓，勉强可以说是"道"，或"太极"、"神"、"黑暗之意识"、"无识之意志"。其称谓虽然可以不同，但都是一种无方体无终始的观念。在他看来，这两个世界都有超物质形式的意志，因而肯定意志是世界各分子的通性，也就是世界的本性。实体世界的意志没有目的，是盲目的，即所谓"黑暗之意志"；而现象世界的各种意志却以回向实体世界为最后的大鹄的。

他从世界进化史上的研究，发现人类由以前的不相关怀，乃至互相残杀、相食，进到现在公认的“四海之内皆兄弟”以及“仁民而爱物”的观念。他举出许多人类探险、远征和制造发明的例子，说明人类所以要这样做，都是为群伦，不是为小己；是为将来，不是为现在；是为精神的愉快，不是为体魄的享受。因为世界没有涯涘，也没有终始，吾人不过在其中占有数尺地位和数十年寿命，所以决不能只顾到目前的幸福，谋求权利的享受；要知道，幸福和权利，时间是短暂的，范围是狭隘的；惟有尽义务，才能泽被苍生，永垂不朽。这样的人生，才合于世界进化的公例，才有真正的价值。这就是蔡元培所想要建立的世界观与人生观。他的中心思想，显然是为群不为己，为公不为私；但由群及公，则己与私自然也就包含在内了。

由于他肯定义务是重要的，权利是轻的，所以对杨朱为我及德国尼采惟我独尊等偏重权利的学说，都加以批评；而对墨子“节用而兼爱”及孟子“舍生而取义”的偏重义务的学说，则予以称赞。更进一步，他认为人之求生存，是为义务，而人之所以有子孙，乃是因为生年有尽而义务无穷，不得不以子孙为延续生命的方法；与权利无关。在人们竞逐个人利益，耽于目前享受的旧中国社会，他这种特别强调义务的人生观，与国父所提示的“人生以服务为目的”之看法，完全相同。显然也是受了康德一派哲学的影响，而与强调一身或种族的生存为最后目的的人生观大异其趣。

根据义务的人生观，蔡元培又认为人生是为工作而生活，不是为生活而工作。他将人生分为预备期，工作期和休息期三个阶段。在幼年、少年时向社会借债，受社会供养，是预备期；成年后服务人群，贡献社会，是还债时期，到了老年不能工作时，才可以休息。这点与张季鸾报恩主义（报亲恩、报国恩、报一切恩）的人生观，颇为相似。

3. 民国教育方针

民国成立之初，各方对新教育的精神、制度与内容，颇多意见。蔡元培身负教育重任，于当时教育方针，不能不有所表示。他认为当时教育界所提倡的军国民主义及实利主义，固为救时之必要，而不可不以公民道德教育为中坚。欲养成公民道德，不可不使有一种哲学上的世界观与人生观。而涵养此等观念，不可不注重美育。因将清季学部的“忠君、尊孔、尚公、尚武、尚实”五项宗旨加以修正，改为：军国民教育、实利主义教育、公民道德教育、世界观教育及美感教育五项。前三项是隶属于政治的，与尚武、尚公、尚实略同，只是范围或不免有广狭的分别；后两项是超轶政治的，则为他所特别注重而他人未曾道及。因为忠君与共和政体不合，尊孔与信仰自由相违，所以将这两项删去。至所提世界观教育，就是哲学的课程，意在兼采周秦诸子、印度哲学及欧洲哲学，以打破两千年来墨守孔学的旧习。提出美育，因为美感有普遍性，可以破人我彼此的偏见；美感有超越性，可以破生死利害的顾忌，在教育上应特别注意。对于公民道德的纲领，揭法国革命时代所标举的自由、平等、博爱，又用古义去加以证明。

他的五项教育方针发表后，曾引起教育界热烈的讨论，甚至有人批评他兼采多数方针，实不啻无方针。无论如何，这些虽是他个人的教育主张，但民国以来的教育界，受其影响很大。尤其重要的，是他指出了共和时代所必须致力的方向。

4. 论世界观教育

蔡元培教育思想的博大精深处，不在他的军国民教育、实利教育和道德教育，而是他的世界观教育和美感教育。美感教育是达到世界观教育的津梁，世界观教育则是他教育理想的终极目标。这两者才是他教育思想的主旨。

由上述蔡元培的世界观，知道他把世界分为现象的世界和实体的世界。现象的世界是政治家所从事的对象；实体世界则是宗教家所从事追求的。政治家与教育家的任务有什么不同呢？政治家是以追求现象世界的现世幸福为目的，教育家则是在使人们通过教育具有实体世界观念。但是现世幸福是浅显的、短暂的，具有远大眼光和高深见解的人，自不能以此为满足；而教育的目的，更不能以此为其最终的目的，必须有一更高的观念，才能建立起人类奋斗前进的信仰、勇气和信心。他指出：实体世界便是教育所要追求的最终目标。

实体世界本是宗教所从事追求的，但宗教家在从事于实体世界方面和教育家也不相同。宗教家往往将现象世界的文明视作罪恶之源，为进入实体世界的障碍；所以一律加以排斥，或弃绝红尘，或刻苦修行，放弃现世生活，以期进入实体世界。教育家则不然，他将现象世界和实体世界看做一个世界的两方面，并不是互相冲突的两个世界，所以也不像宗教家那样一心追求“天国”而把现世幸福完全牺牲掉，反把现世幸福视为不幸福之人类到达于实体世界的一种作用。

为此，蔡元培认为教育家一方面要满足政治上的要求，实施军国民、实利主义及公民道德教育，以增进人类现世的幸福；另一方面要进行一种以提撕实体观念之教育。这种立于现象世界而有事于实体世界的教育，就是世界观教育。

至如何建立此实体的观念，他分为消极的与积极的两种方法。消极方面，使对于现象世界，无厌弃也无执着；积极方面，使对于实体世界，非常渴慕而渐进于领悟。并循思想自由言论自由的公例，不以一流派的哲学，一宗门的教义梏其心，而惟时时悬一无方体无终始的世界观作为鹄的。这就是他后来所主张的兼容并包、自由思想和自由教育的理论根据。

蔡元培的世界观教育，实由他的世界观哲学而来；而他的世界观哲学，不但有类于柏拉图、康德之理想主义，而且也是中国儒家的正统思想。因为他的陈意太高，而且在解释时，引用康德的语意较多，不易为人所了解，所以在民元的教育宗旨中，没有被采纳。

5. 论美感教育

世界观教育既然是教育理想的终极目标，怎样才能有效地贯彻世界观教育？如何引导人们具有实体观念从现象世界到达实体世界？蔡元培认为只有通过美感教育才能办到。为什么呢？他根据康德一派的哲学观点，认定合美丽与尊严的美感，是介乎现象世界与实体世界之间的桥梁，借着美感教育就可导致人们从现象世界接触于实体世界。

因为美感教育可以使人由美术的欣赏，而脱离一切喜怒哀乐爱恶惊惧相对的情感，成为浑然的美感，忘却人我，与造物为友，与天地合一。换句话说，就是美感的普遍性，可以破人我彼此的偏见；美感的超越性，可以破生死利害的顾忌。到此境界，便已接触到实体世界的观念了。

蔡元培为了贯彻他美感教育的主张，在民元教育总长任内，曾通令各省在小学课程中，必须注重手工图画等科。后来主持北京大学，特别创开美学和美术史等课程，并组织音乐、绘画、书法，及文字各种研究会，供学生自由参加研究。在新文化运动高潮中，他一再提醒人们“文化运动不要忘了美育”。尤其值得注意的，是他曾在一九二二年六月，提出了一个全面有系统的实施美育的计划。

其中包含胎教院，各级学校及社会教育机关。

他十分强调美感教育的重要，渴望通过美感教育，提高人的质量，以实现他的理想。以美育来涵养性灵，以优美代替粗俗，即可化残暴为慈祥。要是人生美育化，社会也美育化了，人类的心灵，何患不得平安？人类的道德，何患不得完成？大同之治，可以促进；世界观的理想，也就可以实现。美感教育的意义在此，美感教育的功用也在此。

蔡元培把世界观教育和美感教育叫做超轶政治的教育，极富有自由主义的思想；而持唯物论者之流，认为：作为一种观念形态的教育，总是为一定的政治和经济服务的，不是超越政治的。所以他们批评蔡元培所要求的世界观是一种神秘主义的世界观，和他们所要培养的辩证唯物主义世界观不同；又批评他的美感教育没有阶级性，是一种资产阶级改良主义的思想；而说他所提倡的以美育代宗教，不过是用了哲学上的神秘主义来代替宗教上的神秘主义罢了。这也难怪，因为蔡元培原就瞧不起唯物主义哲学的，他在一九一二年就批评过唯物论哲学是最浅薄的，把它和最幼稚的宗教同等看待。

6. 反宗教教育思想

中国人对各种宗教的态度，是从互异之中求出相同的点，去调和他们；不像欧洲人专从异处着眼。当信仰自由在欧洲没有定入宪法以前，中国早已实行了。所以，中国从没有宗教战争。

中国数千年来由孔孟思想所支配，但孔孟的思想，是由宗法封建社会、家族制度而来，讲祖先崇拜，祭神如神在，讲孝道，不信鬼神，不问死后，所以不是宗教。墨子虽讲“天志”、“明鬼”，但没有天堂地狱的观念。佛教宗派颇多，而禅宗所以能盛行于中国，是因为它“自贵其心，不援鬼神”，与我国人的心理相合。蔡元培在中国思想上所继承的，就是这种人道的、理性的、反神道的、反宗教的传统思想。

他曾就很多方面提出他反对宗教的理由。就教育方面来说，他认为教育与宗教的宗旨，是根本相反的。教育以现象世界的幸福为作用，宗教则以摆脱现世幸福为作用；教育是进步的，教会是保守的；教育是公同的，教会是差别的。在科学方面：他认为宗教对于科学，不但相冲突，而且有妨碍。有人以为宗教的仪式及信条，可以涵养德性，他认为这是自欺欺人之谈；如要涵养德性，莫如提倡美育，惟有美育具有超越性和普遍性，可以使人免除自私自利的罪恶。所以他主张以美育代替宗教，而宗教不可以代替美育。

他说，真正的宗教，不过是信仰心，所信仰的对象，随哲学的进化而改变，亦即因各人哲学观念的程度而不同，就是信仰自由。他因为极端主张信仰自由，所以认为没有传教的必要。他又因看到自一八九二年至一九一二年，法国厉行政教分离的制度，规定凡教士均不得在国立学校为教员，所以主张教育事业应超然于各派教会以外，更主张大学不必设神学科，各学校中均不得有宣传教义的课程，不得举行祈祷仪式。

自一九一二年到北伐的十余年间，国内曾发生一连串的非宗教教育运动，或撰文表示意见，或公开演说抨击。参加讨论的人士，各党各派都有，彼此的政治立场虽异，理论观点也不尽相同，但于宗教教育，几乎是一致反对的。其间蔡元培是美育主义者的代表。由于他的地位崇高，所以影响力也最大。终于由非宗教教育运动，而演变成收回教育权运动，予教会学校以严重打击。

总之，以美育代宗教是蔡元培最大的创见。他这种思想，固然受欧洲德法哲学大陆派理性主义的影响，而其根源，实来自中国数千年的传统精神。

7. 道德教育思想

在人与人相处的社会中，法律之外，道德也是须臾不可或少的维系物。但道德和真理不同，它是为了适应社会的需要而产生，它有空间性和时间性，此方所视为道德的，别方未必然；古时所视为不道德的，现在也未必然。总之，道德应该随时代及社会制度变迁，不是一成不变的；道德是用以自律，而不是拿来责人的；道德是要躬行实践，而不是放在口里乱喊的。

蔡元培曾经说过，修养之道，在平日必有种种信条，作为遇事抉择的准则；但信条是由数千年习惯所养成，到了成之既久，必有不适的地方，所以不能不随时代的变迁而改变其内容。

他基于上述对道德的认识，所以提出了公民道德。他认为公民道德教育，应以法国革命时期所号召的自由、平等、博爱为理想标准。他把自由、平等、博爱和中国古代孔孟所主张的义、恕、仁相比附，认为三者乃一切道德的根源。只要公民具备了这种道德，就可以避免私斗和侵略，就不致于智欺愚、强凌弱，而演成贫富悬殊、资本家与劳动家血战的惨剧。他认为贫富不平等阶级的产生及社会革命的激起，都是由资本家教育所促成，其根本的解决办法，就是从普及高等教育入手。道德教育是其他教育的根本，也是蔡元培教育思想的中心。

他又提出“舍己为群”的道德说：积许多人而成群，群是为谋各人公共的利益。假使群有危险，群中的人必须尽力保群，必要时并有舍己为群的义务。其道理很简单：己在群中，群亡则己也随之而亡。如舍己救群，群若不亡，己也未必亡。就是群不亡，而己先亡，也比群己俱亡要好。再站在群的立场，来看群中的一人，他的价值必小于众人所合的群；牺牲其一人而可以救众人，有何不可！

他并列举从军、革命、暗杀及为真理牺牲等实例，说明他们的动机也都是为了利群。

蔡元培除提倡公德外，同时也注重私德。一九一二年他从欧洲回国，在各地看到教育、实业各界的人士，凡是崭露头角的，几乎无不以嫖赌为应酬之具。他为了挽救这种颓风，曾与友人组织进德会、六不会、八不会及社会改良会等，针对当时恶劣的社会风气，定出很多戒条。虽然当时没有收到预期的效果，但其用心是极其可佩的。

以上所述，是他融合了中西道德思想，来建设一种新的道德观念。他的一生，学术高洁，志节卓然，远承宋明儒者性理之学，真是实践明性明德之道，平日办学教人，即以德育为主，而治事处世，也无不以道德为其基础。

8. 对大学教育的主张

蔡元培一生献身教育，对于大学教育比较有兴趣，有经验，所以在这方面也最有见解，最有贡献。

他所以重视大学教育，乃是认为大学教育在于研究学术，学术昌明的国家，没有不强盛的，德国就是很好的例子。在他留德期间，对比较著名的大学，如柏林大学、门兴大学及莱比锡大学等，留有非常深刻的印象。他对大学的观念，无疑地也深受德国那时代若干大学者的影响。他希望他所主持的北京大学能与德国大学相颉颃，以及力争世界学术地位的雄心，在北大二十周年纪念会的演说词中，表示得非常清楚。

（一）纠正学生陋习与错误观念，养成自治能力：我国的高等教育，自清末的京师大学堂，到民国初年所改称的北京大学，仍然留有科举时代的遗毒，认为学校是变相的科举，上大学是谋个人入仕途的出身。平日对学问根本没有什么兴趣，反于学校以外竟为不正当的消遣。蔡元培接长北京大学后，立即纠正这种错误的观念。他首先告勉学生要认清大学教育的宗旨，是研究高深学问，大学生应当以研究学术为天责，不应把大学视为升官发财的阶梯。他深知北大学生没有高尚的娱乐与自动的组织，是走向腐败、对学术没有兴会的重要原因之一，便对症下药，除广延积学与热心的教员，认真教授，以提高学生研究学问的兴会外，并提倡课外的高尚娱乐，如组织进德会、音乐会、平民学校与平民讲演团等，以发扬学生自动的精神，养成服务社会的能力。

（二）设立各科研究所，从事专门的研究：大学教育的目的既在研究高深学问，则在大学本科以上，就有设立研究所，作为更进一步研究的必要。在清末及一九一二年的学制中，虽然列有研究所（初称大学院，旋改通儒院，一九一二年又改称大学院，与一九二七、二八年之大学院为主管全国教育行政的机构不同），但各大学并未实行。大学中有正式的研究所，是始于蔡元培所主持的北大。

我国在清末取法欧美，建设学校时，偏重分班讲授，限年毕业之制，过去书院时代的精神反不存在了。殊不知分班讲授，只是指导研究的作用，仍应该偏重研究。例如德、法等国的大学，虽然也注重分班讲授的形式；但于每科学问，必有一种研究所，有许多教员，是终身在所研究的；学生程度稍高了，也没有不进所研究的。因此，蔡元培认为一个大学，若是分班讲授与专门研究，能同时并进，固然最好；若不能兼行，与其专作分班讲授的机关，还不如单做专门研究的设备，所费较少，成效更大。由此可见他对专门研究是如何的重视。

（三）主张"学"与"术"分校：研究学术，固为大学教育的任务，但蔡元培认为"学"与"术"之间，不尽相同。大学的文理两科，专研学理，学者不但要有研究学问的兴趣，尤需养成学问家的人格，是“学”；农工医法商科，重在应用，目的在培养各种专门职业人才，作入仕或致富的准备，是“术”。学必借术以应用，术必以学为基本，而学习者的旨趣不同，故主张二者分校。这显然是针对当时社会上升官发财的思想太浓厚，遂致重“术”而轻“学”所发的。

他以为一个完全的大学，应各科并设，俾有互相关联的便利。如果没有并设的能力，则不妨有一大学专办文理两科，名为本科；而以农工医法商等科为分科大学。所谓分科，就是可以独立为农科大学、工科大学等，以表示“学”与“术”的区别。二者只是性质上的不同，但不必有年限和程度的差别。大学法中规定大学必须具有三个学院（即当时所谓的“科”），而其中必须有文理两学院，可以说是受蔡元培思想的影响。

（四）避免科系与他校重复：于“学”与“术”分校之外，蔡元培又主张科系也不要与他校重复。学术的研究，固要互助合作；校与校之间，也应互相合作，一个学校不必包揽一切。因此，他将北大的工科并入北洋大学，北洋大学之法科，并入北大，使各有专长，避免雷同。

再者，当时大学的设置，不很普遍，一地方若是没有一个大学，把有学问的人团聚在一起，一面研究高等学术，一面推行教育事业，永没有发展教育的希望。所以他又主张各大学的设置，在空间上也不要集中，可使各地方的人，都有享受高等教育的机会。

（五）沟通文理两科：他又进一步发现文理两科的划分，甚为勉强，因为二者的范围，交错之处甚多，为了避免专己守残的流弊，所以又力主文理互修，兼涉他科，俾互相纠正，以免过失。结果将文理法三科的界限撤去，分为十四系，废学长（即今之院长），设系主任，俾学者能够得到完全明确的精深学术，这种融通文理两科界限的理想，与二次大战后美国大学所实行的通才教育，颇多相似。

（六）思想自由，兼容并包：蔡元培在大学里努力培养自由研究的学风，是人所共知的。他认为大学是囊括大典，包罗众家的学府，所以在主持北大时，对于各家学说，是依照各国大学的通例，循思想自由原则，取兼容并包主义。无论何种学派，苟其言之成理，持之有故，即使彼此相反，也听他们自由发展。因为他素信学术上的派别是相对的，不是绝对的；而真理愈辩愈明，只有使各种不同的主张并存，才能使学生有自由选择的余地，不致抱专己守残的陋见。

他所以具有这样的襟怀与识见，除了先天的禀赋以外，当然与他丰富的阅历及多闻博览有关。他所接触的人物，所闻见之事故，所观摩的学术流派，类别极其繁复，因之思想才最少受时地之限，而能融会贯通。他青年时期曾从事考据之学，于理学有深厚的造诣；中年以后复留学欧洲，在大学研究所致力于精深之探讨；当时的欧洲，适值专家学风已超过顶巅，综合观察又复抬头之际，而他所从学之人，又皆宏深博大之辈，故对其治学治事的态度，有极大的影响。

《礼记·中庸》"万物并育而不相害，道并行而不相悖"的说法，既深为他所信服；而学术自由又是为欧洲学者历来拥护的。蔡元培虽然和他们一样主张学术研究自由，可是并不主张假借学术的名义，作任何违背真理的宣传。不但不主张，而且反对。例如马克思的思想，他以为在大学里是可以研究的；可是研究的目的决不是作宣传，而是为学生解惑去蛊；因为有好奇心而无辨别力，是青年被诱惑误入歧途的根源。他这种休休有容的态度，不仅使北大气象为之一新，就是新文化和五四运动的产生，也与他提倡思想自由有很大的关系。

（七）民主作风、教授治校：蔡元培在大学教育方面所表现的另一个特色，就是民主作风。他是一位不折不扣的民主信徒，民主政治的拥护者，一向醉心合议制，不愿大权独揽。例如一九一二年七月教育部邀请专家学者及各省区代表，在北京举行中央临时教育会议，共同商讨民国教育方针，借收集思广益之效，即为明证。而该次会议的议长与副议长，并非由教育总长担任，乃是由与会者公开选举，更充分表现出其民主作风。后任北大校长，又竭力实行“教授治校”制，共同掌理校政。

他在民元教育总长任内，即仿照德国的大学制度，规定大学全校设评议会，各科设教授会，是为教授治校制度的开始。但这项规定，直到他接任北大校长时才完全付诸实行。首先设评议会，为商决校政的最高机关；次成立各科教授会、教务会议、行政会议等，使教职员都能贡献他的意见，尽他的力量。当时政治不上轨道，为政者不能久于其位，往往为了校长一人的更迭，而致牵动学校校务，妨碍学生学业。照他的办法，校中内部组织完备，无论何人来做校长，都不能任意办事，意在防止军阀干涉校政。当时他由于政治环境的关系，在校之日少，离校之日多，但由于这种制度的实行，所以校务仍能照计划进行，没有停顿。

他在一九二七年实行的大学区制中，仍有评议会的设立。后来任中央研究院院长时，也是只总持大体，不务琐屑干涉，使总干事、各所长以及干部人员，均各能行其应有的职权，发挥所长。又本其一贯的主张成立评议会，并由评议会表决院长人选及其他重要问题。对于学术研究，更充分尊重各学者的意见，使其自行发扬以寻求真理。

学校是社会的缩影，蔡元培将他的理想先在北大这个小社会中实行，然后再传布到社会的每个角落，在转移风气和启迪民智上，的确发挥了重大的功效。

9. 科学教育的重视

重视科学教育，也是蔡元培教育思想中的一个特点。他认为教育与学术是立国的根本，而科学研究尤为一切事业的基础，所以努力于科学研究的促进。自一九一七年他出任北京大学校长时起，到一九四〇年在中央研究院院长任上病逝止，他的精力，可以说都是贯注在科学的发展和研究方面。

五四运动时期，他在反对宗教迷信，推行新文化运动的同时，特别大力提倡科学与民主，而主要的还是科学。他在北京大学里，特别注重科学研究，将科学地位提高，例如在调整科系时，将数学列为各系之首，就是最好的说明。因为他强调大学的宗旨，凡治哲学、文学及应用科学者，都要从纯粹科学入手；治纯粹科学者，都要从数学入手。尤其值得注意的，是在他的领导下，北京大学首先成立了各科研究所，对于推进中国科学研究起了很大的作用。

一九二七年他创设大学院时，在六个专门委员会中，设有科学教育委员会，以筹划全国科学教育的促进与广被。同时在大学院下，设立了中央研究院，以实行科学的研究与普及科学的方法。一九二八年，大学院改为教育部，以中央研究院直隶于国民政府，仍以蔡元培为院长。他的晚年，就完全致力于中央研究院的发展。

他对中国科学事业最大的贡献，就是中央研究院的设立。集中专门人才，分设各种研究所，使中国的科学研究进入一新的时代。就名义言，该院为全国最高的学术研究机关；就职责言，实兼学术的研究、发表及奖励诸务。有了此一有系统而代表全国的学术团体，国内的学术工作得有中心，可以促成各机关的合作，提高研究工作的效率；遇有国际学术会议，也可以借此组织彼此接洽，并由此组织以转与本国各学术机关或专门学者商洽推进。所以中央研究院的设立，在中国科学事业上，是极具重大意义的。

他不仅在行政方面致力于科学的发展，也时常用言论文字鼓吹科学的重要性。例如在《以美育代宗教说》的讲词中，他指出当科学不发达的时候，宗教在社会上才具有特别的势力；及社会文化日渐进步，科学发达，以前古人所不可思议的，学者都可以用科学一一来解释了。所以他勉励青年要注重科学研究，从学术上努力提高科学知识。他又从思想的演变，分析中国何以没有科学，科学对于个人治学、处事是如何重要。并指出欧化的优点，即在事事以科学为基础；生活的改良，社会的改造，甚至艺术的创作，无不随科学的进步而进步。因而提倡用科学方法研究一切问题，考察事物的究竟，养成科学的头脑。北大师生对于整理国学，所以有特别的贡献，就是因为懂得采用科学方法。由此可见，他对科学及科学教育的提倡，是始终不懈的。

10. 提倡劳动教育

提倡泛劳动主义的托尔斯泰曾说：人类既有脑，又有耳、目、手、足，不但无所事事的等于废物，就是劳心不劳力的人也是偏废，所以人必要做工。蔡元培曾在好几次演说中引述过这几句话，他以为人类的天职，只有工学二字。做工是人类出于自然的冲动。人不是为生而工，是为工而生的。他针对着社会上的轻视劳动，在一九一八年底首次唱出了“劳工神圣”的口号。他认为：凡用自己的劳力做成有益他人的事业，不管他用的是体力，是脑力，都是劳工。例如农是种植的工；商是载运的工；学校教员、作家、发明家，就是教育的工。为了打破劳心者永远劳心、劳力者永远劳力的旧传统，他主张人人从事劳动，既要劳心，也要劳力。养成人民劳动的习惯，就是社会进步的原动力。

他为了贯彻这种主张，除了自己到欧洲实行居家俭学外，对少年中国学会所发起的“工读互助团”，也给予赞助。这是一个一面做工，一面读书的互助团体，他把其中的“读”字改为“学”字，并详细阐述了“工”和“学”的意义。此外，关于“留法勤工俭学会”的事情，更是耗费了他不少心力。该会的宗旨是：勤以做工、俭以求学。家境清寒的青年，在国内求学可以利用工学互助团，到国外求学就可以利用勤工俭学。如此一来，便可实行工作与求学合一的新生活。当他任大学院长的时候，又在上海创办了国立劳动大学。

自从工业革命发生后，由于经济情况的改变，所造成的社会问题日趋严重，我国当时所受的影响虽然不大，但不能不先事防范。蔡元培提倡劳动教育的真正目的，在于打破劳心、劳力的成见，缓和这两种阶级的矛盾，消弭将来可能发生的阶级斗争。他认识到劳心、劳力两种阶级的发生，是由于教育的不平等，要想救此弊端，非普及教育不可。使劳动者得有知识，劳心者也去劳力。

11. 教育独立议

在民元时，蔡元培把教育分为隶属于政治的和超轶政治的两种，说专制时代的教育是纯粹属于政治的，共和时代的教育，则是立于人民的地位以定标准，施行超轶政治的教育。自五四运动后，各地不断发生学潮，政教双方，遂立于敌对地位。有识之士，认为在这种情况下，欲求教育的正常发展，非独立不可，于是主张教育经费、立法及行政完全独立。蔡元培也发表文章响应。

他认为教育是要个性与群性平均发达的；政党是要制造一种特别的群性，抹杀个性。教育是求远效的；政党的政策是求近功的。所以教育事业不可不超然于各派政党以外，应完全交于教育家，使保有独立的资格，毫不受各派政党的影响。而教育总长必经高等教育会议承认，不受政党内阁更迭的影响。在大学教育方面，他提倡为学术而学术，希望大学生于研究学问以外，不要有别的目的。他这样把教育与政治对立起来看，主张教育完全独立于政治以外，主张为学术而学术，显然也是他一贯的自由主义思想。

北伐以前，在军阀的统治下，学校经常受到无理干涉，教育经费无着，整个教育界几陷于停顿状态。蔡元培的主张教育独立，显然是想借以维护教育事业。到了一九二七、二八年，他再度主持全国教育行政时，乃变更教育行政制度，创行大学院及大学区制，其理由是要以学者为行政之指导，以学术化代官僚化，仍然是他一贯的自由教育论的主张。他以为教育能独立，才可以由教育专家来负责教育事业，由学者制定教育政策，将政党的干涉减到最低限度，然后方有学术自由可言。但这个理想是很难实现的，因为教育是国家行政的一部分，无论这个国家采政党政治，或非政党政治，凡握得政权者，总有其一定之政策，教育当然要为其政策所支配。教育即无法脱离政治，所以他的理想也就无从实现。

12. 对中西教育的见解

蔡元培于清末以名翰林游学欧洲，一九一二年回国主持全国教育行政，然后再度赴欧，又回来主持最高学府的校政。以他这样丰富的经验，湛深的学养，及深刻的观察，所以对中西教育的异同，能有极精辟的见解。综观他的论述，他认为在教育方面有三个大的方针，是从事教育工作者不容忽视的。

第一，教育是自动的而非被动的，是启发的而非灌输的。我国教育和西洋古代教育，多半是用被动主义，灌输主义。一心只要学生读书万卷，做大学者；古人的著书、老师的教训，都是神圣不可非议；所谓儿童心理，人类性灵，一概抹杀，无人理会。这样的旧教育，是违反自然的。所教出来的人物，好像人做的模型，能言的鹦鹉一般，依人作解，自家决没有真实的见地、自动的能力。至于西洋近代教育，则大不同了。自幼儿园以至大学，无一不取启发的教授法，处处体贴学生心理作用，用种种方法启发他的性灵，养成他的自动能力。好叫人类固有的智能，得以自由发展。

因此，他特别强调自由教育的重要，主张教育应从受教者本身着想，要尊重儿童，发展儿童才能，因而推崇瑞士教育家斐斯泰洛齐的说法：今日的教育，不是成人教儿童，而是受教于儿童。同时，他对于托尔斯泰的自由学校、杜威的实用主义教育及意大利女教育家蒙台梭利的儿童室，也十分推重。尤其对于杜威一派的教育思想，竭诚拥护。他不赞成教育者预定一目的，而强使受教者听从，也与杜威教育无目的的主张隐相符合。

早在清末，他在上海主持爱国学社时，就给予学生充分的民主和自由，听任学生过问社内各种兴革事宜；一切问题，经学生开会讨论决议后，即付诸实行。后来他在北大校长任内，仍然注重发展学生的个性，废止了束缚个人不能任其自由发展的年级制，仿照美国大学的办法，改行学系制和选科制，使学生各就性之所近，自由选择学系和学科。这一切都说明他是一个自由教育论的拥护者。

第二，教育是世俗的而非神圣的，是直观的而非幻想的。自十八世纪起，欧洲的文化，已由宗教迷信、玄学幻想，渐渐进步到科学实证时代。一切政治、道德、教育、文学，无不含着科学实证的精神。而将宗教的迷信、虚幻的理想，抛到九霄云外。所以欧洲各国教育，都注重职业。所教功课，都是日常生活的知识和技能。在学校教育之外，又倡童子军教育，举凡煮饭、洗衣、救火、救溺、驾车、驶船等事，无不实地练习。不像东方人连吃饭穿衣走路的知识本领也没有，专门想做大学者、大圣贤。西洋教育所重的，是世俗的日用知识；东方教育所重的，是神圣无用的幻想。西洋学者，重在直观自然界的现象；东方学者，重在记忆先圣先贤的遗文。所以，他认为我们若真要取法西洋的教育，就应该弃神而重人，弃神圣的经典与幻想，而重自然科学的知识和日常生活的技能。一九三一年五月，国民会议第五次大会通过确定教育设施趋向案，以养成职业化，增加国民生产为目标。蔡元培认为此种重大之革新，甚合于当时中国的需要。他相信自此种新方针施行后，国民生计当日就富裕，盗匪自渐趋绝迹，共产党的思想，也将无从肆其诱惑。

第三，教育是全身的而非单独脑部的。中国教育，大部分重在后脑的记忆，小部分重在前脑的思索，从来不大讲究训练全身的教育。所以未受教育的人，身体还壮实些；惟有那些书呆子，弓腰驼背，面黄肌瘦，耳目手脚，无一件灵动中用。西洋教育，全身皆有训练，不单注重脑部。既有体操发展全身的力量，又有图书和各种游戏，练习耳目手脚的活动能力。所以他认为至少要具备下列三个基本条件，才配称做现代学生，那就是：狮子样的身体，猴子样的敏捷，及骆驼样的精神。

13. 鼓吹女权，维护人权

蔡元培自十余岁读俞正燮（理初）的《癸巳类稿》及《癸巳存稿》等书，直到老年，仍然非常爱好。他归纳俞氏的学说，认为最有意义的有两点：一是认识人权，一是认识时代。而终生拳拳服膺这两点。

中国向来有男尊女卑的成见，有从夫从子之礼，男子不禁再娶，而寡妇以再嫁为耻。这些不合理的情形，俞正燮从理论及事实方面一一予以纠正，说明男女都同样是人，应有平等的地位。蔡元培深以为然。当他任中西学堂监督时，其夫人王氏病故，做媒的人很多，他提出续弦的条件是：不缠足、识字、男子不娶妾、男死可再嫁、夫妇不合可离婚。在当时极为守旧的社会中，他勇敢地提出了这样的主张，真是惊世骇俗。由此也可以看出他是如何尊重女权。

他认为男女的不平等，是由于男女对社会所尽的义务不同；要想使其平等，首先应该使他们在社会上所尽的义务相等，也就是社会上各种职业，男女应同时参加。要达到这一点，非从教育着手不可，所以他时刻朝着这一方面努力。当在南洋公学任教时，就已倾向于民权女权的提倡，又于光绪二十七年（一九〇一年）冬在上海与友人创办爱国女学。一九一二年任教育总长时，在学校系统方面，废除两性的职业的差别，而形成法律上平等的单轨制。又顾虑到各地无力单设女子小学，准许初小男女同学。后任法文专修馆、孔德学校及北京大学校长时，都是男女兼收。

除了俞氏的学说以外，法国革命时所提自由、平等、博爱的口号，以及他亲身在欧洲多年的体验与感受，使他由男女平权，进而认识到一切人权的平等。他在清末之所以参加革命运动，主要的是基于维护人权的观点，此可由他对三纲五伦的新解释得到证明。他说，三纲，是指治事而言。国有君主，则君为纲，臣为目；家有户主，则夫父为纲，而妇子为目。这是为统一事权起见，与彼此互相待遇之道没有关系。互相待遇之道则有五伦。他说，君仁、臣忠，并不是臣当忠而君可以不仁；父慈、子孝，不是子当孝而父可以不慈；夫义、妇顺，也不是说妇当顺而夫可以不义。至过去所说的“君要臣死，臣不得不死；父要子死，子不得不死”，不特不合于五伦，也不合于三纲。

民国成立后，他的民权思想更见成熟，屡以去就与罔顾人权的北洋军阀抗争。终于在一九二三年，为了罗文干的金佛郎案。认为教育总长彭允彝，蹂躏人权，献媚军阀，决定奉身而退，作为严正的抗议。

14. 在政治方面的贡献

蔡元培一生很少担任实际的政治工作，但其所作所为，莫不热心国事，关心政治，充分地表现了对国家民族的热爱。

满清末年，国政不纲，外侮洊至，知识分子参加革命行列的很多，但其中具有传统功名者，所占比例甚小，而以翰林高官献身革命者仅有两人，蔡元培就是其中之一。他之所以参加革命，实导源于其爱国心与自由思想；而环境对他的影响，也不容忽视。他生长在浙东，凡明清之际如黄宗羲、张煌言（苍水）、全祖望（谢山）诸大儒的民族思想，他都潜接而默识之。严复译《天演论》的时候，常说“尊民叛君，尊今叛古”的话；“物竞”、“争存”，更成为当时的口头禅。梁启超的高唱“破坏”，谭嗣同的“冲决网罗”，以及俞正燮“认识人权”、“认识时代”的远大见解，在在都深印在他的脑海里。同时他又吸收了十九世纪民主自由的新思想，酝酿激荡，自不会再为忠君的旧观念所束缚。

瓜分之祸，亡国之痛，是任何一个爱国者所不愿见的。当戊戌政变发生后，蔡元培眼见满清政府的庸弱无能，主要的是缺乏革新人才，所以立即回里委身教育，从事培养人才的工作，以求达到革新政治的目的。可见他对革命的主张是中庸的。

在主持《苏报》期间，他对邹容《革命军》一书中杀尽胡人的见解，不甚赞同。他是站在民权的立场上反满，所反对的只是满人的世袭爵位及不营实业而坐食的特权。他认为只要满人能自觉，放弃了他们的特权，汉人没有杀尽满人的必要。这种态度，显然是政治的革命，而非狭隘的种族革命。他的学制炸弹、预备暗杀、暴动，以及组织光复会、加入同盟会，一连串的革命行动，都应该从这个方向去看。

蔡元培在政治上所表现的另一特色，是有所不为及难进易退的精神。如一九一二年出任唐绍仪内阁之教育总长，在唐氏因愤慨袁世凯破坏副署制度辞职时，他也立即连带辞职。在当时辞职阁员的辞呈中，有的说才德不济，有的说体弱多病，有的说亲老待养，仍是中国旧官场中以政治病为退场的作风。惟有蔡元培的辞呈，直指政见不合，难有建树，表现出政治家的风范。这种以连带责任为理由而辞职的态度，足以说明他是具有政治头脑而认识内阁制度真谛的一人。袁世凯曾当面慰留说："我代表四万万人坚留总长。"蔡即答以："元培亦对于四万万人之代表而辞职。"虽备受挽留，义无反顾。合则留，不合则去；这种政治家的风度，真令人景仰！

促进国家统一，是蔡元培的另一重大贡献。民国甫告成立时，光复会与同盟会之冲突渐趋激烈，他因与两会都有关系，不愿见其自相残杀，曾极力奔走调停。又被推为迎袁代表，往来南北，接洽一切，使南京临时政府顺利北迁，而免掉一场战祸。一九一三年宋案发生后，南北恶感日深，又自欧洲兼程回国，力谋调停。及二次革命爆发，便用文字言论鼓吹讨袁。一九一七年，他更抱着"不入虎穴，焉得虎子"的决心，到北京出任北大校长，领导着教育文化界的知识分子，欲以教育文化的革新，来达成国民革命所不易达成的任务。自一九二六年起，参与国民革命的北伐大业。九一八事变后，又代表中央赴粤斡旋，洽商共赴国难，以抵抗节节入侵的日本帝国主义。及至晚年，避居香港，犹力疾撰《国际反侵略运动大会中国分会会歌》，以鼓励国人抗战建国的情绪。其谋国之忠、爱国之诚，于此可见。

四、结语

蔡元培的生平及重要思想，已约略说明如上。但对像他这样一位多方面的人物，实非短短的几万字所能详尽。一个人的思想，是不大容易予以分类的，例如他的政治思想，往往与教育有关，而其教育思想，有些又含着深奥的哲理，所以本文只列了一些小标题，用举例方式阐述了几个特色，而不是一一列举。事实上，他的生平事迹及言论思想，牵涉的非常广，也无法在这篇短文中交代周全。

总而言之，蔡元培是一位不可多得的教育家，也可以说是一位出色的政治家，同时也是一位睿智的思想家，善开风气的文化界领袖。他的一生，总是站在崇高的地位，怀着热烈的感情和真实的见解，指导着青年向前走。民国以来的知识分子，莫不直接或间接受着他的影响。

参考书目

（一）蔡元培所著专书

译《哲学要领》，上海，商务印书馆，一九〇三年九月初版，一九二七年六月第十一版，一册。（原讲者：德国科培尔；笔述者：日本下田次郎。系据日文本译。）

译《妖怪学讲义录总论》，上海，亚泉学馆，一九〇六年八月初版；后归商务印书馆印行，一九二七年五月第五版，一册。（原著者：日本井上圆了）

译《伦理学原理》，上海，商务印书馆，一九〇九年九月初版，一九三四年三月国难后第一版，一册。（原著者：德国泡尔生 F. Paulsen）

编《中国伦理学史》，上海，商务印书馆，一九一〇年七月初版，一九二一年十二月第七版，一册。

编《哲学大纲》，上海，商务印书馆，一九一五年一月初版，一九一五年八月第十一版，一册。

编《石头记索隐》，上海，商务印书馆，一九一七年九月初版，一九三五年六月国难后第二版，一册。

（二）他人辑印蔡元培之言论著作

《蔡孑民先生言行录》，新潮社编，北京，新潮社，一九二〇年十月初版，二册，列为《新潮丛书》第四种。

《蔡元培言行录》，陇西约翰编，上海，广益书局，一九三一年五月初版，一九三二年五月再版，一册。
《蔡孑民先生传略》，高乃同编，重庆，商务印书馆，一九四三年三月初版，一册。
《蔡元培选集》，中华书局编，北京，中华书局，一九五九年初版，一册。
《蔡元培先生遗文类钞》，孙德中编，台北，复兴书局，一九六一年元月初版，一册。
《蔡元培先生著德育讲义》（附注释与蔡先生事略），孙德中辑，杜其容、罗联添注释，台北，台湾大学中文系校印，一九六一年九月二十日初版，一九六五年九月订正初版，一册。
《蔡元培民族学论著》，中国民族学会编，台北，中华书局，一九六二年元月初版，一册。列为《中国民族学会丛刊》之一。
《蔡元培选集》，文星书店编，台北，文星书店，一九六七年一月二十日初版，六册。
《蔡元培自述》，传记文学杂志社编，台北，传记文学出版社，一九六七年九月一日初版，一册。列为《传记文学丛书》之二二。
《蔡元培全集》，台南，王家出版社，一九六八年二月二十五日初版，一册。（即《文星本选集》之重印）
《蔡元培先生全集》，孙常炜编，台北，商务印书馆，一九六八年三月初版，一册。
《以美育代宗教》，台北，东方文化书局，一九七五年初版，一册，列为《民俗学丛书》一〇一。

（三）本文引用之蔡元培著作而未收入上列各书者

《王立中纂辑俞理初先生年谱跋》，安徽丛书编审会辑《安徽丛书》，第三集，第十八册，一九三四年影印初版。

《吾国文化运动之过去与将来》，《中山文化教育馆集刊》创刊号，页五一六，南京，一九三四年八月十五日。
《湖南自修大学的介绍与说明》，《新教育》月刊第五卷，第一、二期合号，页八一—八九，上海，一九二二年八月。
《大学教育》，《教育大辞书》页四二—四三，上海，商务印书馆，一九三〇年七月初版。
《真正的近代西洋教育》，陆翔编《现代新思想集》，新文化编辑社，一九二一年七月初版，上编。
《马克思传序》，李季著，上海，神州国光社，一九三三年四月十五日初版。
《辛亥那一年》，《越风》半月刊第二十期，《辛亥革命纪念特刊》，上海，一九三六年十月。
《记三十六年以前之南洋公学特班》，《交通大学四十周年纪念特刊》页四九—五三，一九三六年四月。
《敬告全国同胞》，一九一三年七月二十二日，上海《民立报》。
《袁氏不能辞激成战祸之咎》，一九一三年七月二十九日，上海《民立报》。

（四）研究蔡元培之专著

《蔡元培学术思想传记》（蔡元培与近代中国学术思想界），蔡尚思著，上海，棠棣出版社，一九五〇年十月初版，一册。
《蔡元培的政治思想》，李若一著，台北，商务印书馆，《人人文库》，特一八五号，一九七二年一月初版，一册。
《蔡元培教育学说》，孙德中编著，台北，复兴书局，一九四六年二月初版，一册。《国民学校丛书》。
《蔡元培先生的生平及其教育思想》，孙常炜著，台北，商务印书馆，一九六八年十二月初版，一册。
《蔡元培年谱》，陶英惠编撰，台北，中研院近史所，一九七六年六月初版。

Douglas Gordon Spelman, *Ts'ai Yuan-p'ei, 1863–1923*. Harvard University, September, 1973.

Eugene S. Lubot, *Ts'ai Yuan-p'ei from Confucian Scholar to Chancellor of Peking University*, Ohio State, 1970.

Ping Poh-seng, *Ts'ai Yuan-p'ei and His Contribution to Modern Education in China*, Australian National, 1964.

（五）研究蔡元培之论文及纪念文

吴相湘：《蔡元培无所不容有所不为》，《民国百人传》，第一册，页一三一五〇，台北，传记文学出版社，一九七一年元月十五日初版。

沈云龙：《蔡元培先生对我国教育的贡献》，《自由中国》半月刊，第十九卷，第十二期，页一〇——七，台北，一九五八年十二月十六日。

方炳林：《蔡元培教育思想》，《台湾省立师范大学教育研究所集刊》，第五辑，页三一—七八，台北，一九六二年十一月。

萧一山：《一代宗师蔡孑民先生》，《学术季刊》，第二卷，第一期，页一二五—一三五，台北，一九五三年九月三十日。

萧瑜：《蔡孑民先生自述身家轶事》，《明报》月刊，第三卷，第五期，页一七—一八，香港，一九六八年五月。

陈哲三：《试为蔡先生写一简照》，《中华文化复兴月刊》，第四卷，第十二期，页五〇—五四，台北，一九七二年十二月一日。

陶英惠：《蔡元培壬子迎袁始末》，《新知杂志》双月刊，第二年，第六期，页一四—三三，台北，一九七二年十二月一日。

陶英惠：《蔡元培与大学院》（一九二七—一九二八），《新知杂志》双月刊，第三年，第五期，页四〇—五九；第六期，页四七—六〇，台北，一九七三年十月一日及十二月一日。

周成：《追忆蔡孑民先生》，《宇宙风》乙刊，第二十四期，页三〇九—三一〇，香港，一九四〇年五月一日。

冯友兰：《蔡先生的一生与先贤道德教训》，《中美日报》一九四〇年四月八日。

梁漱溟：《纪念蔡先生》，《文化杂志》，第二卷，第一期，页四—七，重庆，一九四二年三月二十五日。

郭梵农：《从蔡元培的“教育独立议”谈起》，《星期日论坛》周刊，创刊号，台北，一九七一年八月十五日。

周作人：《记蔡孑民先生的事》，《古今》月刊，第六期，页六—七，上海，一九四二年八月。

萧辉楷：《璀灿多采的豪杰人生——敬记蔡孑民先生》，《明报》月刊，第三卷，第五期，页一——一六，香港，一九六八年五月。

Allen B. Linden, “Politics and Education in Nationalist China, The Case of the University Council, 1927-1928.” *The Journal of Asian Studies*, Vol. XXVII, No.4. August 1968. pp. 763-776.

Eugene S. Lubot, “Ts’ai Yuan-p’ei and the May Fourth Incident：One Liberal’s Attitude toward Student Activism,” *Chinese Culture Quarterly*, Vol. XIII, No. 2, June. 1972. pp. 73-82.

William J. Duiker, “The Aesthetics Philosophy of Ts’ai Yuan-p’ei,” *Philosophy East and West*, 22.4：385-401, Oct. 1972.

Mrs. Yiu Chin-hsieo（尤戴清旭）, “The Life and Work of Ts’ai Yuan D -p’ei,” unpublishes Ph. D. dissertation, College of Education, Harvard University, 1952.

William J. Duiker, “Ts’ai Yuan-p’ei and the Intellectual Revolution in Modern China,” unpublishes dissertation, Georgetown University, 1968.

William J. Duiker, “Ts’ai Yuan-p’ei and the Confucian Heritage,”

Modern Asian Studies, 5.3 : 207-226, July 1971.

Ping Poh-seng." The National University of Peking under the Chancellorship of Ts'ai Yuan-p'ei, 1917-1926."《新社学报》(*New Society Scholarly Journal*) 3, December, 1969.

Howard L. Boorman, *Biographical Dictionary of Republican China*, Vol. III, Columbia University Press, 1970. "Ts'ai Yuan-p'ei", pp.295-299.

(六)有关之书刊

《苏报》,台北,学生书局影印本,一九六五年五月初版,一册。

《俄事警闻》,台北,党史会影印本,一九六八年九月一日初版,一册。

《警钟日报》,台北,党史会影印本,一九六八年九月一日初版,五册。

《全国教育会议报告》,中华民国大学院编,上海,商务印书馆,一九二八年八月初版,一册。

《第一次中国教育年鉴》,教育部编,台北,传记文学出版社,一九七一年十月影印初版,五册。

《国立北京大学纪念刊》(含民国六年二十周年纪念册,一九二九年三十一周年及一九四八年五十周年纪念刊三种),吴相湘、刘绍唐主编《民国史料丛刊》第五种,台北,传记文学出版社,一九七一年十月影印初版,三册。

《五四爱国运动四十周年纪念特刊》,国立北京大学台湾同学会编,台北,一九五九年五月四日初版,一册。

Chow Tse-tsung, *The May Fourth Movement*, Harvard University Press, 1960.

章炳麟

张玉法 著

目　录

一、前言

近代以来，由于中西文化接触，中国产生了不少学贯中西的思想家。这一类的思想家，约有三种类型：第一种是由国学看西学，这一类型的人通常国学修养较深，或先对国学有较深的认识；第二种是由西学看国学，这一类型的人通常西学修养较深，或先对西学有较深的认识；第三种是将国学与西学作对等的比较研究，这一类型的人不管是先接受国学抑先接受西学，也不管是对国学认识较深抑对西学认识较深，对于国学和西学都没有入主出奴的成见。做学问能够做到这一步，必然能够取精用宏，卓然成家。章炳麟就是这一类型的学者。

章炳麟是国学家，但不是故纸堆中的国学家。至迟在三十六岁时，即以国学道统自任。光绪二十九年（公元一九〇三年），炳麟以“苏报案”入狱，自谓“上天以国粹付余”，原拟“恢明而光大之”，不幸“怀未得遂”，即系于狱，使“国故民纪，绝于余手”，良可兴叹，其抱负可以想见。炳麟不仅以国学自任，且以国事自任。清末从事排满革命，民初一度作政党活动，也一度居官，这使他的治学方向落实，不流于空疏。为了求取真知，炳麟治学无分中西，研究的兴趣由国学伸展到佛学，又伸展到西学，然后以佛学、西学印证国学。炳麟对佛学的造诣颇深，对西学的认识虽较国学为少，但对西学没有什么偏见，因此对东西学术能运用自如。能够运用自如的原因，一方面固然是“以朴学立根基，以玄学致广大”，另一方面也可以说是以国学立根基，以佛学、西学致广大。

炳麟处在一个新旧交替的时代，他既不是新时代的保守者，也不是旧时代的急进者。他把旧时代的思想化为新时代的思想，同时也使新时代的思想适合于蜕变无多的旧社会。炳麟所以能得到学术及思想界的广泛推重，不是因为他在新时代里拥有旧知识，也不是因为他在旧时代里传播新思想，实在是因为他有学问无中西、思想无新旧的胸怀。

研究炳麟的思想，应从了解其学术着手；研究炳麟的学术，又需从其一生交游见闻着手；而思想、学术和生平事迹，又与时代背景息息相关。此处即分为时代背景、生平事迹、学术成就、思想贡献四方面，来探讨炳麟的生平及其对学术思想的贡献。

二、时代背景

章炳麟生在一个新旧交替的时代。所谓新旧交替，从学术来看，是传统中国学术衰落和西方学术传入；从政治来看，是专制政治没落和民主政治萌芽；从统治阶层来看，是满人政权消失和汉人政权重建。炳麟生在这个时代，影响这个时代，同时也受这个时代的影响。

炳麟出生时，中国已在满人统治下二百一十五年。满人在民国成立后被视为中华民族的一分子，当时则被视为异族。在炳麟看来，满人的统治，对汉人而言，暴苛而不合理，他曾经举出十四点：

（1）满兵驻防各地，使齐民岁供甲米。

（2）将天下财富囤积于辽东，又于皇室陵寝贮藏巨金，使财币不流。

（3）收取州县耗羡，岁增厘金夫马杂税。

（4）满清开国之初，于扬州、嘉定、江阴、嘉兴、金华、广州等地肆杀汉民。

（5）康熙时，郑成功据台湾图谋复国，清廷惧滨海居民做向导，强迫民人内迁，更不许民人出海。乾隆时，海外侨民为荷兰人屠戮三万余人，清廷不仅不加保护，反以侨民为“寇盗之徒”，任外人殄灭。

（6）元人入主中国，宋室尚有“瀛国之封”，满人对明朝宗室剿灭殆尽。

（7）元人未以文字狱消除汉人民族思想，清自康熙以后，凡以文字讽刺国政者皆处以极刑，且诛及种嗣。

（8）为遏绝人心思汉，焚毁旧籍八千余种，包括明末及宋末诸臣奏议及文集。

（9）汉人有罪，发八旗为奴，背逆人道。

（10）州县对罪犯有就地正法之权，刑部及按察不加监督，常成冤狱。

（11）设置警察，徒具虚名，不治奸宄，专扰良民。

（12）多尔衮盗嫂，玄晔淫妹，满人乱伦习气，沾染中夏风俗。

（13）卖官鬻爵公行，增长官界邪恶。

（14）清初有薙发令，汉人以蓄发死者甚多，使中国衣冠礼乐，夷为牛马。

上述满人的暴苛统治，部分为民族文化的，部分为政治的。政治的暴苛影响于一时，对民族文化的破坏则影响深远。

清廷对民族文化的破坏，主要用三种手段：其一是兴文字狱，其二是焚书，其三是删改古书。兴文字狱的目的在镇压汉人的反满宣传，清初的重要文字狱约有下列各种：

（1）庄廷鑨狱：庄廷鑨，浙江人，编《明史辑略》，于清兵入关事秉笔直书，康熙二年（一六六三年）为归安知县吴之荣所揭发。时廷鑨已死，乃戮其尸，株连而死者七十余人。

（2）戴名世狱：戴名世，安徽人，所编《南山集》，多采取方孝标所记，并用永历年号，康熙三十年（一六九一年）为左都御史赵申乔揭发，名世被处极刑，牵连数百人。名世族人皆弃市，妻子充发黑龙江。

（3）吕留良狱：吕留良，浙江人，评选时文，论及夷夏之防，湖南人曾静受其启迪，谋排满。雍正初年，曾静劝川陕总督岳钟琪起兵，事发，牵涉吕留良，至于戮尸，株连甚众。

（4）查嗣庭狱：查嗣庭，浙江人，雍正四年（一七二六年）任江西正考官，试题曰“维民所止”，为讦者告发，谓“维止”二字是取“雍正”二字而去其头。嗣庭以此下狱死，其子亦死，家属流放。

（5）陆生枏狱：陆生枏，广西人，著《通鉴论》十七篇，论及封建、建储、兵制、人主、相臣等事，雍正谓其借古诽今，殽乱国事，杀之。

（6）汪景祺狱：汪景祺，浙江人，随陕西总督年羹尧为记室，作《西征随笔》，讥讪康熙皇帝。雍正三年（一七二五年），年羹尧为人告讦谋逆，事连景祺，立斩枭示，其妻子发往黑龙江，五服以内族人皆革职。

（7）王锡侯狱：王锡侯，江西人，作《字贯》一书，于《康熙字典》多所纠正。雍正皇帝以其凡例内将庙讳及御名开列，治以大逆之罪。

综观历次文字狱，可以称为反满宣传的很少，以朝臣争宠、地方官争功、故意罗织陷害者为多，清廷利用其间，尽量禁压反满思想。

焚书的目的在把汉人轻视夷人和敌视夷人的各种记载消除。乾隆三十九年（一七七四年）开四库馆修《四库全书》，即对全国图书总检查，凡记载满洲、匈奴、鞑靼的书，一概焚烧，被烧的书不下两千种。焚烧的对象初为明季野史，认其必有诋触满人之语，故尽行销毁。其后由四库馆建议，凡宋人所著有关辽金元的书籍，明人所著关于元的书籍，其议论偏缪者，亦一律焚毁。又明隆庆以后，诸将相及献臣所著有关边事及满洲之奏议及文录，如高拱《边略》，张居正《太岳集》，叶向高《四夷考》，高攀龙《高子遗书》，左光斗《左忠毅集》，缪昌期《从野堂存稿》，熊廷弼《按辽疏稾》，孙承宗《孙高阳集》，卢象升《宣云奏议》，孙传廷《省罪录》，马世奇《澹宁居集》，茅元仪《武备志》，袁继咸《六柳堂集》，黄道周《广百将传注》，金声《金太史集》，张肯堂《寓农初议》，张国维《抚吴疏草》，张煌言《北征纪略》，以及顾亭林《日知录》、黄梨洲《行朝录》等，均在被焚之列。其有存于后者，皆属孑遗。

删改古书是把古书中记载边族残酷以及边族虐待汉人的部分删除，或把轻视边族的语词如“贼”、“虏”、“犬羊”、“夷狄”等改掉。关于删书的部分，如宋人洪迈所著的《容斋随笔》，有三条为清代刻本所无，其中一条是载在《容斋三笔》卷三的《北狄俘虏之苦》，文中叙述金人陷开封后，将所俘帝子王孙及宦门仕族之家尽没为奴婢的情形。关于改书的部分，如宋人晁说之《嵩山文集》卷末的《负薪对》一篇，“虏将”被改为“辽将”，“胡虏”被改为“异地”，“金贼虽非人类”被改为“金人虽甚强盛”，更把泛论“夷狄喜相吞并斗争”一段完全删除。

在这种政治环境下，中国学术的发展非常畸形，一方面是考史者留心于地理及官制，解经者留意于文字及语言，使考据学与小学非常发达；另一方面，经义、史义都不敢多所发挥，而姓氏、刑法、食货、乐律等实事求是之学，前代颇有成就，而清代非常衰落。在政治权威高涨的时代，一般读书人不讲经世济民的实学，反在无补于国计民生的小技上下工夫，这真是国家的不幸，学术的不幸！

炳麟所处的时代，一方面是满族统治的暴苛，民族思想的消沉，和固有学术的衰落；另一方面，则为帝国主义不断侵略，中国旧体制开始崩溃，西方思想和制度逐渐移植到中国来。而外患的日益严重，尤促使了知识分子的自觉。

外患发生在炳麟诞生以前的，有道光二十年至二十二年（一八四〇——一八四二年）的鸦片战争，结束鸦片战争的《南京条约》，割香港，开广州、厦门、福州、宁波、上海五口通商，使中国大量与外国接触；有咸丰八年到十年（一八五八——一八六〇年）的英法联军，结束英法联军的《天津条约》和《北京条约》，增开商埠，外国公使驻京，使中国有洋务运动的产生。此后，在炳麟十二岁时（光绪五年，一八七九年）日本并吞琉球，十三岁时发生中俄伊犁交涉，十七八岁时（光绪十年至十一年，一八八四——一八八五年）法侵安南，十九岁时英并缅甸，二十六岁时（光绪十九年，一八九三年）英、法共谋暹罗，使废止向中国朝贡，二十七八岁时日本获得朝鲜的宗主权，并割取台湾、澎湖，三十岁时（光绪二十三年，一八九七年）德占胶州湾。此后三年间，俄租旅大，英租威海卫，法占广州湾，列强在中国划分势力范围，中国面临瓜分之祸。炳麟三十三岁时（光绪二十六年，一九〇〇年）发生八国联军，三十六岁时发生日俄战争，四十三四岁时（宣统二至三年，一九一〇——一九一一年）日并朝鲜，英侵片马，外蒙发生离心运动。

中国在一连串的外力冲击下，进步的知识分子早已开始呼吁救国，由学习西艺到重视西学，由制度改革到国体变更，变化之大，前所未有。炳麟处在这个时代，由于对民族和中国学术的热爱，非常关注中国的前途。他希望中国能行民主政治，但满人奴视汉人，中国如何能获得真正的民主？他希望中国能抵抗外来侵略，但中国的政权尚在满人手中，空谈对外，岂不荒谬？在清末的三四十年，炳麟之所以不顾名位、安危，献身于反满运动，此为最大原因。

民国初年，中国曾试行西方式的民主，但为袁世凯所摧折。炳麟对试验西方式的民主有兴趣，对专制政体的恢复则反对。袁死后，军阀分裂，法统时断，炳麟又献身于护法和统一事业。嗣以共党势张，日寇逞凶，炳麟阻容共而不能，发动抗日而无果，不得已退而著书讲学。炳麟著作至多，对学术贡献至大，部分是由于他在政治上失意，有较多的余暇治学，但他绝不曾忘记政事和国事，这是传统中国知识分子的本色。

三、生平述略

章炳麟，初名学乘，字枚叔，浙江余杭县仓前镇人。爱慕顾亭林（炎武）的为人，改名曰绛，后更名炳麟，号太炎，又号菿汉。主编《民报》时，曾以南史氏为笔名。生于同治七年，时在《南京条约》后二十四年，太平军被消灭后四年，较康有为小十岁，较孙中山小两岁。

仓前镇在余杭东乡，山明水秀，乡人谨朴知礼。章氏在仓前原是大族，清初约有三百多人口。炳麟的曾祖章均，生于乾隆中叶，是余杭县学的增广生，做过海盐教谕，因为家资富厚，在乡办有“苕南书院”和“章氏义塾”。祖父章鉴，生于嘉庆初叶，是余杭县学的附学生，早年曾习算学，中岁以后喜欢研究医术，其书房名“春风草庐”，有珍版古籍五千余卷。父亲章浚，生于道光初叶，幼习查慎行诗法，其诗华妙清妍。咸同年间，余杭受太平军骚扰，炳麟的祖父曾举家迁往江南及浙西诸县避难，事定返里，田地不少为退伍湘军占垦，家道渐不如往昔。

章浚原娶陆氏，生子二人，取名篯、箴。陆氏不久去世，浚于太平军被平后娶朱氏。炳麟为朱氏所生，时在同治七年十一月三十日（一八六九年一月十二日）。炳麟九岁（光绪二年）以后，由外祖父朱有虔授课，有虔常讲述明清之际的史事及王夫之、顾亭林等人的反满故事，谓“夷夏之辨，严于君臣”，炳麟的民族思想，初受启迪。十三岁（光绪六年）以后，炳麟由其父督教，因窃读《东华录》，知有吕留良、戴名世、曾静、查嗣庭等文字狱事件，民族思想油然而生。十九、二十岁时，炳麟得明季稗史十七种读之，排满思想始盛。

章氏为书香世家，对满人的统治自始不心服，自清初至炳麟的父亲七、八世，死后皆用深衣敛，不用清时章服。光绪十六年（炳麟二十三岁）章浚死时，即有“以深衣敛”的遗命。这种反满思想，自亦为炳麟所承袭。炳麟除于光绪九年（十六岁时）奉父命应童子试因患眩厥未能完卷外，未曾再参加科考。

炳麟在二十八岁（光绪二十一年）以前是厚植国学根柢的时期，对炳麟早年的学术思想影响最大的除时代背景外约有三件事，即从师、交游和读书。在二十八岁以前，炳麟所读之书有《东华录》、《四史》、《文选》、《说文解字》、《九经义疏》、《十三经注疏》、《音学五书》（顾氏）、《经义述闻》（王氏）、《尔雅义疏》（郝氏）、《学海堂经解》、《南菁书院经解》、《通典》等，所从之师除外祖父朱有虔、父濬、长兄籛外，光绪十六年（二十三岁）入杭州诂经精舍读书，名师有俞樾、高宰平、谭仲仪等，谭长于文辞，俞、高皆长于经训。在交游中，诂经精舍的同学以杨誉龙最相得。炳麟在诂经精舍读书七年之久，从俞樾治小学极有心得，但不久又为方兴未艾的维新运动所吸引。

光绪二十一年以后的几年，是康有为、梁启超运动变法的年代。康属今文派，炳麟治古文，在思想上与其不合，然未尝不同情其救国运动。上海强学会成立时，炳麟曾捐款十六圆相助。后梁启超、夏曾佑办《时务报》，遣叶瀚（浩吾）至杭州邀炳麟任撰述，炳麟乃离开诂经精舍，前往上海。炳麟在上海两年，与持论平实的旧学之士宋恕、陈黻宸等颇相得，对梁启超等空谈西学的作风不太满意。时伦敦清使馆有诱禁孙中山之事，炳麟阅报知之，颇心仪孙之为人。

光绪二十四年，《时务报》改为《昌言报》，炳麟任主编（三十一岁）。因长于古文，一度入两湖总督张之洞幕，为主持《正义日报》，驳斥康有为的今文说。嗣因张之洞所著《劝学篇》多效忠清室语，与张之洞幕友梁鼎芬谈光复汉族事亦不相得，乃回上海。这年秋天，戊戌政变发生，炳麟因有新党之嫌，避往台湾，依日友山根虎雄以居，并在《台北新报》为文劝告康梁辨别种族，勿再效忠清室。时梁启超在横滨办《清议报》，方倾心革命，与孙中山过从颇密，闻炳麟在台，约炳麟前往。光绪二十五年五月，炳麟至日本，居梁启超处，并曾在梁处与孙中山相遇。时留东志士方欲联合起事，炳麟乃著《訄书》，鼓吹排满。是年七月返沪，与唐才常相识。唐闻光绪皇帝被废，方致力于勤王，革命党人欲结之使宣布独立，唐首鼠两端，炳麟不满。炳麟虽然参加了唐才常所召集的“国会”，旋即断发表示革命之志，与唐才常分。唐才常事败后，炳麟以新党嫌，避居乡里，光绪二十七年一月复返上海，宋恕笑他以一儒生欲覆三百年帝业，自不量力，炳麟一笑置之。旋任教于苏州“东吴大学”(美国教会办，原名“中西书院”，光绪二十七年改名东吴大学)，因言论恣肆，特别是以“李自成胡林翼论”为题让学生讨论，引起了地方官的怀疑，更因于是冬刊刻《訄书》，江苏巡抚恩寿乃往查询。时炳麟适年假回杭州，闻讯惧有变，于光绪二十八年初至上海转日本。嗣由秦鼎彝陪同，与孙中山晤谈，并与张继相识。是年三月，与秦鼎彝、马和（君武)、朱菱溪等发起“中夏亡国二百四十二年纪念会”，因受日警干涉，未能开会。炳麟旋返国归故里，删改所著《訄书》，再度刊行于世。

光绪二十九年，蔡元培于上海设爱国学社，炳麟曾因蒋智由之介与元培相识，至是元培请炳麟至爱国学社任教。爱国学社为革命党人聚集之地，炳麟常讲述明清兴废史实，以激发学生的民族思想，与张继、邹容、章士钊尤相得。邹容著《革命军》，炳麟作序，刊于《苏报》；炳麟并撰《驳康有为政见书》，攻击清廷。是年闰五月，炳麟与邹容因为受到两江总督魏光焘的指控，为租界当局所逮捕，炳麟在狱中有书致孙中山，尊之为总统。次年三月，控案判决，炳麟监禁三年，邹容监禁二年，规定监禁期满，逐出租界。光绪三十一年三月，邹容死于狱。炳麟在狱三年，除罚作外，常受狱卒陵暴，曾绝食七日不死。暇中研诵《瑜伽师地论》等书，以修养心性。炳麟在狱期间，光复会在上海成立（光绪三十年)，炳麟可能与闻其事；《国粹学报》在上海创刊（光绪三十一年)，炳麟常为该刊撰稿。光绪三十二年五月八日，炳麟期满出狱东渡，由孙毓筠介绍入同盟会，并主编《民报》。炳麟在《民报》上所发表的论文有《革命道德说》、《箴新党论》、《中华民国解》、《排满平议》、《讨满洲檄》、《定复仇之是非》、《代议然否论》、《国家论》、《五无论》、《四惑论》等，或攻击君宪之说，或阐发民族革命思想，或表明对政治和学术的看法，言论倾动一时。光绪三十三年以后的几年，炳麟与孙中山交恶，一度与陶成章联合发展光复会的势力。

炳麟于编辑《民报》之暇，设国学讲习会，在寓次（民报社）和大成中学教室讲授经子及音韵训诂之学，听讲者百数十人，以师范班和法政班留学生为多，后来学有所成的有黄侃（季刚）、钱夏（玄同）、朱希祖（逖先）、周树人（豫才）、周作人（启明）、许寿裳（季茀）、龚宝铨（未生）、马裕藻（幼渔）、朱宗莱（蓬仙）、钱家治（均夫）、沈兼士等人。光绪三十四年，《民报》停刊，炳麟欲往印度习佛，因困于资斧，不能成行，乃专心讲学。炳麟亦于此时开始大量从事学术著述，《小学答问》、《文始》等书皆著于此时。

炳麟在东京所办的国学讲习会，到武昌革命爆发、炳麟回国始停办。民国成立以后，炳麟忙于政治活动，但有暇即从事讲学，如一九一三年炳麟遭袁世凯幽禁时，曾在北京设国学讲习会；一九三五年，又在苏州设国学讲习会。退而治学，进而治国，这是中国学者的典型。

宣统三年十月，炳麟返国抵沪，与光复会实力派人物李柱中、陶成章等有所接触，旋与程德全、汤寿潜、张謇、熊希龄等成立“中华民国联合会”，继改为统一党，并创刊《大共和日报》为言论机关。统一党“立论不近偏枯，行事不趋狂暴”，与同盟会和后来的国民党立于对峙的地位。然另一方面，炳麟仍任临时大总统孙中山的枢密顾问。南京临时政府成立之初，政费拮据，当局欲与日人订立合同，以汉冶萍公司抵借千万，炳麟时方到沪，即移书当局，力加谏阻，其他反对意见亦多，事遂寝。时当建国之初，建都问题引起热烈讨论，政府当局主都南京，炳麟汲汲以辽沛蒙回为忧，谓非北都燕京，则威力不能及长城以外，力陈都南京之害，加以袁世凯从中运用，遂定都北京。

不久，统一党与民社合并，改为共和党，党员多事权力竞逐，炳麟对于党事渐渐淡漠。时袁世凯对于旧日革命党员多方笼络，聘炳麟为高等顾问。炳麟欲为筹边使，以偿其驰效边疆的夙愿，袁氏允之，旋委为东三省筹边使。一九一三年初，炳麟设筹边使署于长春，颇留意于河运、矿山及韩侨之事，然以经费少，人才缺，无法展开工作。是年三月，宋教仁被刺案发生，炳麟惧有变，托故南下，并写了一首诗以寄志，诗云："剑骑临边塞，风尘起大荒，回头望北极，轩翮欲南翔。墨袂哀元后，黄金换议郎，殷顽殊未尽，何以慰三殇。"

炳麟南归后，曾运动黎元洪选总统，元洪则请炳麟入都谏袁。炳麟至京，袁命授以勋二位以笼络之，炳麟仍面折袁氏，谓其"无称帝之能"，劝他不可妄为。炳麟在北京逗留七天，复返上海。时因南北相峙，炳麟辞东三省筹边使职，旋参与二次革命密谋。岑春煊主张借清室的力量倒袁，炳麟力折之，以为是阴谋复辟，岑春煊的意见遂不果行。二次革命爆发后，炳麟在上海常发表反袁文字，一纸宣传，报章争载，袁恨且畏。托湖北共和党员陈某佯邀炳麟北上主持党务（炳麟被推为共和党副理事长，正为黎元洪），炳麟不知有诈，但念国事蜩螗，至北京或可持党势与袁争。时炳麟与汤国梨新婚仅逾月，仍毅然北上。

一九一三年八月，炳麟抵京，住化石桥共和党本部，袁即令陆军执法处长兼戒严副司令陆建章派宪兵加以监视，行动言论均失自由。时北京有逮捕国会议员之事，炳麟不便贸然挣脱监视。与汤夫人新婚乍别，难免两地相思，有书致汤夫人云："行则速祸，处亦待毙。……君思我我亦思君，有怀不遂，叹息如何？"

二次革命结束后，炳麟稍可自由，但仍不能离京。炳麟无奈，在友人安排下，于十二月九日重开国学讲习会，于共和党本部的会议厅讲授经史，听讲者百余人。讲学近月，移居扶桑馆（日本旅馆），仍受监视。一九一四年一月七日，炳麟欲见袁世凯与之理论，袁不见，使陆建章将之诱往军事废校，二月十七日又移往龙泉寺。炳麟虽备受礼遇，然不欲久过幽囚生活，决心绝食一死，五月二十三日有书致汤夫人，深痛“不死于清廷购捕之时，而死于民国告成之后”。至是年六月，炳麟即以携资用尽，拒不受袁氏供给，开始绝食，于是舆论哗然，高一涵、李大钊等与炳麟无一面之缘，亦为之奔走呼吁。炳麟绝食至七八日，经其友马叙伦苦劝，并以绝食相陪，炳麟始再进食。

是年六月十六日，炳麟迁东四牌楼本司胡同铁如竟轩医院疗养；七月二十四日，迁居钱粮胡同自租之房；均由警察总监吴炳湘负责照管。是后，炳麟曾要求出家为沙门，亦不被允许。炳麟囚中孤寂，一度欲汤夫人至北京同住，袁党亦欲汤北上，汤虑同被挟制，未冒然前往，袁党声称欲为炳麟纳妾，汤夫人以此颇怨炳麟，殊不知为袁党毒计。一九一六年四月十八日，炳麟一度化装潜离北京，但为警察捕回。

袁帝制进行期间，炳麟言词抗直，斥筹安会为叛逆，大书袁世凯之名以示儆。是年六月六日，袁世凯死，黎元洪继为总统，炳麟至十六日恢复自由，旋买舟南下，七月一日抵上海。时徐世昌、冯国璋、张勋等谋复辟，原来讨袁之军彼此之间亦多不协，炳麟见南方无可与谋者，遂出游南洋群岛，所至演述宗国安危情势，以坚侨民内向之志，是秋复归上海。

一九一七年，张勋复辟事起，炳麟随孙中山南下广州。复辟事平，黎元洪被迫辞职，国会不复。孙中山遣兵轮赴秦皇岛迎黎元洪南下，不能致，于九月在广州组织护法军政府，任炳麟为秘书长。炳麟任秘书长后，感于簿书烦琐，又与胡汉民不洽，自请赴云南、四川等省，宣播护法宗旨，孙中山韪之，遂以大元帅府秘书长名义行。

炳麟赴滇，绕道安南，北京政府透过法公使，使广州法领事拒绝签发护照。炳麟易名张海泉申请获准，同行者有议员五人。炳麟至昆明，说云南督军唐继尧，请接受军政府副元帅职，与广东会师北伐。继尧表示赞同，授炳麟总参议，请其往川东联络滇军，进而经营湖北，徐图发展护国军势力。炳麟临别，有“直北余逋寇，当关岂一夫”诗句赠唐继尧，其壮志可以想见。炳麟旅途的第一站为贵州西部的毕节，因为毕节设有川滇黔三省军事指挥总部，而继尧为三省联军总帅。其后，炳麟又至四川的巴县，湖北的宜昌、恩施、利川、汉口等地，折冲经年，跋涉万四千余里。其间，广州军政府改为七总裁制，岑春煊任首席总裁，孙中山不得志，走上海；北京旧国会未复，安福国会选徐世昌为大总统；南北两政府均无法统可言。炳麟乃自武汉东归，于一九一八年十月十一日抵上海。

一九一九年二月，南北两政府在上海举行议和，炳麟与茅祖权、方潜等组“护法后援会”以阻之；和议旋因五四运动发生而终止。一九二〇年，南方各省多以自治为号，炳麟主自治各省同盟，不受南北政府支配；适张继自欧洲归国，倡“联省自治”之说，炳麟遂与张继往湖南、四川两省运动之，拟由川湘两省同盟做起，再推至他省。至一九二一年，西南六省除广西附属于北京政府外，云南、四川、贵州、湖南、广东皆称自治。时孙中山虽已至广州任非常大总统，但政令颇难推行。一九二二年，孙中山遣伍朝枢赴奉天与张作霖相结，谋夹击直系。于是粤军出兵江西，奉军入关，共同进攻直系。奉军旋为直系所败，直系为缓和南方压力，迫徐世昌去位，迎黎元洪复位，并恢复旧国会。炳麟以法统已复，劝孙中山去非常大总统之号，时孙中山方谋联俄容共，推展中国统一大业，认炳麟的意见不切实际。未几，直系嗾使陈炯明起兵，以制粤军北伐，广州革命基地遂又不保。

一九二三年九月，炳麟在上海创《华国月刊》，述学论政，以抒文章报国之志。时北方将领迫黎元洪退位，欲为曹锟贿选铺路。炳麟曾与唐绍联名电请议员南下集会，事无结果。一九二四年，国民党改组，行联俄容共政策，炳麟引以为忧，危言核论，不稍回避。是年十月，孙中山自广州北上过沪，炳麟往谒，力阻其行，至于痛哭。嗣孙中山在北京卧病，炳麟曾手书医方，遣但植之送往。在革命史上，炳麟与孙中山未尽协和，然二人皆以国事为重，其情谊超出私人友谊之外。

《华国月刊》至一九二六年七月停刊，炳麟仍留上海著书讲学。一九三一年九一八事变发生，日本以一千四百人占奉天，东北三十万雄兵不抵抗，炳麟大不以为然。次年上海一二八之役发生，应门人弟子之邀游北平。炳麟希望张学良在北方对日本用兵，以减轻日本对上海的压力。不意当时北方有“放弃东三省”的论调，炳麟深感痛心。在燕京大学讲演了《论今日切要之学》——勉励青年学生珍惜中国历史文化——后，是夏即悄然回沪。时南社诗人金天翮、同光派诗人陈衍、前国务总理李根源等居苏州，与当地绅士张一麐等发起讲学，请炳麟前往。秋，炳麟至苏州，卜居十全街曲石精庐。诸发起人组国学会，并办《国学商兑季刊》（后改名《国学论衡》），由金天翮主其事。炳麟在苏州，一面讲学，一面鼓吹抗日，言论倾动一时，各方争相罗致，以体弱不能应。国民政府致送万金作为养疴费用，炳麟以之设国学讲习会、创《制言半月刊》，由金天翮所主持的国学会独立。

炳麟的“国学讲习会”成立于一九三五年，各地来学者百余人，年龄自十八岁至七十三岁不等，籍贯包括十九省区，以大专学生为多，亦有大学讲师和中学教员。除由炳麟于每周二主讲一次外，大部分课程均由其门人任之：朱希祖任“史学”，汪东任“专题”，诸左耕任“文选”、“尚书”、“毛诗”，潘石禅任“尔雅”、“经学史”，潘景郑任“目录学”，马宗霍任“文心雕龙”，施仲言任“庄子”、“通鉴”，徐士复任“说文”、“马氏文通”，孙鹰若任“毛诗”、“模范文”，沈瓞民任“白虎通”，龙榆生任“文学史”、“诗词学”、“唐诗”、“宋词”，黄耀先任“音学五书”、“史学通论”，王心若任“左传”，孙立本任“作文”，郑梨邨任“书法”、“金石学”，汤炳正任“文字学”，沈延国任“吕氏春秋”、“诸子通论”，金德鉴任“学术史”，杨志莹任“专题”。另王小徐、蒋竹庄负责特别讲演。会务由汤夫人及孙世扬总其事。

《制言半月刊》亦创于一九三五年，由炳麟主编，由孙世扬、潘承弼、沈延国任编辑，共出六十三期。

一九三六年六月十四日，炳麟病逝苏州，享年六十九岁。七月九日，政府明令国葬，卜墓于杭州中台山之麓，嗣以中日战起，东南沦陷，灵柩权厝于国学讲习会广场，迄抗战胜利后，仍未移灵。

炳麟死后，国学讲习会移上海，改名“太炎文学院”，由汤夫人及门生继续维持，至一九四〇年九月停办。《制言半月刊》于一九三七年苏州陷日后停刊，一九三九年一月在上海复刊，改为月刊，出半年而止。

炳麟早年娶张氏，生女三人：长名㸚，次名叕，次名㠭。中岁丧偶，一九一三年六月续娶汤氏，生二子：长名导，次名奇。门弟子除前述者外，有朱学浩、景梅九、白逾桓、田桓、王謇、王乘六、吴契宁、金震、徐澄、李希泌、李恭、汤炳正、汪柏年、潘大道、曾道、井勿幕、康宝忠、康宝恕、王揖唐、刘成禺、吴宗慈、吴承仕、王牛、马宗卿、王绍兰、金毓黻、黄焯等。

四、学术成就

炳麟“少时治经，谨守朴学，所疏通证明者，在文字器数之间”。后民族思想兴，欲致力于经世济民，始历览前史，博观诸子，最崇尚荀卿及韩非的学说，对墨翟和庄周的学术也有研究。继而对佛学发生兴趣，研读《华严》、《法华》、《涅槃》等经，在上海服刑期间，更“专修慈氏世亲之书”，认为“释加玄言，出过晚周诸子不可计数，程朱以下尤不足论”。炳麟出狱赴日后，广览希腊及德国哲学家的著作，又从印度学士习梵文，研求印土诸宗学说。至是，新知旧学，融合无间，然后作《原道》、《原名》、《明见》、《辨性》、《道本》、《道微》、《原墨》等篇，精辟创获，灼然见文化根本，道清儒所未道，惟朴学仍为炳麟一切学术成就的本源。

朴学为清代学术的主流，自顾亭林、戴震以后，至王念孙、王引之父子，在小学训诂上的成就，远超汉魏唐宋。炳麟的老师俞樾承王氏父子在朴学上的成就而发扬光大之，著有《古书疑义举例》等书，在解释古书的词例及谬误方面，可谓集其大成。俞樾主讲西湖诂经精舍达三十一年。炳麟自二十三岁入诂经精舍肄业，从俞樾习经七年之久，故能得其窍奥，对俞樾的治学方法极为推崇。炳麟论清人学术成就分为五等：第一等为俞樾、黄以周、孙诒让，他们“研精故训而不支，博考史事而不乱，……每下一义，泰山不移”。第二等为皮锡瑞，能“守一家之学，为之疏通证明”。第三等为王先谦，“通知法式，能辨真伪，比辑章句，秩如有条”。第四等为庄忠棫、王闿运，他们“高论西汉而谬于实证，侈谈大义而杂以夸言”。第五等为廖平，他“略法今文而不通其条贯，一字之近于译文者以为重室，使经典为图书符命”。

炳麟师承俞樾，治学方法谨严，平生述学论政以之文颇丰，部分刊布于与他同时或与他有关的报刊中，如《时务报》、《苏报》、《民报》、《国粹学报》、《庸言》、《独立周报》、《雅言》、《甲寅杂志》、《华国月刊》、《国学丛编》、《学林》、《国学丛刊》、《制言半月刊》等，主要著作则收入下列丛书、专著或文集里：

(1)《訄书》光绪二十七年，苏州。

(2)《章太炎文钞》五卷，一九一四年，上海中华图书馆。

(3)《章氏丛书》一九一五年，上海右文社。

《春秋左传读叙录》一卷。

《刘子政左氏说》一卷。

《文始》九卷。

《新方言》十一卷附《岭外三州语》一卷。

《小学答问》一卷。

《说文部首均语》一卷。

《庄子解故》一卷。

《管子余义》一卷。

《齐物论释》一卷。

《国故论衡》三卷。

《检论》九卷。

《太炎文录初编》五卷。

(4)《太炎最近文录》一九一六年，上海国学书室。

(5)《章氏丛书》一九一九年，浙江省立图书馆。

较一九一五年上海右文社本多《太炎文录补编》一卷、《菿汉昌言》一卷，《齐物论释》一卷易为《齐物论释复位本》一卷。

(6)《章太炎的白话文》一九二一年，上海。

(7)《章太炎文钞》四卷，国学扶轮社，“章谭合钞”本。

(8)《章太炎文钞》三卷，一九二七年，中国图书公司。

(9)《章氏丛书续编》一九三三年，北平。

《广论语骈枝》一卷。

《体撰录》一卷。

《太史公古文尚书说》一卷。

《古文尚书拾遗》二卷。

《春秋左氏疑义答问》五卷。

《新出三体石经考》一卷。

《葑汉昌言》六卷。

(10)《章校长太炎先生医学遗著特辑》一九三六年，苏州国医学校。

(11)《章氏丛书三编》一九三九年，上海。

《太炎文录续编》七卷。

《清建国别记》

《自述学术次第》

《自定年谱》

《古文尚书拾遗定本》

(12)《章太炎先生尺牍》出版时地不详。

(13)《章太炎先生家书》一九六二年，上海。

(14)《国学略说》一九七四年，台北影印。

另外，未发表的著作，除短篇文章外，重要的尚有《七略别录佚文征》一卷，《驳箴膏肓评》一册，《膏兰室札记》四卷，《猝病新论》五卷等。

炳麟学问淹博，兼具精审、识断之长，所以能有如许的成就，得力于戴震、段玉裁、王念孙、王引之、俞樾等人严格的治学方法。这治学方法共分六项：即审名实，重佐证，戒妄牵，守凡例，断情感，汰华辞。除方法上的师承外，炳麟尚有独特的创新意念，即“研精覃思，钩发沉伏；字字征实，不蹈空言；语语心得，不因成说”。创新的意念常和怀疑的精神并存，这都是治学所不可缺少的。炳麟持此，向知识的权威挑战，每能自成一说。譬如，有人认为自然不可违反，炳麟认为自然由人类的感觉而起，无自性可言，故可违反；有人把科学视为物质文明，以唯物论为至高无上，炳麟认为物由认识而起，唯物论乃唯心论的一部分，并无高超之处；有人持进化主义，认为进化的潮流不可抗拒，炳麟认为进化虽为客观事实，但善恶苦乐并进，进化未必有绝对的价值，不可强人所难；有人认为凡人都应该遵奉公理，炳麟以为公理都是以已意律人，非人类所公例，人类所公例者不可以个人故陵轹社会，不可以社会故陵轹个人。凡此，虽为炳麟的哲学观，亦可表示其治学态度的一斑。

炳麟在学术研究上的成就，以国学为主；对西学和印度佛学的涉猎，亦常持以与国学相印证。其治学次第，分治本和治标两方面，治本以文字声韵为基，由朴学而文学而史学而玄学；治标由史学入手，而后及于性之所近与世之所急，而以经世济民为归。此处分为八方面，说明炳麟在学术上的成就。

其一，对佛学的研究：炳麟在三十岁左右的时候，与宋平子交往，平子劝他读佛书，乃对《涅槃》、《维摩诘》、《起信论》、《华严》、《法华》等加以涉猎。三十六岁后在上海狱中的三年，复诵研《瑜伽师地论》、《因明论》、《唯识论》等书。出狱东渡后，又常研读《藏经》及《楞伽》、《密严》等书，认为学理无过《楞伽》、《瑜伽》者。宣统三年秋，炳麟在东京集沙门三十余人讲演佛学，独倡法相，谓能与近世科学思想相应合，并谓“佛法不事天神，不当命为宗教”。炳麟以科学、哲学看佛学，摆脱其神秘的部分，当系受中国入世思想的影响。

其二，对老庄的研究：炳麟治老庄，有惊人的发现，一方面因为他以佛理释老庄，另一方面因为他拿老庄与西方哲学——如康德、斯宾格勒等人的哲学——相印证。所著《庄子解故》一卷，《齐物论释》一卷，暨《原道》、《原名》、《明见》、《辨性》、《道本》、《道微》、《原墨》等篇，精辟创获，发前人所未发。尤以《齐物论释》一书，炳麟自谓与《文始》一书皆为一字千金之作。炳麟认为老庄哲理是入世的，他说：佛法虽高，不能应用于政治及社会；老庄玄理用于政治及社会，较儒家为高。这与一般对老庄哲学的认识有所不同。

其三，对经学的研究：炳麟治经，笃守古文家法，以周官、左氏为本，宗尚汉学，亦不黜魏晋。因其对古文有特别造诣，常能推翻旧说，提出新的见解。在《易经》方面：炳麟认为《易》是开物成务之书，反对以象数、清谈、谶纬说易。炳麟对《易经》的著述不多，除在《自述学术次第》一文中有若干条记外，有《八卦释名》、《彖象》、《易象义》、《易论》等篇。在《诗经》方面：炳麟对诗体和《诗经》中的微言大义，常有独特见解，重要的著作有《关雎故言》、《小疋大疋说》、《六诗说》、《辨诗》、《诗终始论》、《小雅大雅说》、《毛公说字述》等篇。在《礼经》方面：炳麟认为《周礼》为周公致太平之迹，其书非一人之作；《仪礼》为威仪之则，其法可用于后代者少；《礼记》为古礼杂记，二戴所记不可偏废。炳麟对《礼经》方面的著作有《孔子制礼驳议》、《王制驳议》、《礼隆杀论》、《大夫五祀三祀辨》、《拜跪举废议》、《丧服草案》等篇。在《春秋经》方面：炳麟认为孔子作《春秋》的目的是述行事以存国性，故春秋三传，他最推崇左氏，因为左氏能采集事实以考异同，并能明白义法。炳麟在这方面的著作有《春秋左氏疑义答问》、《春秋左传读叙录》、《刘子政左氏说》、《春秋故言》等。在《尚书》方面：炳麟倾心于《古文尚书》的研究，这一方面的著作有《太史公古文尚书说》、《古文尚书拾遗》等书，《尚书续说》、《尚书故言》、《疏证尚书八事》等文，多以古代文字学解释《尚书》的词义。

其四，对小学的研究：清代文字学发达，炳麟承其余绪，更从“究语言之原”、“综方言之要”上下工夫，乃能超迈前人。炳麟幼从俞樾治语言学，俞樾教他以语言学的研究作为了解古代著作的门径。因为不知音韵，即不知一字数义所由主，亦不知数字一义所由起。《文始》九卷作于清末在日本讲学时代，是从声音上考求古代文字孳乳别生的情形。他认为仓颉作书是依类象形，但象形文字见于《说文》的不过三四百个，文字所以日多，是由于“声意相迩者孳乳别生”。《文始》就是以声为部次所编的一部字典。《新方言》十一卷探讨中国语言的地理分布，从而由各地语音推证古代文字之意义。此外，《小学答问》一卷，明本字借字的流变；《国故论衡》三卷，除论述文学、哲学外，上卷十一篇专论文字声韵的要义，如《古音娘日二纽归泥》，定古声为二十一纽；《古双声说》谓古同部位之音，虽旁纽者皆为双声，以证古音声类转变之故。炳麟又考证《说文》，旁参经籍，定古韵为二十三部，发明“对转”、“旁转”、“次旁转”、“次对转”、“交纽转”、“隔越转”，而作“成均图”，使韵部转变，曲达旁通。炳麟更创造五十八个用作切音的符号，成为民国以后使用注音符号的来源之一。

其五，对法律的研究：炳麟在主编《民报》的时代，曾著《五朝法律索隐》，认为魏、晋、宋、齐、梁五朝的法律具有四种精神：即重生命、恤无告、平吏民、抑富人。宣统年间，清廷从事法律改革，炳麟对新刑律颇有微词，如谓同一罪状，有徒刑五年和徒刑六月之别，法官得任意定之，是对法官授权过重；又如谓放火决水坏历史宗教之图书建筑物者处死刑，而坏常人宅舍图书者，罪反减轻，殊为非是，因为法律的目的是保护生人，不是保护鬼神。凡此，均为炳麟对法律的特别见解。

其六，对历史的研究：炳麟不信史前之说，举凡人类以前的地球生成论，人类以后的工具标志论（石器、铜器、铁器），以及未有文字以前的蒙昧野蛮说，都以为是推测，不足征信，故他只从有文字以后的历史作为信史去研究。炳麟在历史方面的著作不多，光绪二十八年（一九〇二年）在东京时，曾致书梁启超，计划写一部中国通史，包括表（帝王表、职官表等五章）、典（种族典、礼俗典等十二章）、记（唐藩记、光复记等十章）、考纪（秦始皇考纪、洪秀全考纪等九章）、别录（李斯别录、刺客别录等二十四章）五部分，此书发表于《新民丛报》，收入光绪二十九年出版的《訄书》中，后来《訄书》改名《检论》出版时，删除。虽然如此，炳麟在一般著作中对史学和史事都有精辟的见解和发现。首先，炳麟认为治史者只注意地理、官制，过于狭隘，主张进一步研究姓氏之学、刑法之学、食货之学和乐律之学。

其次，炳麟是以民族主义的观点看国史，他认为史籍所载的人物、制度、地理、风俗之类，均可灌溉民族主义。他又认为儒家文化以历史为宗，孔子作《春秋》，上承六经，下启史汉，使中国古代历史有了端绪。中国因有如是悠远的历史，人民自知贵于夷狄，故历来虽有四夷交逼，而国性不堕。

再次，炳麟为文论事，常涉及史事，但不落俗。如谓禹能治水，得力于他的地理知识和数学修养；如谓孔子之功在制历史、布文籍、振学术、平阶级，为保民开化之宗，不为教主；又如谓伯夷、叔齐出于山戎，所隐之首阳山在辽西，所采之薇为野豌豆苗，其高风亮节，足为中原世范。在论及制度方面，如《官制索隐》一文，不仅列举了古今官名的演变，且倡“神权时代天子居山”、“专制时代宰相用奴”、“古官制发原于法吏”等说。在论及风俗方面，如谓魏晋弊俗造端于东汉，反对魏晋风俗不及东汉之说；如谓近世文人无行，于上官滥称师生，其风始于唐之韩愈，如谓唐代学者受王勃影响，习为夸诞，不务实际；又如谓唐代荒淫与竞浮慕势之风，远过南朝，南朝多在王室，唐时延及一般士民。

在论及史学本身方面，炳麟承袭章学诚“六经皆史”及龚自珍“六经为周史宗子”的说法，认为史之体例本于经，如《春秋》、《尚书》即后世史书的本纪、列传，《礼经》、《乐书》即后世史书中的志，《易》为哲学史精华，《诗》亦多记事。炳麟对中国史学的弊病也有批评，他举出五点，提醒治史者注意：(1) 尚文辞而忽事实：即喜好史书中的文辞，忽略史书中的事实。(2) 因疏陋而疑伪造：谓治史者常因史籍记载的偶尔疏陋，而怀疑史籍为伪造。(3) 详远古而略近代：谓远古之事多异说，史者喜治；近代之事少异说，史者不喜治。(4) 审边塞而遗内治：谓史者喜言与域外诸国和战朝聘之事，对内政情况并不深究。(5) 重文学而轻政事：谓史者只注意文字表面，不注意政治背景。炳麟主张治史者要“寻其根株”，不要“摭拾枝叶”，如《离骚》之作，是怀王信谗的结果，不应只注重《离骚》，亦应研究怀王信谗；又如清谈时代，亦多礼法之士，不应只注重清谈，而忽略礼法之士。

其七，对文学的研究：炳麟的文学基于国学，自谓“先求训诂，句分字析而后敢造词；先辨体裁，引绳切墨而后敢放言”。炳麟早年治小学，“为文奥衍不驯”，并非故意炫耀古文，不过“欲使雅言故训复用于常文”。三十四岁以后，受仁和谭献的影响，喜爱三国、两晋文辞的“清和流美”。炳麟晚年自述其文章风格，“清远本之吴、魏，风骨兼存周、汉”。炳麟于诗，兴趣不广、自谓仿为五言，专写性情。其诗虽即物言情，不加修饰，然气韵深远，弥见性真。此外，在《国故论衡》中卷七篇中，有不少关于诗与文的论述，他认为诗与文可以观政，并可从诗文中看出国势的盛衰，民气的刚柔，故在炳麟看来，文学并非雕虫小技。

其八，对医学的研究：炳麟于披览群经之余，复究心中国医学，搜求国内外宋明精本医书二三十部，精心研究，颇多创获。这一方面的著作，除单篇论述外，集合成书的有《猝病新论》、《章校长太炎先生医学遗著特辑》等。一九一三年九月炳麟幽居北京时，仍不时研究医书，并有书致汤夫人云：“昔人云：不为良相，当为良医，此亦吾之志也。”此可见他对医学兴趣的一斑。

炳麟对国学的深入研究，以及他对百家学术的广泛论列，对中国学术史有其不可忽略的贡献。炳麟可谓为中国近代第一位有系统地尝试研究学术史的学者，皮锡瑞的《经学历史》虽以近代早期的学术史概论出现，在见识上远不及炳麟，只可惜他没有系统地把材料编起来。炳麟考察中国学术有两点是开风气的，其一是打破了一尊的束缚，把各家学术还诸各家的本身；其二是重视学术发展的客观环境，从地理、政俗等方面观察之。

从炳麟的著作中来看中国学术史，炳麟认为九流之学皆出自王官，但诸子既别立一家，为自坚其说，亦必旁征博引，自有见地。对于儒家，炳麟推崇孔子对历史（删定六经）和教育（《论语》、《孝经》）的贡献，但认为孔子讲求权变，如用儒家的道德，艰苦卓厉者绝无，而冒险奔竞者皆是；若用儒家的理想，宗旨多在可否之间，论议止于函胡之地。对于道家，炳麟认为老庄由其博览史事，而知生存竞争、自然进化，故一切以放任为主。同时炳麟把老子与道士分开，以为道士与老子无涉。对于法家，炳麟以韩非“有见于国，无见于人；有见于群，无见于孑”。对于墨家，炳麟以“墨家宗祀严父，以孝视天下”，谓“孟轲以为无父，然非其所本”。其他论述先秦诸子的文字尚多，兹不多举。

汉代的学术，儒家独尊，经师不出二途，一以笺注训诂，一以谶纬迷信。因为训诂多走说道的路，炳麟评云：“六经者，记载之文，非为立德也。”谶纬迷信后来衍为神仙方道，炳麟归咎于董仲舒。汉代学术受炳麟推崇的为司马迁和班固的史学，和王充的哲学。司马迁和班固是继承了孔子的史学传统，而王充承袭了先秦的理性主义。

汉代“喜阴阳谶记，以传经法”，是学术衰落的时代。炳麟似较推重魏晋之学，但炳麟所推重的并不是魏晋在经学上的成就，而是治学的态度与风气。魏晋的怀疑论，含有批判精神，重个性而厌束缚，不拘一宗，自由研究。这种风气，到了唐及五代有所转变。唐及五代学风保守，炳麟斥为“说经守师，不敢专恣……笃守旧常，无叛法故”。迄于宋明，经学益衰，士人空疏不切实际，不为炳麟所重。

炳麟承乾嘉遗风，一面批评宋明理学，一面盛赞清初实学。惟以炳麟富反满思想，其论述清代学人，常以其是否反满为评价的标准，故最推许王夫之、顾亭林等人。另如能匡正宋明空虚学风的戴震、颜元等人，亦为炳麟所推许。炳麟的学术是求是与致用，但所谓求是，不是乾嘉学者限于文字训诂间的“求是”；所谓致用，既不是清初的经世致用，也不是今文家持改良主义，追逐功利式的致用。炳麟在文字学上主张发明而不拘守旧说；在经学上主张存古，反对定于一尊；在史学上讲求因果流变，反对微言大义；在治学方法上主张探求名理，反对主观妄说。炳麟对中国历代学术的评释，及其个人在学术上的成就，可以表明他对中国学术史的贡献，亦可表明他在中国学术史上的地位。

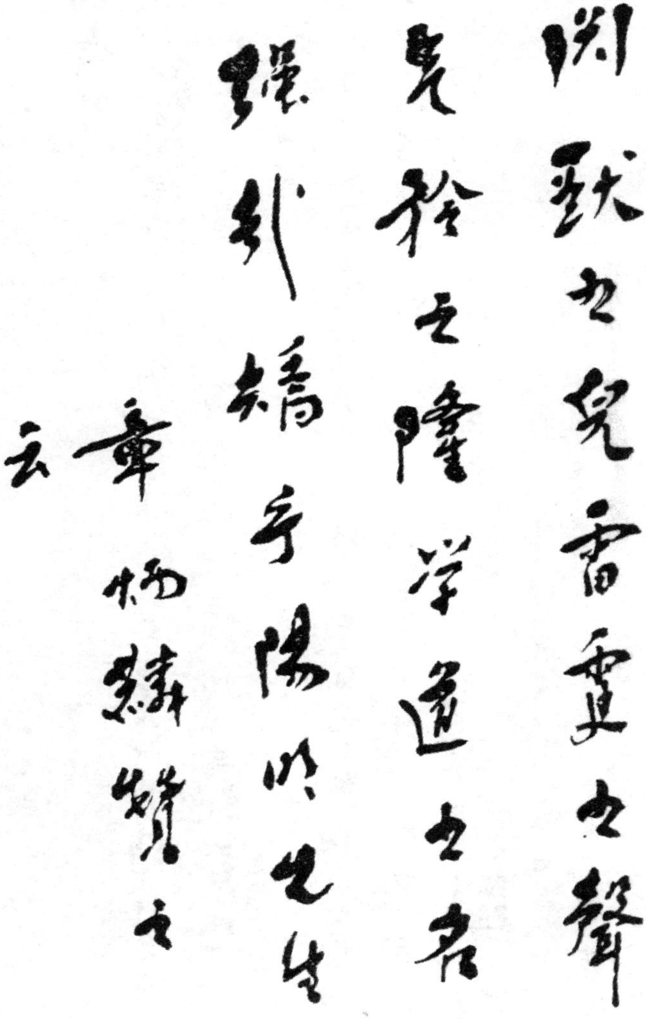

章炳麟遗墨之一

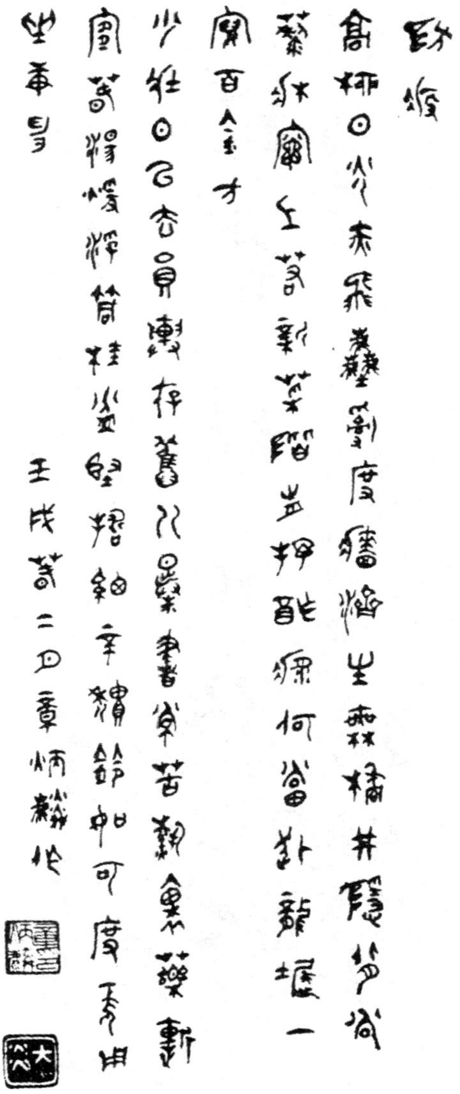

章炳麟遗墨之二

五、思想贡献

炳麟生在一个新旧交替的时代，在思想上有因袭传统者，亦有撷取外来者；有体系庞杂者，亦有单简纯一者。可分哲学思想、宗教思想、民族思想、政治思想、社会思想、进化思想、经世思想等方面介绍。

其一，哲学思想：炳麟对东西各国的哲学，涉猎很广。在中国哲学家中，上自老庄孔墨荀韩诸子，中经汉魏六朝唐宋明清各家，下抵公羊学派的康有为和谭嗣同，以及严复等，都有论评。在西洋哲学家中，古代的苏格拉底、柏拉图、亚里士多德、伊壁鸠鲁等人的哲学，近代的康德、费希特、黑格尔、叔本华、尼采、培根、休谟、巴克莱、莱布尼兹、穆勒、达尔文、赫胥黎、斯宾塞尔、笛卡尔、斯宾诺沙等人的哲学，都有称引。炳麟对印度哲学的吠檀多、波罗门、胜论、数论各宗，《法华》、《华严》、《涅槃》、《瑜珈》诸经，亦有研究。因此，他所谈及的哲学问题很广，如哲学定义、宇宙根源、理论与实际、时空、有无、质量、本质与现象、是非（真理与谬误）、感觉与思维、因果、差别与同一、有神与无神等问题，无不有所论列。

西人所谓哲学，中国谓之“道”，印度谓之“见”，炳麟独喜“见”字，谓“见无符验，知一而不通类，谓之蔽；诚有所见，无所凝滞，谓之智”。炳麟的哲学思想在基本上是唯心论的。关于宇宙根源问题，炳麟认为是精神而非物质，他曾说："假令诚有物质者，物质不能自认物质为物质，谁认之者？惟是心量。"又曾说："此心为必有，而宇宙为非有，所谓宇宙，即是心之拟相，即以此心还见此心，夫何不可推测之有？"关于感觉与思维问题，炳麟有心物二元论的倾向，他一方面认为感觉为认识的起点，思维以感觉为其泉源，谓"名之成始于受，中于想，终于思。领纳之谓受，受非爱憎不著；取像之谓想，想非呼召不微；造作之谓思，思非动变不形"。但另一方面，他也承认感觉的不可靠，谓"远视黄山气皆青，俛察海波其白皆为苍，易位视之而变"。故炳麟讲认识论，又回到"内自观察"上。

关于理论与实践问题，炳麟从唯识论出发，认为理论可以离开实践而产生，只有在实践以外的寂静中才是产生理论的唯一泉源；若从事实践活动，就对理论的发展构成障碍；故知与行要分开。炳麟以此认为王守仁的知行合一说至为浅薄，但却深赞其"致良知"的学说，因为"致良知"之说和他的唯识论相吻合。

关于现象与本质问题，炳麟亦由唯识论出发，认为宇宙实体唯是一心，而各种现象皆为迷妄。虽然如此，幻有亦必依于真相。炳麟曾举例云："譬如长虹，虽非实物，亦必依于日光水气而后见形。"

关于真理与谬误，炳麟认为不是绝对的。真理中含有谬误，谬误中含有真理，所谓"有儒墨之是非，以是其所非，而非其所是"，即是表明真理与谬误的非绝对性；所谓"是非所印，宙合不同，悉由人心顺违以成串习"，即是表明真理与谬误有其主观性。

关于时间与空间问题，炳麟一反康德之说，认为时空是存在的。他在《建立宗教论》中说："假令空是绝无，则物质于何安置？假令时是绝无，则事业于何推行？"但所谓存在，并非实有，乃由心造，最后仍归结到他的唯识论。

另外，关于因果关系，炳麟否认其客观性，他认为"真因实不可得”，而“明日有无，必非今日所能逆计”。关于法则论，炳麟认为自然规则不在物中，由五识感触而觉其然，由意识取像而命为然，不能离知识而有。关于质量问题，炳麟认为质与量均非实有，“三界唯识所造”。关于同异问题，炳麟主张“泯绝彼此，排遣是非”，一切事物如“暗夜里的牡牛”，尽归齐同，而无所差异。关于有无问题，炳麟亦本唯识论，认系生于内心，所谓“不觉心动，忽然念起，遂生有无之见”，即指此义。关于有神与无神问题，炳麟为一彻底的无神论者，对于一切形态的有神论，他都攻击驳难，这一点颇与一般唯心论者不同，因为唯心论者通常为有神论者。另一方面，炳麟亦与一般无神论者不同，因为无神论者通常是反对建立宗教的，而炳麟则提倡建立宗教。

其二，宗教思想：炳麟认为中国应该有宗教，用宗教增进国民道德，挽救世道人心。炳麟心目中的宗教不是孔教，他认为中国民德衰颓已甚，“姬孔遗言，无复挽回之力，即理学亦不足以持世”。且孔教含有富贵利禄思想，对民权有害。炳麟心目中的宗教也不是基督教，他认为基督教持唯神论，崇拜一尊，容易造成专制政治，于众生平等之义有害。尤值顾虑的是，基督教足养成国人崇洋心理，教徒需持洋以陵轹同胞。

炳麟心目中的宗教是佛教，一方面因为中国素称佛教国，国人信仰佛教不至忘本；另一方面，佛教可以通贯上下，其理论使上智不能不信，其戒律使下愚不能不信。在佛教诸宗派中，炳麟最称许华严、法相二宗，最反对净土宗。净土宗烧纸、拜签、化笔、扶乩等事，只求现世的康乐，子孙的福泽。华严宗普度众生，不惜以头目脑髓施舍与人，在道德上最为有益。法相宗教义尤高，该宗主张“万法惟心”，认为一切有形的色相，无形的法尘，都是幻见幻想，并非实在真有，全出于自心。这种心、佛与众生合一的信仰，能使众志成城。故炳麟在《答铁铮》一文中曾谓，禅宗自贵其心，足为强国之资；法相实事求是，合乎近代科学；均为中国所当提倡。

炳麟对宗教的主张，大部发表于清末。炳麟以佛教为最佳宗教的原因，除上述者外，尚因佛教讲平等，而满人不以平等待汉人，佛教的信仰可以激起一般人逐满复汉之思。这样说来，炳麟的宗教思想以救国拯民为依归。虽是如此，炳麟并不主张把佛教列为国教，他认为，宗教信仰应该自由，政教应该分离。为了避免宗教影响政治，他主张僧侣及宣教师不许入官，不得有选举权。

炳麟对宗教的见解，带有理性主义的色彩。中国的理性主义出自先秦，由孔子的泛神论到公孟的无神论，源远流长，至汉代神仙方道之说起，承袭理性主义源流者惟王充。炳麟在理性主义上的表现之一，即为前述的宗教上的无神论，谓“奉天神地只物魅者，皆上世之左道，愚陋下材之所推树”。他既反对耶稣教，亦反对欲建以与耶稣教抗衡的孔教，至于道教，他认为是“符箓诡诞，左道惑人”，更不赞同。今文家欲把孔子捧为教主，炳麟完全把孔子视为人文主义者，他认为孔子的贡献有四：(1) 制历史：孔子作《春秋》，纪年有次，事尽首尾，令晚世得以识古，后人因以知前。(2) 布文籍：春秋以前，政典掌在天府，礼教不下庶人，孔子删定六书，布之民间，使人知典常，家识图史。(3) 振学术：孔子开私人讲学之风，脱离“官守其一术”的旧规，各抒己见，百家争鸣，虽所见不同，中国学术即兴于是。(4) 平阶级：春秋以前，官多世卿，自孔子设教，无分贵贱，养徒三千，散在列国，皆有卿相之资，由是寒素上逐，阶级荡平。如前所述，在所有的宗教中，炳麟比较接近佛教，因为佛教法相等宗，没有神秘性，实不过为人生哲学。炳麟以为，道德普及之世，即宗教消镕之世，于此有学者出，存其德音，去其神话，而以高尚的理想创成学说，如中国的孔子、老子，希腊的苏格拉底、柏拉图等，皆以哲学而为宗教的代起者。由此可知，炳麟是以宗教为过渡，最后希望以道德哲学代宗教。

其三，民族思想：炳麟的民族思想，渊源于中国的历史。据他自己的回忆，在十三、四岁时读蒋氏《东华录》，看到吕留良、曾静等事件的记载，即感愤恨。十八九岁时，读到全祖望的文章，所述南田、台湾诸事甚详，乃有为浙人雪耻的想法。及读到王夫之的《黄书》之后，排满的志向就更为坚定。由于他自己的经验如此，所以光绪三十二年在留东学生欢迎会上演说，即主张把民族的情感，诉于中国历史，亦即诉于中国国粹。他认为中国的语言文字，与世界各国绝异，字有本义，又有引申之义，语言有同字异音，又有同物异名，而由造字先后的不同，复可推知建置事物的先后，能通小学，即能了解中国古代文学的伟大，足增爱国保种的力量。他又认为中国的典章制度合于社会主义，能应合世界潮流。炳麟所谓社会主义，实即平等主义和均富主义。关于均富主义，他举出三代的井田和从魏晋至唐的均田制度为证；关于平等主义，他举出东汉以后的刑律和隋唐以后的考试制度为证。这些好的制度，都值得顶礼膜拜。炳麟还认为，中国古代的人物事迹，亦为中国民族思想的来源。他推崇刘裕和岳飞，因为他们都是打击胡人的能手；他也推崇亭林和戴震，因为他们都鼓吹反满思想。

炳麟在中国历史中找寻民族思想的激素。他自己的民族思想是由研习春秋和明末清初的历史而来。他亦借着对中国历史的考证和叙述来激励国人的民族思想。炳麟早年写了不少辨别种族大义的文字，如《原人篇》，说明中国民族皆出于轩辕，华夏不可以臣服胡虏，寓有浓厚的排满意味。《序种姓》考证中国古代种族和姓氏，谓中国民族不起于加尔特亚，黄帝起于印度、大夏、西域三十六国间，并谓中国政权“可禅可继可革，而不可使异类间之”。炳麟在民族思想上的最大特征是承袭了王夫之的看法，以血统为区分民族的根据，一扫纯据文化以辨民族的旧说。炳麟在《中华民国解》一文中引述《帝典》，谓“蛮夷猾夏”；又据《说文》，谓“夏指中国人”；指出夏族与蛮夷的分别。又谓中国自汉以上，视蛮、闽、貉、狄诸族不比于人，民族不专以礼教为标准，因诸夏之中，弑父烝母者不少，春秋亦不以夷狄贱之，故炳麟云：“夫言一种族者，虽非铢两衡校于血统之间，而必以多数之同一血统者为主体。”炳麟在同一文中，又考中国民族与国家的起源，以为华系国名，夏系族名，华夏为一个种族建立的一个国家，夷狄入据中国，是破坏中国政治自立，不能允许其存在。

当炳麟由血统分辨中国种族之际，康有为正以文化观点，混满汉为一。炳麟认为，中国所以为中国，非由其有周孔之文化，乃由其有炎黄之族类；必有炎黄之族类，始能创周孔之文化。炳麟又把民族与文化合为一体，认为文化盛衰关系民族兴废，中国文化盛大悠久，非满人所能尽毁，可虑者为国人醉心西化，不待人之摧残而先自弃其风俗历史。在这一点上，炳麟陷入保守主义，而民族主义与保守主义是息息相关的。

炳麟的民族思想所以影响大，是因为他在反满的宣传上只坚执一点，即光复主义。他在光绪二十八年（一九〇二年）所撰的《中夏亡国二百四十二年纪念会叙》中，一面要国人效法李定国、郑成功、张煌言、瞿式耜、何腾蛟、李成梁等人对光复明室的努力，一面要国人效法希腊和波兰人的复国意志。次年，他为邹容的《革命军》作序，说明革命与光复的区别，他认为同族相代谓之革命，驱逐异族谓之光复，中国既亡于胡人，即当谋光复，不必称为革命。但炳麟所持的光复主义，只在光复中国的种族，光复中国的州郡，光复中国的政权，并不要杀所有的满人。在这一点上，他与孙中山的见解相同，虽然孙中山的民族思想较他为恢廓。

在反满宣传上，光复主义常与复仇主义相提并论。或谓复仇为野蛮的行为，炳麟以为在法律可以约束的范围内，私人的复仇为野蛮行为；种族的仇恨在法律的范围以外，则可以实行复仇。由于此一激烈的种族仇恨思想的传布，使炳麟及其周围的人采取了一种狭隘的民族主义。当时有人以倡无政府主义的方法，以为推翻满政府的手段，炳麟认为不如直诉民族主义，他在《排满平议》一文中说："无政府主义者，与中国情状不相应，……不如言民族主义。"又说："举一纲而众目张，惟排满为其先务。"

其四，政治思想：炳麟的政治思想，基于他的哲学思想。炳麟否认一切的因果律及自然规律的客观存在，进而站在极端个人主义的立场，断言一切的规范或法则，是对个人自主的束缚。炳麟的政治思想是以个人主义为起点，以无政府主义为终点，不承认国家体制。其个人主义的思想可能出自道家，他认为人不是为世界而生，不是为国家而生，不是为社会而生，不是为他人而生。人对于世界、国家、社会、他人本无责任，责任是后起的事。因为有负于人，就要偿于人。但人与人之间相助相酬，乃出于个人的自择，并非出自天然。另一方面，炳麟认为个性解放并不是说人可以无拘无束，当以不做害人之事为界限，所以他说："人类不为相害而生，故恶非所当为，则可以遮之使止；人类不为相助而生，故善亦非人之责任，则不得迫之使行。"炳麟这种观念，是对传统名教纲常的离心，但较李贽、谭嗣同等人的看法还温和得多。

炳麟既持个人自足之义，引申推演，势必重己轻群，所以他对于具有实体的国家和政府都没有好感。他对于国家的见解有三：即国家无自性，国家非当设，国家不神圣。所谓国家无自性，是说国家由个人组合而成，自性属于个人，不属于团体。炳麟认为对于个体所集成者，个体为真，其集成者为幻，故国家的自性是假有者，非真有者。所谓国家非当设，炳麟认为国家由御外而立，政府由争杀而起，国君由造酒而立（古谓人君为酋，酋者绎酒，古人嗜酒，能造酒者可为人君），宰相由奴仆而生，官制由法吏而起。凡此均可证明国家原始功用的邪恶卑贱，炳麟认为国家是不得已而设之者，非理所当然而设之者。所谓国家不神圣，是综合上述二义观之，国家既无自性，起源微贱，自无神圣可言。即就共和政体言之，虽稍胜专制，亦无足宝贵。选举的靡费，政治上的贿赂，虽民主先进国家亦不能免。

由贬抑国家价值向前推演，炳麟对人类社会所存在的一切均感失望，乃倡五无论，欲使世界进于绝灭之境。所谓五无，一为无政府，以免种族之争；无钱币，以免阶级之争；无军器，以失相争之具；无牝牡相交，父子相系，以免情爱之争。二为无聚落，使农为游农，工为游工，女为游女，使膏腴、温湿地区的人与苦寒、贫瘠地区的人迭相迁移，以破范篱，以杜争端。三为无人类，从“断人道而绝其孳乳”着手。无人类自然无政府、无聚落及一切相争之事。四为无众生，在人类绝灭之后，可免人类由进化而再生，如并微生物亦不存在，世界将可以安然。五为无世界，世界为人类及众生所依持、所见证，如无人类及众生，世界等于不存在。此种激烈的想法，不过为对国家相争、社会不平和政治暴苛的抗议，可谓为愤世嫉俗。但炳麟于政治及学术抱有满腔热血，其思想是入世的。他的入世思想，在表面看来是从厌世上来转圜，炳麟曾谓“自揣生平学术，始则转俗成真，终乃回真向俗”，故他在紧接批评国家的存在以后，又认为国无自性而可以爱，国不当设而不可无，国非神圣而可以救。所谓国无自性而可以爱，因为人所爱之物大半非实，国虽不实亦可爱之。炳麟认为爱国之念，强国之民不可有，弱国之民不可无，因为弱国之民爱国无害于人。所谓国不当设而不可无，因为人所行之事大半是当然的，国虽不当设却不能不设，如是可以减少内忧外患。所谓国非神圣而可以救，因为人为了自卫，可以不论荣辱。

炳麟在承认国家的客观存在之后，对国家的体制即有所选择。炳麟所选择的是共和政体，而非专制政体。炳麟心目中的共和政体，与孙中山的想法不同，与西方代议制度尤异。他反对中国实行代议制度，理由有三：(1) 代议为封建遗制，不适于平等社会；在平等社会中，人民与政府应发生直接关系，不容代议士横置其间，以免隔膜。(2) 中国地广人众，势不能行代议，因为行代议必举议员，举议员必按人口比例，中国若仿日本每十三万人选一议员，将得议员三千二百，如何议事？如仿列国选七百议员，六十万人始能选得其一，一人如何能代表六十万人的意见？（3）议员不能代表民意，选出的议员或代表政党利益，或代表一己行业的利益，不以民意为归。基于这些考虑，炳麟摈斥代议制度，主张实行直接民权，认为共和政治所当行者有三大端：(1) 四权分立：于行政、立法、司法之外，别加一教育权，各权独立行使，以防专制。(2) 宣民意：平时无须举代议士，仅允人民有集会、言论及出版自由，遇有军国大事，每县举一人，议定之后，政府不得擅专。(3) 行法制：即如炳麟所言："法律既定，总统无得改，百官有司毋得违越，有不守者，人人得诉于法吏。"炳麟崇尚法治，反对人治，因此对传统中国政治哲学抑儒墨而扬商韩。

前述炳麟的政治思想，都是在排满时代对未来中国政治的悬想。民国建立后，各党各派发表建国主张，炳麟组党有所运动，但态度较为保守。他在中华民国联合会成立会的演说中强调，中国是因旧之国，非新辟之国，其良法美俗应保存者则存留之，不能事事更张。他反对行美国的联邦制，认为会破坏中国的统一；而较倾向于法国的中央集权制。他主张行政官除大总统外不由人民选举，惟行政部门应对议院负完全责任。至于政治体制，他认为三权分立制不完备，主张另加教育、纠察二权。在经济体制方面，炳麟主张实行国家社会主义，进行方法则为限制田产，行累进税和遗产税。此外，他也主张废除纳妾制度和长子继承制度，并主张公民权以识字为标准，不以财产为标准。这些较为落实的政治主张，与前述政治思想显然有些距离。

其五，社会思想：炳麟的社会思想，除前述表现于无政府主义者外，主要是表现于对财富问题的看法。光绪二十八年（一九〇二年），炳麟在日本与孙中山讨论土地问题，颇赞同孙中山的平均地权之义，即革命成功之日，土地国有，地主宜废，农须自耕，田须领种。炳麟痛苏州人冯桂芬等豪族以佃为奴，主张惩治，并没收其田产。在他所主编的《民报》上，即刊登刘师培的《悲佃篇》，黄侃的《哀贫民》，大事鼓吹。黄侃以“富人夺之而我乃贫，非平等之道”，主张“宁以求平等而死，毋汶汶以生”。刘师培的态度更激烈，主张“尽破贵贱之级，没豪富之田，以土地为国民所共有”，为了“籍豪富之田”，他甚至鼓励“农人革命”。炳麟在《民报》上对财富问题的主张，与刘、黄等无多出入，他在《代议然否论》一文中，主张“田不自耕植者不得有，牧不自驱策者不得有，山林场圃不自树艺者不得有，盐田池井不自煮暴者不得有”，其法与孙中山的平均地权之制，仁暴迥殊。

其六，进化思想：黑格尔谓世界的发展即理性的发展，炳麟指为进化论的萌芽，达尔文、斯宾塞辈应用其说，一举生物现象为证，一举社会现象为证，进化论的学说始成。清末民初，进化论和物竞天择说在中国广为流传，炳麟处在那个时代，自然有所感受。所著《原变》一文，谓生物之变，起于相竞与合群，人宜善用智力，“蜕其故用而成其新用”，不宜避世离俗。《易论》一文阐发《易经》道理，提倡尚强、竞争，谓“人以竞争而得存活”。由进化论和《易经》哲学出发，炳麟肯定人类的社会和文化有竞争和创新两方面。他认为无论生物及人类，都免不了竞争，其“五无论”谓无政府、无聚落、无人类、无众生、无世界即可免除竞争，实则，此五者无一可免，故不可无竞争。至于创新，亦为人类社会很普通的现象，他否认儒家文化有保守性，日人远藤隆吉以孔子一意循旧而无进取，谓“孔子出于支那则支那之祸本也”，炳麟为文非之，谓一意循旧，汉世博士有之，魏晋以后无是。不过，炳麟认为竞争和创新并不一定能给人类带来绝对的进步和幸福，因为善恶苦乐是并进的，所以他又认为进化之实不可非，进化之用无可取。

其七，经世思想：炳麟认为治学有二途，一为求是，一为致用，二者合而为一，才是切要之学。他认为明代的知识分子知今而不通古，清代的知识分子通古而不知今，皆不足取法。他在一二八事变后到北平，看见一般学者还在对古史的考求孜孜不休，或考墨辩，或考《山海经》，或考镜鼎陶瓦，虽是求是，具科学精神，但不能致用。炳麟遂大声疾呼，要青年考求历史的演进，洞察目前的社会经济，以实践的精神，来救国家的危亡。他认为“现在的中国是处在什么时期，自己对国家应负什么责任，这一切问题在历史上可以全部找到明确的指示”；若不把这些指示找出来，治史便要落空。炳麟这种经世致用的思想，与顾亭林所提出的博学于文、行己有耻的目标相似。

六、结语

炳麟出身于旧式书院，不曾受过新式教育，一生治学以国学为主。一九三六年四月二十八日，炳麟向门人言生平志向，谓在“尊信国史，保全中国语言文字”。虽然如此，他对佛学和西学的涉猎亦甚广，此有助于他对国学的了解，亦更增加他对国学的热爱。炳麟平生以中国文化道统自任，如前所述光绪二十九年被捕入狱，有“国故民纪绝于余手”之叹。民初在北京幽囚时，曾致书汤夫人，有“吾死以后，中夏文化亦亡矣”之言。因为他以中国道统自任，在清末曾力辟今文派的公羊学说，谓公羊学视《春秋经》如预言，终必掩史实、逞妄说。民国初年，他又力辟疑古派的学说，谓疑古派以尧舜禹汤皆儒家伪托，如此必将维系民族的国史全部推翻，使人人忘其本来，国亡以后，永无复兴希望。他认为国与国不同的地方即为历史和语言文字，处在外患孔亟的时代，非专力保有此两种特性不可。

炳麟的思想，大部渊源于国学。如民族思想，是从《春秋》的“夷夏之防”出发，在清末宣传满汉仇恨，在抗战前夕鼓吹抗日情绪。政治思想和社会思想，除渊源于传统者外，主要是他对现实政治参与的感受。譬如他在东京与无政府党人和社会党人接触，对于他的政治和社会思想都有影响。不过，他的政治和社会思想，往往是临时触发的，而不一定是条理一贯的；是个人悬思的，而不一定是承袭宗派的。譬如他对西方的民主精神表赞许，但对西方的民主制度表怀疑。而自己设计的一套民主制度，又缺乏民主精神。又譬如他所谈的无政府主义，与世界上任何派别的无政府主义都不同，他主张世界毁灭，比老庄的无为思想还激烈。又譬如他一度主张用激烈的办法来平均财富，但日后即闭口不谈。不过，炳麟在哲学上确能糅合中西，匠心独造，询为一深沉渊博的学术思想家。

炳麟性格落拓，思想亦不甚谨严，惟因治学不因成规，故每能有所创见。他在国学上的创见，得力于文字学、佛学和西学，由文字学、佛学和西学的素养，撇开注释家的旧说，重新认识国故，乃能成为出色的国学家。他在研究学问之余，亦曾参与实际政治，这是出于不得已，因为在内忧外患交迫的时代，国事需要有人关心。炳麟的实际政治生涯是失败的，虽是如此，他仍是中国知识分子的典型代表，即无论何时，他没有忘记对国家应尽的责任。

参考书目

本书目分八类：(一) 报刊：指由炳麟主持或与炳麟关系密切的报纸和期刊。(二) 专集：指炳麟的著作汇集成书者。(三) 传记：包括炳麟自撰和他人所撰有关炳麟的传记。(四) 纪念文：指悼念或追思炳麟的文字。(五) 访问记：指由炳麟口述、由访问人记录下来的传记性文字。(六) 掌故：指关于炳麟的一些零星记载。(七) 著述目录：指炳麟的著作目录，由他人调查编集而成者。(八) 研究炳麟学术思想之论著。

(一) 报刊 (年代指炳麟参与的年代)

《时务报》，上海，光绪二十二年至二十四年。
《昌言报》，上海，光绪二十四年。
《苏报》，上海，光绪二十九年。
《国粹学报》，上海，光绪三十一年至宣统三年。
《民报》，东京，光绪三十二年至三十四年。
《大共和日报》，上海，一九一二年。
《雅言》，上海，一九一二至一四年。
《学林》，北京，一九二〇年。
《华国》，上海，一九三一年至二六年。
《国学丛编》，上海，一九三三年至三三年。

《国学论衡》，上海，一九三三年至三五年。

《制言》，苏州，一九三五年至三六年。

（二）专集

《訄书》，苏州，光绪二十七年。

《章太炎文钞》，五卷，上海中华图书馆，一九一四年《章氏丛书》（十二种四十五卷），上海右文社，一九一五年。

《春秋左传读叙录》，一卷。

《刘子政左氏说》，一卷。

《文始》，九卷。

《新方言》，十一卷。

附《岭外三州语》，一卷

《小学答问》，一卷。

《说文部首均语》，一卷。

《庄子解故》，一卷。

《管子余义》，一卷。

《齐物论释》，一卷。

《国故论衡》，三卷。

《检论》，九卷。

《太炎文录初编》，五卷。

《太炎最近文录》，须弥编，上海国学书室，一九一六年。

《章氏丛书》，十三种四十七卷，浙江省立图书馆，一九一九年。

较一九一五年上海右文社本多《太炎文录补编》一卷，《菿汉昌言》一卷，《齐物论释》一卷易为《齐物论复位本》一卷。

《章太炎的白话文》上海，一九二一年。

《章太炎文钞》四卷，上海国学扶轮社。“章谭合钞”本。

《章太炎文钞》三卷，中国图书公司，一九二七年。

《章氏丛书续编》七种十七卷，北平，一九三三年。

《广论语骈枝》一卷。

《体撰录》一卷。

《太史公古文尚书说》一卷。

《古文尚书拾遗》二卷。

《春秋左氏疑义答问》五卷。

《新出三体石经考》一卷。

《菿汉昌言》六卷。

《章校长太炎先生医学遗著特辑》，苏州国医学校，一九三六年。

《章氏丛书》三编（五种），上海，一九三九年。

《太炎文录续编》七卷。

《清建国别记》

《自述学术次第》

《自定年谱》

《古文尚书拾遗定本》

《章太炎先生尺牍》，出版时地不详。

《章太炎先生家书》，上海，一九六二年。

《国学略说》，台北，一九七四年。

（三）传记

《章太炎事略》，冯自由撰，《逸经》第六期。

《章太炎略历》，《中央日报》，一九三六年六月十五日。

《章先生别传》，但植之撰，《制言》第二十五期。

《余杭章先生事略》，李植撰，《制言》第二十五期。

《余杭章先生墓志铭》，汪东撰，《制言》第三十一期。

《国学大师章太炎先生》，《燕京学报》第二十期。

《记章太炎先生》，沈延国撰，上海，一九四六年。

《章炳麟》，许寿裳撰，南京，一九四六年。

《章太炎之行述》，谢汝铨撰，《台湾省通志馆馆刊》一卷三期。

《自订年谱》，章炳麟撰，《近代史资料》一九五七年第一期。
"Chang Ping-lin", in Howard L. Boorman, ed., *Biographical Dictionary of Republican China*, Columbia University Press, 1967.

（四）纪念文

李道中撰：《悼章太炎先生》，《东南日报》学苑，一九三六年六月二十日。
蔗园撰：《悼章太炎先生》，《朝报》，一九三六年六月十七日。
程沧波撰：《哀章太炎先生》，《中央时事周报》五卷二十三期。
坦荡荡斋主撰：《呜呼章太炎先生》，《武汉日报》今日谈第一四三期，一九三六年六月十六日。
徐仲荪撰：《纪念章太炎先生》，《制言》第二十五期。
冯自由撰：《吊章太炎先生》，《制言》第二十五期。
张仲仁撰：《纪念章太炎先生》，《制言》第二十五期。
景梅九撰：《悲忆太炎师》，《制言》第二十五期。
许寿裳撰：《纪念先师章太炎先生》，《制言》第二十五期。
施章撰：《悼章太炎先生》，《制言》第二十五期。
徐复初撰：《追念余杭大师》，《制言》第二十五期。
张一麐撰：《纪念章太炎先生》，《心太平室集》卷四。

（五）访问记

厉鼎煃撰：《章太炎先生访问记》，《国风》八卷四期。
朱希祖撰：《本师章太炎先生口授少年事迹笔记》，《制言》第二十五期。
诸祖耿撰：《记本师章公自述治学之功夫及志向》，《制言》第二十五期。
孙至诚撰：《谒余杭章先生纪语》，《制言》第二十五期。
唐祖培撰：《太炎大师谒问记》，《制言》第二十五期。

（六）掌故

冯自由撰：《章太炎与支那亡国纪念会》，《逸经》九期。

曹聚仁撰：《章太炎先生》，《申报》，每周增刊一卷二十四期。

徐一士撰：《谈章太炎》，《国闻周报》十三卷二十五期。

洪深撰：《民族主义者章太炎》，《光明》第一卷二期。

心佛撰：《章太炎先生在狱中》，《中央日报》，一九三六年六月十九日。

蔗园撰：《章太炎先生与革命军》，《中央日报》，一九三六年六月十九日。

王德亮撰：《章太炎对孔子的态度》，《朝报》，一九三六年六月二十二至二十三日。

铁峰撰：《章太炎谈白话诗》，《朝报》，一九三六年六月二十日。

觉簃撰：《章太炎拒为袁世凯修史》，南京《中央日报》，一九三五年八月二十二日。

徐一士撰：《章炳麟被羁北京轶事杂记》，《逸经》十一期。

徐一士撰：《再记章炳麟羁留北京时轶事》，《逸经》十二期。

陆丹林撰：《章太炎与张之洞》，《逸经》十七期。

黄家遵撰：《清末两位社会学的先锋——严几道与章炳麟》，《社会研究季刊》一卷三期。

刘禺生撰：《章太炎先生在茗录》，《制言》二十五期。

曹埃布尔撰：《记章太炎先生》，《制言》二十五期。

吴蔼林撰：《太炎先生言行轶录》，《制言》二十五期。

孙至诚撰：《书余杭章先生逸事》，《制言》二十五期。

黄季刚撰：《太炎先生行事记》，《制言》四十一期。

冯自由撰：《记章太炎与余订交始末》，《革命逸史》第二集。

《章太炎轶事》，《东南日报》，一九三六年六月十六至十七日。

《吴佩孚赞助章太炎讲学》，南京《中央日报》，一九三五年十月一日。

《关于章太炎》，《越风》第十六期。

（七）著述目录

毛子水撰：《章太炎先生著述小识》，天津《益世报读书周刊》五十四期。

许寿裳撰：《章太炎先生革命文献的一斑》，《新苗》十五期。

《太炎先生著述目录初编》，《制言》二十五期。

《太炎先生著述目录后编》，《制言》三十四期。

《太炎先生著述目录补遗》，《制言》三十六期。

（八）研究炳麟学术思想之论著

侯外庐著：《章太炎的科学成就及其对于公羊学派的批判》，《近代中国思想学说史》第十五章。

侯外庐著：《反映十九世纪末叶社会全貌底太炎哲学》，《近代中国思想学说史》第十六章。

萧公权著：《章炳麟》（一八六八——一九三六），《中国政治思想史》第四编第二十四章第四节。

季夏撰：《一代学术大师章太炎先生》，《大学生活》五卷二十一至二十二期。

林尹撰：《章炳麟》，中华学术院编《中国文化综合研究》页九一——一〇一。

郭湛波著：《章炳麟》，《近代中国思想史》第九篇。

"Chang Ping-lin", *Michael Gasster, Chinese Intellectuals and the Revolution of 1911*, Chapter 6.

欧阳竟无

麻天祥　著

目　录

国民政府令

民国三十二年四月二十七日

耆学欧阳渐，早岁精研性理，倡导良知，嗣以清季政俗衰颓，乃思以佛拯世。民国以后，编刊内典，著述益宏。尔年避寇来川，感令时艰，激扬正义，志行老而弗衰。兹闻溘逝，良深珍惜，应予明令褒扬，并特给金元一万，以彰宿学而示来兹。此令

教育部公祭文

维中华民国三十二年三月五日，教育部部长陈立夫及全体职员谨致祭于欧阳竟无先生之灵曰：呜呼！晦影归真，大师长往。梁木摧颓，学人安仰。呜呼！慈恩云远，绝学将亡。宗风丕振，孰绍初唐？昔我西巡，西京古寺。瞻礼徘徊，三塔鼎峙。明道嗣法，笃生宜黄，仁山继起，震旦之光。呜呼！发海潮音，说诸空相。大愿宏兹，待刊佛藏。法无常住，道则常新。存神过化，长怀哲人。呜呼哀哉，尚飨！

清朝末年，曾经销磨多少豪杰的六朝金粉，却烘托出一个嵚崎磊落的人，这人就是被称为“中国近代佛学复兴之父”的石埭杨文会。文会学问博而道行高，弘法刻经，捐家兴学，创办的金陵刻经处和祇洹精舍，在中国近代佛教、佛学，乃至思想史上，都占有光辉的一页。其影响所及，学苑山林，宗匠释子，凡有真信仰者无不趋而奉之，故杨氏门下多豪俊之士。而承其未竟之业，辑印藏要，辨析源流，建内学院及法相大学，赓续慈恩宗义，以唯识之学而开发当世之学人，不仅使晚清佛学伏流扬波而起，同时也在高等学院教育领域夺得一席之地者，则是被世人尊称为“宜黄大师”的欧阳竟无。

一、生平与思想的形成、流变

欧阳渐，字镜湖，由儒入佛后易名竟无，大概取佛家毕竟空之义。[①]江西宜黄人。同治十年（公元一八七一年）十月初八，正是即将坍塌的“天朝上国”沉浸在所谓“同治中兴”的梦酣岁月，欧阳出生在宜黄县城一个诗礼仕宦之家。

1. 家世、游学与入仕

宜黄欧阳，四世诗礼传家。曾祖文楷，祖父鼎训，父晖（仲孙）皆长于词章之学，书法也闻名于乡里。鼎训、仲孙公均在乡试中中举，但也都未能通过会试，故在京城只任过京曹一类的闲职，晖曾任职农部、户部，官至户部陕西司主政，[②]浮沉郎署二十余载。欧阳渐是晖第三房姨太汪氏亲生子。欧阳渐自幼既受深厚家学的熏陶，也是在窘迫的家境中成长起来的。

光绪二年（一八七六年），欧阳渐刚刚六岁，其父仲孙公因病谢世，寡母、孀嫂、孀姊、孤儿，共八人相依为命，窘迫的家境尤

---

① 众说五十岁易名竟无，实以讹传讹。章太炎一九一九年撰《支那内学院缘起》即称之竟无，其年欧阳四十九岁，易名显然在此之前。

② 《中华民国史资料丛稿·人物传记》十四辑说仲孙官农部尚书，不确。清代举人入仕只能待“大挑”，事实上只能任司以下京曹或知县以下小官。

其显得每况愈下了。此时，渐叔欧阳宋卿以贡生被委任为州判，因欧阳一家的变故而未就任，承担起护持寡嫂、孤儿的责任。渐自此随叔宋卿公就读，由程朱之学，博涉经史，像当时的大多数知识分子一样，欧阳渐也是以理学为入道之门的。

生母汪氏，对欧阳渐督责甚严。渐儿时夜读，困倦欲眠，汪氏便痛切地说："全家所赖唯汝，汝不学，吾无望矣。"说时，声泪俱下，渐也与母同泣，于是刻苦勤学，不敢稍有懈怠。叔父的教诲，严母的督责，欧阳渐学以日进，文章古奥，已超越同学少年。

光绪十六年，欧阳渐通过院试而中秀才，并入南昌经训书院就读，进一步研习经史，兼攻天文历算。他学习成绩优异，作为书院的高材生，有"得风气之先"的美誉。第二年，著名经学大师皮锡瑞任经训书院山长。皮氏是当时著名今文经学家，但于考据之学也是驾轻就熟且予以高度赞赏的。欧阳渐从皮氏研读经史的同时，也接受了汉学考据方法的训练。皮氏"六经致用"之说，显然也灌输到他那求知欲极强的书生意气之中。

甲午丧师，举国鼎沸，一八九五年四月，李鸿章在日本签订了丧权辱国的《马关条约》，使大清帝国还残留的一点威仪也荡涤殆尽。年轻有识之士，无不奋矜扼腕，以求一逞。同年，康有为、梁启超在北京上书变法，并发起成立了以变法救国为宗旨的强学会。变法图强的呼声一时间弥漫朝野。当时还在经训书院读书的欧阳，显然受这一爱国、救国风潮的冲击，深感理学的空疏，汉学的死滞，均无补于救世济民之大业，转而专治陆王之学，欲以自尊无畏之心，救国救民于危难之中。

两年以后，欧阳宋卿病故，二十七岁的欧阳渐独力承担起全家的生计。又一年，岁在戊戌，刚刚开始的变法运动，便在顽固派的全面反击中而归于失败。六君子死难，康梁流亡海外，维新运动的参与者也在清廷的追捕中远遁江海。皮锡瑞因涉嫌"新党"被迫离开经训书院。生于忧患而又年轻的欧阳渐，目睹国是日非，变法失败，也就不能不感到乱世至无定轨，而生人生无常之叹了。

九江桂伯华，长欧阳渐十岁，早岁就读于南昌豫章书院，也以今文经学相蹈砺。伯华与康、梁志同道合，梁启超曾举荐伯华接任他在湖南时务学堂总教习的职务。所以，伯华在上海任《沪萃报》主笔期间，积极投身变法运动，与康、梁南北呼应。事败，伯华便离开上海报馆，避祸南昌，因此得与欧阳结识并引为挚友。伯华避祸期间，病中因阅《金刚经》而倾心佛学，并以此劝诱欧阳学佛。开始，欧阳不以为然，并以陆、王之学与伯华争论优劣。伯华知不能勉强，于是赠《起信论》、《楞严经》二书，同时，不无幽默地说："这两本书，姑置之床头，做为引睡书如何？"盛情难却，欧阳就是在这样的情形下，以怀疑的眼光开始阅读佛经的，并在不知不觉中接受了佛教义理。

光绪二十九年（一九〇三）年，欧阳三十三岁，因文行俱优，由学政考定，以优贡生保送赴京师朝考。翌年，欧阳以朝考二等，被授予广昌县教谕。③ 由京师返南昌途中，专程赴金陵刻经处，看望一八九九年已拜在杨文会门下的桂伯华。经伯华引荐，得识杨文会居士。在杨老居士的开示下，欧阳始闻华严法界之奥旨，对佛学又有了进一步认识，遂即南归，赴广昌县教谕任。

一九〇五年，三十五岁的欧阳渐首先在家乡创办正志学堂，对传统教育进行了大胆的改革。他自编教材，斟酌科目，以陆王之学治心，以科学技艺应世，体用兼备，欲造就新一代品学兼优，适合当时救亡图存社会需要的人才。实际上，这也是欧阳献身于近代教育的初次尝试。

一九〇六年三月，正在广昌任所的欧阳渐，惊闻生母汪氏病危，

---

③ 清制，学政任满，可从生员中以选取成绩优异者为优贡（优贡与岁贡、恩贡等均为五贡之一）。朝考一等任知县，二等任教职，三等任训导，以下罢归。

匆忙返家探视，未能伺奉汤药，仅得一面，生母便于当月七日溘然长逝。欧阳六岁失怙，与汪氏相依为命，母含辛茹苦，以多病之躯，精勤家事，督责幼儿，零丁辛苦，至于今日，还没有来得及享受爱子成功的欢乐，便撒手而去。已经对佛学有所体悟的欧阳渐，悲痛之中，尤其感到人生之难测了。显然，他意识到程、朱、陆、王之学均不足以解决人生的问题。于是，自母亲辞世之日，即断肉食，绝色欲，也不再求仕进而登科场之路了。应当说，欧阳渐是在他的亲人父、叔、母，尤其是生母相继过世以后，决定皈心佛法，以求究竟之学的。生母的死别，使他丢弃了刚刚开创的教育事业，而向复兴佛学之路迈进。三十六岁，正是欧阳渐由儒入佛的思想和人生的转折。

2. 由儒入佛，转俗成真

母亲去世之后，欧阳渐不胜哀痛，在家守丧一年。一九〇七年三月，欧阳专程赴南京金陵刻经处拜谒杨文会居士，正式从杨氏学习佛理。此时，正是杨氏筹建“祇洹精舍”的关键时候。同年秋，欧阳遵杨氏之命，东渡日本，以实现杨老居士在日本访搜佚经的夙愿。

在日本东京，欧阳与留学日本的蒯若木夫妇及桂伯华朝夕相处，畅谈佛理。他又通过桂伯华结识了著名学者、革命家章太炎、刘师培、苏曼殊等。章氏等人对佛学的理解和推崇，同样影响了欧阳渐由儒入佛的学术思想的转化。

尽管如此，访学日本时期的欧阳渐还没有决定以全副身心和毕生精力献身佛学研究的事业，所以，在一九〇八年初，当他从日本

祇洹精舍

归国的时候，杨文会创办的“祇洹精舍”已经开学，[4]但他并没有回到金陵刻经处杨文会居士身边，而是为生计所迫，也为能出国留学筹备资金，欧阳南下广州，在两广优级师范任教，不久，又因患风湿病辞职。接着，他又同好友李证刚在家乡九峰山创办农场，欲以农业经营实现留学东瀛的理想。然而事与愿违，欧阳大病濒死。疾病的折磨，使他不得不放弃原有计划，在悲愤和无可奈何中，决心献身佛学，于一九〇九年，再赴金陵，师从杨文会学瑜伽、唯识，开始了他那四十余年的佛教文化研究事业。其时，欧阳已届不惑之年。

就在这一年岁末，开学不到两年的“祇洹精舍”，终因经费不足，人去室空，而只能兴望洋之叹了。曾在这里就学的太虚等也相继离开金陵。欧阳渐的到来无疑给金陵刻经处增添了生机。杨居士即委以重任，让他承担经典编校之责。桂伯华也从日本返回刻经处，同时辅佐杨氏佛教文化复兴事业。据杨老居士孙女、著名学者赵元任夫人杨步伟回忆，杨文会于垂暮之年，只有欧阳渐、桂伯华、陈宜甫等少数弟子及其家庭教师陈稚庵追随身边。欧阳与伯华有意将刻经处经板移往江西，杨氏不允，屡有争论，其中原因与内容不得而知，但显然没有影响杨氏对欧阳业务能力的信任。不过杨步伟说，这是欧阳另立支那内学院的原因，也是杨氏家族多年不肯交出房契的理由。直到一九三六年，即杨文会去世二十六年以后，杨步伟回南京小住，才与家族讨论，将房权交刻经处，并郑重声明，房屋原系杨氏私产，捐刻经处后，既不归子孙，也不得归其他私人所有。其中隐曲，我们也就难以窥探了。

一九一〇年，欧阳协助杨文会创建佛学研究会于金陵，杨氏任会长。参加者大多是当时社会名流，如夏穗卿、陈三立、沈曾植、

④ 祇洹精舍开学时间，说法不一，据杨氏《祇洹精舍开学记》是光绪戊申孟冬之月。应为一九〇八年十一、十二月，但这显然是后来的追记。

张尔田等。佛教研究会每月集会一次，畅谈学佛心得，探讨佛学玄奥，每周由杨氏讲经一场，讲席端严，听者云集，具体操办其事的也就是欧阳渐、桂伯华及杨氏其他弟子。

宣统三年，也就是一九一一年农历八月十七，辛亥革命的前一日，杨文会因病示寂。临终前，杨氏召集研究会同仁详商会务，裁定其编撰的《大藏辑要》的目录，并以刻经处编校之责托嘱欧阳渐。据杨步伟说，杨文会去世后，刻经处一切事务归陈稚庵管理，对外交涉由陈宜甫经办，欧阳渐只负校对经书之责。可见，杨氏去世后，金陵刻经处并未由欧阳主持，而是由杨府的家庭教师陈稚庵，杨氏的另一弟子，出入官场，后任参议员的陈宜甫与欧阳三人分任其事。日后，革命军围城，欧阳渐不负杨氏所托，于危城中固守经坊四十日，使杨氏以毕生心力刻出的汗牛充栋的经板才得以保全。欧阳渐也就开始了他那与金陵刻经处共存共荣，以刻经、兴学、复兴佛教文化事业为职志，而长达四十余年的居士生涯。

3. 悲愤而后有学

民国肇兴，帝制崩溃，一切都在发生着巨大的变革。一九一二年春，欧阳渐遂与同学、挚友李证刚、桂伯华、黎端甫、张尔田等七人发起组织中国佛教会，同时致函民国政府大总统孙中山先生，力主政教分离，全面改革僧制。总统复函，准予筹设。于是，欧阳渐撰写缘起及说明书，并针对当时僧材摧萎，寺风朽败的局面，有《警告佛子文》一篇，意欲在佛法式微之际，自救自助，复兴佛教文化于当世。言词恳切，沉痛感人。其中对沙门违戒之陋习，利养垢染，多有批评之辞。此文一出，如石掷水，僧界大哗，群起而攻之。中国佛教会不久也因之宣告解散。欧阳创建佛教会以改革僧制的计划中道夭折。由儒入佛的欧阳渐，在金陵刻经处第一次有组织的社会活动，也遭到了惨痛的失败。自此，欧阳渐专志刻经，究心佛典，再也不过问社会事务。但是，欧阳并没有因为这一挫折而改变他对当时寺僧界的看法。几年以后，欧阳撰写内学院简章，强调“养成弘法利世之才，非养成出家自利之士”，显然是继续他对当时寺僧不良习尚的批评，而决非语病。

由于佛教会建立受挫，加之当时南京的纷乱，欧阳重返故里宜黄，闭门治梵经两年，并于一九一四年春夏之交，舍弃家产，携爱女欧阳兰再至江宁，重主刻经处勘校职事。欧阳重主勘校经论期间，广为刊刻玄奘所译法相经论及唐人注疏，使之流布于世，以实现杨文会遗志而不负师之重托。同年十一月，欧阳于刻经处龚家桥程氏空屋，教授佛学。当时听讲者多为专心贞信之士，如丹阳吕秋逸（澄），盐城姚妙明，顺德黄树因，泰州徐克明，昆明苏心田等。

翌年，听讲、从学者日众。南昌刘抱一、黄子山、黄树因兄黄忏华、涪陵王恩洋、合浦陈真如（铭枢），还有邱晞明、乌爱平、黄健、黄民、刘遁等，均从欧阳渐学习佛理。而与欧阳在师友之间，相互切磋问学者，更是当时社会精英，除周少猷、梅光羲、蒯若木、李证刚外，还有如沈曾植、陈三立、章太炎、胡汉民、陈独秀等。所谓桃李不言，下自成蹊，原有空屋再也不能满足讲学和听众的需要，于是欧阳便在刻经处附设研究部，并于刻经处后之双塘巷，租赁房屋，庋藏讲学，支那内学院的建立也由此而引发。

欧阳既以全副身心主持编校、刻经、兴学的佛教文化复兴的事业，深刻地感受到刻经处的规模显然无法满足他的要求，尤其缺乏广刊佛教经典和兴学育人的经费，因此深受困扰。其同门蒯若木自日本归国后在政界任事，曾以铁路督办的身份与交通总长叶恭绰各捐两千银洋供倓虚法师创办“观宗学社”。当时蒯在陇右任职，欧阳便只身西向陇右，求助同门，筹集经费。当他风尘仆仆地赶回南京，与其朝夕相伴，十七岁的爱女欧阳兰已在其外出期间，病逝于刻经处。欧阳渐悲痛欲绝，痛彻心脾，中夜哀号而无可奈何，遂翻然求学，钻研瑜伽，通宵达旦，久而久之，唯识、瑜伽，涣然冰解，孤心发明法相、唯识本末殊异、相摄而不可淆乱的分宗之说。章太炎虽曾惊怪其言，最终却赞之为“独步千祀”之谈。应当承认，近代法相宗的复兴，欧阳渐的分宗之说毕竟有他的特殊的贡献。大概也正因为如此，欧阳始终有“悲愤而后有学”，即以人生促治学的痛彻之叹。此说尽管有些偏激，但毕竟是他屡经丧乱后的切身感受。其时欧阳渐四十五岁。

也是在这一年，欧阳渐的同乡好友，也是他由儒入佛的向导桂伯华，患病于日本东京。欧阳闻讯，速派弟子陈铭枢蹈海探视。三月十五日，桂伯华带着欧阳渐的关怀，在陈铭枢的照料中病逝东瀛。欧阳渐闻讯不胜哀伤，并在哀伤中进一步治法相、唯识之学。至一九一六年秋，欧阳撰成《百法五蕴论叙》、《世亲摄论释叙》，从所据经论和义理两个方面判法相、唯识为两个不同的学派，即所谓弥勒学发挥法相、唯识两种思想。“是法平等曰法相，万法统一曰唯识”，或者说法相重在分析名相，唯识则主张识有境无。法相宗以《集论》为依据，而由《五蕴论》所萌发，唯识宗则以《摄论》为依据，由《百法明门》所孕育。

同年冬，欧阳渐完成《成实论叙》，系统地比较了《成实论》和《俱舍论》的思想，并指出《成实论》直接影响了唯识宗义，《俱舍论》也为法相宗提供了理论依据，实际上是以小乘经论进一步阐明其法相、唯识分宗的要义，同时也流露出他融贯大小乘的思想倾向。

一九一七年春，《佛地经论叙》成。叙文以法相、唯识分宗思想为指导，既精析名相，详谈九义，又对唯识学的种姓说，三身义作了简要的阐述。

其年秋，欧阳渐不负师命，终于刻成《瑜伽师地论》的后五十卷。这一百卷本的巨著，经杨文会、欧阳渐两代，历时二十余年才全部成版付印，欧阳渐付出的心血亦可慰杨文会的在天之灵。版成，欧阳又撰《瑜伽师地论叙》，突出“五分以叙事”，“十要以提纲”，“十支以畅义”，“十系以广学”，即吕澄谓之的“一本十支奥蕴”，统论瑜伽学派的思想特征。他提出“约唯心门建立唯识义，约教相门建立法相义”的纲领，为其法相、唯识分宗的思维方式提供新的，也更为广泛的理论基础，客观上也促进了法相宗在近代的复兴。

自欧阳渐提出法相、唯识分宗之说以后，学界、僧界多不以为然，唯独沈曾植予以赞赏。当时沈曾植宦居上海，所以欧阳渐每叙刻法相诸论，必携文赴沪，与沈氏探究慈恩宗奥义，每每有所得而返。欧阳于近代法相宗复兴的贡献，应当说也得之这位汉宋兼容的学者的鼓励和帮助。

一九一八年，欧阳渐好友符九铭至江苏省执掌教育，无疑为实现欧阳弘法育人的夙愿增加了一个有利的条件，于是欧阳渐便在原来刻经处研究部的基础上，设支那内学院筹备处，准备建立一个与时代发展相适应，以培养现代佛学人才为目的的高等教育佛学院。欧阳渐撰著并发布《支那内学院简章》，阐明“以阐扬佛法，养成弘法利世之才，非养成出家自利之士为宗旨”，确立规模，设置学科，包括中学部，法相、法性、真言大学预科、本科的具体修业内容，入学、退学与研究部的关系以及经费来源，纳费等具体事项，系统而又鲜明地显示出欧阳教育思想和方法的现代化特征。之后，著名学者章太炎、沈曾植以及陈三立均为之作文，高度赞扬欧阳对佛学，以至对中国教育的绝大贡献。

章文《支那内学院缘起》特别强调：

自清之季，佛法不在缁衣，而流入居士长者间……友人欧阳竟无尝受业石埭杨居士，独精《瑜伽师地》，所学与余同。尝言“唯识法相唐以来并为一宗，其实通局、大小殊焉”。余初惊怪其言；审思释然，谓其识足以独步千祀也。

章氏文还指出：

世之变也，道术或时盛衰，而皆转趋翔实，诸游谈不根者为人所厌听者久矣，自清世士大夫好言朴学，或失则琐，然诡诞私造者渐绝，转益确质，医方、工巧二明于是大著。佛法可以质言，亦可以滑易谈也。然非质言，无以应今之机，此则唯识法相为易入……以竟无之辩才而行之，以其坚苦之志，其庶几足以济变哉！

章氏不仅从学术上盛赞欧阳独步千祀，更重要的是说明法相唯识学的兴起有其“世变”的背景和救世的功能，指出朴学—科学—法相唯识之学，均为经世致用之实学，故可以应今之机，济世之变。欧阳渐对法相宗的研究，应当说还是有其一定现实意义的。

沈曾植之《缘起》也说欧阳“大阐瑜伽学慈恩宗以开发当世学者”，称内学院章程“简而备，开知见，立轨范，兼显密，摄一三。宗趣其彰，始终不二”。据此可知，内学院的设立是引人注目的。欧阳渐的高足吕澄，也是在这一年，应邀辞去上海美术专科学校教务主任之职，回到金陵刻经处，协助筹建支那内学院的。其年吕澄二十三岁。

当然，在欧阳筹建内学院及其学术发展的道路上也不都是鲜花和赞歌。他那“非养成出家自利之士为宗旨”的章程一出，便引起僧界大哗，太虚首先著文发难，强调出家人弘法利世之方便。后由邱晞明出面调停，以“措辞未圆，易启疑虑”，向太虚和僧界解释，并建议改为“非养成趋寂自利之士”，才平息了这场风波。欧阳不得已致函太虚，表明他“不但不简出家人，并不简出家为利他而自利之人……乃简出家之唯知自利者”。事实上欧阳仍然坚持他对僧界的看法，由此也种下了宁汉两系关于僧制、佛法等一系列问题的争论与对立，而使他们成为近代佛学界对峙的两大巨擘。

一九一九年，欧阳渐《杂集论述记叙》问世，详述法相、唯识分宗之十义。尽管如此，巧妇难为无米之炊，经费无着，内学院举步维艰。这一年欧阳有致宗仰上人书信一封，他说：

> 今既筹得三千，即可见诸实行。校址暂借民房。教员、办事员商请诸友。一切器具尽办最要。正续藏及参考书由渐垫买，姑缴半价。凡事难在开发一举，盖冒险行此，实不得已，非三千金即够办中学也，……止以中学发表，不足慰人渴望，拟开办一特别研究科，择最高程度者试入，膳宿自便，学费不缴，一年毕业…

欧阳这里说的仅仅是办支那内学院中学部的情况，内院建设之艰难则又远在其上。不过，从中我们已可见欧阳复兴佛学，献身教育的坚忍不拔的精神。

正因为如此，欧阳渐不得不离宁远游，筹措办学经费。岁末，应唐继尧之邀，由吕澄随行，南下昆明，宣讲《维摩》与《摄大乘论》。其时虚云也应邀至滇，同住圆通寺，在昆明度岁。此后，欧阳又北赴幽燕，为蒯若木等讲唯识，再应甘肃主政张广建之请，讲佛学于皋兰。如此稍得资助。

一九二〇年八月，在江苏某中学任教的熊十力经梁漱溟介绍，辞职赴金陵刻经处欧阳门下问学，探究法相、唯识之理，为其后《新唯识论》的写作，本心本体论的建立奠定了坚实的基础。当时，熊氏三十五岁，欧阳已届知命之年。不过，学术上独立不羁的熊十力，自然不可能全盘接受欧阳的法相唯识之学，只不过是在欧阳门下增长学识，以建立自己的体系，所以后来熊十力“反求诸心”的基本思想，欧阳渐指责谓之“依凡夫妄心而批评神圣立教”。这也是折衷儒佛，归宗于《易》与由儒入佛，以佛释儒之间的不同。此是后话。

同年，欧阳同门梅光羲，于山东任职期间，出版了他的《相宗纲要》，欧阳为之序。一九二一年秋，欧阳刻成《瑜伽真实品》，并为之叙。《叙》中，欧阳从十个方面，提纲挈领地概括了本经的内容，进一步以六义详述法相、唯识的区别。譬如唯识被二，法相齐被；唯识五不判，法相无不谈；唯识谈现在，法相谈过去与未来；唯识谈无住涅槃，法相谈有余、无余涅槃等。文辞晦涩，诘屈聱牙，但显而易见的是，欧阳法相、唯识分宗之说已届成熟。

同年六月，原在北京大学哲学系旁听的王恩洋，南下谒欧阳渐于刻经处，朝夕随侍，渥闻法相、唯识胜义。十月，欧阳应邀在南京高等师范学校哲学研究会，作《佛法非宗教非哲学而为今时所必需》的长篇演讲，王恩洋随行笔录。由于时间所限制，演讲只作了一半，即后来流行的《佛法非宗教非哲学》一文，后由王恩洋续成《佛法为今时所必需》一段。著名学者，《民铎杂志》主笔李石岑函索此稿，拟刊于《民铎》三卷三号，后由广州壬癸坊即庐单印成册流布。欧阳在讲演中，开宗明义，指出宗教、哲学原系西洋名词，“意义既各殊，范围又极隘，如何能包含得此最广大的佛法？正名定辞，所以宗教、哲学二名都用不着，佛法就是佛法”。然后系统地比较了佛法与宗教，与哲学的差别，强调佛法探本求源，普度有情，觉诸后起，为三世，无量世界不可离的“日月之明”，与宗教、哲学的“荧火之光”相比，“高下之辨不待言矣”。其中论说固多牵强之处，但充分反映他崇佛的心理，比较中也常常闪现出理性之光与一定的超前意识。

一九二二年九月，筹备四五年之久的支那内学院，终于在社会名流如熊希龄、蔡元培、梁启超、叶恭绰、沈曾植、陈三立、章太炎等及社会各方面的支持下，于艰难之中正式开学，并呈报内政部、教育部备案。财政部、教育部会商结果，由江苏财政厅拨款十万元，资助内院建立，每月另拨一千元，作为学院日用之需。可以这样说，支那内学院是中国民间正式创办的第一所大学。欧阳渐任院长，下设三处。周少猷主理事务处，邱晞明主持编校处，吕澄则主管学务处。首届学员有韩孟君、释存厚等僧俗学子十六人。教师除欧阳本人以外还有吕澄、王恩洋、邱晞明、聂耦耕等宜黄门下弟子。当时，汤用彤先生已自大洋彼岸归国，执教于东南大学，授课之暇，也曾到内院听欧阳讲授佛学，与蒙文通、熊十力为听讲之友。

内院开学，欧阳渐创讲唯识抉择谈，将《成唯识论》要义条分缕析为十抉择，这是在法相、唯识分宗的基础上进一步突出他的唯识观念的学术思想，目的在于强调佛法研究中方便善巧的方法。当时学人毕至，群情踊跃，实为金陵刻经处，也是欧阳事业上最为绚烂的岁月。来内院问学的除汤用彤、熊十力、蒙文通以外，还有张君劢等著名学者。梁漱溟也在黄树因的影响下，自北京大学，南下内院听受佛学。陈铭枢也卸去军职，重返内院。当时，梁启超也在东南大学讲学，授课之余于内院受业二十日，后因病而罢。梁启超与人谈起此事，曾无限赞赏地说："听欧阳竟无讲唯识，始知有真佛学。"他还有报欧阳书云：

> 自怅缘薄，不克久侍，然两旬所受之熏，自信当一生受用不尽。

综此所述可知，欧阳之学及其所创内学院在当时所享有的声誉及其影响之大。梁漱溟在内学院之间，商请吕澄至北京大学执教，欧阳不允，梁漱溟则推荐熊十力入北京大学。

弹指已是一九二三年七月，欧阳又在内学院成立内院研究会，并主持会务。五月欧阳渐得意门生黄树因英年早逝。九月十八日，欧阳十九岁的儿子东溺死于上海同济大学游泳池。同日，另一弟子许一鸣病死内院。黄树因的早逝，尤其使欧阳伤感。他曾撰《黄健事略》一文说："先师付嘱十余年来，得超敏慎密之吕秋逸可整理，得笃实宽裕之黄树因可以推广。"然而黄二十八岁业成，"将归金陵支那内学院……以竟玄奘未竟之业，乃赍志饮恨，一切乌有"，文辞哀切，大有曹操失郭嘉之痛。亲子、弟子接踵而亡，给欧阳方兴未艾的事业又笼罩了一层阴影。其悲悼痛惜，发愤循龙树旧规，读《大品般若经》六百卷。这又触发了他那"悲而后有学"的感慨，也是其佛学思想的一大转折，即由单纯的法相、唯识转而对般若的兼容。

亲人死别的哀痛并没有影响欧阳的事业，也没有使他停止对佛法的研究。同月，欧阳渐在第二次研究会上，作了题为《今日之佛法研究》的报告。报告中首次提出一切佛法皆是结论后之研究，而非研究后之结论。其研究方法一是多闻熏习，即借助他力，二是如理作意，即依自力，以及比较会通等，集中论述了佛法中方便言说的部分，实际上排除了不可言说的神秘主义色彩。

同月，内院设研究部，以培养佛学研究的高级人才，学制两年，主要学习法相、唯识要典。吕澄、王恩洋、邱晞明等分别指导研究者钻研佛学。汤用彤也被聘为研究部导师，兼任巴利文导师，指导"文典长阿含游行经演习"，讲授"金十七论解说"及"释伽时代之外道"等课目，直到明年年底。

欧阳渐创办并主持的研究部，间月召开研究会一次，发表研究成果，这些成果至一九二四年底编成年刊《内学杂志》予以发表，对于佛学研究，特别是法相、唯识学的研究起到了进一步的推动作用，同时也培养了一批精通法相唯识的人才。刚开学不到两年的支那内学院，一跃而为当时的佛学重镇。

一九二四年，是欧阳渐学术上丰收的黄金岁月，也是金陵刻经处走向辉煌的一年。这一年春天，印度著名诗人泰戈尔访华，慕名而至刻经处拜谒欧阳，古老的印度文化及其在中国的传播、复兴，使他们做了竟夕之谈。泰戈尔为失传两千年的印度文化在古老的秦淮河畔再度辉煌，而对欧阳深表敬意，决定回国后，组织印度学者来内院就读，寻回失传之国宝。五月，欧阳在内院研究会第六次会议上作《心学大意》之演讲，其年秋又撰成《成唯识论研究次第》、《谈内学研究》。至冬，又完成《阿毗达摩俱舍论记叙》。这是对小乘经典《俱舍论》思想的提示，也是对大乘唯识学的导引。欧阳指出，《俱舍论》不仅是唯识学的根基，而且是小乘转入大乘的枢纽，目的还是要凸现唯识学在佛学中举足轻重的中心地位。

岁末，内院年刊《内学》第一辑面世，欧阳为之作《内学序》。他特别强调："悲为学之缘"，"现证为学之自体"，更进一步指出："悲而后有学，愤而后有学，无可奈何而后有学，救亡图存而后有学。"把佛学同人生、同社会、同国家存亡安危紧密地联系在一起，充分反映了佛学与当时社会思潮相推促、消长，并由超凡脱俗、空灵幽隐，一变而为积极参与，慷慨悲歌的时代精神。

一九二五年六月，欧阳在内院第十一次研究会上作《龙树与法相学》的学术演讲，申明龙树为真无亦有的法相之学。九月，创办三年的支那内学院，在原有基础上，重新组合为问学、研究以及法相大学三部，另辟内院第二院，以谋求更大的发展。十三日，增设的法相大学特科，在第二院招生并举行开学典礼。欧阳在报告中申明，法相大学特科宗旨在于推广西域之学和为人之学，既反映了欧阳学术思想的特色，同样也表出了人生佛学的时代精神。

大学特科由王恩洋担任主任教授，重点讲授唯识学。同时，欧阳为内院订立院训曰：师、悲、教、戒，系统地阐述了居士佛学的思想。其所作《释师》，突出标明在家居士可以住持佛法之义，以奠定居士道场的理论基础。至此，内学院声誉鹊起，但也因欧阳在家住持佛法，白衣亦可说法的观点，再度挑起缁素之争，并形成与太虚为首的武昌佛学院宁汉两系对立的局面。

同年，太虚在庐山作文《论法相必宗唯识》，驳斥欧阳法相、唯识分宗之说。他一再强调，一切法无非法相，一切法相莫非唯识，反复论证法相必宗唯识的道理。欧阳在《内学》第二辑发表旧作《摄论大意》，用以反驳太虚之论。太虚以《再论法相必宗唯识》一文，申明法相唯识为一宗的道理。欧阳一系以瑜伽为武器，创立新说，号称显正摧邪；太虚则认为法相只不过是法性、唯识说明的对象，故不能自立为宗，如若标新立异，无疑持械冲墙倒壁，显示其诸宗并重的思想特色。他们的是非不可说，也无需说，但正是这场争论，使法相宗研究在近代得以长足发展。

太虚还针对欧阳所制院训释师中，关于在家住持佛法的观点，发表《与欧阳居士论作师》一文，断言住持佛法为出家者之责，批评欧阳“以近事凌躐比丘，尤为毁坏七众全部律仪，尤为毁坏一切菩萨律仪”。把宁汉两系出家在家之争推向高潮。

一九二六年，革命军北伐，正是南北对峙之日，风雨飘摇的石头城中，内院仍然充盈着学术研究的气氛。三月，在第十四次研究会上，欧阳相继作了《今日此方应用律》、《研究方法》的专题报告，力图从方法问题入手，促进法相唯识学的复兴。十一月，日本佛教考察团来访。十二月，内院成立树因研究室，以纪念英年早逝的黄树因。按欧阳的要求，该室以研究外文佛典为职志。欧阳在成立会上特别强调外文资料在佛学研究中的重要性，鼓励内院师生做好外文佛典及其他的研究工作。由此亦可见欧阳渐力图全面提高受教育者素质的教育思想。

一九二七年，北伐战争的硝烟笼罩南京，先是直鲁联军于三月间强占金陵刻经处房产，内院授课终止。继而，北伐军于夏季进驻二院，开办不到两年的法相大学特科，不得不宣告结束，主任教授王恩洋返归南充故里。兵荒马乱，经费匮乏，问学部、研究部也相继取消。一九二二年九月开学，持续不到五年的支那内学院，至此也就结束了它那最为辉煌的时代。其编校之业虽然照常进行，但学院之设也就名存实亡了。

与事业上的挫折同时而来的又是亲人的死别。这年元月，早年丧夫与欧阳相依多年的同胞姐欧阳淑病故，欧阳于悲痛中完成《释悲》。不难想象，欧阳需要怎样的心理以承受这接踵而来的打击。但是，像以前一样，他仍然把他的悲痛化作了治学的动力，入秋，便集中精力，编刊《藏要》，以实现杨老居士的遗志。前后印成三辑（计划四辑），五十余种，三百余卷。其中考证工作由吕澄完成，义理阐释则集中表现在欧阳后来写成的《藏要叙》中。

相隔一年，欧阳弟子聂耦耕也先欧阳而去。死讯由沪传来，欧阳不胜惶恐，于是闭关笔耕，以平息他自己心中的哀痛。他在后来再答陈真如的信中，曾总结其学术生涯说：女死而治《瑜伽》，《唯识》、《瑜伽》涣然冰解。东儿、黄树因、许一鸣死而读《般若》，不能贯通。姐、聂耦耕死，乃发愤治《智论》。于是，《般若》娴习，转而治《涅槃》。可见，欧阳不仅由儒入佛，而且无论其治《瑜伽》，究《般若》，攻《涅槃》，都是在悲愤中，或者说在经历生死的剧变中，痛加鞭策，而使其学术逐步深化的。他所谓的"悲愤而后有学"，就其个人而言，显然是有切肤之感的。

数月后，即一九二八年四月，欧阳撰成《大般若经叙》。叙中详细介绍本经要义，同时也指出其纰缪，这也就是他所谓的《般若》娴习了。同月，欧阳致函蔡元培，与之讨论当时佛学研究中的一些问题。

一九二九年七月，《藏要》第一辑出版，凡十一经、三律、十一论，计二十五种。欧阳曾解释说《藏要》为《大藏经》中最要，第一辑又是要中之要，足见其对该书出版重视的程度。第二年，内院院士德格请得蕃藏全部运抵刻经处，为研究藏传佛教创造了新的物质条件。

4. 会通儒佛，救国救世

如果说，欧阳渐在四十岁以前是一个以治陆王之学为主的儒生，四十岁时大病濒死而由儒入佛，他经历了太多的亲人的死亡，在专治唯识、法相的基础上，相继兼弘般若，终而会归涅槃，那么，其年逾花甲之后，则又回真向俗，会通儒佛，背着沉重的十字架，以救国济民为己任了。

一九三一年，即民国二十年，这是当代中华民族史上奇耻大辱的一年。八月，欧阳渐在庐山会见著名画家徐悲鸿、诗人陈三立并完成《大涅槃经叙》。叙以“读文”部分梳理经文脉络，“决义”部分提要经义，以“宗趣唯一无余涅槃”的命题治瑜伽、般若、涅槃三学于一炉，完成了他的整个佛学思想体系之建设。当时，恰逢九一八事变，民族危机加剧，国势形若累卵，儒家思想陶冶而成的使命感，促使他开始走上会通儒佛的道路。欧阳忠义奋发，屡屡撰文，呼号救亡。后来，他也曾在《夏声说》中言词痛切地大声疾呼：

> 况乎国将亡，族将灭，种将绝，痛之所不胜，不得不大声疾呼，奔走呼号，而后举国震悚，万众一心，出其财力、智能以自救。

他还大讲“弱小民族不可犯”，“反侵略不可缓”，“研学必革命的道理”，以期振作精神，抵御侵略。

十月，欧阳即编成《论语十一篇读》，并为之叙，称君子小人之辨是《论语》旨趣，意在激励中华民族的英雄气概。他还提出秦汉以后无真孔以及孔佛一致的主张，既与学术界复古思潮相一致，又为佛学入世、救世的参与精神开拓了前进的方向。文中特别强调，学儒首先要娴《般若》、精内典，后读孔子之书才能得其精髓，这是其会通儒佛的最早尝试。

一九三二年十月，以佛解儒的《中庸读》、《大学王注读》成。十二月，又有《孟子十篇读》问世。欧阳更是借《孟子》以言志。他指出：孟子以气、节、民三者为天下之本，今世道凌夷，外患不足畏，最可怕的是上上下下气节的丧失，因而，“振聋发聩于今日者，其唯孟子乎”！欲以孟子威武不能屈的气节观，救民救国于水火之中。

同年，熊十力《新唯识论》文言文本出版。曾为熊氏《唯识概论》作序的欧阳又为刘定权《破新唯识论》作叙。批评《新论》呈才智妄非圣言，“乳臭牖窥，唯非尧舜、薄汤武是事”。自此，名僧、硕儒相继参加笔战，形成“当代儒佛之争”的《新论》论战，即新、旧唯识学的论战。⑤

也是在这一年，欧阳进一步为内学院立四大信条：为真是真非之所寄，为法师光大，为居士道场，为精神所系。其意在强调内院是明辨是非的圣地，是居士之道场。他认为《楞伽》、《起信》是伪经，故斥《起信》、批台、贤，否定禅宗，要把内院建成弘扬真佛法的居士道场。欧阳渐对于近代居士佛学的勃兴，无疑有其巨大的推动作用。

翌年五月，欧阳《词品甲》问世。一九三四年十月，欧阳有《与陈伯严书》，书云：渐年未及老，而精力已衰。虽然流露出老迈体衰的感叹，却仍然洋溢着壮心不已的学术气象，矢志完成《藏要》与“晚年定论”之书。

---

⑤ 新旧唯识论战也指由梅光羲《相宗新旧两译不同论》而引起的论战。

至一九三六年三月，欧阳完成《大乘密严经叙》。他在给魏斯逸的信中说，此叙是“渐晚年定论之学说”。叙中他明确指出：佛儒名虽不同，但它们的唯一宗趣都是无余涅槃；儒家之“明明德”，“止于至善”的终极同样是寂，是静，因此与无余涅槃相应。所以他说：“欲明明德于天下者，我皆令入无余涅槃以灭度之。”可见，他所谓的晚年定论，从根本上讲就是会通儒释。

清明，长别故乡十八年的欧阳渐回宜黄扫墓，返回内院后，应粤友之约，为《夏声杂志》作发刊词《夏声说》，继续呼吁救亡。五月，欧阳著《孔佛》及《孔佛概论之概论》。他指出：宇宙万化皆依于心，心有体有用，体为寂，智为用，孔学是依体之用，应体之用，佛学则是用满之体。事实上也就是说，佛法是启用之体，孔学便是应世之用。如此，从体用关系上阐明儒佛的一致性，也可以看出欧阳渐晚年学术的特征了。其实，欧阳渐要以佛法救世，势必不能不引儒家直面惨淡人生的参与精神而入于佛，而就其以心来贯通二学的方法看，走的还是中国传统学术的道路。

同年六月，欧阳又编成《孟子课》，阐述了同样的精神。

在此基础上，一九三七年夏，欧阳渐集门人讲晚年定论，提出无余涅槃与儒家明明德、亲民、止于至善的三纲相齐之义，既融贯佛家瑜伽、中观于一境，也包容孔门《大学》、《中庸》格物诚明的精神于一炉。吕澄曾评之曰：“佛学究竟洞然，而孔家真面目亦毕见矣。”

其时，日寇深入，兵临城下，欧阳渐率领内院全体人员，并运所刻经板内迁四川。迁蜀途中，得邓蟾秋以及张茂芹兄弟之助，于重庆举办内院经板、图书展。同年冬，设支那内学院蜀院于江津。

一九三八年正月初七，蜀院正式宣告成立，依内院规程，讲学刻经，一如既往，并设流通处及作场。当时，陈独秀、高语罕蛰居江津，始与欧阳为友，最终亦从之问学。陈氏对佛学的认识，显然与其在金陵、江津所受的熏染有一定的关系。

五月，欧阳又完成以佛解儒的《论语课》、《毛诗课》；冬，蜀院得初刻南藏，欧阳为之作记，吕澄为之考证。

迁蜀后的第一年，欧阳渐长子，曾任中山舰舰长、浙江水警厅厅长、海军中将、中央监察委员的欧阳格，因抗战中不战而退，涉嫌贪污军饷而陷身囹圄。怀着深刻忧患意识的欧阳渐，也不能不增添一份凄凉。

离乱中的一九三九年，六十九岁的欧阳渐，编成《词品乙》，凡五十调一百二十七首。欧阳在比较甲、乙词品时，同样表达了救国救世的急切心情，语气中也饱含了一种怒其不争的苍凉。他说：

抗敌以不受尔汝之忠，气不愤悱不能忠，《词品甲》语悲歌慷慨。建国以不受尔汝之恕，气不和顺不能恕，《词品乙》语清净幽闲。非相违也，而相从也。

如前所言，熊十力著《新唯识论》，导致新、旧唯识的论战。陈铭枢也著文批评熊氏。这一年七月欧阳有《答陈真如书》、《再答陈真如书》，再次批评熊十力“我见极深”，“徒知佛门无住涅槃之数量，又错读孔书，遂乃附会支离，窃取杂糅孔佛之似，而僻执其一途”，还说“十力毕竟不称豪杰，杂毒已攻心矣”。信中着重提出“佛之宗趣唯一无余涅槃，法门无边则三智三渐次”的修行理论，从本质上仍然是申明其融通儒佛的入世精神，借以驳斥熊氏批评佛家“逆遏生化以实现其出世的理想”。从中也可看出，晚年的欧阳尽管会通儒释，毕竟还是泄露了他崇佛的心理和卫道精神。

一九四〇年一月，欧阳渐会通儒佛，系统阐述儒家学说的《中庸传》问世。其以佛法为体，以儒学为用，又以《中庸》的“中”字将儒佛体用包括净尽。他以“用”释“庸”，于是“中”即体，即佛性，“庸”即用，即智，这里又表现了欧阳向儒家思想倾斜的倾向，欧阳还在《复梁均默书》中声称：“窃以为孔子真精神，必至于是始大披露。”因此也可以说《中庸传》是欧阳会通儒释的总结和代表性作品，它标志着欧阳会通儒释思想的完成。同时，欧阳在《复张溥泉》信中突出说明，孔子思想是建国之大本，但数千年前儒已堕伪，今日之急务在于恢复孔子的真精神，因为“孔义不但于抗战多可权借，尤于抗战建国非常非常足以经宗”。所有这些，既表现欧阳忧国忧民的忧患意识和救亡图存的参与意识，也反映出其在会通儒释过程中，批假孔、复真孔，去伪存真的学术取向。

孟春，欧阳又作成《五分般若读》，五月，发起精刻《大藏经》全藏。欧阳在刻藏《缘起》一文中首先强调刻藏拔苦，痛慰抗战忠魂，仍然表现出其关心国事民瘼的参与精神。

六月，欧阳妻熊氏病死江津。七月其子格遇难。至此，欧阳渐至亲骨肉父、母、叔、三姐一兄、二儿一女，凡十一人相继离世，唯留孙女、孙儿四人也流落海外。经历了太多死亡，迭遭家难的欧阳渐，发愤而作《释教》于江津。

同年冬，于江津蜀院刻成《藏要叙》二十三篇。分《经叙》、《论叙》两册印行，对《大藏经》中重要经、论的要义分别予以介绍和阐释。

一九四一年底，七十一岁高龄的欧阳完成一九六三字的《释教》。《释教》仍以法相唯识的理论为指导，以“顿境渐行”为总论，以“舍染取净”为指归，齐三学，贯四科（俱舍、瑜伽、唯智、唯识），尤其强调文字在教中的作用。吕澄曾评之曰：由文字历史求节节近真，文字般若千余年所以不通者，至欧阳渐涣然冰解，畅通无阻。欧阳渐还于文末附识中说明，此文是为他的儿子格所刻，以抒沉痛而度苦厄之情。悲痛难言之隐，尽在其不言之中。

国殇家难，纷至沓来，自去年，欧阳夙夜参究《般若心经》，以期彻悟幻真一味之旨，抚慰其屡经创伤的心灵。至一九四一年，著成《心经读》，以境、行、果、毕竟空义阐释《心经》，强调不读六百卷不足以读寥寥几句的《心经》；不读《心经》亦不足以读六百卷。如此对《心经》毕竟空义的推崇，与其终生致力的唯识学研究，与其说是融会贯通，不如说是对现实人生无可奈何的叹息。

越明年，二月六日，七十三岁的欧阳渐感冒示疾，继而并发肺炎，迁延数日，于二十三日晨七时，转侧右卧，安详而逝。

太虚大师闻讯特致挽联云：

胜军论后有斯文，公已追踪先觉；
石埭门中空上座，我尤孤掌增哀。

欧阳渐自幼饱经忧患，由儒入佛，自受杨文会之咐嘱，三十余年，于刻经处苦心经营，兴学刻经、创办居士道场，为复兴佛教文化，尤其是复兴法相、唯识之学，作出了无与伦比的贡献。其刻成内典两千卷，集《藏要》三辑，并发愿精刻全藏，著述等身而成一家之言，影响所及，为当时社会名流，学苑巨子所折服，不仅对于佛教文化事业作出了巨大的贡献，而且对于近代教育、出版、乃至整个学术思想都有其积极的推动作用。为此，国民政府教育部于三月五日，为之致公祭文，所谓："晦影归真，大师长往"，"存神过化，长怀哲人"，给予欧阳渐极高的评价。四月二十七日，国民政府发布褒奖令，对于欧阳渐的一生明令褒扬，并特给一万元，"以彰宿学而示来兹"。即所谓生也艰辛，死也哀荣，欧阳泉下有知，也可瞑目了。六月，欧阳葬于江津蜀院院内。吕澄继主内院与刻经处。

欧阳平生著作多因在战乱中搬迁散佚；晚年手订所存论著为《竟无内外学》，凡三十六种三十余卷，由蜀院刊刻印行。其目为：

《内学院院训释》	《大般若经叙》	《瑜伽师地论叙》
《大涅槃经叙》	《俱舍论叙》	《藏要经叙》
《藏要论叙》	《法相诸论叙》	《五分般若读》
《心经读》	《唯识抉择谈》	《唯识研究次第》
《内学杂著》	《中庸传》	《孔学杂著》
《诗文》	《小品》	《楞伽疏决》
《解节经真谛义》	《在家必读内典》	《经论断章读》
《四书读》	《论孟课》	《毛诗课》
《词品甲》	《词品乙》[⑥]	

以后，又编辑为《欧阳大师遗集》精装四卷印行。

二、学术思想与贡献

清季学术，有一大转变，即弃明心见性之空谈，趋经世致用之实务。晚清王朝大厦将倾，救亡图存成为时代的主旋律，学术尤以应世务实为同趋之途。以心性学说见长的中国佛学，在清之末世扬波而起，也与时代思潮相结合，由出世而入世，由超越而参与，由内省而外观，把佛学变成与人生、社会密切相关的经世之学。繁难艰涩的法相宗，自唐以后沉寂千余年，也随着佛学的复兴而流布于世，无疑也是时代最强音召唤的结果。欧阳竟无在杨文会刻经、兴

⑥ 吕澄言二十六种，疑为三十六种之误。其他均沿袭此错误，特予更正。

学的基础上，以居士之身，弘扬法相、唯识之学，集教育、出版和居士道场为一体，在近代佛教文化复兴，乃至中国文化的向前发展中推涛助澜，既表现了他自己的鲜明特点，也做出了不可替代的突出贡献。

众所周知，欧阳竟无是一个专究法相唯识的佛教学者。其治学先瑜伽，后般若，终以涅槃，为学术界所共识。而法相宗繁难的名相分析，唯识学玄奥的八识转换，使本来就让人望而生畏的佛教义理，更加深不可测了。其实，无论瑜伽，还是般若、涅槃，都只是欧阳法相唯识学的兼容和深化，而非转变；其法相、唯识义理的辨析，固然上追龙树、无著与玄奘之学，以印度文化为圭臬，但其对此学的光大与改造，最终还是表现了直面人生、反求诸本的中国文化的特质和时代精神。包括章太炎以及后来的不少学者在内，在评价欧阳时，均强调欧阳之学排斥中国沙门所创，以观心清谈为职事的中国化的佛教——禅宗、净土、天台、华严，而以印度佛法——法相唯识为最终了义之真谛；其条理分析、思辨精微、质言而可说，均与西方实证科学、分析哲学相符契，与务实事，求实效，救世济民的学术思潮相一致；故此学复兴，佛学不灭，乃至东方文化不灭，中国数千年形成的传统得以继往开来，欧阳致力法相唯识学的研究与传扬之功，其伟大诚有不可思议者，即章太炎“谓其识足以独步千祀”之赞。他们的赞誉虽有溢美之处，但对欧阳学术思想及其在历史上地位的肯定，应当说还是比较中肯的。

概括起来说，欧阳学术思想重人生，重方法，在依经释义的基础上，更多的表示一个学者的原创意识。由这些方面看，欧阳的法相唯识学也就不难理解了。

1. 悲而后有学与救亡图存而后有学的致学道路

凡接触到欧阳竟无的人，首先注意到的就是他那“悲而后有学”的学术观点。显然，欧阳把个人不幸的际遇视作学术的源头和致学的动力，也就是说，学术产生于个人的悲愤之中。此话无疑有其偏激之处，但就其个人屡遭丧亡的经历而言，不能说不是经验之谈。

欧阳六岁丧父。以后，在其事业艰难竭蹶的发展过程中，叔、兄、母、女、姐、子、妻十一人以及门下高足黄树因、许一鸣、聂耦耕等相继离世。他自己也是大病濒死。长子欧阳格虽如日中天，身居要职，却在欧阳渐耳顺之年的晚景中陨落。欧阳心理上所受丧亡的巨痛，不仅没有使其蹶而不振，反而激起学术研究的热情，即所谓忧患愈深，进德益猛。“悲而后有学”不过是生于忧患的意思。

欧阳在给友人的信中，每谈及学术，常常抒发这一切身感受。他强调：渐之学佛，与他人不同。病魔生死，纷至沓来。先是慈母谢世，功名富贵，饮食男女，一刀割断，侧足桑门，求诸佛书，以求究竟解脱之道。继而爱女夭殁，翻然求学，通宵达旦，《瑜伽》、《唯识》运于掌上。少子死于意外，亲炙弟子英年早逝，于是发愤治《般若》、攻《涅槃》。妻、子丧亡，悲愤中创作了大藏提要和晚年定论之书。情境苦切，凡有所学，皆悲愿所致。所以他说，悲而后有学，愤而后有学。

悲则学，也就是以悲为致学的动力，以悲为学术的源泉，即其所谓“悲者学之缘起”。所以，欧阳虽屡经丧亡，却没有沉浸在死别的哀痛之中。也正因为如此，他能把个人的情感和学术的宗旨，自然地同民族的危亡，国家的兴衰，紧密地联系在一起。他告诉人们，其早年由儒入佛，而后精研《瑜伽》、《唯识》、兴学育人，从根本上说，都起自以天下兴亡为己任的责任感。他说，甲午以还，奔走栖惶，无所托足，丧权辱国的悲愤之情，激起他学术救国的决心，于是，不仕，不荤，绝男女之欲，相率而从杨文会学习佛理，欲以此开万世之太平。所以他又说："救亡图存而后有学。"如此也就把平息个人悲愤，实现自我价值的情绪体验，升华而为救国救世的使命感了。

至于他由儒入佛，选择佛学，并以之为终生的事业，同样有其个人安身立命和以学术救治天下万世这两个方面原因。一则由于病魔生死的困扰，在孔、孟、程、朱、陆、王之书中找不到答案，于是祈向佛学；二则在他看来，"武人利器杀一团，辩士政策杀一国，学说潜势杀天下万世"。也就是说，学术的作用远在坚船利炮，制度政策之上，然而，有的学说可以救万世，有的学术可以杀天下，而当时风行的进化论，"使人乐耽狂死而不悟"。所以，要拯百姓于水火，也就非佛学莫属了。显而易见，欧阳由儒入佛，以复兴佛教文化为己任，同样是对进化论，乃至科学、民主思潮的反拨，这恐怕是他选择佛学的更重要的原因。这里也就包含了为往圣继绝学，为万世开太平的学术宗旨。

可见，欧阳所说的"悲"，事实上有两种不同的含义，一是由于个人的不幸遭遇而导致的悲苦之情，即通常所说的悲；二是由于国家民族危亡、生灵涂炭而生发的悲悯之思，即传统的忧患意识，这才接近佛家所谓的"悲"的含义。欧阳在谈到他的学术从入之途及其发展流变的过程时，大多说的是亲人的死亡给他造成的心灵的创伤，始终没有摆脱个人情感束缚，因而沉没在生、死的哀伤之中和对个人安身立命的追求。正因为如此，有人批评，欧阳之失在于心量较狭，其学皆由激切而来，其性格也必然受阴霾之气的影响。言外之意是说，欧阳的学术思想始终笼罩在死亡的阴影之中，并受其个人情感所左右。这也不能说没有一点道理。从这一点上看，所谓悲、愤而后有学，确实也只能说是欧阳的经验之谈，而不具有普遍的意义。基于同样的原因，欧阳在晚年思想成熟之后，也意识到它的狭隘性，因而取儒家舍生取义之说，证之佛理，表现了他对个人的超越。

另外，还应当看到，欧阳并没有被个人的不幸所压倒。他毕竟克服了自我，把悲痛化作了治学的力量。而且更重要的是，传统积淀起来的忧国忧民的忧患意识，逐渐同佛家悲悯众生，济世拔苦的精神取得了认同。悲个人的不幸也就升华而为悲国家的危亡，众生的凄苦了。所以，救亡图存而后有学便是佛家的悲心所铸就的学术思想。这一结论也就具有一定的普遍性了。所以，欧阳在论及佛理时，更多的是采用佛家“悲”的内涵。比如他说，“宗教有悲无智，科哲学有智无悲，佛法则悲智双运”。他还指出，宗教之悲，悲人不为善而生天堂；佛法之悲，则悲人不证不生不灭、平等自由之理。既说明佛法与宗教、科学、哲学的不同主要在于“悲”，而且这一悲字，不仅超越了个人生死哀荣，更超越了民族、国家，完全与佛法中“悲”的范畴融为一体了。

个人悲愤的情绪体验与悲悯众生的博大胸怀，在欧阳渐这里是不分畛域的。或许是他对佛家“悲”的概念的错误理解，更有可能是有意识地借助语词的歧义，混淆它们的界线，并扩大“悲”的内涵，但这两种含义显然是不同的：前者以个人为中心，后者以天下为己任。识别它们，对于认识欧阳思想上的贡献则是非常必要的。不过，无论是个人的悲，还是以国家、民族，乃至众生为悲，毕竟为我们造就了一个伟大的佛教学者，为中国思想史增写了不可抹灭的一页。

2. 弘法利世的学术宗旨

悲而后有学发展而为救亡图存而后有学，本质上是把佛法作为济世的工具。尽管欧阳迭遭不幸，悲从中来，但他对佛法的研究，并不只是寻求个人安身立命之所，而是把弘法利世作为他的生命的终极关怀和学术的蕲向。

青年时期的欧阳渐，虽然家境贫寒，身处逆境，但是，国事民瘼无不系念在心。其为学既涉及经史，也兼攻历算，时称得风气之先，这无疑是想把自己造就成一个匡扶时弊的救世之才。甲午丧师，辱国之痛尤其使他认识到杂学无济于事，于是专治陆王之学，欲以陆王的心性学说起衰振弊，以挽救国家于危难之中。显而易见，由传统孕育起来的修身、齐家、治国、平天下的圣王人格早已积淀在欧阳的心理深层。阳儒阴释的陆王之学为欧阳由儒入佛创造了适应其思想顺化的条件，修齐治平的圣王理想，更为他那弘法利世的学术宗旨奠定了心理基础。

康、梁变法失败，尤其强化了欧阳的救亡之梦。在他以优贡朝考而获得教谕之职后，便在家乡兴办学堂，教以陆王之学治心，授以科学技艺应世，实际上也就是要借助教育培养利世之才而圆他的强国之梦。在此期间，因拜识杨文会加深了他对佛教义理的认识，又逢与他相依为命的生母故世，他本人大病濒死，悲恐之中，油然而起人生无常之感。由此而杜仕进，绝色欲，归心佛法，既以佛法寻求生死之原，也以佛法为众生究竟解脱之道。欧阳从一开始就把佛法同人生、社会密切地联系在一起，鲜明地表现了近代佛学的时代特征。所以，在他入佛初期，与发起佛教会的同时，便有《警告佛子文》，批评僧徒出世自利的倾向，同样表现他那弘法利世的思想基础。

正因为有了这样的思想基础，所以在他筹建支那内学院的时候，便制定简章，开宗明义，“养成弘法利世之才，非养成出家自利之士为宗旨”，不仅把教育、佛法同其治国平天下的终极关怀融为一体，而且直率地批评出家自利之士，表明他与出家自利的寺僧陋习背道而驰的学术追求，也为其创设弘法利生的居士道场作舆论准备。出家自利之说一出，僧界大哗，群起而反击，欧阳虽然不得不改为“非养成趋寂自利之士”，却仍然申明“乃简出家唯知自利者”，重复强调利他、救世的精神。应当看到，欧阳渐显然认为，追源溯始，佛法的本质就是利生的，不仅利一国之民，而且利世界众生，乃至无量无边之宇宙。他常说，“佛法乃日常应用恰到好处之事”，“学佛为极究本分之事，非骛高奇以自悦也”，充分表现佛法不离世间，安立世间的思想。所以，他对批评佛法为出世的说法，则必痛加驳斥，即使是他的学生也不例外。正因为如此，对于弘法利生这一宗旨，他没有，大概也认为没必要有太多的正面论述。处于国家危急存亡，百姓水深火热之秋，他更多的是把佛法看做救亡图存的理论武器，把自己看成是用佛门胜义装备起来，背负着沉重的十字架，而济度众生的斗士。他不仅强调利人利物为佛法之方便，寺僧也要做真正公民之事，如士、农、工、商等，日出而作，日入而息，如此则每年可省百万人之耗食，而得百万人之创造与收获。而且他还着重说明“研学必革命”的道理，指出学者必以天下为己任，然后方可言学。他曾反复声明：“古之欲明明德于天下者，我皆令入涅槃而灭度之。”欧阳就是这样，从佛法应世、救世，乃至“包藏宇宙之机，囊括乾坤之量”的圣王人格，来表现他以佛法利生的学术宗旨及其献身精神的。九一八事变之后，强敌压境，他更是奔走呼号，极力主张万众一心，全面抗战，勉励国人、将士，外患不足畏，切切不可失去民族的气节。他从历史的经验和孔、佛的理论中得出这样的结论：“弱小民族不可犯也，反侵略不可缓也”，并指出：“孙中山先生革命是一条鞭，不可杂保皇党开明专制，今日抗战到底是一条鞭，不可收容主和败类。”他这种抗战到底乃至必胜的决心无疑是其弘法利生学术宗旨在现实生活中的具体表现。

除在给友人弟子的信中简略提及以外，欧阳很少直接论述佛法与现实社会的关系，但他的这一思想显然影响了金陵一系佛法研究的旨趣。支那内学院成立之初，欧阳渐就在南京高师哲学研究会作了一次《佛法非宗教非哲学而为今时所必需》的演讲。后半部分虽为王恩洋续成，但无疑符合欧阳的真实思想。后来吕澄更有《佛法与世间》之作，均有助于说明欧阳以佛法利生救世的学术宗旨。

为什么说佛法为今时所必需？王恩洋淋漓尽致地发挥了欧阳的思想。他指出：

> 纵观千古，横察大地，今日非纷乱危急之秋乎？强凌弱，众凌寡，武力专横，金钱骄纵，杀人动以千万计，灭国动以数十计，阴惨横裂，祸乱极矣。虽然，此犹非所最痛，亦非所最危。所谓最痛最危者，则人心失其所信，竟无安身立命之方，异说肆其纷披，竟无荡荡平平之路。庄生有云："哀莫大于心死"，而身死次之。……今日世界之乱，特其果耳；今日人心之乱，乃其因也。

这就是说，当时国家正处在危急存亡之秋，当时世界混乱已经不可收拾，然而，造成整个人类生存环境破坏的根本原因还是"人心之乱"！他指出："人心不能久蔽而不显，思想不能久屈而不伸，一元二元之论，唯心唯物之谈，科学之说，物质创造之事，一时间竟为流行。"这些虽给人类带来了丰富的物质利益，改善了人类生存环境，同时也给人类制造了毁灭性的灾难。原因就在于"人心不能无思，所思不能以此衣食住为限；人心必有所欲，所欲不必唯在物质之中"。对于物质无限度追求，虽然暂时发展了文明，但这种文明所产生的弊端，又将摧毁人类所致力的文明。可见，人心既是文明之原，又是罪恶、祸乱之源。因此，解决当今社会问题的方案就是要针对人心之蔽，既要除宗教之迷信，给人类以正信，又要辟哲学之妄见，给人类以正见。而能承担起这一使命的，除佛法以外，再没有别的学说可以胜任了。

为了说明佛法破迷信，立正信，除妄见，予正见的作用，他进一步比较了佛法同宗教、哲学的特征。他指出：宗教依于上帝，以上帝为万能，因此，以天堂为极乐，以自了为究竟；佛法则依于法，以自心为万能，故不舍世间，不舍众生，以济度众生为悲愿。而哲学却是说梦，与人事无关，且易入于邪见；佛法则是真实之谈，发大悲大愿之心，与众生同出苦海。也就是说，在当时末世、乱世之中，只有真实而又以自心为万能的佛法，才是力挽狂澜，解民于倒悬的救世良方。

毫无疑问，上述立正信，予正见，以佛法救世利生的思想，其着眼点还是在于心性问题上，即治心先于治世的文化观念。这与近代新民德、重塑内圣外王理想人格的文化思潮显然是一致的，所以能够把弘法利生与教育同时并举，这就不单纯是理论上的宣传了。不过，他们在对佛法赞誉的同时极力贬低其他学说，也不能不说是偏颇、狭隘之见。吕澄“佛法不离世间”的论述则显得更为平易和全面一些。

吕澄指出：“佛法施设，根据有情生存向善之意欲，非破坏世间，而正从实际安立世间也。”以向善之意欲安立世间，就是要使生存环境不断得到改善，由食住进而常乐我净，进而自在解脱。这既表明佛法利生济世的思想及其学术宗旨，也对佛法的作用予以适当的规范，而没有无限夸大之意。他特别解释了应世与出世的关系，指出，出世非去世，只是远离之意，远离并非弃绝。而佛法之应世，乃在起出世之用，即解决人生问题，实际就是要造就人类最佳的生存环境，当然不止是物质环境。基于这样的思想，所以他批评当时佛学界有三大病，其一就是纯任知解，不问于他人利益如何，更不理会与当时社会、人生如何联系得上，空话连篇，与世事漠不相关，充分体现了佛法不离世间的思想内容和弘法利生的学术宗旨。

事实上，欧阳渐弘法利生的学术宗旨，更多的还是通过对出家僧人趋寂自利的批评凸现出来的。无论怎样解释，欧阳对当时僧人大多持否定态度，对出家为僧这一制度恐怕也是有异议的。佛法之创，原在于自觉觉他，利国、利民、利天下、万世，固不在出家而求解脱。内院简章所谓“非养成出家自利之士”，实际上就是这个意思，并非措辞上的失误，所以招致僧人群起而攻之。太虚反驳说：“阐扬佛法，果无须出家之士乎？弘法利生，果有不可出家之意乎？”就是针对欧阳反对出家的意思而发的。宁、汉两系之争层出不穷，但要不要出家为僧，才是争论的根本所在。

欧阳认为，佛法之晦，既晦于迷信科哲学之学者，更晦于望风下拜之佛徒。他说：中国内地之僧尼虽有百万之众，但能了知佛法，能称得起住持比丘者，寡若晨星。他说，这百多万僧尼，“大多数皆游手好闲，晨夕坐食，诚国家一大蠹虫，但有无穷之害，而无一毫之利……此百万之众，如何俾以利国利民？”而且，僧制日坏，养尊处优，奔走权贵，自许国师，一如慧琳，窃参机要，而为黑衣宰相，很少有为弘法利生而亲近国王大臣者。所以他主张，应当在百万之众的僧尼中，严加拣择。“朝取一人拔其尤，暮取一人拔其尤”，全国仅留数百人为僧即可。如此，“国家岁省百万众之耗食，岁增百万众之力作”。显而易见，基于僧制败坏，僧徒窳滥的现实，更基于利国利民的思想，他要对僧制进行一番脱胎换骨的改造，实质上就是要用居士道场来取代寺僧出家制度。对于这一点，他虽欲言又忍，但还是不吐不快，在《释师·谬五》中，逐条驳斥非僧不许为师、白衣不当说法等沙门中之惯例，强调“发菩提心即是出家”，为居士住持佛法提供了无可辩驳的理论基础。近代居士佛学复兴，无疑得力于欧阳渐弘法利生的学术宗旨和居士住持佛法的创意。

附带说明，宋以下法门衰颓，僧人素质愈降愈滥，有识之士对此批评层出不穷，即使如僧界也忧心忡忡而图谋改革。太虚“人间佛教”、“人生佛学”的倡导，就是上述思想发展的必然结果。但是，从来没有像欧阳渐这样，要从佛制上对佛教进行根本变革的，即以居士弘扬佛法而取代出家之制。至今看来，欧阳渐的创意，应当说对于佛教现代化是有积极意义的。

另外，欧阳对僧界的批评还表现在对天台、华严以及禅宗等中国化佛教的否定上。他认为这些中国化了的佛教和佛学，不是真正的佛法。禅宗起，直指本心，见性成佛，不立文字，使“先圣教典，先德至言，废而不用”，佛法真义也就荡然无存。天台、华严兴盛之后，佛法之光也就晦而不明。言净土者，尤其执一门以为究竟，全无方法，只是迷信。所有这些，可以说是欧阳渐与众不同的孤独发明。但是，禅宗思想确实是披着袈裟的庄老哲学，其他也无不与传统思想有千丝万缕的关系。欧阳否定禅、教、净是佛法的观点，不能说没有道理，甚至应当说是独领风骚的真知灼见。更何况，在整个学术界皆弃明心见性之空谈，而趋经世致用之实务的思潮中，与欧阳经世务实、弘法利生、重视方法与实证的思想相一致，其推崇法相唯识，贬抑谈心说性的禅学等，也就是理所当然的了。

总之，欧阳渐治学以济世利生为目的，必然否定出家自利，游手好闲、空谈心性的僧徒以及禅宗等。其兴学，刻经，弘扬佛法，集教育、出版、居士道场三位于一体，正是其弘法利生学术宗旨的具体实施和物质保证。它的贡献是不可忽视的，这种模式对于佛教现代化，乃至现代学术建设同样有参考的价值。

3.“结论后之研究”与“非宗教非哲学”的学术特征

如前所言，清季以来，由于经邦济世的需要，学术弃虚就实，士大夫好言朴学，谈心说性的佛理也在进行着脱胎换骨的改造。近世科学昌明，实证主义的方法论也就更加受到知识分子的欣赏。处在社会剧烈变革，学术由中古向现代转化之中的欧阳渐，早年便兼工天算，时称得风气之先，入佛之后，同样也会受到科学方法论的影响。不过，他选择的不是“西学”，也不是“中学”，而是以分析名相为特征，即重视方法论，因而与近代科学思潮最易契机的法相唯识之学。正因为如此，欧阳渐对于方法论的重视，远在其他佛教学者之上。他先后著有《今日佛法之研究》、《谈内学研究》、《唯识抉择谈》、《辨虚妄分别》、《辨法相唯识》、《研究方法》等一系列专题学术论文，力图引导人们掌握佛学研究中方便善巧的方法。其所作《佛法非宗教非哲学》主要也是从方法论入手而比较佛法与宗教、哲学的。

无论是宗教还是哲学，都确信事物现象的背后有一个绝对真实，只不过哲学认为真实是未知的，要透过现象去把握真实，宗教则确立了这一真实，只是要用“现相”去证明已确立的存在。因此也可以说，哲学是研究后的结论，宗教是结论后之研究。欧阳渐说，佛法是结论后之研究，其实还是宗教的特征；说佛法非宗教非哲学，无疑也可以说成亦宗教亦哲学。严格地说这些都不是他的创造。但是，他强调结论后之研究，因此而推崇“万法唯识”的唯识；他肯定佛法只是佛法，故重视“现观”“现证”的名相分析，并把上述两个命题作为理论予以阐扬，则成为他学术研究的鲜明特征了。

欧阳在《今日佛法之研究》中指出，佛法是“研究境”，通俗地说，就是对佛家最高境界的研究。在他看来，佛家的最高境界只是日常应用恰到好处之事，是人类最佳的生存环境。然而这一本分、平常的境界，只有通过“现量”，即人们的感性才能获得，所以不能以“世智”，即通常所谓的理性相求，因此佛法研究，即欧阳指称的“研究行”，也就存在着相当大困难。所以不得不“假圣言量为比量”，也就是以佛所说而为真理，依此推论并比较会通。他认为这种以佛说为结论所进行的论证虽不是现量，但与现量可以等量齐观，如此，也可以把握佛的境界。要做到这一点，首先还要“发心”，即要确信佛的境界的真实性和绝对性。换句话说，首先要发佛之信仰，进而立世间之真谛。据此，他的结论便是：

一切佛法研究，皆是结论后之研究，而非研究后之结论。

为了说明上述的观点，他还把佛法分为方便言说和不可说两部分。境是不可说的，行既然可以假借，也就是可以言说的。欧阳的佛法研究显然是方便言说的部分（见下图），他的学术的重点就在于对这些可以言说的方法问题的探究。关于这点，欧阳实际上也是对历来关于佛法可说、不可说，立文字与不立文字的争论，作了一个比较规范，当然，也可以说是贴近实际的结论。

既然佛法（境）是不可说的，而佛法研究（行）是假借的方便言说，那么今日之佛法研究，欧阳又称之为“研究者随分之果”，自然也是在结论后研究佛法的具体实施。欧阳指出今日研究佛法，一要明递嬗之理，二须知正期之事。宽泛一点说，前者是依经作出结论，后者是围绕结论进行研究，充分体现了他那结论后研究的具体内容。

他首先说明，佛在世说法虽未曾记录，但大、小、空、有义理具在，后人的发挥均未出其范围。所以，佛所说法不能不信。这就告诉人们，佛说就是真理，佛说就是结论！

然而，哪些才是真正的佛说呢？欧阳首先强调，“须明递嬗之理”，并对真正的佛说作了比较具体的界定：

（1）二十部小乘皆切实可资研究；

（2）龙树思想所云一切空者，空其可空，最得我佛之意；

（3）无著使龙树思想圆满，故二家缺一不可；

释题分三：一、佛法（研究境）

二、佛法研究（研究行）

三、今日之佛法研究（研究者随分之果）

一、佛法者，其详可列一表如次。

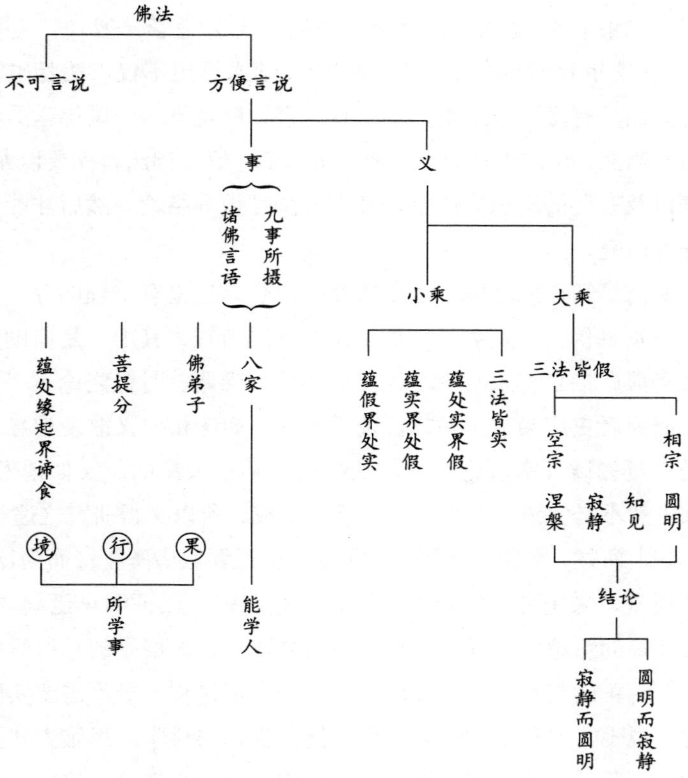

（4）唐人荟萃无著以来各家学说，虽绝响千年，尤其应当努力研索而兴绝学。

显而易见，欧阳对佛说的规定是印度小乘，龙树、无著之学，以及玄奘所传法相唯识的思想。他完全排除了中国化了的佛学。这与他终身所致力的法相唯识学研究也是一致的。正如他在一九三九年十一月给张君劢的信中所说：二十年来，他认识到佛法全体之统绪“曰《般若》、《瑜伽》之教，龙树、无著之学，罗什、玄奘之文”。从这里我们也可以看到，欧阳的学术思想不仅以法相唯识为核心，而且有融大小二乘，融空有二宗，以及排斥中国佛学的鲜明倾向。当然，在这里欧阳就是要告诉人们，研究佛法首先要以龙树、无著以及玄奘的思想为依据，确立万法唯识等结论，然后才能进行论证性研究。

所谓“知正期之事”才是研究的内容。这里有整理旧存，其中一是识别真伪，二是考订散乱；还有发展新资，其中一是借助梵藏原文经典，二是广采时贤之论。他还特别强调，时贤之论不一定正确，研究者更应当善于检择。他举例说，如法相要义散漫难寻，他正是在过去读《掌珍论》时，从中而得相宗大概的。又如他发现，大乘虽然不是佛说，但却是演绎佛说而成，所以又得研究之途径。

综上所述，欧阳佛法研究的方法，就是要假借圣言量而为比量，代替现量，采用种种解析的方法，会通比较，以证明早已确立的、无可怀疑的结论的正确。这种结论后之研究，无疑是缺乏科学根据的。结论正确与否不论，突出的是心理实证过程，既不需要实践的检验，也不需要科学的论证，更不能证伪，与科学的思维方式显然是背向而驰的。他在《谈内学研究》中，进一步把这一思想扩展为“内学为结论后之研究，外学则研究而不得结论”。外学不得结论显然不是事实，欧阳崇佛而持之偏见也就暴露无遗了。但是从历史上看，这种结论后研究的方法，又符合注疏经典的中国学术的实际情况。不过，这显然不能作为一种普遍的原则而予以推广，倒是他所采用的研究的具体措施，简别真伪，考订散乱，参酌梵、藏、巴利文原典以及广采名家之论等，对于学术研究还是很有价值的。可见，欧阳对近代佛教文化复兴乃至整个学术的贡献，不在于他总结的这一理论，或者说原则，而在于由这一原则所引出来的诸多的具体实施的方法。

如果说“结论后之研究”只是欧阳渐对佛法研究中方法论的总结，那么，“佛法非宗教非哲学”这个命题应当说是欧阳的独创。而且，这个命题也是建立在方法论的基础之上。正如其在给章行严的信中所说：

> 宗教有结论无研究，哲学有研究无结论，佛法则于结论后而大加研究以极其趣，非待研究而希得其结论。是故，佛法于宗教哲学外而别为一学也。

由此可见，结论后之研究是非宗教非哲学立论的根本。在这一思想基础上，欧阳系统而又分别地比较了佛法与宗教、与哲学的不同。

首先，他力图以概念分析的方法把它们区分开来，指出，佛法是佛家三宝之一，“法”的范围最广，“凡一切真假事理，有为无为，都包在内”，而且都是瑜伽所得，瑜伽义为相应，所以佛法也就是“于事于理，如如相应，不增不减，恰到好处”，并且，“为正觉者之所证”，“为求觉者之所依”。通俗地说，佛法既是已被证明了的，放之四海而皆准的真理，也是求真、求觉，即追求真理、实现自我的必由之途和唯一正确的方法。“结论后之研究”显然也是他规定的佛法的这一性质决定的。

接着他指出，宗教、哲学二字，原系西洋名词，它们的外延既窄，意义与佛法尤不相同，用以比附佛法，如何能表现佛法之广大？所以他说："佛法就是佛法。"

如此界定概念远不能说明问题，只能说他提出了一个双遣的或概念循环的命题，表现出他高扬佛法的倾向。所以，欧阳又作了如下比较。

首先，他指出，世界所有宗教，都具备四个条件，而佛法均与之相反。

(1) 凡宗教皆有权威信仰，或一神，多神，或崇拜开创彼教之教主。这些权威主宰赏罚一切人，人便成为他们的奴仆和附庸。

佛法则依法不依人，如果不合于法，虽则是佛也在所不从。他强调以前诸佛不过是人类的导师和善友，绝无权威信仰可言。为了说明这点，欧阳不惜引入他始终否定的禅宗的精神，即所谓禅宗祖师有"天上地下唯我独尊"之语，有"一棒打死与狗子吃"的公案，用以证明佛法反权威的非信仰主义。他还引用心佛众生三无差别，即心即佛的话，把依法不依人的思想发展成为以"自心"为核心的"依自不依他"的观念，这显然是他不能不受禅宗思想影响的结果。就此而言，他认为宗教以权威信仰屈抑人的个性，增长人的惰性，这是宗教与佛法极不相同的地方。

(2) 凡宗教必有奉守之圣经，"但当信从，不许讨论"，如此以巩固其教义，也用来把持信徒之信仰。佛法则不然，依义不依语，依了义经，不依不了义经。

事实上，无论是佛教，还是佛法，都有它们信从并奉守的圣经。"结论后之研究"的本身就是要遵循佛的言教，所谓"圣言量"者。从这一点上看应当说佛法同宗教并无差别。但欧阳又分义与语，把经分为了义与不了义，对"圣言量"作了进一步的解释，说明佛法所依是实事而不是虚语，是实语尽语而不是权语略语。这种晦涩的辨析，显然不能令人折服，但他的结论却是明明白白的：

不必凡是佛说皆可执为究竟语，是故盲从者非是，善简择而从其胜者佛所赞叹也。其容人思想自由如此。

简单地讲，佛法反对盲从，对于佛说之经典应当善于捡择而取其最佳胜者，这正是佛法所鼓励的，因为佛法是强调思想自由的。欧阳如此看待佛法，正反映“以己意进退佛说”的时代精神。他否定禅宗，批台、贤，斥《起信》，也都表现这种自由思想。这正是学术研究所必需的，因此与哲学也就趋于同道了。

以“圣言量”作为结论，这本身就是奉守圣经。欧阳对此有另一番解释。他说：圣言量“非如纶音诏旨更不容人讨论，盖是已经证论，众所公认共许之语耳”。犹如几何定义中的公理，不必讨论。换句话说，他要求奉守的是真理而不只是圣经。如此“结论后之研究”与“思想之自由”的矛盾也就在“证论”、“共许”的掩饰下统一起来了。他还说，圣言量是因明中之因、喻，因明说法便是用已成立并共许之因和喻，最终证明未成将立之宗。用通俗的话讲，就是用已知的佛说之言教，作为理论和事实依据，确立论点的正确性，然后予以论证，即证得宗的成立。这还是结论后之研究。然而，他却认为以圣言量为论据的因明学，“纯以科学实证之方法以立理破邪，其精实远非今日之论理学所及，固不必惧其迷信也”。他把因明视作科学实证方法，进而提高佛法的理论地位，尤其借此区别宗教对圣经的奉守，虽然有一点道理，但毕竟有太多的牵强。

(3) 宗教家有必守之信条与戒约，并以此为他们立教根本；佛法唯一的目的是度诸众生，共登正觉，所以佛法虽有戒，只是为了禁外扰，防内奸，以心不乱为目的，即定之方便。定又是慧的方便，因此佛法的戒律是实现正觉，利物济生这一目的的方便之方便。他是把佛戒看成是实现目的的手段而区别于宗教的。从这个意义上说，佛戒则是可有可无的，即使不出家，不剃发、不披袈裟，也能成为阿罗汉，也可以获得正觉。

其实，任何宗教和非宗教的戒约，也都只是手段，或者用欧阳的话说是“方便”，而不是目的。只不过许多宗教把他们的戒约看成是信徒们必须遵循、须臾不可或缺的规则。如此从根本和方便的不同说戒，并以此区分宗教和佛法，显然是一种误导。不过欧阳的意思重在后者，即佛法可以不持戒，以期与出家落发的僧人区别开来，这还是有一定道理的，也与他建立居士道场，以居士复兴佛学的思想完全相合。

（4）凡宗教家必有信仰，纯系感情上的服从，而不容一毫理性之批评；而佛法依自力而不纯信他力，反对愚人之盲从，主张智者之乐欲。正如梁启超说的那样，佛法的主张是智信而不是迷信，欧阳认为佛法信无上之菩提，不仅不是宗教的信仰，而且“由信起欲，由欲精进，故能被甲加行永无退转，是乃丈夫勇往奋进之精神”，与屈己依人的宗教大为不同。

综上所述，欧阳就权威、经典、戒律和信仰（其实与一同）四个方面比较佛法与宗教的不同，无论其对概念的理解（比如宗教、信仰等），还是逻辑分析、事实依据诸方面都有不少似是而非、矛盾迭出的地方。尤其是把“圣言量”视为真理而否定其为必须奉守的圣经，视佛家戒律为方便而区别宗教戒约为立教之本，这些比较不仅不能说明它们的不同，反而使人感到它们的一致。欧阳学术上的褊狭与思辨能力的缺乏，在此也可窥见一二。不过，如果撇开上述不尽合逻辑的比较论证，他的意思则是显而易见的。正如他所总结的，宗教与佛法，一者尊卑不平，一者平等无二；一者思想锢陋，一者理性自由；一者屈己从人，一者勇往自信，宗教与佛法皎若黑白，绝不能相提并论。由这些话可以看出欧阳的本意是要把佛法置于一个特殊的地位，并把佛法从佛教中凸现出来。实际上他区别的不是宗教，只是佛教，特别是已经沦为陋俗和迷信的佛教。正因为如此，欧阳从来只提佛法，而不提，或者很少提及佛教。这是应当特别予以注意的。

单纯区别佛法与佛教还不足以突出佛法在世俗社会中的地位，因此欧阳又进一步强调佛法非哲学，因此而与哲学比较优劣。

首先，欧阳认为哲学“唯一之要求在求真理”，即求事物的本质和事物产生的本源。用哲学的话讲就是本质论和本体论。他肯定，哲学家求真理的目的，对于破除迷信是有积极意义的，其正确性也是无可非议的。但是，他又指出，哲学家在破除旧的迷信之后又树立了一个新的迷信。他说，一部西洋哲学史，在破除有人格的上帝后，又迷信无人格的上帝；破除了独神论后，又迷执泛神论；或信唯物，或信唯心，否则便主张唯事；如笛卡尔怀疑一切，却迷信自我；罗素破一切唯心、唯物，又执定一切现象为真。结果是公说公有理，婆说婆有理，别人的都可破，自己却没有立一个不可破的学说服人。在欧阳看来，哲学虽然破除了迷信，却得不出了一个正确的结论，因此也只能增加许多人不正确的见解。

与哲学不同，欧阳认为，佛法只是破除执着，一无所执便是佛法。佛法不求真理而随顺真如。这里欧阳完全是用佛家的观点来看待世界的。他说：有则不必求，无则不可求，所以说是不求真理；万物万事，当体即是，何必外求，所以佛法要破除一切执着，随顺真如，即随顺事物本然之性。他还举例说明事物不可执着、亦真亦幻的特性：譬如人在梦中，一切皆有，至梦醒时分，了无一物。然而所有真、幻之像，皆不离真如本性，未至真觉，终在梦中；及成佛果，便知当时颠倒有如南柯之梦。所以佛法又要求“息妄”。息妄、破执就能随顺真如。佛法与哲学的不同正在于此。

欧阳的意思是哲学破一立一，有破无立（因为又立了一个迷信）；佛法破就是立。哲学求真理而不得；佛法破执、息妄而随顺真如本性，佛法自然也就高于哲学许多许多了。其实，欧阳说的只是它们求真的方法的不同，至于说哲学不能获得一个不可破的学说，尽管也符合实际情况，但是，佛法又何尝不是如此呢？欧阳当然没有注意到，或者说不愿承认这点。

其二，欧阳指出，哲学所探讨的是知识问题，即认识论；包括认识发生、本质和作用等，而认识论的种种主张皆不出计度分别，佛法则不然，它依智不依识，识就是虚妄分别，所以它是反对虚妄分别的。就认识论而言，佛法与哲学是根本对立的。欧阳如此区分哲学与佛法，可以说是切中了要害。

接着，欧阳继续说明，佛法所依的智有二，一是根本智，亲缘真如，一切平等而无分别；二是后得智，缘俗谛而度群生，所以真妄虚实，世间出世间无所不知。他还说后得智“变依他与识相应”，可知所谓得智实际与识，通俗地说就是与哲学上的认识论大体相近，也是以计度分别认识事物的。欧阳正是依靠后得智建立其法相、唯识学的。他的唯识抉择也讲“二智谈后得”，所以他说，“由斯建立法相学，由斯建立唯识学，由斯建立一切方便学”。由此可见，欧阳是把法相、唯识看做佛法的真谛，我们从中也可知，欧阳由于重视认识论、方法论的探究而热衷于法相唯识之学。所谓方便学，就是世俗的方法，欧阳对后得智的选择，对法相唯识学的推崇，与哲学的认识论也就只在毫厘之间了。

不过，它们之间还是有一个根本的区别。佛法所依的后得智是由根本智来决定的，这里有一个确定而不可移易的前提，即第八识阿赖耶含藏一切名言种子，一切知识均产生于此。据此，欧阳肯定地说：“若必谈知识之本源唯有佛法为能知也。”知识的本源，认识的发生都植根于自识即所谓的阿赖耶识之中，这与唯心论实在没有什么不同。所不同的只是方法：唯心在于论证，佛法则在于证论。以此而论高下，佛法显然精致得多，欧阳自然也就认为唯佛法为能知了。

他还从知识的效力、本质区别佛法与哲学。他认为，从知识的范围体性而言，不出唯识学谓之的六识（眼、耳、鼻、舌、身、意六识），故不同于独断论。认识的实现，靠见、相、自证、证自证四分之互缘，都是依现量而得，即依直觉而非理性，所以“一切真实，一切决定”，这又不同于怀疑论。佛法以一切俱非，故而也不同于调停两可地积极论。从知识的本质看，欧阳说凡识皆四分合成，无量则无果，无缘不成实，“非于龟毛而生识”，所以不同于观念论。无见不成识，无自证亦不成识，所以又不同于实在论和现象论。总之，他是采用法相宗四分互缘，转识成智的方法论来谈佛法与哲学区别的。其理论玄奥难解，论说艰涩繁琐，非几句话能勾勒清楚，因此，欧阳也说，“欲求精详，当研唯识”，他的目的就在于说明，探讨知识问题的哲学是“无结果之学”，只有依四分而建立的佛法认识论，才是认识事物唯一正确的方法。

其三，哲学是对宇宙的说明；佛法，特别是唯识学只言识，不言宇宙。换句话说，哲学着眼于外，佛学植根于内。欧阳认为，科学发展至今天，以相对论认识世界，证明一切唯心、唯物、一元、二元乃至建立在原子、电子论基础上的物质实在论均难以成立，而知宇宙并非实在之物。他说：“今之科学之所要求者唯方程式耳，世界所实有者唯一项一项的事情，非一件一件的物质也。”如罗素之徒，分析心物，但执现象为实有，而不知本体为何物。他们离识谈境，以境为有，虽然比起西方旧学说诚见高明，但是与佛法“识有境无”相比，也就相形见绌了。

他以法相唯识的理论，集中表述，世间一切的事物，都是识的相分，即识的变现，山河大地，宇宙时空的本质，也是由第八识阿赖耶所生。所以，宇宙间的万事万物离识则非实有，故言“三界唯心，万法唯识”。据此而谈认识论，一切哲学自然都是梦幻之见了。

他说：哲学言认识，但知六识；佛法则有八识、五十一心所，无不洞了。哲学家唯由六识计度；佛法则以正智亲知。哲学家模糊两可；佛法则如如相应，真实不虚。哲学家与宇宙隔之为二，佛法则与我为一，哲学不知其所以然，佛法则一唯由我，一唯由识。据此他认为，哲学或者怀疑一切而陷于迷妄，或者武断结论而陷于偏执；佛法说依他幻有，圆成实有，遍计俱空，如如相应。总之，哲学的真理只是虚妄之见，佛法之真如却是亲证之实。佛法不仅与哲学不同，而且其优劣简直在天地之间，因此欧阳的结论是：哲学于地不过此世界，于时不过数十年；佛法则过去，现在，未来三世所共证，无量无边世界所共许，二者相比，无疑是“以萤火之光当日月之明”。欧阳高扬佛法之情，已经到了用尽一切美好的语言来表述的地步了。

用唯识学的方法判别佛法与哲学的高下，对于平常人毕竟有难以理解的一面，欧阳在给章行严的信中，则专门就“智”的内涵区别佛法与哲学、科学。他说：哲学之智或谓先天，或曰经验。然而先天又是何物？经验又从何实现，并且历久不衰？这些是哲学难以解释的。科学因果律展转比量，纯凭理性，至原子、电子而无他术。佛法则依现量，凭直觉，靠感性，直接把握事物的本质。可以这样说，现量和比量应用的不同，或者说直觉与理性认识的不同，是佛法区别于哲学、科学的显著特征。如此比较，佛法与哲学的区别也就不难理解了。

当然，欧阳渐也承认，佛学与哲学毕竟有相通的一面。如心理学与唯识学中意识中一部分相似（其实何止一部分，梁启超就断言，佛法就是心理学）。物理学有与唯识色法中一部分相似，哲学更有与唯识学大多数相通的。可见他对哲学并非完全排斥，至于他说“一切哲学”、“唯是说梦”之类偏激的话，只不过是在高扬佛法时的语病罢了。正如他解释的那样：宗教家、哲学家皆其兄弟。信仰之诚，是其所敬，求真之心，为其所爱。只不过他们不得其道，不知其方，也就是说，对于世界的认识，缺乏正确的方法和入门的途径，所以他感到痛心，而欲以佛法使之归正。不过，说来说去，欧阳对佛法的偏私是不能否认的。

总而言之，“结论后之研究”和“非宗教非哲学”这两个命题，既凸现了欧阳对方法论的重视，也表现了他学术思想的特征。不过也不完全像他说的那样，视一切宗教家、哲学家为兄弟，他的佛法非宗教之说，在区别佛法与宗教的时候，显然有否定出家为僧的倾向。他就是要把佛法同迷信，特别是同那些望风下拜的僧徒的迷信区分开来，简单地说就是把佛法同佛教区分开来。但是，佛法非哲学的命题，却无意于对哲学的否定，尽管他说了很多过头的话。实际上，欧阳是要通过与哲学的比较而高扬佛法，即突出佛法优越性，绝对正确性，当然也有对近代科学思潮反拨的意思。另外，表现欧阳学术特征的这两个命题，既以唯识学为理论根据，又集中表述唯识学的观念。

上述与佛教分离，高扬佛法以及以唯识学为依归三个方面，则是与其学术特征直接相关的思想内容。这是他的毕生事业并贯穿在他的学术之中。

另外，还需要说明，在比较中，欧阳对佛法的阐述精审周密，而对宗教和哲学的界定有明显的不确定性，并持太多的偏见。他对佛法的认识就其思辨性来看应当属于哲学，但他谓之的结论后研究则显然是宗教的特征。可见，佛法还是应当归于哲学范畴，或者说是宗教哲学范畴。

4. 法相唯识分宗

佛教不仅分小乘、大乘，而且分有宗、空宗。中国佛教多传大乘空宗。唐代以下，有宗唯有玄奘所传一系，即法相宗，又称慈恩宗。该宗上追印度无著、世亲，中经护法及其弟子戒贤。玄奘西行求法，传译《瑜伽》、唯识之学于华夏，而使之得以发扬与光大，法相宗便与其他佛教宗派并称于世。然而与空宗不同，法相宗专讲“识有境无”，并有三性、八识、五十一心所等一整套繁琐的论证和庞大的思想体系。因其突出的是万法唯识所变，故又称唯识宗。又因其保留了太多的印度的特色，每与中国文化心理不合，加之武宗灭佛，法相典籍不存，故仅有玄奘、窥基师弟三数传而归于绝迹。明末清初，王船山著《相宗络索》，法相复兴，初见端倪。至清末杨文会搜集古德佚书，法相论疏，也得自海外。学者既窥玄奘本旨，又得欧阳渐与韩清净之推动，其名相分析，又多与近代实证思潮相合，故法相宗得以在中国复兴。欧阳渐著名的法相、唯识分宗之说，虽然不能被大多数人所接受，但它的意义恰恰在于把法相唯识学的研究推向了一个新的阶段。

应当承认，玄奘之学借助名相分析，证明万法唯识的理论，其实是一个问题的两个方面，正像不能把禅宗分成见性宗和成佛宗一样，同样不能把玄奘一系分成法相、唯识。但是，欧阳自三十八岁开始从杨文会学习佛法，四十五岁专究《瑜伽》，四十六岁便提出法相、唯识为两个宗派的观点，四十八岁进一步提出“约观心门建立唯识义”，“约教相门建立法相义”，系统论述法相、唯识分宗的理论。直到一九三八年，当他六十八岁的时候，又与院友详谈《辨法相唯识》之义。可以说欧阳渐终生以法相、唯识分宗为其学术的主要内容，并以此兼容般若、涅槃的空宗义理以及儒家之学。

当然，藏经近万卷，佛家宗派林林总总，欧阳独精《瑜伽师地论》，倾心法相唯识之学，也是应时代之要求和学术发展的自然趋势，正如章太炎所说，法相宗以分析名相始，以排遣名相终，从入之途，与乾嘉汉学同，用梁启超的话说即与“科学实证法”相似。

而且，近代学术渐趋实事求是的方法，空谈心性已大不相适，汉学条分缕析，远非明儒所能及。科学兴起，方法愈加缜密，法相之学与近代学术趋势完全一致。早已受科学思潮影响而得风气之先的欧阳渐，在浩如烟海的佛经中选择瑜伽并致力于法相唯识的研究实在也是自然的事。更何况，禅宗、天台、华严、净土等佛教宗派确实不是纯粹的佛教和佛法，而且以高谈心性为特长，所以，欧阳选择具有更多印度文化特色，比较倾向于实证科学的法相唯识作为他佛法研究的对象，以此推动佛教文化的复兴也就不难理解了。至于他判法相、唯识二宗，突出方法论的研究，自然也基于同样的文化和社会背景。

一九三八年夏，已迁至江津蜀院的欧阳渐，相继与渝友、院友辨二谛三性及唯识法相，提出明二谛空宗为文殊学，三性非空非不空宗为弥勒学，弥勒学先发挥法相，后创唯识。在《瑜伽师地论》的《本地分》中详诠法相，而于《抉择分》详述唯识。“是法平等曰法相，万法统一曰唯识，二事相摄而不可相淆，亦复不可相乱。”

两年后，在《释教》中，欧阳又强调瑜伽文字应分二门，一曰唯识，二曰法相，“法相糅古，唯识创今。法相广大，唯识精纯，法相结局亦必精微，而归诸唯识，故总曰唯识学”。这些可以说是他对法相、唯识分宗的总结与概括，而且他还标明法相最终的结局必归于唯识，这与通常的看法也就没有什么冲突了。他还指出，西行求法的玄奘，学法相于戒贤，学唯识于胜军，集法相唯识于一身。玄奘门下却又分两派，一是窥基，二是圆测。这实际上是为他的分宗之说寻找历史根据。

首先，他以佛家最基本的理论，也可以说是本体论，即有无之辨，判法相、唯识为二宗。他辨虚妄分别，提出三性非空非不空为弥勒学，也是从有、无问题上谈法相、唯识的。

在欧阳看来，弥勒学建立于《中边论》，谈一切法与法相，以非空非不空为宗。非空为有，非不空为无，是有、无并举。后来译本辨法与法性，以无义说虚妄分别，所以偏重于无，略于谈有。欧阳认为，弥勒学非空非不空的三性理论，与明二谛空宗的文殊学不同，其有无并举，法相谈相的体性，唯识谈相的作用，体性是实，作用是实，所以，法相、唯识都谈有，而外境是假，故为无。这既符合佛家“空”的思辨，又从体性、作用方面肯定了有宗的特性，同时也分别了法相和唯识二宗。

与上述相关，欧阳还从事物发生论的不同划分法相、唯识。他认为法相宗以缘生理论为基础，从事实变化的结果上谈相的体性；唯识宗则以缘起论为基础，从事物发生的原因谈相的作用。所以，八识能变，就是识的变化功能，是唯识；三性所变，即变现的结果，是法相。理义是唯识；事义是法相。如此，缘生——体性——结果——事义是法相。缘起——作用——原因——理义是唯识，法相、唯识的区别也就一目了然了。

可是，欧阳还从概念的外延上区分二宗，他说，法相、唯识虽为二学，但前者广于后者。也就是说法相是大概念（种），后者是小概念（属）。这大概就是他说“相摄而不可相淆”的意思。如此与法相归诸唯识之说还是一致的，所以，说法相、唯识为一宗也无不可。分宗之说，欧阳未免有点胶柱鼓瑟了。

不过，在欧阳的眼里，区别法相、唯识仍然是非常必要的。

他解释说：所谓“唯”，就是否定心外有境。所谓“识”，就是否定心空。具有上述二义，即唯识、无境，就可以立起非空非不空，或亦有亦非有的唯识法相宗。法相则讲遍计施设（常称遍计所执）、依他分别（依他起）、圆成真实三性，以及相、名、分别、正智、如如五法，也是有无并举，非有非空，显然，唯识讲的是万法起源，法相论的是事物的现象。但是从方法论上看，法相谈的是方法，唯识讲的是结论。所以，欧阳特别强调，唯识是认知，如实法界的一大法门，此如实法界是超现实的，故非世俗理论所能认识。如果不精通唯识，便会陷入虚妄分别之中而不能自拔。区别法相、唯识就是为了进一步掌握唯识！

法相、唯识分宗，欧阳论述极为详尽，引据经论遍及法相经典六十一论，重点在《瑜伽师地论》及其他论疏，即所谓一本十支。具体内容欧阳不断补充、完善，先后见之于《百法五蕴论叙》、《瑜伽师地论叙》，《杂集论述记叙》、《瑜伽师真实品叙》等，均不出上述本体论、发生论，即有无、缘生缘起、体性、作用、结果、原因、事义、理义的范围。统而论之，摘要如下：

约缘起理建立唯识宗，以根本智摄后得智；约缘生理建立法相宗，以后得智摄根本智。

唯识宗以《瑜伽师地论》为本，抉择于《摄论》，根据于《分别瑜伽》，张大于《二十唯识》、《三十唯识》，胚胎于《百法明门》；法相宗也以《瑜伽师地论》为本，抉择于《集论》，根据于《辨中边》，张大于《杂集》，胚胎于《五蕴论》。所谓本、抉择、根据、张大、胚胎，实际上指的是法相、唯识所据经典的同异。

对治外小，心外有境，建立唯识义；对治初大，恶取空，建立法相义，直接地说就是唯识用以矫正心外有境的小乘理论；法相则是否定心空的大乘思想。

谈八识变化的功能是唯识；论三性变化的表现是法相。

论有为无为一切诸法归于一识，是唯识义；以一识而开万法，即识生四谛、五蕴、十八界种种外象，谓之法相义。

了别义是唯识学；如如义是法相学。

唯识言理义；法相明事义。

今论言境独标五识，故为唯识，古论阿毗达摩言境多标三法，故为法相。

唯识学以识摄蕴，蕴亦是识；法相以蕴摄识，识亦是蕴。此摄字很含糊，意即唯识学以识论蕴；法相以蕴明识。

唯识学唯一识，百法明门明一门；法相学则观无量门。唯识讲殊特，阿赖耶独立无对；法相以平等义，分析名相。

唯识依缘起义，故缘其因而说种子相；法相依缘生义，故就其果而说成就相。或者说，唯识学论阿赖耶种子因相；法相明三性、六尘之果相。

唯识精修观行，故突出止观利益；法相谛察相貌，并详论议，抉择利益。直接讲就是唯识重止观之行，法相重论议之理。

唯识唯是相应，故非智；法相具言分别，非智莫属，意思就是唯识重现量，法相用比量。

唯识五不判；法相无不谈。

唯识谈种，故只论现在；法相谈相，有因相、果相，故说过去、未来，而归于现在。

唯识追求的是无住涅槃，法相则以有余、无余涅槃为其果。

以上所列，是欧阳判法相、唯识为二宗的具体内容的一部分。其他语言更为晦涩，义理至为艰深的内容就不再引述了。统其所论，除依据经典之类一些具体问题外，皆不出前边所言的范围。而且从他的思维脉络上看，法相、唯识还是相即而不可相离的，由此尤其可以看出，欧阳为法相、唯识分宗，或者说为创设独立的唯识学用心之良苦。

不过，欧阳渐法相、唯识分宗之说，除继其后而主持刻经处的吕澄以外，几乎没有人接受，即使他的弟子也不例外。或只举唯识，包涵法相，如欧阳高足黄忏华所著《佛教各宗大意》；或仅列法相，兼容唯识，如蒋维乔的《中国佛教史》以及汤用彤的著作。其实更多的是法相唯识混用，也有以慈恩宗统称其名的。表明学术界对其煞费苦心的分宗之说不置可否，而继续沿袭习惯说法的态度。就连称赞欧阳这一创见为“独步千祀”的章太炎也是法相唯识并称或互用的。可见，欧阳所致力的法相、唯识分宗的学术研究，虽然挑起近世新旧唯识的论战，确立了金陵刻经处、支那内学院以及他本人的学术地位，但却缺乏真正意义上的学术价值，在学术史上也只是一片过眼烟云。但是，不能否认，它的价值虽不在其本身，却因此而对法相宗要义条分缕析，探颐索隐，绵密论证，并刊刻、撰著了不可胜数的经疏叙论，使绝响千年的法相唯识之学再度昌明于世；同时，触发了学人研究法相义理的兴趣，引起学术界对佛家名相分析的重视，从而出现了章太炎以庄解佛的法相唯识哲学，熊十力折衷空有二宗的本心本体论，以及梁启超主以法相，辅之西学的心理分析。可见，近世中国哲学革命，无不与欧阳的法相唯识研究有思想、资料和方法方面的联系。法相、唯识分宗的意义、价值，或者说欧阳的贡献正在于此。

5. 唯识抉择

如果说法相、唯识分宗的本身并没什么学术价值，而是在客观上触发了法相唯识学研究的热情并促进了近世哲学思想的革命，那么，欧阳的唯识抉择的系统观念，在他的佛法研究中，特别是在他的方法论的建设中，则占据有显著的地位，而表现出鲜明的学术性格。

欧阳认为，法相唯识宗以外的中国佛学，皆不重视方法论的探究。禅宗唯讲单刀直入，彻见心性，因而主张不立文字，道断语言，以没有方法便是方法，即胡适所言“发疯就是方法”。其实，这必须建立在接受佛法文字熏染甚久，也可以说是绝对掌握了方法论的基础之上，而达到的出神入化的境界，才能行之有效，故非常人，也非佛法研究中所能采用。他还指出：禅宗末流，徒拾一二公案而作口头禅，搔首弄姿，故为玄奥，未得其精华，反承其糟粕，于禅法也全不知晓。天台、华严也不知方便善巧，畛域自封，得少为足，使佛学也就成了空谈心性之学，佛法也就被束之高阁了。欧阳讲佛法而少言佛教，既是与中国佛教，特别是望风下拜的寺僧不相混淆的标志，更是为了突出方法论研究的重要。他认为，唯识便是佛学中专讲方法论的学问，研究佛法，必以唯识学为核心，必须进行唯识抉择。《唯识抉择谈》就是其代表之作。

从根本上说，佛教的宗旨在于转无明而为正觉，所以欧阳认为佛法的核心就在于实现这种根本变化的"转依"，而对"转依"论说最详，而实现"转依"的则是唯识学和唯识。这就是欧阳所说的"必须佛法者，转依而已矣。所以能转依者，唯识而已矣"，"行莫妙于般若，学莫精于唯识"，可见，他的学术不是建立在对般若的论证，而是在转依基础上对唯识的探究。

转依的转，有转舍，转得之分，意为转我执、法执二障，证得菩提、涅槃二果；依为八识、真如、生死涅槃之所依。佛家认为，万物以因缘和合而生，法相宗据此而言依他起性，八识互依，前六识为根依，阿赖耶为共依。有依即有变，即依能变的识，变为所变的境，进而转为所共依的阿赖耶。所以，转依实际上是识的依与变。通俗地讲，所谓转依就是通过三自性说明人的认识是如何由错误到正确，由虚妄到真实的自证过程。欧阳同样认为，人的认识正是在上述识的依变中实现的，从而确立了他的唯识学的方法论。

在欧阳的唯识学中，一切事物，都是互相依存，发展变化的，即使是恒常不变的真如之性，也依前六识之缘，在变化中体现出来，或者说也是唯识所变。大千世界中，染净、见相、因缘、心心所，一切诸法，各个皆有所依，其共依的阿赖耶种子又依六识之根，变六识之境，所以他的结论是万物皆成于依和变。或者说，就是依具有真如实性的阿赖耶识，变现一切存在。欧阳的唯识抉择，就是充分论证这一以依变为内容的自证过程和方法。他说，"唯识诠用义，是一大要旨”，充分反应欧阳重用轻体，以理解行，突出方法论探究的治学特征。

欧阳强调，研究佛法首先要在佛经中进行抉择，所以，他每刻印佛典，必作叙文一则，指明其要义所在及研究的方法与要领。他每讲唯识，必先讲唯识抉择，把方法论放在首要的地位。一九二二年，支那内学院开学，欧阳即主讲《唯识抉择谈》。原稿见于《竟无内外学》中，文字简略。另有聂耦耕记录的一篇演讲稿。后经吕澄校订，较为详细，从中可以看出欧阳渐唯识抉择的系统思想。他是从十个方面论述这一思想的。

第一，从体用关系上谈抉择——体用谈用义。

无为是体，有为是用，是中国哲学和佛学的常用命题，从哲学的角度，无论是理学、心学，还是道家之学、禅门之学，大多是重体轻用的。但欧阳选择用义，即谈有为之用，与其他学说的学术趋向完全不同。他的目的显然在于突出佛法的用世性及方法论，而不在于对佛教涅槃境界的阐述与论证。这与他的学术宗旨是完全一致的。

为了说明他对用的选择，欧阳又以佛家的思辨方式，进一步把体用分成为体中之体，体中之用、用中之体和用中之用，把他的唯识观念同名相分析的方法结合起来，即把本体论同方法论结合起来，以凸现其在识本体指导下的认识发生论和方法论。他指出：

体中之体，即一真法界；

体中之用，即二空所显真如；

用中之体，即种子；

用中之用，即现行。

据欧阳、吕澄的解释，无为之体包含有八，即虚空、择灭、各种真如相等，均是真如，即一真法界。真如显于人、我二空之境而证知真如，故为体中之用。种子虽不是真如本体，但是万法现行的根本，故为用中之体。一切现行，自然也就是用中之用了。上述四个范畴应当说是欧阳的发明，把真如同阿赖耶识种子分为体中之体、用中之体也是为了解决佛学中，特别是法相宗二重本体的矛盾。熊十力对此就有过严肃的批判。不过欧阳关于体用的新概念，既是为了突出用，也有解决体用分离这一矛盾的意思。所以，他侧重现行、重视人生和方法，仍然与纯粹的经世思想有所不同，他的方法论，他的人生价值的实现，不是传统的经验式直言判断，而是形而上的玄学思辨。谈用而不忽略体，现实而又充满理性，则是欧阳体用观念的显著特点。

第二，从境界方面谈抉择——四涅槃谈无住。也是从用的角度谈抉择的。

涅槃是佛家的最高境界，佛法又将其分为四种，即自性涅槃、有余涅槃、无余涅槃和无住涅槃。自性涅槃，本有常在，体现真如本性，是涅槃之体，所以是体中之体。无余涅槃灭尽生死因果而达到佛的境界，故谓体中之用。而且，涅槃为体，菩提为用，佛不住涅槃而住菩提，为度化众生，立大功德而出现于世，故从菩提方面言，无住涅槃则是用中之体。他还指出，体不离用，用能显体，以体求体，过则无边，用而显体，善巧方便，用当而体现，说的是菩提和无住涅槃方便善巧的关系。所以，欧阳虽然以无余涅槃为唯一宗趣，但他的救世思想还是决定他选择无住涅槃为其学术研究的一个重点，这也体现了他重用轻体的治学倾向和救亡图存的历史使命感。近代思想家，如谭嗣同、章太炎、梁启超等都讲，“我不入地狱谁入地狱”，“地狱不空誓不成佛”，因而献身救世，也都以无住涅槃为理想境界。欧阳对无住的抉择，于时代精神的熔铸，显然具有重大的理论意义。

第三，从抉择方面谈抉择——二智谈后得。

智的作用在于认识、了别，其本身就是抉择，根本智灭诸分别，诚证真如，即所谓见道。但是，根本智只是自悟，而非悟他。后得智称为真见，或说一心真见，或说三心真见。三心真见，见一切有情为假，即内遣有情假，内遣诸法假，遍遣一切有情、诸法假。同时，又以十六相见相辅真见（十六相见指八心观真如的苦集灭道之法智、法智忍，心观正智的类智，类智忍）。通俗地讲，后得智以真见识别一切事物为假（我空、法空）而达自悟，并以相见启迪众生，有一众生不成佛，终不取涅槃，属于悟他。所以欧阳说："必后得智见乃周圆。"由此可见，选择后得智显然是排斥纯粹的自悟，而求自悟、悟他，以实现其度人济世的理想。从体用关系上讲，也可以说，根本智见道，是用中之体，作用在于自悟，后得智是用中之用，自悟而又悟他，二智选择后得，还是对用的抉择，同样体现了欧阳着眼于现实世界，以天下为己任的参与精神。

第四，从事物的本质谈抉择——二谛谈俗义。

大千世界，万事万物，是有是无，这是佛家认识论需要解决的根本的问题，对此佛家中有真谛、俗谛之分，即佛法对现象世界的认识为真谛，世俗对现象的认识为俗谛。欧阳指出，佛家又分空有二宗的不同，空宗是俗谛为有，真谛为无；有宗则相反，俗谛为无，真谛为有。欧阳显然是以有宗——法相宗的理论来看二谛的，所以他强调，俗则如幻，故为无；真谛不空，故为有。

通常认为，从世俗的眼光来看，宇宙万象，皆为实有，而佛家认为人我、法我，有情、无情，万般皆空，所以，俗有、真无二谛之辨，是对俗界、佛界认识论的判析。然而欧阳公开标举俗无、真有，似乎与上述思想有直接冲突，其实，这并非对佛家空的理论的背离。他所说的俗无不是从世俗的立场认识存在，而是以佛家认识论理解世俗社会的。事实上，他是以"万法唯识"为前提，首先确定识有，即真有这个命题，并以此否定现象世界，即所谓俗界如梦幻泡影，故谓之无，进一步突出了佛家空的理论，其不同的地方仅仅在于对识的肯定，这不过是有宗、空宗的区别罢了。欧阳二谛谈俗谛的唯识抉择，显然不是向世俗认识论的回归，也不是对“真有”的弃置，而是通过对现象的否定，凸现“识”的唯一存在的地位。欧阳采用的论证方法也是佛家“以遮为表”，即以否定的形式表示殊特的肯定内容，以及“以用显体”，“以相为表”的方法，实际上是通过对名相的分析、否定，而表述识本体的地位。

第五，从认识方法谈抉择——三量谈圣言。

通常，认识事物有感觉和推理的不同，用佛法的语言即现量和比量，但佛法认为，事物的本质，觉悟的境界决非理智可求，只有凭现量取舍，即体悟。然而这种超越通常智慧的“出世现量”，或者叫做真现量，并不是一般人所具有的，因此又以佛说的言教，作为结论，也作为一种认识的方法，这就是圣言量。也就是以佛祖已立之论作为认识的结论，再以符合佛家思维逻辑的思维方式印证这一结论。欧阳渐就是以圣言量作比量，代替现量，作为他认识论的基本方法，并以此为根据，证明佛法是结论后之研究的，同样表现了他对圣言量的选择。

为了说明圣言量为唯一正确的认识事物的方法，欧阳渐又大胆地对现量予以否定。他不仅指出，比量的推理最终将造成误觉，而且说明，现量有现成、现见和现在三义，前六识虽有这三种功能，但缺乏第八识的恒时现量，而且均依意根，意根有染，所以，虽是现量，仍然是有污染的，是世俗的，也就是不可靠的。基于这样的认识，所以他的结论是：“五识难缘，恃圣言量”，“意识难知，唯圣言量”，故不以圣言量认识事物，则是“瓶智涸海”，只能管窥蠡测了。

应当承认，欧阳对现量的否定，或者说认识到它的不可靠性，并不是向世俗认识的靠近，而是佛家理论自相矛盾之处在他身上的表现。这里，欧阳对圣言量的抉择与前述其他抉择均不同，更多地表现了一种非世俗化的倾向，而不是偏于入世，重视参与和方法论建立的世俗精神。

第六，从认识发生论谈抉择——三性谈依他。

佛说因缘，即以万物相对、相依而存在，此生则彼生，此灭则彼灭，这就是依他起性。佛家认为，世俗未破执着，于事物分别计度，为遍计所执性，其执着为有，故是假。明白了依他起的道理，便知道事物都是相对而存在，故是幻。只有认知真如实相，非有非无，非空非不空，才是圆成实性。其实，它说的是认识从错误到相对正确，到绝对真实的认识过程。法相宗为了证成“识有境无”的理论，特别重视三性的论述，尤其是依他起性。近代法相宗复兴，对三性之论述也就显得更为普遍了。欧阳为了突出唯识的地位，断言空宗以二谛为宗，相宗以三性为宗，并以因缘幻有为核心，进一步标明三性谈依他的思想。他认为，缘起既非自性，也就通于染、净的有漏和无漏，所以依他起性是染、净的枢纽。遍计和圆成实性均依于依他起性，执为实有即遍计所执性，空其所执为圆成实性。也就是说，把握依他起性就是把握了认识正确与否的关键，选择依他起性就是选择了通向正确认识，即实现圆成实性的正确途径。其三性择依他也就不难解了。

当然，欧阳对依他的抉择，而不是对绝对真实的圆成实性的抉择，固然有违佛家之常例，但这正是由他的学术世俗化的特征所决定的。他力图通过对大多数人的认识进行分析，从而引导人们达到常乐我净的境界，不止是为了自悟，更重要的是为了觉他，才选择依他起性的。章太炎法相唯识哲学体系也是建立在对依他起性的阐述基础之上，显然是欧阳三性谈依他思想影响的结果，他们的目的皆不在于自悟，而在于为觉他寻找系统的方法。

第七，从五法体性谈抉择——五法谈正智。

事物既然是因缘和合而生，人的认识也是依他而起，所以，万物万事也都有所缘和能缘。换句话说，事物都有其变化的根据（所缘）以及变化的功能（能变）两个方面，或者说是因、果。真如为所缘，正智即为能缘；相、名为所缘，分别则为能缘，所缘，即根据，为体，能缘即功能，为用。欧阳轻体重用，着重于方法论的探究，也就不可能不选择能缘的正智。正智不仅是出世间的如理之智，而且是世间的如量之智，即与现实社会密切相关之智。所以他说："诠法宗用，故主正智。"据此，欧阳评《起信论》不立正智种子，于理则失用义，于教则违《楞伽》，违背了唯识宗以用显体的方法。显而易见，这还是从用的角度进行抉择，并依用的观念，或者说他的法相唯识观念判析是非的。

第八，从佛法基本理论谈抉择——二无我谈法无。

欧阳解释说，"我"就是佛家说的"执"。万事万物皆因缘和合而生，本无主宰，若谓有主宰便是执。"烦恼障存则有人我，障其所知则有法执"。执着便是众生，执破便立地成佛，佛家大要就是破执二字。既要破人我执，还要破法执，这就是人无我和法无我。欧阳没有解释为什么于二无我中选择法无，但这是显而易见的。因为"识有境无"这一命题本身就是对外在世界的否定，人无我则是对"识有"的否定。所以，他突出"法无我"只侧重破除法执，以便与他的唯识观念保持一致。

应当承认，"识有"和"人无我"是法相宗在理论上不可解脱的矛盾。既要确立识的绝对存在的地位，又要承认万物缘生，皆无自性，不仅物（法）空，而且心（人）空的佛教义理，法相宗从来就没有做出正面的解释。对于内识，法相宗只讲有，避而不谈无，不谈破人我执。欧阳对此也是讳莫如深，只说烦恼障存有人我，至于如何破人我执，那是不能说，也不愿说的。所以，欧阳对法无的选择只是出于唯识学的需要，理论上的矛盾也就顾不得许多了。单从他的文章字面上，既看不出他对人无我的扬弃，也看不出像强调

“识有”那样，对人我的肯定。这样虽然避免了理论上的冲突，但其说理未免有些捉襟见肘的窘迫。

第九，从识的功能谈抉择——八识谈第八。这是直接对唯识的论证。

法相宗谈八识转换最详，也最繁琐，不可思议之处也多在此。第八识阿赖耶既是能藏，也是所藏，既是认识发生的源泉，事物变化的依据，也是认识的终极对象。万法唯识，识有境无中的识，实际上专指此识，选择第八识就是唯识。欧阳对这一抉择，不仅从八识转换、依变，说明识的殊特性，而且不惜以大量的笔墨从五个方面论证这一抉择的根据。

其一，五教十理以及八证而立此识。

所谓五教大意，欧阳完全采用佛家术语，尽管他说是“显近易知者”，这里也不宜转引。他的意思是，一般人甚至包括佛家小乘在内，只知有眼、耳、鼻、舌、身、意六种识，但前五识，各依相应之根，以外触为缘（即所谓根、尘生识，或者说观感器官与外界事物相结合而生识）；第六识待分别而后起，即对前五识所触之事物进行分别而产生。前五识接受的只是第八识所变，第六识也不含藏发生万物的种子，因此而知还有第七识。第七识能发生第六识，故为第六识之根，但是一切染净功能皆不能依彼恒存，换句话说，它也不是认识的本源和终极，故知必有上述七识外的第八识。只有第八识确立之后，一切染净，宇宙万物，六识七识才“皆有依据”。欧阳说：“此盖大乘法相宗立义最精之处。”如此循环论证，从而说明第八识的存在及其决定性作用，而以八识流变论证万法唯识，确实是法相宗的孤心发明。欧阳还说：“有部爱乐欣喜阿赖耶，五教外之小教，皆谈第八”，进一步证实第八识存在的普遍意义。

所谓十理，即：持种心，指第八识为诸法种子所集起处，故名之心，前六识皆无此功能，故立第八识。异熟心，遍无间断，前六识常有间断。有流转五趣四生，谓之趣生体。前六种只能在现世有执受，不能引发来世缘起，第八识则谓能执受。持寿暖，寿为命根，暖为暖触。寿和暖都要靠识转，前六识无此功力，唯有第八识能转。生死心，能使命终不离，恒久常存。二法缘，前六识只能缘名色，却不能为名色所缘，即非现象界的本体，第八识则含藏一切万法的种子，故为名色所缘。一切有情生命皆靠食，食有识食，只有第八识含识食，故称依识食。灭定中无前六识，只有第八识，称为识不离，第八识持一切染、净种子；其他识则无，故称八识为染净心。

上述十理，华妙难知，还有《瑜伽显扬》对法八证，多与十理相对应，其中内容，非有深厚的佛学功底，特别是相当程度的法相唯识学基础，而难以窥其玄奥。不过，简单地说，欧阳的意思就是，前六识只能感知和了别，是暂时的，个别的，现在的，既不能生成、孕育万物，也不能促进生命的转换，只有第八识才具备生成、孕育、转化、恒常等等本体的功能，只有第八识才能使生命弃染取净，得以升华，所以，他才选择第八识，这与第十抉择——法相谈唯识有些相似，虽然都是以用显体，借名相分析，根尘生识，进而确立唯识的观念，但这里强调的唯识却是本体，实际上是第八识。而不是唯识学。

其二，以识摄蕴而立第八识。

佛说五蕴，囊括世间一切事物，有色、想、受、行、识。欧阳说，此识是名中识，名色相依之识则是第八识，名中识与相依识互为其缘，法相宗，以蕴摄识，所被极广，及于二乘，但说六识、五蕴，却不提阿赖。唯识学以识摄蕴，把相依识，即第八识与五蕴中的识，即名中识区分开来，故立此第八识。

其三，深细不可知之识是第八识。

他举例说，死生只是寤寐之间，人在梦中，六识虽然不活动，识却依然存在。这就是八识所持种子的作用。故能使识断而复续，续则长存。因此而立第八识。

其四，声闻乘不立此识。从反面说明唯识学对第八识的抉择。

欧阳说，声闻乘中不讲阿赖耶，而名之为阿陀那识，事实上此识即第七识末那，受阿赖中深细境所摄。声闻乘皆不能于一切境智处转化，即不能转此识而入于第八。它以第八识为缘，而表现为我执，故也称执识。但在法相宗也有把阿陀那（adana）视为阿赖耶的，所以，欧阳又引《深密经》云："陀那识甚深细，一切种子如暴流，我于凡愚不开演，恐彼分别执为我。"这是把它既作为含藏种子的第八识，又把它视作生成我执的第七识。大概正因为阿陀那所具有的两重性，所以欧阳便引此说明，声闻乘中无第八识，但有阿陀那识，"若离此识，不易证得一切智智"，唯识学也就非立此识为第八识不可了。

其五，因大悲而立此识。

欧阳指出，悲则观众生百一十苦而起大悲，观众生昧于三十二法而起大悲。面对现实世界，悲众生之苦；从思想上看，悲众生之昧。所以能如此悲悯众生，原因在于第八识持一切种，无人，无我，无众生。心秽则佛土秽，心净则佛土净。悲众生之苦，悲众生无明，即悲众生之秽，必须有此第八识，也必须立此第八识。

这也可以与他的悲而后有学的致学思想相互左佐，不过这里说的不是个人之悲情，而是佛家之悲心、儒家"民胞物与"的忧患意识。

上述五个方面，从理论到现实，从经理到义理，从正面到反面，多角度循环论证第八识的存在，或者说确立的必要性。所谓"万法唯识"，实际上是唯此第八识。这不仅是法相宗立义最精之处，应当说也是欧阳渐致力最大，研究最深之处。唯识的确立，唯识学核心内容的阐述，皆取决于此。

第十，总体抉择即法相谈唯识。

第八识确立，唯识抉择自然也就成立。但是抉择唯识，不等于不谈法相，这里他强调的不是抉择，而是并存并用的必要性。他指出，性、相如车之两轮，缺一不可，一遮一表，相辅相成。相无自性，所以必遮（否定），识相应如如，所以必表。“法相赅广，五姓齐被；唯识精玄，唯被后二”。法相唯识抉择，只不过在于最终突出识的地位，以引导人们反求自证，膨胀心力，而不是对法相宗的否定或弃置。

总之，如果说唯识学是欧阳渐学术的核心，那么，唯识抉择则是其学术思想的重要支柱。法相、唯识分宗固然是闻名遐迩的观点，但其意义远不及抉择之见在欧阳学术思想中的重要性。从这个意义上说，抉择观是建立其方法论的指导，也是其佛法研究的主要内容。

需要再次说明，十抉择中的抉择，除二无我以外，并非在二者之间的取舍，而是统论二者互融、互摄，相辅相成的关系，在此基础上突出用和方法的地位，如此以用显体，以俗无而谈真有，由三性而突出依他，名相分析而证成唯识，从而建立他的唯识学（实际上就是通常说的法相唯识之学）以及从现象入手，从用入手的方法论。其中第五抉择，不谈现量而选择圣言量，固然与其世俗化倾向相左，但他以圣言量作比量，还是体现了他对方法论的重视。

还应当指出，法相唯识之学因为保留了太多的印度文化色彩，其思维方式与中国传统心理大不相合，繁难艰深的名相分析，以及超科学的，玄妙难言的第七、八识的设立，尤其难以凭借通常的智慧去理解。欧阳在这些文章中，大概是限于篇幅，或者很可能就是因为他短于论说，因而缺乏系统的逻辑推理与通俗的概念阐释，使本来晦涩的宗义，不是变得浅显，而是变得更加支离，不知所云了。这里当然也有受佛家循环论证，非逻辑思维的影响。研究欧阳渐的学术思想，这是应当特别注意的。

6. 会通儒释

欧阳渐曾经说过，“病魔生死，儒既无术应我推求，归根结蒂之终，下手入门之始，亦五里隳雾”，所以，于母亲去世之后，便侧身桑门而归心于佛。后来他又说：“渐参死字不下十余年，今乃于儒门舍生取义忽然开朗，快乐万分，证之佛说，乃无不合。”从这两段内容截然相反的话中可以看出，欧阳渐的思想经历了一个否定之否定的发展过程。他为了解决生死这一大事，先是由儒入佛，终而会通儒佛。由此也可见，由儒入佛后的欧阳渐，尽管终生致力于法相唯识学研究，但其自幼所受传统文化的熏陶，修齐治平理想的长期心理积淀，在他的思想中，永远保留一种剪不断理还乱的儒学情结。

有人说，欧阳看到寺院僧尼无德无学，唯衣食住以续其嗣，而他却又要以佛法振兴民气，救国救民，故不能不融儒家思想而入于佛。这也不是没有道理的。不过，更应当注意到，佛教自传入中国以后，由于自身发展的需要，便走上了与中国固有文化融合的道路。以承续道统自居的儒士，既排斥作为异端的佛教，又汲取思深义密的佛学，作为其思辨的资料。宋代理学便是儒佛结婚的产物，明代王学更是阳儒阴释，充分反映了中国知识分子会通儒佛的思想倾向。宋明以下，宫廷山林、硕儒大德，多有公开倡导三教合流的。近代居士佛学兴起，佛法主体不在缁衣而在儒士之间，尤其为儒释合流创造了更为有利的条件。作为金陵一系的佛法，杨文会融三教于前，欧阳渐会通二学于后，这也是学术发展的自然趋势。可见，欧阳会通儒佛既出于救世济民的需要，同时，也是由他思想上的儒学情结以及在历史长河中文化发展的趋势所决定的。

九一八以后，欧阳又开始转向对儒家思想的系统研究，并提出了孔佛一致的学术观点。数年以后，即一九三六年，欧阳著《孔佛概论之概论》，从宏观上阐述了儒释一致的思想。《概论》中他首先强调："佛学渊而广，孔学简而晦"，表现了他抑扬孔佛的倾向。但他又着重指出，圣人之学皆在于求心，般若直下明心，儒亦直下明心，他还借李翱《复性论》之言，说东海、西海圣人之心无不皆同，以此说明儒佛的一致性。所以，孔也须学，佛也须学，"孔学是菩萨分学，佛学则是全部分学"，从求心而言孔、佛一致，这也是当时文化思潮的共同趋势，只不过他认为，儒学是菩萨乘的应世之学，佛学则是涵盖一切的用满之体，从思维的深层说明儒佛相通的道理。据此，欧阳从四个方面，论述了儒释会通的思想基础。而且他还指出，这四个方面的内容，皆取自二家经典，佛则如大乘各经（除疑伪者）；儒则性道之书如四书、《周易》，文如《诗》、《礼》、《春秋》等。如此可知，欧阳会通儒释所做的理论准备，也决非其他泛泛而言者可与之比肩的。

首先，欧阳从终极关怀上比较儒、佛相通之处。他说：自韩（愈）欧（阳修）诸文学家误解清净寂灭为消极无物，世界沦亡之义，至今千余年来仇弃根本。其实，寂为生命所依之物，即终极关怀的本体。不仅佛家以寂灭寂静为涅槃，孔学之道的最高追求"在止于至善"，至善也就是寂灭寂静之义。他解释说："道也，性也，善也，其极一也。善而曰至，无声无臭"，非灭寂静又是什么呢？明其明德，而在止于至善，非归于寂灭寂静而归于何处？所以他反复指明，古之欲明明德于天下者，我皆令入涅槃而灭度之。

认为儒佛的终极均归于寂，可以说是欧阳别具慧眼的解释。用是运动的、变化的，体是不动不易的，从这个意义上解释儒家思想不能说没有一点道理，但似乎总有些勉为其难。欧阳会通儒释的用心，由此可见一斑了。

其次，从二者的性能看儒佛的关系，即用依于体义。体用虽不同，但二者不可须臾分离。他说，动非凝然，非凝然者不为主宰（这里与其法无我的抉择中反对主宰义相矛盾，这也是佛学中存在的思维上的矛盾），故动必依于不动，用必依于体，他举例说，大衍之数五十，其用四十九，余一不用，与体相应。又如寂然不动曰体，感而遂通即依体启用，这是佛门常常借用的口头禅，也被欧阳用来说明用依于体的思想，他的目的就在于证明儒学是用，佛法则是通于儒学之用的体。

不仅如此，欧阳还进一步指出，孔学是依体之用，而佛学则是用满之体，这又是欧阳自创的新说。他在《孔佛》一文中详细地解释了这一观念。他说，一切思虑皆依于一心，心是体便是寂，见一切幻化皆空，即为见寂，见寂就是用，故心有体有用，寂为体，智为用。体用不分，寂智不离。寂而有为，则是应体之用，应体之用则和体相依，而称行；有为的儒家思想，便是一切智智，故称为依体之用，如《易》谓之的自强不息，《论语》之水流不舍昼夜，寂然不动为中，感而遂通为庸等，依此而达至诚，通于无声无臭之寂，又是见寂之智，故亦称应体之用。佛法去障而生智，由智而显寂，观一切一无所有而使宇宙大放光明，然后证得清净真身，故佛法是用满之体。如是以孔学为依体之用、应体之用，证明其与佛法这一用满之体直接相通，会通儒佛也就从体用相依的意义上有了根本的保证。

当然，这里欧阳也判析了儒佛之差异，但他认为这种差异不是本质的，正如他在《孔佛》中所说，“佛与孔之所判者，判之于至不至，满不满也”。也就是说它们的差别只是程度和数量，而不是宗旨和本质。欧阳称佛为用满之体，即指其用之至和满而已。

既然用依于体，孔依于佛，进一步说也就是孔佛相应不二，这是其三。体用非一，但相依故不可说二。以般若义谓之不二法门，据瑜伽义则是相应善巧。欧阳说，相依故相应于一处，既无孤立之寂（体），亦无独行之智（用）。所以佛法言涅槃不能就寂诠寂；而须知三德（法身、解脱、般若）相齐相应，须言无住，才能以体起用。儒家言阴阳，不可以乾卦六爻，就阳而诠阳，当然也不可以坤阴而诠阴，即所谓独阳不长，孤阴不生，这还是体用不可相离之义。不过，这里欧阳说的是儒、佛自身相应的意思，似乎与儒佛二者之间的关系不大。其实，他的意思是借此说明体用相应，从而证明孔、佛相应，即他所说的“唯有不二法门，唯有相应善巧之可谈也”。从中又可以看出欧阳在说理上缺乏逻辑性的不足之处。

最后，欧阳又从价值取向上论说孔佛的一致性，即其谓之的舍染取净义。转妄成真，弃染取净，为佛家的同趋之途，法相唯识学的转识成智也是这个意思。所以欧阳说这是立教之原，并指出，无著《显扬圣教论》，“唯明是义耳”。此说并无新意。但欧阳却说，“扶阳抑阴，孔学之教”，则是为了证明儒佛一致性而以佛解孔的创造。他说，“阳，善也，净也，君子也；阴，恶也，染也，小人也”。如此，儒家伦理完全被纳入释氏净染的心性学说，儒佛相通也就尽在不言之中了。

为了说明儒家思想扶阳抑阴，欧阳又取夬垢复剥泰否六卦，显示卦象“勿用取女”，“阴势已微……极其力而夬去之”，“君子道长，小人道消”，则泰，“君子道消，小人道长”，则否，从而凸显儒家舍染取净的价值取向。

欧阳说儒家思想是扶阳抑阴，而且其扶抑即佛家取舍，理论上实在有些牵强。不过，从道德实践看，说儒家追求内圣外王的君子人格是弃染取净，也未尝不可。然而，就此而言学术，任何学理没有什么是不相通的。自然，欧阳据此会通儒佛也是言之成理的。

上述四个方面，欧阳从终极关怀，体用关系，价值取向把握儒佛的一致性，从而为其会通儒佛做理论上铺垫，这是他与众不同的地方。就儒佛相通的性质而言，欧阳显然更多侧重于学术思想内核的联系，故多谈体用、性能、价值及其内在联系，而不同于前此以往千余年来仅仅局限在出世入世、伦理道德、修习方法诸如此类的浅层思维上。所以尽管他常常有说理不清的地方，但他对儒释汇通的文化观念，在理论上所做出的贡献，应当说有更多的创造性思维而超越前古。

从思维深层判析儒佛异同，突出二学的一致性是欧阳学术上的一大特点，但常常又表现出其对二者抑扬的矛盾心理。从总体看，欧阳总是有意识地抬高佛法，但又不时地表现出由儒家思想情结而决定的对传统的推崇。欧阳认为，无论佛法之体，儒家之用，基础全在《中庸》的中！欧阳七十岁著成《中庸传》，这是他以佛解儒，会通儒佛的代表之作，也是他晚年定论之书。他说："孔佛之道一也"，"孔佛通，通于此册，一字一句皆有根本"，"孔子真精神必至于是始大披露"，其实也是说释伽真精神必至于此书始大披露。传统文化在他心里的长期积淀而形成的儒学情结，至其《中庸传》问世也就暴露无遗了。

应当承认，欧阳前边所谈的是佛儒作为体用关系不可分离的一致性，而以"中"为孔佛的共同基础，则是从根本上说明它们的同一性。这里欧阳事实上是在显扬儒家学说而以"中"为本体。

他说：

喜怒哀乐之未发谓之中，发而中节谓之庸。中即无思无为，寂然不动之谓寂。庸即感而遂通天下之故之谓庸。《庄子》庸也者用也，用也者通也，通也者得也，……寂曰大本，通曰达道，寂而通曰中庸。

欧阳的这段话，以理学家对中庸的解释为基础，参照禅门对《易》言"寂然不动，感而遂通天下之故"的理解，并断之己意，说明“中”就是无思无为，寂然不动的本体，就是佛谓之的寂和涅槃，并引述《庄子》言庸就是用，用则通，通而达道，故儒家不言寂而言中庸，其实意思相同。如此，儒家所推崇的最佳美德，或者说最高境界的“中”便成了释氏所追求的寂和真如佛性了。欧阳还说：“君子素位而行，思不出位。位也者，中庸也。”用“思不出位”来解释中庸不动之性，如此“六经注我”，同样是为了突出“中”的本体地位而与佛家寂静涅槃相通。所以，欧阳一再强调：“中庸以一言之曰诚，曰寂，曰定；以二言之曰中庸，曰忠恕，曰明德，曰涅槃，曰悲智；以三言之曰费而隐，曰微之显。及至以无量文言，亦无非阐此一物，而岂有异哉！”把儒家的诚、忠恕、明德等概念，与佛氏寂、定、悲智、涅槃统而用之，并指明它们无非是为了显现“中”这一本体的地位而采用的不同名词而已。由此可见，儒佛不仅一致，而且简直就要汇通于“中庸”之一家了。

中庸的“中”不仅是未发、思不出位的不动状态，而且是隐匿的状态。不动是寂，隐也是寂。欧阳进一步从“中”的体性上说明会通儒佛的根据。他认为，中即隐，庸自中来，也是隐。《中庸》所言素、隐，素即本，隐则寂，不言本寂而言素隐，所以《中庸》为素隐之书，其表现仍然是寂灭之象。儒佛相通还是由“中”的体性决定的。

应当指出，儒佛会通的最大障碍，除与忠孝观念相冲突的无君无父之外，就是寂灭，儒家排佛也多因其灰身灭志。欧阳却以中庸之“中”为寂，作为会通儒佛的根本，虽然其析义精微，可作力排众议之说，但毕竟还是有点勉为其难。更何况，孔子是反对素隐这一观念的。孔子在《中庸》中有言曰：“素隐行怪，后世有述焉，吾弗能之矣。”如此，欧阳之论就难免有违反圣道的嫌疑了。欧阳大概也注意到这一点，所以他一方面批评唐宋以来，儒门都不理解寂灭之义，而欲把寂灭立为客观真理。另一方面，他又强调《中庸》

是率性之书，率性而诚，诚则赞天地之化育，力图从进德修业的作用上突出儒佛的一致性。因此他又把诚和佛法的顿、渐相沟通，说“顿之致也曰至诚”，“渐而至诚能变”，意思是说《中庸》的诚，既是佛法的顿悟，又是佛法中渐修所要达到的境界；诚与顿、渐的相通也就是儒佛方法论的相通。体用相通，佛家寂灭之义也就无碍儒家修齐治平之道。在欧阳看来，“中”的寂灭体性，既是会通儒佛之本，同样也是立天下之大本，修己治人之大本。寂灭与精进的对立也就是这样被统一起来的。

前面说孔学是依体之用，佛学是用满之体，这里又说《中庸》的“中”是体，是立天下之大本，无疑是说儒家的“中”是体中之体，即欧阳谓之的一真法界，至少，也可以说是用中之体，即其谓之的种子了。这就否定了以前所说的佛孔的体用关系，崇佛也就变成了归儒。欧阳由儒入佛，崇佛抑儒的倾向，至晚年，具体说至《中庸传》，便又转向会通二学于儒家的道路。对此崇佛而又归儒的思想，欧阳曾做了这样的解释。他说，佛有结集，有浩瀚之三藏，而儒家经典既焚于秦火，又年复一年地湮灭和屡经篡改，于是孔学失传，或者说秦汉以后再也没有孔子的真精神，老师宿儒皆“不能答具体之求”。孔学湮灭无绪，所以只有求诸佛法，若能精内典，娴般若，文武之道便不会尽坠于地，孔子真精神也就能够再度辉煌。从这些话看，欧阳研究佛法便成了兴儒家绝学的方便。其对佛法的崇仰，对法相的唯识学的专研，最终也没有解开由传统长期积淀而形成的儒学情结。欧阳会通佛儒的归向，则是其学术思想发展的必然趋势了。

除在本体和思想的层面论述儒佛的一致性以外，以师义贯通儒佛则是欧阳会归二学于儒门的另一个显著特点。他说，以先觉觉后觉，这是师义确立的前提。儒家最重视师道，其以师作内院的首训，也可见其向儒家思想的倾斜。不过，他的潜意识还是要以此而会通儒释。他强调：

有情之所以为有情，莫不皆有作师之责者在。佛者第一义也，师者第一义也，今而欲作师，是之谓作佛。菩提心者，第一义也，师者第一义也，今而欲作师，是之谓发心。

这就是说，作佛就是作师，作师也就是佛家谓之的发菩提心，师与佛也就没有什么差别了。

他还以佛家之规来解释师义，把师分为三等，一是如来立圣教者；二是佛之第一弟子曰绍师，传圣教者；三是以佛法教人的袭师。据此，他解释说："师以知见为体，理亦如是，教亦如是"，故从知见这个问题上看，无论是在哪个阶段，哪个层面，师都是立理和教人的根本。儒家尊师，佛家尊佛，其理则一，儒佛相同尽在不言之中。

欧阳进一步指出：师体曰慧，所谓知见。师道曰悲，所谓为人之学。如此又以知见为基础，把师同佛家的慧和悲联系在一起，不仅用以会通儒佛，而且也以为人之学体现他那世俗化的倾向。在他看来，无论是儒师教人明明德于天下，还是佛祖教人觉悟众生，只要"师道立，则善人多，善人多则国理"。如若师道亡，则自私自利之说兴，攘夺压迫之政行，天下也就永无宁日了。显而易见，欧阳说师，目的又不只在会通儒释。

应当看到，尽管欧阳强调，从师的意义上讲儒佛是一致的，但他突出师的地位和表率作用，更为鲜明的意向是以居士佛学取代寺僧佛学，以居士道场取代寺院道场，以师来承担弘扬佛法的责任。可见会通儒学与佛法，与其排斥出家僧尼的潜意识，是并行不悖的。

另外，欧阳还从平等的意义上沟通儒佛。应当承认，佛法论述平等最详，有所谓"众生平等"，"是法平等"之说，而孔子是讲"礼"的，"礼"就是承认差别，故孔子言爱有差等。但儒家重视民权，讲"博施济众"，应当说也包含平等之义。所以，融通儒释的学者也有从平等的观念判二氏相一致的。近如杨文会、谭嗣同，就提出“复平等之礼”的口号，直接把两个具有明显差异的概念糅合在一起而表现他们促进儒释合流的思想倾向。欧阳显然也继承了杨文会的这一观念，但他是从不思不虑的本体意义上看待平等的。他说，孔子之所以不违佛义者，在于平等，一阳一阴，无思无虑，无声无臭，故曰平等。平等也就是涅槃。这又显示出欧阳着重于理论层面分析的学术特色。他还说：《孟子》心之同然，皆是平等之义。

不过，欧阳谈《孟子》，更多的是强调它的气节观。他在《孟子十篇读》中就提出，孟子所言“威武不能屈，富贵不能淫”的气节应当为儒佛所共守。佛家虽然极重生死，以生死为一大事，但在国势危殆，民心衰弊之今日，也应当以名节事为极大，生死事为极小，从而蕴育至大至刚的浩然之气，才能够振聋发聩，振兴中华。他在《毛诗课叙》中，也呼吁国民在“流血百万，惨不可言”的环境中，决不可丧失气节，“今日之亡羊补牢，又他日之未雨绸缪”，只要存此正气，奋然而起，就能收抗敌救国之功。如此会通儒释，也只能说是有感于时事而发的。

总之，欧阳会通儒释的思想，更多地着眼于理论思维的层面，表现出更为浓厚的学术色彩。他那体用思辨、寂智阐释、舍染取净、扶阳抑阴种种思维上的分析，尽管也显出了法相宗繁难艰涩的特点，甚至有概念不清、自相矛盾等缺憾，但他的研究，毕竟为人们提供了一种新的思维方式，无论对于传统的儒家思想，还是对于佛教义理，或者说对整个中国文化的研究，都具有极大的推动作用和升华的功能。

参考书目

《竟无内外学》、《内学杂著》、《孔学杂著》、《内学院院训释》、《藏要经序》、《藏要论序》、《法相诸论叙》、《中庸传》、《唯识抉择谈》、《论孟课》、《毛诗课》等欧阳竟无著，内院蜀院刻本。
《中国佛教史·近世之佛教》，蒋维乔著。
《汉魏两晋南北朝佛教史》，汤用彤著。
《隋唐佛教史稿》，汤用彤著。
《印度佛学源流略讲》，吕澄著。
《中国佛学源流略讲》，吕澄著。
《新唯识论》，熊十力著，商务印书馆，第三卷第四册。
《中国佛教思想数据选编》，石峻等编，中华书局。
《中国哲学思想史·清代篇》，罗光著。
《中国近代佛学思想史稿》，郭朋著，巴蜀书社。
《晚清佛学与近代社会思潮》，麻天祥著，文津出版社。
《反观人生的玄览之路》，麻天祥著，贵州人民出版社。
《“国史”拟传》，《“国史馆”馆刊》。
《人物传记》，《“中华民国”史资料丛稿》第十四辑。
《中国近代佛教人物志》，于凌波著，宗教文化出版社。
《法相唯识学》，太虚著，商务印书馆。
《太虚大师文钞》，太虚著，中华书局。

《欧阳竟无年谱》,《南昌大学学报》(社科), 第二十五卷, 一九九四年。
章太炎著:《支那内学院缘起》,《中国哲学》第六辑, 一九八一年。
田光烈著:《章炳麟〈支那内学院缘起〉书后》,《中国哲学》第六辑, 一九八一年。
梅光羲著:《相宗新旧两译不同论》,《海潮音》十二卷四期, 一九三一年。

附：部分佛学名词解释

1. 三性　亦称三自性，法相宗的核心观念。包括遍计所执性、依他起性和圆成实性。前者指执于我、法，而虚妄分别，视一切事物各有差别的世俗认识，是不真实的谬误。依他起性，指现象界依众缘而起，即心识派生万事万物，故幻化不实。圆成实性，则是在依他起的基础上，破除人我、法我之执，而显示真如实性，目的在于证成“唯识无境”的命题。三性实际上指的是人的认识由谬误，到相对正确，从而进至绝对正确的认识过程。

2. 四分　法相宗和瑜伽行派的基本概念，有相分、见分、自证分和证自证分。相分类似认识对象，见分则与认识主体相近。人之八识的每一识体既具相分（能缘），又是见分（所缘）。认识就是识自体的见分去甄别它的相分，也就是自己认识自己。自证分是对相、见二分进行证知，即对认识进行度量或证明。证自证分是对自证分的再证。如此自我认识，反复证知，目的同样在于证成“唯识无境”。这是法相宗特有的思维方式。

3. 现量、比量、圣言量　量乃尺度、标准之意，指判定认识正确与否及其价值的标准。三量是法相宗认识事物的三种不同形式和价值尺度。现量相当于感知，是事物个性或殊特性在认识中的直接映像，如镜对物，如眼观色。比量相当于推理，是认知共相，即一般或普遍的思维形式，如见烟知火。因明之宗、因、喻三支作法，即依第六识之比量。圣言量，即以佛说为判定是非以及认识正确与否的标准。

4. 缘生、缘起　一切事物依一定条件而存在并互相转化、互为因果，即所谓“诸法因缘生”。缘就是条件。这是佛教世界观和宗教实践的理论基础。二者区别在于：缘起由因立名；缘生则由果立名。

5. 有余涅槃、无余涅槃　涅槃指断灭生死而获得的精神境界。断生死之因，尚留生死之苦果待灭者，也就是报身尚留世间，谓有余涅槃。既断生死之因，又断生死之果为无余涅槃。事实上，现实世界不可能有灭生死之果的，后者实指息妄归真，实现觉悟的最高境界。

6. 根本智、后得智　生一切法乐，出一切功德，即直观亲证佛法所得的无主、客，无一切差别之智，谓之根本智。后得智指运用根本智去分析一切事物，以保障佛法的绝对性和信仰的坚定性。

梁启超

胡平生　著

目　录

一、引言

梁启超，字卓如，一字任甫，号任公，又尝自署沧江、饮冰室主人、中国之新民等。清同治十二年正月二十六日（公元一八七三年二月二十三日）生于广东新会县，一九二九年一月十九日殁于北平，享年五十七岁。

梁启超是近代中国史上一位声名洋溢的人物。他的一生，跨清、民两代，其中属于清朝者三十九年，属于民国者十八年。他的兴趣广泛，学识渊博，举凡政治、经济、财政、教育、文学、史学、哲学、艺术等，均有所涉猎，且能发为宏论，刊行于世。他不仅坐而论道，至必要时，他也能振臂而起，参与实际的政治和社会运动。因此，他的一生显得多彩多姿，影响也是多方面的。

梁启超所生长的时代，正值鸦片战后的数十年，中国在列强竞相侵凌下，沦为次殖民地的状态，所谓瓜分豆剖，亡不旋踵。内部则吏治腐败、满汉猜防，财政艰困，民变四起，中国已濒临生死存亡的关头。于是，少数有识之士，蒿目时艰，开始从事各项救国运动。他们深知中国传统的儒家文化，已不能应付当前的变局，一味地排拒与列强侵略俱来的西方文化，是一种毫无意义的卫道行为，严重地阻碍中国的进步。因此，他们纷纷主张抛掉不必要的自尊，取法西方的长处，使中国早日迈向富强，一湔前耻。在这批致力于中国近代化（即西化）运动的知识分子当中，梁启超无疑是具有代表性的领导人物，他的热忱和文采，透过他那常带感情的笔端，不知打动了多少青年，慨然投入救国运动的洪流，使中国逐渐走上近代化的道路。

二、生平事略

梁启超一生值得称述的地方甚多，撷取任何一点，都可以累辞数万，编撰成书。但是为了简明扼要起见，拟将梁氏的生平，依时间的先后、行事的显晦，划分为五个时期。第一个时期是“少年读书时期”，自清同治十二年至光绪二十年（一八七三至一八九四年）；第二个时期是“维新运动时期”，自光绪二十年至光绪二十四年（一八九四至一八九八年）；第三个时期是“流亡日本时期”，自光绪二十四年至民国元年（一八九八至一九一二年）；第四个时期是“民国从政时期”，自一九一二至一九一八年；第五个时期是“献身教育时期”，自一九一八至一九二九年。

1. 少年读书时期

梁氏出身于广东农村一个世代书香的小康家庭，祖父名维清，父名宝瑛，皆为秀才。梁氏自幼追随祖父、父亲读书，八岁学为文，九岁即能缀千言，十岁能吟诗，有神童之称。十二岁中秀才，补博士弟子员，十五岁入广州学海堂肄业，十七岁参加广东乡试，得中第八名举人，主考官是贵州人李端棻，很赏识梁氏的才学，以妹许配。

光绪十六年（一八九〇年）春，梁氏十八岁，北上至京参加会试，结果落第而归，途经上海，见到上海制造局所翻译的若干种西书，并购得徐继畬的《瀛寰志略》，读之，始知有五大洲各国，这是梁氏接触西学的开始。是时，广东南海县人康有为正旅居广州，因康曾于光绪十四年（一八八八年）在北京以一介秀才《伏阙上书》，要求清廷变法，举国目为怪物，梁氏在好奇心的驱使下，偕同学海堂同学陈千秋去见康，讵料一谈之下，印象深刻对康大为惊服，即拜康为师，这是光绪十六年八月的事。翌年（光绪十七年，一八九一年），康曲徇梁、陈的请求，在广州长兴里的万木草堂开馆讲学。三年多的万木草堂生活，迭经康的谆谆教诲，梁氏逐渐摒弃为时流所推重的训诂词章，改习陆（九渊）、王（守仁）心学、史学及西学，这是梁氏一生中最初的大转变，使他由一介儒生，变成有思想、有抱负的爱国青年。

2. 维新运动时期

光绪二十年，梁氏二十二岁。这一年中日甲午战争爆发，结果中国海、陆军大败，使咸丰十年（一八六〇年）以来为期三十余年的“自强运动”毁于一旦，同时，这个惨痛无比的教训，也证明单只模仿西方的军事长技，并不能令中国富强，必须从政治、教育方面作根本的改革。于是甲午战后，中国知识分子掀起了两大救亡运动，一为革命运动，一为维新运动，后者的领导人，即是有心经世济民的康、梁师生。

光绪二十一年（一八九五年）春，康、梁由广东北上至京，参加会试，时李鸿章正代表清廷在日本马关议和，康、梁见日本强索蛮横，国事日非，感愤之余，遂于同年三月运动在北京应试的十八省举人一千二百余人、集会于松筠庵，联名上书清廷，主张拒和、迁都、变法，这就是轰动一时的“公车上书”，虽然康、梁此举未能挽回马关议和的败局，却充分表达出中国知识分子的爱国情操。同年四月会试揭晓，康德中进士，梁氏则名落孙山。至六月间，梁氏奉康之命在北京创办《中外公报》（又名《中外纪闻》），日出一张，只有论说一篇，别无记事，由梁氏执笔，介绍中外大势，述说历史掌故，这是北京第一家私人所办的报纸，也是梁氏从事言论的开始。七月，梁氏又协助康在北京发起“强学会”——第一个由中国人所创办的学会，以输入西学为目标，一时名流显贵如翁同龢、李鸿藻、王文韶、刘坤一、张之洞、沈曾植等人，都列名会籍。

光绪二十二年（一八九六年）三月，梁氏离京至上海；七月，与黄遵宪、汪康年等创办《时务报》，由梁氏出任主笔，逐渐崭露头角，并且明倡民权，语多激切，不免引起物议，连当时以开明自居的湖广总督张之洞都指责梁氏文章的悖谬不当，更遑论一般保守的卫道人士。光绪二十三年（一八九七年）六月，梁氏在上海与汪康年、麦孟华等人发起“不缠足会”，同年冬天，又创办“大同译书局”、女学堂。旋即接受湖南维新人士谭嗣同、熊希龄等的聘请，辞却《时务报》主笔的职务，出任长沙“时务学堂”的中文总教习。这年的十月，梁氏由上海动身，前往湖南。

梁氏在长沙时务学堂教书为时甚短，前后不过三个多月，给予湖南人心的影响却是十分的深远。他在时务学堂内不仅借公羊、孟子发挥民权思想，更大谈种族问题，并与谭嗣同等人窃印黄宗羲的《明夷待访录》、王秀楚的《扬州十日记》，加以按语，秘密散布，传播革命思想。尤其是时务学堂的学生，都是血气方刚的青年，亲承梁氏的熏陶，态度也都变得十分激烈。这种情形使湖南保守的士绅大为震骇，遂在王先谦、叶德辉、苏舆、刘凤苞、孔宪教、黄自元的领导下，大肆攻击梁氏及时务学堂，展开清末地方上最大一次的新旧之争，至“戊戌政变”发生，才告一段落。

光绪二十四年（一八九八年）正月，梁氏因病离湘，赴沪就医，旋由上海前往北京，襄赞康有为从事维新运动。时俄国强租旅顺、大连，举止横暴，梁氏感愤时局，尝于三月六日与麦孟华联合各省举人，上书清廷，请拒俄变法，并协助康在京发起“保国会”，提出保国、保教、保种、保民四大号召。四月二十三日清德宗毅然下诏定国是，紧接着四月二十八日在颐和园召见康有为，擢用新党（康党），“戊戌变法”（亦称“百日维新”）因而展开。至五月十五日梁氏也首度蒙德宗召见，召见后即赏给六品官衔，办理译书局事务，并未重用梁氏，据说这是因为梁氏在觐见德宗时口齿木讷，不习京腔所致。八月六日旧党发动政变，软禁德宗，捕杀新党。康有为在政变前一日出京，搭船南下，途中得英国协助，由上海港外换搭英轮，径赴香港，再经日人宫崎寅藏伴同，由港赴日。梁氏则在政变发生后，得日本驻华代理公使林权助的安排，易服逃离北京，旋由天津乘“大岛”号日舰，东渡日本。

3. 流亡日本时期

戊戌政变后，梁氏流亡海外达十四年之久。在这段漫长的时间内，梁氏除了偶尔前往檀香山、美国、加拿大、南洋、澳洲等地游历外，一直定居于日本。戊戌政变前夕的日本，正值明治维新的三十年代，各方面都显得蒸蒸日上，一片蓬勃的朝气，特别是大量译介西书，诸如政治学、经济学、社会学、哲学、史学等，包罗万象，梁氏陡然置身其间，大有目不暇给的感觉。梁氏虽然不谙日文，但是赴日以后勤学日文，加上当时日文中汉字颇多，使梁氏在阅读日译西书之际，并未遭致太大的困难。这些日译西书，都是梁氏前所未见的，梁氏的思想领域因之大为扩充，民权理论也益臻成熟。

光绪二十四年十月，梁氏在横滨创办《清议报》，明目张胆，攻击清廷，态度十分激烈，激烈的程度不下于革命党人。光绪二十五年（一八九九年）二月，康有为在日本政府的示意下，离开日本，前往加拿大，旋在加创设保皇会，以保护德宗作号召。康离日后，梁氏如释重负，与国父孙中山先生等革命党人昕夕往还，商谈合作，至同年秋天，双方达成协议，准备合并。事为康有为知悉，极端震怒，痛责梁氏，命梁氏克期离日，前往檀香山主持保皇会事务，梁氏并无背离康有为的魄力和决心，只好俯首遵行，与革命党合并事宜，也因而功败垂成，未能如愿。此后，梁氏为迁就其师康有为的保皇主张，与革命党人的关系日渐疏淡，至光绪二十六年（一九〇〇年）七月，保皇党唯一的一次起兵勤王行动——“自立军之役”失败以后，康、梁与革命党的仇隙更深，双方在海外各地展开竞争，相互指骂，已无转圜的余地。

自立军之役失败后，梁氏自上海搭船前往新加坡，晋谒康有为，旋应澳洲保皇会的邀请，自印度槵楞伽岛乘英轮前往澳洲。光绪二十七年（一九〇一年）四月，梁氏离澳返日本。同年十一月，梁氏筹备半年之久的“广智书局”，在上海英国租界内成立，并开始正式营业，这是清季有数的新式出版机构之一，所出版的翻译图书，前后多达二百余种。光绪二十八年（一九〇二年）正月，梁氏在日本创办《新民丛报》，以接替停刊的《清议报》。是时，中国留日学生增加颇速，据统计，光绪二十八年留日中国学生已达五百人左右，梁氏长沙时务学堂的学生，如蔡锷（松坡）、范源濂、唐才质、秦力山等，也都在戊戌政变后，相继东渡日本，投奔梁氏，梁氏运动华侨出资，创办东京大同高等学校（后改名“东亚商业学校”、“清华学校”）来收容这批学生。光绪二十八年秋，梁氏与日本方面情商，保送蔡锷、蒋方震（百里）、蒋尊簋（伯器）进入日本士官学校研习军事，民国以后他们均成为军政两界的风云人物。光绪二十九年（一九〇三年）春，梁氏赴美洲游历，同年夏天返回日本后，言论骤变，而趋于温和、保守。

光绪三十一年（一九〇五年）七月，中国同盟会在东京成立，革命党的声势大振。同年十月同盟会发刊《民报》，由宋教仁、陈天华、田桐、汪兆铭、胡汉民、刘师培等轮流执笔，倡言革命，主张共和，与梁氏主持的《新民丛报》展开论战，战况激烈，直至光绪三十三年（一九〇七年）七月《新民丛报》停刊为止。是时，自光绪二十九年起，梁氏倡言君主立宪，掀起国内如火如荼的立宪运动，清廷也有意准备立宪，光绪三十三年元旦，康有为通令各地保皇会自即日起一律改名“国民宪政会”（旋改名“帝国宪政会”），同年九月，梁氏在日本东京组织“政闻社”，派员归国活动，并发行《政论杂志》，鼓吹立宪。光绪三十四年（一九〇八年）正月，政闻社由日本迁往上海，同年七月为清廷所查禁，《政论》也告停刊。宣统二年（一九一〇年）梁氏又创办《国风报》，至宣统三年（一九一一年）八月，武昌革命军兴，数月之间，各省纷纷独立，清廷岌岌可危，梁氏乃于同年九月由日本前往奉天（辽宁）活动，欲联合吴禄贞（出身日本士官学校，曾参加自立军之役，时任陆军第六镇统制）、张绍曾（与吴禄贞同学，陆军第二十镇统制）、蓝天蔚（陆军第二混成协协统）等人的军队，控制北京，发动政变，拥戴贝勒载涛为内阁总埋，立即召开国会，完成其虚君立宪的理想。九月十九日梁氏抵达大连后，闻悉吴禄贞在石家庄被刺身亡，张、蓝也先后解职入京，梁氏的计划顿成泡影，只好黯然返回日本。

4. 民国从政时期

一九一二年二月十二日，清廷颁布退位诏书，结束其两百六十八年的统治。是时，康、梁均在日本，感受却有显著的不同。实际上自戊戌政变以后，康、梁的思想已经貌合神离，格于师生的关系，梁氏不得不多方迁就康的保皇主张。民国成立，清帝逊位，康哀痛逾恒，遁居日本，以遗老自况，经常借诗文来抒发他的“故国”之思，进而参与以推翻民国为职志的复辟活动。梁氏则具有进步思想，鉴于大势所趋，无法挽回，遂放弃原有的君宪主张，转与民国共和政治妥协，甚至投身其间，从事各项建设工作。

一九一二年十月，梁氏从日本首途归国，在津、京受到热烈的欢迎，同年十一月在天津创办《庸言报》。一九一三年二月正式加入“共和党”，同年五月与“民主”、“统一”两党合并，组成“进步党”。同年九月进步党要人熊希龄出组内阁，任梁氏为司法总长，这是梁氏首次仕宦民国，梁氏颇有心改革司法，但是由于袁世凯对司法所持的消极态度，梁氏本身也缺乏这方面的经验，加以任期太短（前后只有半年），终不能有所建树。一九一四年二月，梁氏改任币制局总裁，由于币制局的职权有限，民初财政又极端紊乱，使梁氏在职十月，一无展布。同年六月参政院开幕，梁氏被任命为参政之一。一九一五年二月又被聘为总统府政治顾问，并奉派至长江各省考察司法、教育，同年七月梁氏被选为参政院宪法起草委员会的委员。总计自一九一三年九月至四年七月，是梁氏拥戴袁世凯最力的时期，想导引袁氏走上政治轨道，替国家做些建设事业。

一九一五年八月，杨度等“六君子”发起筹安会，袁世凯的帝制野心逐渐显露。梁氏适在天津，知袁氏有意背叛民国，蔑视共和，遂发表《异哉所谓国体问题者》一文，驳斥杨度等人的帝制谬论。此文一出，对舆论的影响甚大。进步党人在梁氏的领导下，集会于天津，密商讨袁大计。参与天津密议的进步党人士，除梁氏以外，尚有蔡锷、汤叡、蹇念益、陈国祥、徐佛苏等，其中蔡锷是梁氏的学生，自日本士官学校毕业后，即返国任职，辛亥革命期间，云南宣布独立，蔡被推为云南首任都督，一九一三年十月奉调入京，先后出任统率办事处办事员，将军府将军、参政院、经界局督办等职。因此，梁氏诸人决定利用蔡锷在云南的旧部，来作为讨袁的基础。经过两三个月的筹划布置，时机渐臻成熟。同年十一月间，蔡锷很机警地摆脱袁世凯密探的监视，潜离北京，安抵天津。十二月初由天津搭船赴日，再从日本转往云南，于十二月十九日抵达昆明，梁氏则于十二月十八日抵达上海。

一九一五年十二月二十五日，云南在唐继尧、蔡锷的领导下，通电宣布独立，组成护国军，声讨袁氏，揭开护国之役的序幕。蔡锷旋以云南护国军第一军总司令的名义，率兵进攻四川。一九一六年一月二十七日，贵州独立，响应云南。同年二月，广西将军陆荣廷两度派人至上海，欢迎梁氏赴桂共图大计，于是三月四日梁氏一行七人，自上海出发，三月七日抵香港，三月十一日梁氏与黄群在港转搭日船“妙义山丸”，前往越南，准备自越南潜赴广西。三月十五日广西宣布独立，梁氏尚在赴桂途中。三月十六日行抵海防港外，在日商横山的接应下，偷渡上岸，匿居于帽溪牧场达十天之久，至三月二十七日才抵达广西边境的镇南关，四月四日抵达广西的首府南宁，与陆荣廷晤面，亲身参与护国之役。

四月六日广东独立，四月十二日浙江独立，护国军迄无统一的领导机构。梁氏早有成立“军务院”的构想，有关军务院的组织条例、宣言、文电及告示，梁氏均已草拟就绪，再经过梁氏奔走协调，终获独立各省的首肯，于是五月八日军务院正式成立，院址在广东的肇庆，推唐继尧为抚军长、岑春煊为抚军副长，梁氏、蔡锷、陆荣廷、吕公望、龙济光、李烈钧等为抚军。抚军之下设一政务委员会，综理一切政务，由梁氏出任委员长。五月九日陕北镇守使陈树藩通电独立，五月二十二日四川独立，五月二十九日湖南独立，袁世凯迭遭打击，于六月六日病死，护国之役遂告一段落，梁氏与蔡锷也因此役而成为家喻户晓的护国英雄。

一九一七年春，大总统黎元洪与内阁总理段祺瑞间的冲突，即所谓“府院之争”，益形严重。适对德外交问题发生，梁氏在京多方斡旋，极力支持段祺瑞对德、奥绝交与宣战的主张。同年七月一日，张勋趁府院之争的空隙，演出一幕“复辟事件”，使民国命脉为之中断。七月三日段祺瑞在天津附近的马厂誓师，组成讨逆军，自任总司令，挥兵讨伐张勋。梁氏适在天津，躬役其事，出任讨逆军的参赞，起草各项文电。七月十二日讨逆军攻入北京，复辟失败。复辟要人康有为避居北京美国公使馆，曾撰《美森院幽居诗》，其中末首有云：“鸱枭食母獍食父，刑天舞戚虎守关，逢蒙弯弓专射羿，坐看日落泪潸潸。”痛詈梁氏，诗后并附注：“此次讨逆军发难于梁贼启超”，师生公然反目。其实这次复辟事件是违反当时国情民意的，绝不能与戊戌变法的意义相提并论，康的詈责，不但无损于梁氏的人格，相反地更显出梁氏对国史的贡献。

段祺瑞戡定复辟后，重任内阁总理，并发表梁氏为财政总长。财政部是一个令众人觊觎的机构，段感念梁氏一年以来的赞助，力排众议，命梁氏出长财政，引起段系要人徐树铮、靳云鹏等的不满。梁氏在职五月，徐、靳处处予以掣肘，各省督军对中央的指示也多不奉行。在内外交迫的情势下，梁氏的财政抱负，自然是无法实现。一九一七年十一月段因对川、湘用兵失败而辞职，梁氏乃借机下台求去，从此结束他民国以来的从政生涯。

5. 献身教育时期

一九一八年十二月二十八日，梁氏以北京政府“欧洲考察团”的名义，从上海启程前往欧洲，随行的有张嘉森（君劢）、刘崇杰（子楷）、蒋方震、丁文江（在君）、徐新六（振飞）、杨维新（鼎甫）等人。翌年春天，梁氏一行抵达欧洲，先后游历英、法、比利时、荷兰、瑞士、意大利、德国，曾经参观过西欧战场、拜访过博格森（Henri Bergson）等哲人，至一九二〇年一月二十二日，梁氏一行自马赛搭船返国，同年三月五日抵达上海。

梁氏自欧游返国后，对于国家问题和个人事业完全改变以往的方针和态度，决定放弃上层的政治活动，全心全力从事于培植人才的教育事业。一九二〇年，梁氏进行的教育事业，有承办上海“中国公学”、组织“共学社”、“讲学社”，整顿《改造杂志》，出版《饮冰室丛著》，并研究佛学，撰有《印度史迹与佛教之关系》、《佛教之初输入》十二篇文章，以及《清代学术概论》、《墨经校释》等专书。一九二一年梁氏著有《墨子学案》、《中国历史研究法》两书，并开始在天津南开大学讲学，主讲中国文化史。一九二二年春至北京清华学校讲学，十月赴南京东南大学，主讲中国政治思想史。著作方面则有《先秦政治思想史》一书，及《五十年中国进化概论》等文章多篇。据估计，自欧游归来至一九二二年双十节前夕，梁氏的著述，约有一百万字左右。

一九二三年一月，梁氏由南京北返，在天津发起创办“文化学院”，并有东游的计划，但未克实行。是年有所谓“科学与玄学”的论战发生，梁氏站在玄学一方，撰有《人生观与科学》及《战时国际公法》两篇文章，此外尚有《陶渊明》、《朱舜水年谱》等书。一九二三年以后，因时局渐乱，梁氏身体又多病，遂长期定居于天津，除了在清华、南开等校授课，便是专心著述。一九二四年梁氏撰有《戴东原先生传》、《戴东原哲学》、《近代学风之地理的分布》、《说方志》、《国学入门书要目及其读书法》等书。一九二五年经梁氏第四次编定的《饮冰室文集》出版，另撰有《要籍解题及其读书法》一书。一九二六年春，梁氏出任京师图书馆馆长，是年撰有《中国历史研究法补编》、《先秦学术年表》、《王阳明知行合一之教》、

《荀子评诸子语汇释》、《汉书艺文志诸子略考释》等。一九二七年撰有《中国文化史》、《儒家哲学》、《古书真伪及其年代》、《书法指导》等。

一九二四年九月梁氏的夫人（李氏）病逝，给予梁氏的打击甚大，情绪一直不佳，再加上北方的军阀政权日益败坏，内战频兴，南方的国民政府却联俄容共，使梁氏既忧且惧。梁氏是坚决反对共产主义的，更基于往日与国民党的恩怨，故当国民革命军展开北伐而节节胜利之际，他惶惶然不可终日，一度想抵抗，却苦无力量。一九二七年冬，他在天津拟号召非国民党的团体，合组新党，设立“虚总部”，来从事反共（兼反国民党）。因乏人响应，而未能实现。一九二八年六月，国民革命军攻克津、京，梁氏遂辞却清华研究院的教职，遁居天津租界，九月开始撰写《辛稼轩年谱》，稿未成而疾病大作，一九二九年一月十九日逝世于北平协和医院。

三、思想概述

梁氏一生对于政治的兴趣最为浓厚，一九一五年他曾经表示：“吾二十年来之生涯，皆政治生涯也。”并且坦然自承“惟好攘臂扼腕以谈政治，政治谭以外，虽非无言论，然匣剑帷灯，意固有所属，凡归于政治而已”。故他一生唯以“政谈家”自居，可见政治思想是梁氏思想的主流，也是他一生行为表现的内在动力。

梁氏的政治思想有两个主要的来源，早期是承乏康有为的熏陶，流亡日本后多受西洋著述的影响，思想日臻成熟。梁氏一生多变，政治思想也不例外，甚至前后矛盾，不过梁氏的政治思想，在某一个时期内会持续其一定的特色，这种特色与梁氏所处的环境时势有密切的关连。大致上自光绪十六年至二十四年，梁氏政治思想的特色是革新求变；光绪二十四年至二十九年，是强调破坏；光绪二十九年至宣统三年，是鼓吹君宪，一九一二年至一九一八年，是维护共和。现分述如下：

1. 革新求变

严格而论，光绪十六年以前，梁氏无所谓政治思想，对于国家大事并不关心，只汲汲于八股制义，想从科举中脱颖而出，觅取功名富贵，与一般旧儒初无二致。

光绪十六年秋，梁氏拜康有为为师，受其熏陶，才逐渐具有政治意识。康夙有革新的意念，在万木草堂讲学时，便对时局十分关注，“每语及国事杌陧，民生憔悴，外侮凭陵，辄慷慨欷歔，或至流涕”，使梁氏等人“振荡怵惕，懔然于匹夫之责而不敢自放弃自暇逸”。梁氏的爱国心自此大为开启。不过影响梁氏最深的，还是康在课堂上讲授的“三世之义”，这是清朝中叶以来，以庄存与、刘逢禄、龚自珍、魏源、廖平等人为主流的今文学派，自中国典籍中发掘出来的救时主张，被康有为据为进行政治运动的理论。

三世源出于《公羊春秋》，是指据乱世、升平世，及太平世。康认为人类社会的演化，是由据乱世至升平世、进而至太平世，有一定的程序。在康的眼中，清末以前为时两三千年的中国历史，是一部据乱之史，因此，康自觉有责任把中国引向升平之世。梁氏深受康的影响，接纳三世之说，并加以阐释推广，运用到各方面。譬如在政治方面，梁氏认为“治天下者”有三世，一为多君为政之世，二为一君为政之世，三为民为政之世。多君世又可细别为（1）酋长之世，（2）封建及世卿之世；一君世可细别为（1）君主之世，（2）君民共主之世；民政世可细别为（1）有总统之世，（2）无总统之世。多君系据乱世的政治，一君系升平世的政治，民主为太平世的政治。上述三世六别，是循序渐进的，不能颠倒混淆。总之，三世之说成为一种公式，随处皆可套用，是梁氏革新求变的理论基础。

三世之说套用于政治方面，蕴含有两个基本的意义。其一是政治的进化有一定的阶段，其二是以民权政治为最后的归宿。可见梁氏早期的政治思想，是以进步主义和民权主义为主要内涵的。在态度上梁氏较康更为激进，他不以小康（升平世）为满足，欲进小康为大同（太平世）。他认为孔子是进化主义者、平等主义者、兼善主义者、强立主义者、博包主义者，以及重魂主义者，对孔子推崇不已。清末以前中国始终停滞于小康的局面，是由于孔子微言不传的缘故，孔子微言的不传，是与孔子的因材施教有关。在孔学中，《论语》是雅言，谈小康之道，属于普通学问，《易》与《春秋》，涵义深奥，谈大同之道，属于高深学问，而孔门弟子能够接受孔学真传的，只孟子、庄子和荀子三人，庄子、孟子才高，故庄子得了《易》，孟子得了《春秋》；荀子才下，得了《论语》。汉朝以降，荀子的弟子控制了中国政局，尊君权，排异说，谨礼义，重考据，这是中国不进步的症结所在。为了振衰起敝，必须求变，而求变的当务之急，便是弃荀学而倡孟学。因此，他演述三世之说，不离孟子的仁政、保民，他倡言民权，也是由孟子学说蜕变而来。

梁氏的求变思想，系以救国为鹄的。他指责同、光年间为期三十余年的“自强运动”，一味模仿西方的器械（坚船利炮），有如“补苴罅漏，弥缝蚁穴”，并非真正变法。他认为世界进化，是由力趋向于智，近代西方文化，乃智慧发达的结果。因此中国欲求变法自强，当以开民智为第一要义。如何开民智以求变法自强，即是变科举、兴学校。因此，他强调："变法之本，在育人才。人才之兴，在开学校。学校之立，在变科举。而一切要其大成，在变官制。"光绪二十一年至二十四年，他追随康从事维新运动，诸如发刊报纸、创办学堂、设立学会、经营书局，主旨即在介绍西学、开启民智，唤起求变思想。在这段时期内，梁氏由于奔走维新，接设较繁，而对西学稍有进一步的认识，光绪二十一年他担任北京"强学会"书记时，曾把会中购置的翻译西书悉数读过。光绪二十二年他到上海，主编《时务报》。上海是当时西学输入的中心，所译述的西书甚多，《时务报》当有购存。是以他在此时撰成《变法通议》与《西学书目表》等。在《西学书目表》中，他选录"广学会"出版的书籍共有三十二种，皆为有关变法的重要著作。此外，梁氏也担任过英籍传教士李提摩太（Timothy Richard）的秘书，李提摩太翻译麦肯西（Robert Mackenzie）的《泰西新史览要》（*Nineteenth Century-A History*）时，梁氏曾从旁参与中文意见，对于近代西方政治发展的梗概乃有所了解，逐渐摆脱三世之说的窠臼，而渗入一些近代西方的政治思想。

2. 强调破坏

革新求变是一种温和而渐进的改革思想，但是自戊戌八月梁氏逃往日本以后，态度上乃由温和而走向激烈，这种转变，原因有二。其一，是受戊戌政变的刺激所致。戊戌政变的爆发，使梁氏对于清廷产生极大的恶感。他认为清朝中叶以降，满人治国不善，灾祸丛生，盗贼蜂起，哀鸿遍野，伤亡枕藉。他举出十年前山西荒旱，死者百余万。郑州河决，死者十余万，每年冬春之交，北地人民死于冻馁的，不下十万。近十年来，广东人死于瘟疫的，每年多达数十万人。以中国之大，每年死于盗贼与迫于饥寒沦为盗贼而死的，又何止十万人？如果让上述种种无意识的破坏持续下去，加上列强的步步进逼，中国将至无药可救。与其让无意识的破坏继续不已，不如施之以有意识的破坏，他强调“今日之中国，积数千年之沉疴，合四百兆之痼疾，盘踞膏肓，命在旦夕也。非去其病，则一切摄滋补荣卫之术，皆无所用，故破坏之药，遂成为今日第一要件，遂成为今日第一美德”。因此，欲求中国的进步，必先从事此种有意识的破坏，随破坏，随建设，始能奏效。所以破坏是手段，建设是目的，在态度上是积极而进取的。

其二，是受西方学说史事的影响。梁氏于戊戌政变后东渡日本，西学知识大为精进，思想领域也大为扩充。他开始研读鲁索（Jean Jacques Rousseau）、斯宾诺莎（Baruch Spinoza）、霍布士（Thomas Hobbes）、洛克（John Locke）等人的著作，以及西洋史地，对于意大利的建国运动、法国大革命的成果，极为向往，因此他强调革命，强调破坏，思想趋向激烈。当梁氏初抵日本之际，正值达尔文（Charles Robert Darwin）的进化论风行一时，梁氏深受此进化论的影响，对达尔文“物竞天择，优胜劣败”的学说推崇备至，认为“竞争者，文明之母也，竞争一日停，则文明之进步立止”。此后梁氏即喜用进化论来解释人类历史的发展，与他所提倡的破坏主义互相呼应。因此，他强调路德（Martin Luther）破坏旧宗教而新宗教产生，培根（Francis Bacon）、笛卡尔（René Descartes）破坏旧哲学而新哲学产生，亚当·斯密（Adam Smith）破坏旧生计学而新生计学产生，鲁索破坏旧政治学而新政治学产生，孟德斯鸠（Baron de Montesquieu）破坏旧法律而新法律产生，哥白尼（Nicholas Copernicus）破坏旧历学而新历学产生，都是西洋史上最好的例证，也足以说明唯有竞争、破坏（有意识的破坏），才能进步。

梁氏既熟读欧洲十八、十九世纪的民主学说，民权观念乃益臻成熟，光绪二十六年梁氏发表《自由与制裁》、二十七年发表《尧舜为中国中央君权滥觞考》等文，均极力赞颂自由，认为自由民政是世界上最神圣荣贵的政体，并指出“不自由，毋宁死”这句名言，实为十八、十九两世纪欧美国民所以立国的本原。综观欧美自由发达史，其所争者不外四端，一为政治上的自由，二为宗教上的自由，三为民族上的自由，四为生计上的自由。就政治上的自由而言，其要义在于国民主政，自治其事。反观中国数千年来的政治，或为家族之国，或为酋长之国，或为诸侯封建之国，或为一王专制之国。而秦汉以后的专制政体，无论行暴政或仁政，均与自由民权的精神背道而驰，严重地阻碍中国的进步。是以，光绪二十八年梁氏先后发表《中国专制政治进化史论》、《论专制政体有百害于君主而无一利》等文，痛诋专制政体，不留余地，甚至疾呼“为国民者当视专制政体为大众之公敌”，必先去之，才能自安。

光绪二十八年梁氏又在《新民丛报》上发表《新民说》一文，前四节为通论性质，后十六节分论公德、国家思想、进取与冒险、权利思想、自由、自治、进步、自尊、合群、生利与分利、毅力、义务思想、尚武、私德、民气、政治能力各项，大约可以德、智、体、群四目概括之。其目的在探求我国国民腐败堕落的根源，与其他发达进步国家的国民相比较，使我国国民知受病所在，俾能自我惕厉，图谋振作。梁氏对于中国民族性的种种缺点，毫不保留地予以提出，如缺乏公德，缺乏国家观念，缺乏权利义务观念，缺乏进步观念，缺乏冒险进取精神，缺乏合群、自由、自治、自尊、尚武精神，缺乏毅力，这些传统的民族性都应该彻底革新，接受西方民族（尤其是盎格鲁·撒克逊人）的优点，以改变中国民族的气质，抵挡列强的帝国主义。故欲求中国的安富尊荣，新民之道不可不讲。不过，新民并非令“吾民尽弃其旧以从人”，新民的要义有二，一为“淬砺其所本有而新之”，二为“采补其所本无而新之”。“二者缺一，时乃无功”。

新民与政治的关系极为密切，一国的主政者和官吏，都是来自民间，若全国尽系低劣的国民，所得的政府与官吏，自无法优秀。因此，政治的隆污实系于国民素质的良莠，这是“种瓜得瓜，种豆得豆”的必然结果，所以说：“苟有新民，何患无新制度，无新政府，无新国家；非尔者，则虽今日变一法，明日易一人，东涂西抹，学步效颦，吾未见能济也。”

由于强调破坏、疾呼新民，梁氏的种族思想也因而大为炽张。梁氏在亡命日本之初，即不断撰文攻击清廷，不过，他所攻击的对象，是以慈禧太后、荣禄、刚毅等清廷的领导阶层为主，旨在激起国人的公愤，来扶助德宗复位，鼓吹种族革命的文字反而少见了。至光绪二十七、八年间，由于慈禧太后自西安回京以后，仍然没有变法的诚意和决心，另一方面革命的风潮日益汹涌，部分保皇党人在对康、梁失望愤恨之余，纷纷主张革命或脱离康、梁自立，使梁氏心有所感，遂高倡排满革命，以唤起民族精神，推翻清廷为目的。光绪二十八年梁氏撰有《新中国未来记》，其中有“你想天下哪里有四万万的主人，被五百万的客族管制的道理吗”等激烈字句。同年他致书康有为，更明白表示他决心发扬民族主义，以讨满为职志，对清廷绝望的心情，于此可见。

3. 鼓吹君宪

梁氏首倡君主立宪，是始于光绪二十八年。他在《新民丛报》上发表《亚里士多德之政治学说》一文，指出“君民共主之一政体，实过渡时代最妙之法门也。其制固不可久，然在今后数百年间，保持治安，增进公益，道未有善于是者也”。所谓君民共主，就是君主立宪。不过，这时梁氏的政治思想仍然徘徊于共和立宪与君主立宪之间，尚未作一决定性的取舍。

光绪二十九年十月以后，梁氏的言论突然趋向于保守、温和，前后判若两人，绝口不提革命、破坏、排满等激烈字眼，而专心致力于君宪的鼓吹。这项转变，其根本原因，还是梁氏优柔不定的性格所致。梁氏也坦然自承，由于他太无成见的缘故，往往容易徇物而夺其所守。而且保守性与进取性经常在他心胸中交战，随感情而发，所执往往前后矛盾。除此之外，梁氏言论的转变，尚有如下几个原因：

第一，是来自康有为的压力，迫使梁氏就范。中国社会一向重视师生名分，梁氏既拜康为师，就道德情理而言，自不能与康公然决裂。康对于梁氏的急进态度，极为不满，动辄以书信痛责梁氏，甚至以停止供应梁氏在日活动经费相要挟，梁氏只有改弦更张，趋向保守。

第二，是梁氏畏惧破坏的心理所促使。光绪二十九年是留日中国学生情绪激昂的顶峰，高倡革命，滋生事端，使梁氏忧心不已，认为这些激烈学生的行为，徒自荒废学业，对国家并无任何好处。何况当时列强环伺，革命一起，混乱也将为之产生，一旦中国自乱于先，列强即可乘机于后，中国乃有灭亡之虞。因此，他反对革命，畏惧破坏，态度也变得比较温和。

第三，是梁氏游历美国之后的感触所致。光绪二十九年正月，梁氏赴美作为期半年的游历，曾亲睹美国共和政治下的种种弊端，诸如党争的激烈，选举的舞弊，华侨社会的腐化堕落，使梁氏对于醉心已久的共和政治，大为失望，更由失望而萌生疑惧，遂专心鼓吹比较温和的君主立宪。

第四，是受西方新政治理论的影响。光绪二十九年前后，梁氏阅读过德国学者波伦哈克（Bornhak），以及瑞士学者伯伦知理（Bluntschli）的政论著作，这两位学者在其书中历数共和政治的缺点，对梁氏的影响很大，为之感叹再三，更加强了他放弃共和政治的意念。

第五，是受黄遵宪的影响。黄遵宪，字公度，广东嘉应人，思想开通，曾任清廷驻日公使馆参赞，驻旧金山及驻新加坡总领事，后返国担任湖南长宝盐法道，兼署湖南按察使，为一著名维新人物。戊戌政变后黄遭开缺回籍，光绪二十八、九年间黄与梁氏书信往返，不下二十余万字，黄力主中国国情适合温和而渐进的君宪政治，对梁氏的影响甚大。

第六，是梁氏与革命派的关系益形恶化，不得不退而自固。光绪二十五年冬，梁氏自日本前往檀香山，高倡“名为保皇，实则革命”，短短半年的时间，便将此兴中会的发源地一变而成保皇党的势力范围，招致革命派的交相指责。光绪二十六年七月自立军之役结束后，梁氏与革命派已积不相容。光绪二十九年闰五月，上海“苏报案”发生，章炳麟、邹容等人下狱，沈荩（自立军将领，与梁氏颇有往还）则同时在北京被捕，杖杀狱中。梁氏认为沈荩之死，系由《苏报》诸人谈论革命所引起，又以为“苏报案”发生，吴稚晖难脱暗通清廷之嫌，因此对革命派人士大为愤恨，使梁氏与革命派形同水火，有如寇雠。同年夏天梁氏游毕美洲返回日本，革命派更展开人身攻击，诋梁氏为文妖，梁氏不甘示弱，亦予回骂，双方关系益形恶化。于是举凡革命派所主张的种族主义、共和立宪、土地政策等，梁氏均大加反对，似乎有意与革命派背道而驰。

光绪二十九年夏梁氏自美返日后，政治思想由十八世纪的自由平等而急转为十九世纪的重国轻民，也就是由提倡民权转而提倡国权。这是因为他考察日多，见闻愈广，历练也益深，加上受伯伦知理的国家主义思想影响所致。他深觉当时帝国主义大起，蔚成风气，甚至最爱自由的美国，亦不得不骤改其方针，集权中央，扩张政府权力之范围，以竞于外，更遑论其他国家了。中国际此帝国主义充斥的时代，唯有团结境内各民族，一致对外，才能救亡图存。所以梁氏提出大民族主义的主张，联合汉、满、蒙、回、藏，组成一大民族，进而实行帝国政策，以称雄于世界。为达到此一高远的目标，必须把汉族与国内他族之间的小民族主义，暂搁一边。

光绪二十九年以前，梁氏力倡排满革命，是所谓种族革命，也就是梁氏所谓的小民族主义。光绪二十九年以后，梁氏不但讳言排满革命，而且痛诋种族主义，大唱满汉调和的论调，光绪二十九年梁氏发表的《政治学大家伯伦知理之学说》、光绪三十年发表的《中国历史上之革命研究》，以及光绪三十一年发表的《申论种族革命与政治革命之得失》，均为积极反对排满革命、反对种族主义的重要著作。梁氏并根据构成民族的六项条件：同血系、同语言文字、同住所、同习惯、同宗教、同精神体质，逐一去分析汉人与满人的关系，认为汉、满在语言文字、住所、习惯、宗教方面已完全相同，血统、精神体质方面虽不能遽下断语，谓其相同，但就历史渊源及外形而言，彼此实有颇近的关系。故满人实已同化于汉人，具有构成一混同民族的资格，今后不应再排斥满人。

梁氏既矢口不谈破坏、排满等激烈字眼，遂反对种族革命，而主张政治革命。据梁氏解释，种族革命是指民间以武力而颠覆异族的中央政府而言；政治革命是指革新专制而为立宪而言，无论为君主立宪，为共和立宪，都谓之政治革命，其手段宜以要求而勿以暴动。由是可见梁氏所谓的政治革命，实际上是一种温和而渐进的立宪运动。不过立宪尚有共和立宪与君主立宪的分别，前者便是革命派所主张的民主共和。光绪二十九年以后，梁氏言论遽变，他不仅反对法国式的激烈革命和无限自由，而且对于美国民主共和迅速成长所产生的混乱，也不以为然。他希望中国能像英国一样，循序渐进，使国人了解立宪政治的意义，然后由全民的政治运动，一点一滴地去要求，这样得来的宪政，才可以稳固。因此，他倾心于英国式的君主立宪政治，推崇英国宪政为世界各国宪政之母，最适于中国国情。

梁氏虽然标榜君主立宪，但是衡量当时中国的条件，他认为并不能遽行君主立宪，原因有二,一为人民程度未达最低标准，二为施政机关尚未整备。故梁氏主张当以“开明专制”作为立宪的过渡和预备。光绪三十一年他发表《开明专制论》一文，指出“由专断而以良的形式发表其权力，谓之开明专制”。这是梁氏给开明专制一词所下的定义。在开明专制下的国家，其权力不操于人民而由君主掌握，但是君主的一切施政应以谋人民的福利为目的。

梁氏认为由开明专制到君主立宪是国家进步的必然顺序，就像革命派主张必须经过训政才能进入宪政一样。他倡言开明专制，一则是为君主立宪作准备，再则是为了在君主专制政体没有改变的情形下，劝告清廷从事一些开明的措施。所以他的开明专制主张和君主立宪主张不但不相矛盾，不相冲突，在精神上还是一贯的。

4. 维护共和

梁氏自光绪二十九年以后，直到民国建立，他反对共和鼓吹君宪的态度，前后是一贯的。虽然在辛亥革命爆发前后的一段时间中他倡言虚君共和，而实际上虚君共和与君主立宪是名异实同，连内容也完全一样。

民国建立以后，梁氏的政治思想又有所转变，最显而易见的是他放弃了君主立宪的主张，而拥护共和。转变的原因约可归纳为下列两点：

其一，梁氏为一温和型的知识分子，凡事不走极端，容易与现状妥协。前此他主张君主立宪，多少含有一些迁就现状（清廷实行君主专制）的意味。待民国建立，改肇共和，民主立宪已成定局，君主立宪有如过眼烟云，与逊位的清廷俱逝，难以挽回。梁氏遂改弦更张，转与现状（共和）相妥协。

其二，梁氏对于共和本身并无特深的成见，清末他反对共和，是认为中国国民没有做共和国民的资格，在这种情形下，由少数人代为革命而实行共和立宪，结果还是免不了要变成专制政治。另外梁氏厌恶破坏，对于革命派为达成共和立宪所采取的激烈手段，深怀戒惧。梁氏认为国体（君主或共和）的变更是属于破坏的现象，政体（专制或立宪）的变更是属于进步的现象。民国以前他反对共和、反对革命，旨在防阻破坏，防阻变更国体。待清廷退位，民国建立，国体变更，破坏已然发生，无法补救。梁氏只有退而维护既成事实的共和政治，极力避免国体再度变更。何况清末以来，民智渐开，立宪机关陆续成立，如谓中国国民仍然没有做共和国民的资格，也颇值得商榷。于是一九一二年十月梁氏自日本返国，从事政党活动，采取联袁（世凯）政策，而与共和妥协，以谋在安定中求改进。

据梁氏分析，民国初年，国内的势力有三大流派，一为旧官僚派，一为旧立宪派，一为旧革命派。他自己当然是属于旧立宪派。旧官僚派是保守分子，旧立宪派与旧革命派同属打破现状的改革分子，只是在执行手段上有温和和急进的分别而已。但是清末以来，立宪派和革命派之间的仇隙已深，武昌起义后，立宪派基于对清廷缺乏诚意的立宪措施诸多不满，以及避免战乱扩大蔓延而主动响应革命，与革命派有了短暂的合作。然而革命甫成，革命派即开始排斥立宪派，梁氏等人乃益觉革命派多系暴乱分子，只堪破坏，难言建设。尤其是革命之后，暴民政治最易发生，暴民政治一旦发生，国家元气必大受损伤而不可恢复。是以梁氏等旧立宪派不得不暂时与旧官僚派合作，以全力阻遏旧革命派的暴乱和破坏行为。而所谓旧官僚派的领袖，正是民国的总统袁世凯，由此不难想见梁氏联袁的用意。

梁氏指责旧革命派为乱暴社会，同时亦指责旧官僚派为腐败社会，这两种社会都是旧立宪派所企图打倒的。不过，这两种社会均有莫大的势力，旧立宪派实无力与彼二者同时为敌，梁氏衡量轻重缓急，遂决定与旧官僚派交好，先打倒旧革命派再说。此外梁氏联袁的另一原因，即是太过于信赖袁氏的能力。他与多数中国人民一样，对于袁氏抱有两种相同的看法，其一是在袁氏统治下的中国，能否进步虽不敢断言，但如无袁氏，则中国的现状将不能维持，前途堪虑。其二是袁氏的为人，固然不能令人满意，而环顾国内一时尚无人能取代袁氏，纵有其人，他的才干未必优于袁氏。何况中国正处于列强环伺之下，当此存亡绝续之际，有政府终胜于无政府。所以，梁氏认为对袁氏只当严重监督，不必漫挟敌意。

一九一二年梁氏发表《中国立国大方针》一文，主张中国应仿照英国，实行政党内阁。他认为政党内阁宜确守三项原则：(1) 非国会议员，不能为内阁阁员。(2) 内阁必由国会下院多数党的领袖来组织。(3) 内阁失多数于下院，得解散下院，但再选举若仍失多数，则立即辞职。如此，内阁既由国会中的多数党组织而成，则内阁即为国会的指导者，而国会即为内阁的拥护者。这是因为国会的意见，受多数党牵制，而多数党的党员，皆听命于其首领，而其首领即为阁员。阁员不过以一党首领的资格，指导他的政党而已，而事实上即无异于指导全院（指国会上下两院）。院中多数党的议员，亦不过以一党员资格拥护己党的首领，而事实上即无异于拥护内阁。故内阁与国会，永远不会有相猜相斗的时候，是为阁会合一，也就是行政权与立法权完全结合为一。此为梁氏对于民国共和政治的一大期望。

梁氏倡言政党内阁，不过他坚决反对一党专政，也反对小党分立，至于不党内阁，他认为足以形成无责任内阁，万万不可实行。他主张政党内阁必以两党为最优，一党在朝，得国会的支持，组织强有力的政府；一党在野，负监督的责任，互相制衡。两党在朝在野的位置，端视人民的支持（投票）与否而转易。他对民国共和政治抱有极大的殷望，不惜交好袁氏，踏上宦途，来实行他的政治理想。讵料袁氏外则丧权辱国，内则私心自为，意图变更国体，梁氏为驳斥帝制，维护共和，乃发表《异哉所谓国体问题者》一文，据说原稿中对变更国体有"就令全国四万万人中三万九千九百九十九万九千九百九十九人皆赞成，而梁某一人断不能赞成也"的字句，有人劝他说袁氏叛国尚未明显，初商政见，似不必如此激烈，梁氏乃将此段删去，其余各段也改得比较和缓，然后才发表于京、沪各报，可见他维护共和的决心。

他不仅反对袁氏的帝制措施，举凡一切意图变更国体的行为他都予以严厉的抨击，不留任何余地。一九一六年他主持护国讨袁期间，毅然发表《辟复辟论》一文，指斥逊清遗老的乖行谬论。一九一七年七月他又参加段祺瑞的讨逆军，撰写讨伐张勋复辟的通电，都足以证明他反对变更国体维护共和的主张，前后是一贯的。一九一八年以后，梁氏虽然放弃上层的政治活动，而致力于文教事业，实际上他对于政治仍未忘情。民国以来他数度卷入政治漩涡，目的是想实现他的政治理想，无奈军阀跋扈，政客横行，他的政治理想始终被束诸高阁，未见施行。种种刺激不仅使他怅然退出政坛，而且使他深深觉悟要改良政治，必先提高国民的知识程度，使国民能早日影响政治。所以一九一九年至一九二二年间，他竭力提倡国民运动，俾养成做共和国民的资格，他认为凡以少数人革命以求政治改革，都不是真正的国民运动，这种方式的运动就是勉强成功，国家政治总不会建立在国民意识之上，到头来所谓共和民主还是虚假的。总之，一九一九年以后的梁氏，一改昔日由上层政治进行改革的初衷，转而从下层广大的国民着手，推广政治教育，务使国民能早日参与政治，以实现真正的民主。

四、著述简介

根据梁氏好友徐佛苏在《梁任公先生逸事》一文里估计，梁氏一生的文字，合“著”与“述”两项言之，约在一千四百万字内外，实为世界第一的博学家。尽管梁氏的著述有如汗牛充栋，杂乱零散，但是后人对他作品的收罗整理及编印重刊，的确是不遗余力。因此，梁氏绝大多数的著作，都能够留存至今，供世人阅读研究。在今存的梁氏著作当中，可以将之归纳为报刊、文集、专书三大类，兹就以这三大类为纲，把梁氏的著述作一简要的介绍。

1. 报刊类

梁氏一生从事于言论，自光绪二十一年起开始主编报刊，且经常在他主编的报刊上发表文章。这些报刊计有《中外公报》、《时务报》、《清议报》、《新民丛报》、《新小说》、《政论》、《国风报》、《庸言报》、《大中华杂志》等。如今《中外公报》失传，其他均获保存，坊间书局并将《时务报》、《清议报》、《新民丛报》、《国风报》、《庸言报》重刊出版，公之于世。

·《时务报》(上海)

《时务报》为一旬刊，每月出三册，每册约三万字。创刊于光绪二十二年七月初一日，至光绪二十四年六月二十一日停刊为止，共出版六十六册。《时务报》的宗旨在沟通上下中外的舆情，其内容大致是：(1) 广译五洲近事，(2) 详录各省新政，(3) 博搜交涉要案，(4) 旁载政治学艺要书。《时务报》的文字以译述为主，撰文者有麦孟华、章炳麟、徐勤、欧榘甲、利瓦伊格、曾广铨，以及梁氏等人，均系有志于维新的知识分子。

梁氏在《时务报》所发表的重要文章有：《变法通议》、《论报馆有益于国事》、《论加税》、《西书提要》、《西学书目表序例》、《论中国积弱由于防弊》、《古议院考》、《治始于道路说》、《戒缠足会叙》、《日本国志后序》、《试办不缠足会简明章程》、《说群序》、《记自强军》、《萃报叙》、《续译列国岁计政要叙》、《史记货殖列传今义》、《春秋中国夷狄辨序》、《医学善会叙》、《中国工艺商业考提要》、《知耻学会叙》、《论君政民政相嬗之理》、《大同译书局叙例》，《读日本书目志后》、《倡设女学堂启》、《日本横滨中国大同学校缘起》、《湖南时务学堂草约十章》、《南学会叙》等篇。其中《变法通议》，约六万五千字，自序之后，即继续发表下列各文：(1) 论不变法之害，(2) 论变法不知本原之害，(3) 学校总论，(4) 论科举，(5) 论学会，(6) 论师范，(7) 论女学，(8) 论幼学，(9) 学校余论。这种具体的变法议论，一时轰动全国，梁氏文中不仅议论精辟，而且计划周详，实为日后戊戌变法的蓝本。

·《清议报》(横滨)

《清议报》亦为旬刊，每月出三册，每册约四十页。创刊于光绪二十四年十一月十一日，至光绪二十七年十一月二十一日止，共出版一百册。梁氏在《清议报叙例》中阐明创报的四大宗旨为（1）维持支那之清议，激发国民之正气，（2）增长支那人之学识，（3）交通支那、日本两国之声气，联其情谊，（4）发明东亚学术以保存亚粹。《清议报》的内容计分六门：（1）支那人论说，（2）日本及泰西论说，（3）支那近事，（4）万国近事，（5）支那哲学，（6）政治小说。第十一册以后又增加（1）来稿杂文，（2）政治学谈，（3）诗文辞随录三类。

梁氏在《清议报》发表的重要文章有《清议报叙例》、《论变法必自平满汉之界始》，《论八月之变乃废立而非训政》、《戊戌政变记》、《译印政治小说序》、《论皇上舍位亡身而变法》、《纪南海先生出险事》、《论变法后安置守旧大臣之法》、《论中国宜讲求法律之学》、《爱国论》、《读春秋界说》、《傀儡说》、《商会议》、《论学日本文之益》、《大同学校开校记》、《国家论》、《国家之政体》、《各国宪法异同论》、《动物谈》、《论西后宜自筹安全之策》、《瓜分危言》、《自立会序》、《纪年公理》、《论内地杂居与商务关系》、《论支那宗教改革》、《论商业会议所之益》、《读孟子界说》、《论中国当知自由之理》、《亡羊录》（一名《丙申以来外交》）、《论支那独立之实力与日本东方政策》、《论中国与欧洲国体异同》、《东京高等大同学校公启》、《饮冰室自由书》、《论美菲英杜之战事关系于中国》、《论刚毅筹款事》、《少年中国说》、《国民十大元气论》、《呵旁观者文》、《论近世国民竞争之大势及中国前途》、《汗漫录》、《上粤督李傅相书》、《上鄂督张制军书》、《论今日各国待中国之善法》、《中国近十年史论》、《立宪法议》、《十种德性相反相成义》、《过渡时代论》、《灭国新法论》、《中国史叙论》、《维新图说》、《国家思想变迁异同论》、《尧舜为中国君权滥觞考》、《南海康先生传》、《清议报一百册祝辞并论报馆之责任及本馆之经历》等篇。

梁氏在《清议报》发表的言论远较《时务报》激烈，一面抨击清廷的腐败，慈禧的祸国，一面揄扬德宗的圣明，为保皇派张目。更替戊戌六君子作传，赞美他们为变法而牺牲的精神，并刊载他们的遗著，如谭嗣同的《仁学》，经梁氏整理后，在《清议报》初次发表。

·《新民丛报》(横滨)

《新民丛报》为半月刊，每月一日及十五日出版，一年二十四册，每册约五至六万字。光绪二十八年一月一日创刊，至光绪三十三年十月十五日停刊，共出九十六册。其创设的宗旨是取大学新民之意，想从教育方面着手，以维新国民公德。其内容则每年的分类不同；而且分类十分细密，包括图画、论说、学说、学术、政治、兵事、生计、地理、教育、法律、宗教、实业、史传、小说、文苑、青年思想、时局、哲理、科学、国闻短评、中国近事、谈丛、舆论一般、杂俎、答问、海外汇报、余录、专件、新刊介绍、日俄战纪、杂纂、译述等类。

为《新民丛报》撰稿的，将近有百人左右，如梁氏、蒋智由、马君武、黄与之、麦孟华、蒋方震、蔡锷、徐佛苏、章炳麟、徐勤、韩文举、欧榘甲、杨度、康有为等，而梁氏的文字仍占二分之一以上，最少亦有二百五十万字。梁氏在《新民丛报》发表的重要文章有《新民说》、《近世文明初祖二大家学说》、《地理与文明之关系》、《论民族竞争之大势》、《论教育当定宗旨》、《论学术势力左右世界》、《论立法权》、《饮冰室自由书》、《天演学初祖达尔文之学说及其传略》、《亚洲地理大势论》、《中国地理大势论》、《保教非所以尊孔论》、《匈牙利爱国者噶苏士传》、《意大利建国三杰传》、《中国专制政治进化史》、《中国学术思想变迁之大势》、《泰西学术思想变迁之大势》、《新罗马传奇》、《张博望班定远合传》、《世界上广东之位置》、《历史上中国民族之观察》、《青年之坠落》、《日人侮我太甚》、《敬告我国民》、《进化论革命者颉德之学说》、《民约论巨子鲁索之学说》、《利乐主义泰斗边沁之学说》、《论政府与人民之权限》、《民权答问》、《政治学学理摭言》、《国家思想变迁异同论》、《生计学学说小史》、《近世第一大哲康德之学说》、《法理学大家孟德斯鸠之学说》、《释革》、《敬告当道者》、《论专制政体有百害于君主而无一利》、《近世第一女杰罗兰夫人传》、《论俄罗斯虚无党》、《俄罗斯革命之研究》、《世界将来之大势》、《余之生死观》、《现政府与革命党》、《中国殖民八大伟人传》、《郑和传》、《赵武灵王传》、《斯巴达小志》、《雅典小传》、《学生军》、《爱国学社与教育界之前途》、《朝鲜亡国史略》、《二十世纪之巨灵托辣斯》、《中国货币问题》、《外资输入问题》、《哀西藏》、《呜呼荣禄》、《废科举问题》、《教育政策私议》、《论佛教与群治之关系》、《英国殖民大臣张伯伦》、《美国大统领罗斯福》、《俄国大藏大臣域特》、《开明专制论》、《中国历史上革命之研究》等篇。梁氏的《新民说》由《新民丛报》刊出，虽前后立论有急进与温和之不同，当时中国知识分子的转变，盖多受其影响而至。

·《新小说》(横滨)

《新小说》是一种月刊，创刊于光绪二十八年十月十五日，至光绪三十一年九月止，共出十册（号），除第一至第三号按时出版外，其余则间隔两月或三月不等。梁氏在《新小说》第一号发表《论小说与群治之关系》，认为小说有不可思议的力量支配人道，所以，“欲新一国之民，不可不先新一国之小说”。故而新民是他创办《新小说》的目的。

《新小说》的内容有论说、历史小说、政治小说、科学小说、哲理小说、传奇小说、札记体小说、地方戏本、世界名人逸事，借寓小说体例，来谈论政治问题。梁氏在《新小说》上发表的文章并不多，只有《论小说与群治之关系》、《新中国未来记》、《世界末日记》、《侠情记》等数篇，但均为动人之作。

·《政论》(东京、上海)

《政论》亦为一种月刊，系政闻社的机关报，创刊于光绪三十三年十月，第一期在日本东京发行，第二期以后，随政闻社迁往上海，光绪三十四年七月清廷查封政闻社，《政论》亦告停刊，前后共出十期。内容分演讲、论著、记载、社说等类，梁氏以宪民的笔名在《政论》上撰文，惟篇数甚少，重要的只有《政闻社宣言书》、《政治与人民》、《世界大势及中国前途》、《中国国会制度私议》等，旨在鼓吹立宪。

·《国风报》(上海)

《国风报》为旬刊，每月出三册，每册一百余页，约八万字。创刊于宣统二年元旦，至宣统三年六月二十一日停刊，共出五十二期。《国风报》报馆设于上海，梁氏居日本遥领，内容分谕旨、论说、时评、著译、调查、记事、法令、文牍、谈丛、文苑、小说、答问、图画、政学浅说等十四门，以梁氏发表的文字为最多。

《国风报》的命名，系袭自《诗经·国风》而来。梁氏认为“国风之善恶，则国命之兴替所攸系也”，故欲以文字来改变几千年来怯懦因循的国风，是以《国风报》乃以“忠告政府，指导国民，灌输世界之常识，造成健全之舆论为宗旨”。梁氏以沧江的笔名在《国风报》发表言论，措词温和，且多半在鼓吹宪政，与国内生气蓬勃的立宪运动，遥相呼应。重要的文章有《立宪九年筹备恭跋》、《宪政浅说》、《国风报叙例》、《论各国干涉中国之动机》、《咨议局权限十论》、《地方财政先决问题》、《读农工商部筹借劝业富签公债折书后》、《论币制颁定之迟速系国家之存亡》、《立宪政体与立宪道德》、

《国会期限问题》、《论地方税与国税之关系》、《官制与官规》、《城镇乡自治章程质疑》、《各省滥铸铜元小史》、《国民筹还国债问题》、《论国民宜亟求财政常识》、《再论国民筹还国债》、《中国古代币制考》、《论请愿国会当与请愿政府并行》、《军机大臣署名与立宪国之国务大臣副署》、《中国国会制度私议》、《币制条议》、《论中国国民生计之危机》、《米禁危言》、《论直隶湖北安徽之地方公债》、《公债改制之先决条件》、《论政府阻挠国会之非》、《为国会期限问题敬告国人》、《节省政费问题》、《资政院章程质疑》、《政治与人民》、《中国外交方针私议》、《外债平议》、《中国最近市面恐慌之原因》、《责任内阁与政治家》、《敬告中国谈实业者》、《读十月初三日上谕感言》、《论资政院之天职》、《外官制私议》、《评一万万元之新外债》、《亘古未闻之预算案》、《国会开会期与会计年度开始》、《评新官制之副大臣》、《朱谕与立宪政体》、《国会与义务》、《评资政院》、《敬告国人误解宪政者》、《中俄交涉与时局之危机》、《责任内阁释义》、《中国前途之希望与国民责任》、《立宪国诏旨之种类及其在国法上之地位》、《内阁果对于谁而负责任乎》、《内阁是否代君主负责任》、《论对内与对外》、《利用外资与消费外资之辨》、《国民破产之噩兆》、《政党与政治上之信条》等篇。

其中《中国国会制度私议》一文，约十万一千字，是梁氏的精心巨作。全文依章、节、款、项、目的顺序排比分类，计有三章、七节、十一款、二十六项、十四目，对于国会的性质、组织、及职权论列详明，为立宪运动提供了最佳的蓝本。

·《庸言报》(天津)

梁氏于一九一二年十月自日归国，十二月一日即创刊《庸言》于天津，内容分为通论、专论、杂论、讲演、名著、外论、杂译、史料、随笔、谈艺、文录、说部、国闻、外纪、日记、法令、摭言、附录十八门。每月原定两期，间有改为一期或两期合并出刊，至一九一四年六月，共三十期。

《庸言》系旧立宪派人士的言论刊物，担任撰述的除梁氏而外，另有吴贯因、周善培、周宏业、林纾、林长民、夏曾佑、徐佛苏、梁启勋、麦孟华、麦鼎华、陈衍、汤觉顿、张嘉森、张謇、严复、罗惇曧、蓝公武、黄远庸等人，均为一时名士。梁氏在《庸言》发刊词中指出庸之意义有三：一是训常，“言其无奇也”；二是训恒，“言其不易也”；三是训用，“言其适应也”，《庸言》就是本着上述三义去发扬，梁氏创办《庸言》的目标，于此可见。

梁氏在《庸言》所发表的重要文章计有：《国性篇》、《政策与政治机关》、《省制问题》、《鄙人对于言论界之过去及将来》、《中国立国大方针》、《中国道德之大原》、《罪言一：名实》、《治标财政策》、《论国务院会议》、《论审计院》、《政治上之对抗力》、《专设宪法案起草机关议》、《宪法之三大精神》、《国际立法条约集序》、《欧洲政治革进之原因》、《罪言二：鼎革》、《罪言三：才难》、《敬告政党及政党员》、《说幼稚》、《军事费问题答客难》、《罪言四：奖恶》、《同意权与解散权》、《暗杀之罪恶》、《一年来之政象与国民程度之映射》、《共和党之地位与其态度》、《癸丑禊集诗》、《多数政治之试验》、《进步党调查政费意见书》、《进步党之政务部特设宪法问题讨论会通告书》、《革命相续之原理及其恶果》、《国会之自杀》、《进步党拟中华民国宪法草案》、《币制条例之理由》、《述归国后一年来所感》、《整理滥纸币与利用公债》、《银行制度之建设》等。

·《大中华杂志》（上海）

梁氏自《庸言报》之后，即未再创刊报章，一九一五年一月上海中华书局发行《大中华杂志》，与梁氏订三年契约，请其担任总撰述之事。实际上梁氏忙于国事党务，所谓总撰述不过挂名而已。《大中华》为月刊性质，梁氏在其上所发表的文章并不多，大半是讨论中外时局的撰述，重要的有《欧战蠡测》、《中日最近交涉平议》、《中日时局与鄙人之言论》、《解决悬案新要求耶》、《外交轨道外之外交》、《交涉乎命令乎》、《中国地位之动摇与外交当局之责任》、《再警告外交当局》、《示威耶挑战耶》、《中国与土耳其之异》、《实业与虚业》、《作官与谋生》、《吾今后所以报国者》、《复古思潮平议》、《大中华发刊辞》、《伤心之言》、《痛定罪言》、《政治之基础与言论家之指针》、《袁世凯之解剖》等。

·《西政丛书》

梁氏所辑，共有一百十一卷三十种，光绪二十三年上海慎记书庄石印本。这套丛书，大部分为译本，极少数为国人的著作。全书共分八类：史志类有《希腊志略》、《罗马志略》、《德国合盟纪事本末》三种；官制类有《德国议院章程》一种；学制类有《肄业要览》、《西国学校》、《西学课程汇编》三种；公法类有《佐治刍言》、《公法总论》、《中国古世公法》、《陆地战例新选》四种；农政类有《农学新法》、《农事论略》、《蚕务图说》、《纺织机器图说》四种；工政类有《工程致富》、《考工记要》两种；商政类有《富国养民策》、《保富述要》、《生利分利之别》三种；兵政类有《法国海军职要》、《德国军制述要》、《自强军洋操课程》三种；杂著类有《英法政概》（刘丹庭著）、《日本杂事诗》（黄遵宪著）、《日本新政考》（顾少逸著）、《适可斋记言》（马建忠著）、《南海先生四上书记》（康有为著）、《庸书》（陈炽著）、《续富国策》（陈炽著）、《中外交涉类核表》、《光绪通商综核表》九种。

2. 文集类

梁氏曾自署饮冰室主人，因此他的文集遂以饮冰室为名。《饮冰室文集》始印于光绪二十八年，由何天柱负责编纂，系编年体，所收为梁氏三十岁以前，《时务报》至《清议报》时期的作品，由上海广智书局出版。何天柱字擎一，为梁氏及门弟子，其时正担任广智书局的经理；第二次是光绪三十一年六月印于日本东京金港堂，国内由上海商务印书馆发行，以文体分类，每题下注写作年份，仍出何天柱之手；第三次亦系光绪三十一年，由广智书局出版；第四次是在一九一五年，由上海中华书局重印，亦为分类体；第五次是在一九一六年，由商务印书馆出版，名曰《饮冰室丛著》，收《新民说》、《德育鉴》等凡十三种；第六次是在一九二五年由梁廷灿编订，采编年兼分类，共五集八卷，上海中华书局出版，梁廷灿字存吾，为梁氏之侄，别著有《历代名人生卒年表》（一九三三年商务版）；第七次是在梁氏病逝以后，由梁氏在北平的知友发起，推林志钧（字宰平，福建闽侯人，曾任司法部司长，北平研究院研究员）负责整理梁氏的遗稿，并订定已经印行的诸集，编成《饮冰室合集》，一九三六年由上海中华书局出版。

在上述诸集中以《饮冰室合集》的搜罗最为完备，其体例是以编年为主，分为文集与专集两大类，文集有十六册（四十五卷），并附诗、词、题、跋、寿、序、祭文、墓志等；专集有二十四册，收专著一百零四种，并附梁氏门人的笔记等。文集所载录的梁氏著述，民国以前长篇大论的文章极多，绝大部分是梁氏在《时务报》、《清议报》、《新民丛报》、《国风报》等报刊上发表过的，如《变法通议》、《瓜分危言》、《论中国与欧洲国体异同》、《中国史叙论》、《论中国学术思想变迁之大势》、《新史学》、《生计学学说沿革小史》、

《中国法理学发达史论》、《论中国成文法编制之沿革得失》、《外资输入问题》、《开明专制论》、《外债平议》、《中国国会制度私议》等。民国以后则万言以上的巨作已不复多见，除部分发表于《庸言报》、《大中华杂志》的文章外，其他重要的有《外交方针质言》（参战问题）、《政局药言》、《余与此次对德外交之关系及其所主张》、《反对复辟电》、《代段祺瑞讨伐张勋复辟通电》、《外交失败之原因及今后国民之觉悟》、《国民自卫之第一义》、《主张国民动议制宪之理由》、《军阀私斗与国民自卫》、《复张东荪书论社会主义运动》、《政治运动之意义及价值》、《对于北京国民裁兵运动大会的感想》、《致吴子玉（佩孚）书》、《代黎元洪等致吴子玉书》、《无枪阶级对有枪阶级》、《外交软内政软》、《哀告议员》、《教育与政治》、《科学精神与东西文化》、《五十年中国进化概论》、《历史统计学》、《护国之役回顾谈》、《人生观与科学》、《戴东原哲学》、《近代学风之地理的分布》、《谈判与宣战》、《致段执政书》、《我们怎样应付上海惨杀事件》、《沪案交涉方略敬告政府》、《民国初年之币制改革》、《王阳明知行合一之教》等，均为一九一七以后的作品。

专集方面多系梁氏的专著，计有 1.《戊戌政变记》、2.《自由书》、3.《中国四十年来大事记》（一名《李鸿章》）、4.《新民说》、5.《张博望班定远合传》、6.《赵武灵王传》（附《李牧传》）、7.《袁崇焕传》、8.《中国殖民八大伟人传》、9.《郑和传》、10.《匈加利爱国者噶苏士传》、11.《意大利建国三杰传》、12.《罗兰夫人传》、13.《新英国巨人克林威尔传》、14.《波兰灭亡记》、15.《斯巴达小志》、16.《雅典小史》、17.《朝鲜亡国史略》、18.《越南小志》、19.《越南亡国史》、20.《朝鲜灭亡之原因》，21.《日本并吞朝鲜记》（附朝鲜对于我国关系之变迁）、22.《新大陆游记节录》（附录一《记华工禁约》；附录二《夏威夷游记》；附录三《游台湾书牍》）、23.《欧游心影录节录》、24.《中国之武士道》、25.《中国国债史》

（附《埃及国债史》）、26.《德育鉴》、27.《王荆公》、28.《管子传》、29.《双涛阁日记》（附随笔二则：《张勤果公佚事》、《孙文正公饰终之典》）、30.《欧洲战役史论》、31.《清史商例初稿》、32.《国民浅训》、33.《盾鼻集》（附录有：《从军日记》、《国体战役躬历谈》、《五年来之教训》等多则）、34.《清代学术概论》（原题《前清一代思想界之蜕变》）、35.《老子哲学》、36.《孔子》（附《世界伟人传》第一编孔子）、37.《子墨子学说》（附《墨子之论理学》）、38.《墨经校释》、39.《墨子学案》（附录一《墨者及墨学派别》，附录二《墨子年代考》，附录三《墨经通解叙》）、40.《老孔墨以后学派概观》（附《先秦诸子表》）、41.《历史上中国民族之观察》（附《史记匈奴传戎狄名义考》、《春秋夷蛮戎狄表》）、42.《中国历史上民族之研究》、43.《太古及三代载记》（附《三苗九黎蚩尤考》、洪水考》、《古代民百姓释义》）、44.《记夏殷王业》（附《论后代河流迁徙》、《禹贡九州岛考》、《又禹贡九州岛考》）、45.《春秋载记》（附《春秋年表》、《周代列国并吞表》）、46.《战国载记》（附《战国年表》）、47.《地理及年代》（附《最初可纪之年代》）、48.《志语言文字》（附《运用文字之技术》）、49.《志三代宗教礼学》（附《原拟中国通史目录》、《原拟中国文化史目录》）、50.《先秦政治思想史》（一名《中国圣哲之人生观及其政治哲学》，附《先秦政治思想》）、51.《中国佛法兴衰沿革说略》（附《佛教大事年表》）、52.《佛教之初输入》（附录一《汉明求法说辩伪》，附录二《四十二章经辩伪》，附录三《牟子理惑论辩伪》）、53.《印度佛教概观》、54.《佛陀时代及原始佛教教理纲要》（原题《印度之佛教》，附《说无我》）、55.《佛教与西域》、56.《又佛教与西域》、57.《中国印度之交通》（亦题为《千五百年前之中国留学生》）、58.《佛教教理在中国之发展》、59.《翻译文学与佛典》、60.《佛典之翻译》（附录《佛教典籍谱录考》）、61.《读异部宗轮论述记》、62.《说四阿含》、

63.《说“六足”“发智”》、64.《说大毗婆沙》、65.《读修行地道经》、66.《那先比丘经书》、67.《佛家经录在中国目录学之位置》、68.《见于高僧传中之支那著述》（附录一《大乘起信论考证序》，附录二《佛教心理学浅测》，附录三《支那内学院精校本玄奘传书后——关于玄奘年谱之研究》，附录四《大宝积经迦叶品梵藏汉文六种合刻序》）、69.《读书分月课程》、70.《作文教学法》、71.《国学入门书要目及其读书法》（附录一《最低限度之必读书目》，附录二《治国学杂话》，附录三《评胡适之的“一个最低限度的国学书目》）、72.《要籍解题及其读书法》、73.《中国历史研究法》、74.《中国之美文及其历史》、75.《中国近三百年学术史》、76.《先秦学术年表》、77.《庄子天下篇释义》、78.《荀子评诸子语汇解》、79.《韩非子显学篇释义》、80.《尸子广泽篇吕氏春秋不二篇合释》、81.《淮南子要略书后》、82.《司马谈论六家要指书后》、83.《史记中所述诸子及诸子书最录考释》、84.《汉书艺文志诸子略考释》、85.《汉志诸子略各书存佚真伪表》（附《考诸子略以外之现存子书》）、86.《中国文化史》、87.《图书大辞典簿录之部》、88.《佳人奇遇》、89.《新中国未来记》、90.《世界末日记》、91.《俄皇宫中之人鬼》、92.《劫灰梦传奇》、93.《新罗马传奇》（附《侠情记传奇》）、94.《十五小豪杰》、94.《桃花扇注》、96.《陶渊明》（附《陶集私定本》）、97.《朱舜水先生年谱》、98.《辛稼轩先生年谱》、99.《中国历史研究法》（补编）、100.《荀子正名篇》、101.《中国考古学之过去及将来》、102.《书法指导》、103.《儒家哲学》（附《读书示例——荀子》）、104.《古书真伪及其年代》，共一百零四种，堪称洋洋大观，令人赞叹不已。

《饮冰室合集》而外，他如《饮冰室政治论集》（上海广智书局，一九〇三年出版）、《饮冰室财政论集》（同上）、《梁任公近著》（上海，一九二二年）、《梁任公学术讲演集》（上海商务印书馆，及河洛出版社)、《梁任公文集》(香港三达出版公司)、《梁启超文集》(台南综合出版社)、《梁任公先生最近言论集》等，均系汇集梁氏的散篇文章及言论成书，所搜文章的数量远不能与合集相比拟。

3. 专书类

所谓专书，也就是指梁氏著述的单行本，最早的是光绪二十七年（一九〇一年）及其以后几年间由上海广智书局所印行的，计有《现今国家大势论》、《饮冰室自由书》、《中国魂》、《近世欧洲四大政治家》、《康南海》、《中国之武士道》、《美国华工禁约记》、《新民说》、《中国国债史》、《李鸿章》、《意大利三杰传》、《中西伟人传》、《郑成功传》、《中国六大政治家》、《十五小豪杰》(梁氏所译)、《新大陆游记》、《新地理》等。

一九二一年上海商务印书馆又出版梁氏《清代学术概论》一书，一九三六年中华书局出版《饮冰室合集》，将前此所出版的单行本均搜罗于合集之中。迁台后台湾中华书局编有《饮冰室丛书》，其中《饮冰室文集》仍为十六册，《饮冰室专集》则缩为精装十册，计四十三种，另有《先秦政治思想史》、《中国近三百年学术史》、《清代学术概论》、《盾鼻集》、《国史研究六编》、《近代学风之地理的分布》、《中国历史研究法》、《德育鉴》、《戊戌政变记》、《饮冰室诗话》、《新大陆游记节录》等单行本，共四十二册。

梁氏著述的单行本以台湾中华书局所出版的为数最多，他如台湾商务印书馆、文海出版社亦间有出版。梁氏的单行本唯一未收入《饮冰室合集》的是《读西学书法》一书，约刊行于光绪二十四年，系书评性质，对每部译书，加以评介并列有西学书目，计翻译书籍一百五十二部，国人著作三十三部，由此可见戊戌前后西学输入的梗概。梁氏的《读西学书法》因年代已久，至今坊间罕见，据云香港罗元一教授藏有此书，弥足珍贵。另文海出版社出版由沈云龙先生主编的《近代中国史料丛刊》，内有梁氏所撰《护国之役电文及论文》一书，系转录自《盾鼻集》，名异实同，不能视为两书。文海尚影印有《康有为评之梁任公诗迹手稿》一书，一九六五年三月台北中华艺苑社影印梁氏手写之《南海先生诗集》，系康有为之孙康保延所藏，均可由此一睹梁氏的书法真迹。

五、结语

梁启超一生思想屡变，政治立场也常常流转不定，难免招致世人的批评。不过，他的民权政治主张是不变的，在清末他反对专制，至民国他依然反对专制。为了实现他的一贯主张，他不惜数度卷入政治漩涡，与主政者携手合作。他热情洋溢，持论精辟，但是缺乏果断的魄力，以及纵横捭阖的手段，再加上受官僚、军阀争权夺利的客观环境所限制，以至于他的政治理想始终未能企及。

梁氏在政治上、学术上固然经常改变，甚至不惜以今日之我与昔日之我挑战。但是从另外一个角度来看，未尝不是一种进步，这种进步大体上是与时代的潮流暗相契合的，尤其清末民初的数十年间，是中国思想转变急剧的时期，梁氏的言论却能推陈出新，一直为大众所喜爱，足见他不是闭门造车、故步自封的落伍者，他勤于自我反省、勇于改过的精神，是令人激赏的。

梁氏自认于政治一途，得意者少，失意者多，这当是指他的政治理想而言。实际上他一生不乏值得称述的事功，像清末的戊戌变法，一九一五、一六年的讨袁护国，一九一七年的戡定复辟，他都躬与其事，功在国家，足称不朽。此外，他的言论在中国思想界亦有举足轻重的影响，特别是大力介绍西方的知识文物给昧于外情的国人，启迪了民智，使中国步向近代化的坦途，值得一提的是梁氏于光绪二十八年所发表的《新史学》，打破了中国几千年来的传统观念，为史学界开创了新的境界，贡献至为重大。

民国成立以后，梁氏渐由西化论者转为国家主义者，强调国家至上，一心一意想建立一个新中国。一九一九年他欧游归来，对于欧洲战后呈现的贫困混乱，大生感触，认为这是物质文明极度发展的恶果，失望之余他开始重新评估西方的文化。故当五四运动时期，他不赞成全盘西化的论调，因为西方的文化已在没落之中。五四以后，共产思想在中国逐渐流行，梁氏对社会主义本无兴趣，对于走国际路线、讲求阶级斗争的共产主义尤乏好感。一九二一年中共成立后，梁氏的反共态度益发坚决。基于往日的恩怨，他对于国民党的联俄容共政策有着严厉的批评，他忧心如焚，想尽办法，抵制共产，却天不假年，赍志以殁。

总之，梁启超是生长在大时代当中一位出类拔萃的人物，他不仅学识丰富，才华过人，而且关心国事，勤于著述，能坐而论道，也能起而实行，他一度是中国思想界的领导者，更是中国走上近代化道路的开拓者，经他拔识的人才，或受他影响的青年，不知凡几。如今我们缅怀先哲，对于梁氏一生的伟大成就，不禁兴起无比的赞叹和敬意。

参考书目

《饮冰室合集》，梁启超著，林志钧编，上海中华书局，一九三六年初版，共四十册。

《梁任公先生年谱长编初稿》，丁文江编，台北，世界书局，一九五八年七月初版，共七八六页。

《梁启超与清季革命》，张朋园，《中研院近史所专刊》之十一，台北，一九六四年初版，三四五页。

《梁启超的民权与君宪思想》，孙会文，《台湾大学文学院文史丛刊》之二十二，台北，一九六六年初版。

《梁启超的思想》，宋文明，台北，水牛出版社，一九七三年五月再版，一六八页。

《梁启超与近代报业》，赖光临，台湾商务印书馆《人人文库》之六二九，一九六八年四月初版，一三五页。

《梁启超》，毛以亨，台北，华世出版社，一九七五年十月初版，一四三页。

《梁启超与胡适》，陈晋，自刊本，一九六八年四月初版，二二九页。

《梁蔡师生与护国之役》，胡平生，《台大文学院文史丛刊》之四十四，一九七六年六月初版，二三二页。

《康有为与梁启超》，吴泽，上海，华夏书店，一九四九年再版。

李守孔：《梁任公与民初之党争》，《新时代》三卷六期，页二一—

二六，一九六三年六月。
黄得时：《梁任公与国民常识学会》，《东方杂志》复刊一卷三期，页六六—七三，一九六七年九月。
黄得时：《梁任公论学诗及治学》，《传记文学》十一卷六期，页四六—四九，一九六五年十二月。
黄得时：《梁任公游台考》，《台湾文献》十六卷三期，页一—六八，一九六九年九月。
黄宝实：《梁任公年谱长编初稿纠谬》，《民主评论》十二卷八期，一九六一年四月。
张朋园：《梁启超》，《中国文化综合研究》，页一二七—一四六，台北，中华学术院，一九七一年十月初版。
张朋园：《梁启超之迎拒虚无主义》，《大陆杂志》三十八卷八期，页一七—二一，一九六九年四月。
张朋园：《维护共和：梁启超之联袁与讨袁》，《中研院近史所集刊》第三期下册，一九七二年十二月。
张朋园：《梁启超——一个知识分子的典型》，《大学杂志》六十一期，页一六—二〇，一九七二年一月。
张朋园：《梁启超与五四时期的新文化运动》，《"国立中央图书馆"馆刊》新六卷一期，页一—一五，一九七三年三月。
张朋园：《梁启超的"国务大臣"志气及其对于民初财政司法外交的影响》，《食货月刊》复刊三卷七期，页三〇一——三二四，一九七三年十月。
张朋园：《梁启超对社会主义的认识及中国现代化的见解》，《食货月刊》复刊三卷九期，页四五〇—四七二，一九七三年十二月。
张朋园：《梁启超在民国初年的师友关系》，《师范大学历史学报》第三期，页一八七—二一〇，一九七九年五月。
陈圣士：《论梁启超的政治思想与政治生涯》，《中华学报》二卷二期，页九一——二八，一九七九年七月。
彭泽周：《关于康梁亡命日本的检讨》，《大陆杂志》四十一卷八期，页一——一三，一九七〇年十月。
彭泽周：《梁启超与日本大同高等学校》，《大陆杂志》四十三卷二期，页二六—三八，一九七一年八月。
彭泽周：《论贺重昂与梁启超》，《大陆杂志》四十四卷五期，页一——七，一九七二年五月。
张良泽译（增田涉原著）：《梁启超逃亡日本始末》，《大陆杂志》三十七卷十一、十二期合刊，页六〇—六八，一九六八年十二月。
胡平生：《梁启超与湖南时务学堂》，《幼狮月刊》二十九卷二期，一九七四年二月。
胡平生：《梁启超与讨袁护国》，《台湾大学历史系学报》第二期，页一八五—二〇七，一九七五年六月。
戴君仁：《梁启超》，《中国文学史论集四》，页一二三九——二四八，一九五八七年四月。
刘凤翰：《梁启超著〈戊戌政变记〉》，《幼狮学报》二卷一期，页一—四一，一九五九年。
亓冰峰：《清季梁启超的言论及其转变》，《幼狮学志》第四期，一九六五年十二月。
宋慈裒：《梁启超传》，《国史馆馆刊》一卷四期，香港龙门书店影印本，一九四八年十一月。
丘峻：《云南起义与梁蔡师生》，《民主潮》四卷十九期，一九九四年十二月。
汪荣祖：《梁启超新史学试论》，《中研院近史所集刊》第二期，页二二七—二三六，一九七一年六月。
罗炳绵：《梁启超对中国史学研究的创新》，香港，《新亚学报》十卷一期，页一四五—二六八，一九七一年十二月。
江勇振：《期待另一个梁启超——综评四本有关梁启超的著作》，《师大历史学报》第二期，页四三七—四五四，一九七四年二月。
康虹丽：《论梁任公的新史学和柳翼谋的国史论》，《幼狮学志》十卷二期，页一—二〇，一九七二年六月。
周亿孚：《梁启超先生著作考》（上）（中），香港，《珠海学报》第七期，页二三五—二七一，一九七四年四月；第八期，页三四—九六，一九七五年一月。
黄顺二：《梁任公的社会思想》，《社会学刊》第九期，页一一一—一三二，一九七三年七月。
梁容若：《读梁任公著〈朱舜水年谱〉》，《大陆杂志》七卷九期，页一〇—一三，一九九三年十一月。
陈汉光：《梁启超与台湾及其影响》，《再生》十八—十九期，页一四—一八，二三—二五，一九七三年一—二月。
程文熙：《张君劢先生与梁任公先生》，《再生》十八期，页三九—四〇，一九七三年一月。
郑天栻：《梁任公先生对民国之贡献》，《再生》十八期，页二五。
庞景隆：《梁任公先生〈新民说〉概观》，《再生》十八期，页二六—三〇。
景安：《梁任公与谭嗣同的交谊》，《再生》二十期，页一三—一五，一九七三年三月。
陈少廷：《梁启超对台湾知识分子的影响》，《大学杂志》六十一期，页九—一五，一九七三年一月。
李昌奇：《令人怀念的梁任公先生》，《再生》十八期，页三四—三六，一九七三年一月。
魏曼特：《梁任公的佛学研究》，《再生》十八期。
郭湛波：《梁启超的时代及其思想》，《辅仁大学哲学论集》第二期，一九七三年六月。
胡秋原讲，黄信信记：《一个伟大的民族主义者梁启超》，《中华杂志》一一七期，一九七三年四月。
郭寿华：《梁启超的政治学术思想与日本》，《广东文献》二卷四期，页四七—五三，一九七二年十二月。
刘岱曦：《梁任公“三保”“三无”辩》，《反攻》九十九期，页二一，一九五四年一月。
罗耀轸：《康梁师生关系》，《教师之友》十四卷一期，页五—六，一九七三年一月。
刘太希：《梁任公与徐志摩》，《中国文选》六十四期，页二二七—二三一，一九七二年八月。
林光灏：《纪念梁启超百岁诞辰》，《广东文献》三卷三期，页三一—三六，一九七三年九月。
赵丰田：《维新人物梁启超》，《天津大公报》，一九二九年二月二十一日。
李达生：《我看梁任公》，《大学生活》七卷二十三期，页一五—二二，一九六二年四月。
梁实秋：《记梁任公先生的一次演讲》，《大学生活》二卷九期，页五〇—五一，一九五七年一月。
杨云萍：《梁任公的林公画像赞》，《台湾风土》一八八期，一九五四年十一月。
张其昀：《梁任公别录》，《思想与时代》第四期。
张其昀：《悼梁任公先生》，《史学杂志》一卷五期。
吴其昌：《梁任公别录拾遗》，《思想与时代》十三期，贵州，一九四二年八月。
素痴（张荫麟）：《近代中国学术史上之梁任公》，《天津大公报》，一九二九年二月二十一日。

缪凤林：《悼梁卓如先生》，《史学杂志》一卷一期。
刘子健：《国史上之梁任公》，《中央周刊》五卷二十一期。
陈伯庄：《谈梁任公先生》，《思想与时代》第十三期。
陶元珍：《怀梁任公》，《新中国评论》二十四卷二期，一九六三年二月。
《中国政治思想史》，萧公权，第六册，页七三三—七八〇，中华文化出版事业委员会，一九五四年八月初版。
《中国近代思想史论》，王尔敏，作者自刊本，一九七七年四月初版，五六六页。
《晚清政治思想史论》，王尔敏，自刊本，一九六九年九月初版，三一二页。
《近五十年中国思想史》，郭湛波，香港，龙门书店翻印本。
《晚清五十年经济思想史》，赵丰田，台北，华世出版社，一九七五年十二月初版，三二〇页。
《近代二十家评传》，王森然，台北，文海出版社，《近代中国史料丛刊》第九十辑，页一八九—二一〇，系梁启超先生评传。
《清末革命与君宪的论争》，亓冰峰，《中研院近史所专刊》之十九，一九六六年十二月初版。
《中国民主思想运动史》，周弘然，台北，帕米尔书店，一九六四年七月初版，四三八页。
《中国报学史》，戈公振，台湾，学生书局影印，一九六四年再版。
《文学十家传》，梁容若，台中，东海大学，一九六六年八月初版，页三五三—四〇六专论梁启超。
Levenson, Joseph R.：*Liang Ch'i-Ch'as and the Mind of China*. Harvard University Press, 1953. pp. 256.（台北虹桥书店翻印，一九七〇年）
Chang Hao（张灏）：*Liang Ch'i-Ch'as and Intellectual Transition in*

China. 1890-1907. Harvard University Press. 1971. pp. 342.（台北虹桥书店翻印，一九七三年）

Huang, Philip C.（黄崇智）：*Liang Ch'i-Ch'as and Modern Chinese Liberalism*. University of Washington Press. 1972. pp. 231.

Wang, Y. C.（汪一驹）：*Intellectuals and the West, 1872-1949*. University of North Carolina Press, Chapel Hill, 1966. pp. 557.（台北虹桥书店翻印，一九七一年）

图书在版编目（CIP）数据

中国历代思想家．现代．1 / 王寿南，中华文化总会主编；吕芳上等著．—北京：九州出版社，2011.3
ISBN 978-7-5108-0797-8

Ⅰ．①中… Ⅱ．①王… ②中… ③吕… Ⅲ．①思想家—评传—中国—现代 Ⅳ．①B2

中国版本图书馆CIP数据核字(2010)第252294号

中国历代思想家．现代．1

作　　者	中华文化总会　王寿南 主编　吕芳上等 著
出版发行	九州出版社
出 版 人	徐尚定
地　　址	北京市西城区阜外大街甲 35 号 (100037)
发行电话	(010)68992190/2/3/5/6
网　　址	www.jiuzhoupress.com
电子信箱	jiuzhou@jiuzhoupress.com
印　　刷	涿州市星河印刷有限公司
开　　本	880 毫米 ×1230 毫米　32 开
印　　张	13.875
字　　数	343 千字
版　　次	2011 年 5 月第 1 版
印　　次	2011 年 5 月第 1 次印刷
书　　号	ISBN 978-7-5108-0797-8
定　　价	29.00 元